W0384963

L'ÉTAT,

ACTEUR ÉCONOMIQUE

« Economie et politiques publiques »

L'ÉTAT,

ACTEUR ÉCONOMIQUE

Analyse économique du rôle de l'Etat

2e édition

LUC WEBER

Professeur à l'Université de Genève

Avec la collaboration de Dominique Zupponi

ECONOMICA

49, rue Héricart, 75015 Paris - France
72, rue de Lausanne, 1211 Genève 2 - Suisse

© Ed. ECONOMICA, 1991
Tous droits de reproduction, de traduction, d'adaptation et d'exécution réservés pour tous les pays.

A ma femme,
A mes enfants.

Remerciements

Je me plais à remercier publiquement tous celles et ceux qui ont contribué à la parution de cet ouvrage.

Dans la préface de la 1re édition de 1988, j'exprimais une reconnaissance toute particulière à Madame Dominique Zupponi, ancienne assistante au Département d'économie politique de l'Université de Genève, qui a contribué avec grande compétence et rigueur à l'adaptation et la mise au point du manuscrit que j'avais élaboré au fil d'une douzaine d'années d'enseignement et d'expériences, ainsi qu'à Madame Danièle Mathez, ma fidèle secrétaire au Rectorat de l'Université, qui a dactylographié le manuscrit avec célérité et grande précision. J'exprimais également mes plus vifs remerciements à mes collègues les professeurs Alain Wolfelsperger de l'Institut d'Etudes Politiques de Paris et Bernard Dafflon de l'Université de Fribourg, ainsi qu'à Monsieur Alain Schönenberger, maître-assistant à l'Université de Genève, qui ont bien voulu relire très attentivement différents chapitres et m'ont formulé des remarques pertinentes et des conseils judicieux.

Cette 2e édition, largement revue et complétée, doit beaucoup aux remarques et questions de mes étudiants et aux commentaires fort pertinents de mes collaborateurs ou doctorants au Département d'économie politique, Messieurs Andrea Baranzini, Antonio Manzini, Eric Mottu et Philippe Thalmann. Il n'en demeure pas moins, ce qui va sans dire, que j'assume seul la responsabilité des imprécisions, voire des erreurs qui auraient encore pu échapper à mon attention.

Enfin, je tiens à exprimer ma gratitude à mon collègue Jovan Pavlevski, directeur des éditions Economica. L'intérêt qu'il manifeste pour mes travaux sont pour moi d'un grand encouragement.

CHAPITRE I

L'économie publique : une réalité et une science

1.1 INTRODUCTION : L'ETAT, ACTEUR ECONOMIQUE

Faut-il rappeler que durant ce XXe siècle, et plus particulièrement entre la seconde guerre mondiale et la fin des années septante, le secteur public a connu une expansion formidable. Sa taille, mesurée au rapport entre les dépenses publiques totales et le produit intérieur brut, a pour le moins triplé, voire quintuplé dans certains pays, pour atteindre aujourd'hui 40 à 50 % dans presque tous les pays de l'OCDE. L'omniprésence actuelle de l'Etat dans la vie économique et sociale se manifeste d'une double façon. D'une part, il fournit à la collectivité des prestations innombrables et souvent très coûteuses dans des domaines aussi variés que la sécurité et la défense, la prévoyance vieillesse et la santé, l'éducation et la recherche, les transports, l'énergie, les communications, ainsi que la préservation de l'environnement. D'autre part, il intervient continuellement sur le fonctionnement de l'économie marchande au moyen de mesures réglementaires ou financières pour en fixer les règles du jeu et en corriger les déficiences. Ces interventions ont un caractère soit strictement réglementaire, lorsqu'il arrête par exemple des normes maximales de pollution admissible, soit financier, quand il s'efforce de modifier la distribution des revenus par le prélèvement d'un impôt progressif sur le revenu ou de relancer l'activité économique par un programme de dépenses publiques supplémentaires.

Cette intense activité du secteur public joue un rôle économique considérable. L'Etat recourt non seulement abondamment aux ressources économiques limitées que sont les facteurs de production (travail, capital, sol, ressources naturelles et énergie) et aux biens et services produits par le secteur privé, mais il opère aussi d'importants transferts de revenus entre différents groupes de la population. De plus, son activité législative a des répercussions considérables, même si elles sont le plus souvent peu visibles, dans le domaine économique et social.

Il n'est pas étonnant dans ces conditions que le rôle comme les moyens d'action de l'Etat préoccupent la communauté et soient l'objet de débats politiques souvent passionnés, voire polémiques. La discussion publique soulève un ensemble impressionnant de questions de fond. Citons-en les plus courantes : Quelle est la taille optimale de l'Etat ? Quelles tâches doivent lui être confiées et lesquelles est-il préférable de laisser ou de remettre au secteur privé ? Doit-il produire lui-même les prestations qu'il fournit ou peut-il en confier la production à des entreprises privées ? Dans quelles conditions faudrait-il étatiser des entreprises privées ou au contraire privatiser des entreprises publiques ? Faut-il augmenter, ou au contraire, réduire la réglementation régissant la plupart des activités privées ? Un projet donné, par exemple dans le secteur des transports, doit-il être entrepris même s'il apparaît que les coûts ne pourront pas être entièrement couverts par les recettes ? Peut-on et, le cas échéant, faut-il vendre les prestations publiques ? Par quels moyens faut-il redistribuer les revenus et aider les personnes particulièrement démunies ? Le budget public doit-il être mis au service de l'équilibre macro-économique ? Quelles sont les limites de l'endettement public ?

Alors que de profonds bouleversements agitent la planète sur les plans économique, politique et social, ces questions ne sont pas seulement le fait d'universitaires en mal de dissertations théoriques, mais ont une réalité particulièrement tangible : étant donné le poids du secteur public dans les économies d'aujourd'hui, l'adéquation des solutions appliquées agit directement sur le niveau de bien-être des collectivités concernées. Dans la réalité de tous les jours, la politique suivie dans le domaine de l'économie publique, comme d'ailleurs la plupart des autres composantes de la politique économique, sont très nettement dominées par les doctrines des partis politiques et les intérêts des groupes de pression, et ne s'appuient que faiblement sur un examen scientifique rigoureux. Et pourtant, diverses disciplines, et en particulier l'économie politique, ont beaucoup à apporter en mettant en évidence les vrais problèmes et les forces qui agissent dans l'ombre, deux conditions nécessaires, si ce n'est suffisantes, pour une action rationnelle. La contribution de la science économique porte avant tout sur les trois points suivants :

– l'identification et la description de l'activité publique et de ses répercussions sur l'économie et la société ;
– la mise en évidence des relations de cause à effet et de leurs mécanismes sous-jacents ;

– l'amélioration de l'efficacité des politiques poursuivies, grâce à une meilleure connaissance de ces mécanismes.

Le domaine de l'analyse économique consacré tout particulièrement à l'étude de *L'Etat, acteur économique,* est plus couramment désigné par les appellations d'"économie publique" ou de "finances publiques", la première couvrant un champ plus vaste que la seconde. Cette discipline s'est affirmée comme un domaine spécifique de l'économie politique au cours des quarante dernières années. Cette éclosion plutôt tardive tient à différents facteurs, mais surtout au fait que jusqu'à il y a cinquante ans encore, les questions qu'elle examine avaient peu d'actualité parce que le secteur public était nettement moins développé et parce que la doctrine libérale opposée à trop d'Etat était toujours prédominante. Au XIXe siècle, le seul thème important qui retenait véritablement l'attention des économistes était la juste répartition de la charge fiscale. Même si l'histoire de la pensée économique a produit d'intéressantes contributions, ce n'est qu'après la seconde guerre mondiale que l'économie publique est devenue un sujet de recherche à part entière, sous la double influence de l'expansion de l'Etat et du rapide développement de la science économique.

Si, de façon générale, l'économie publique examine la nature et les conséquences économiques des prestations, des interventions, du financement, ou encore de l'organisation de l'Etat, les limites de son domaine demeurent floues. Premièrement, elles dépendent du champ d'investigation des autres branches de la science économique. Lorsque ces dernières sont fortement développées comme la théorie monétaire, la théorie du commerce international ou la théorie de l'organisation industrielle et des marchés, elle leur cède le pas. Deuxièmement, l'économie publique attache une importance particulière à des problèmes spécifiques, qui revêtent à eux seuls un intérêt particulier, mais qui n'ont que peu retenu l'attention de l'économie politique traditionnelle : citons à ce titre les questions de l'environnement, de l'énergie, des transports, de l'instruction, ou encore de l'économie souterraine. Enfin, elle innove, en examinant avec ses propres outils, la formation des choix politiques, un sujet qui relève par définition des sciences humaines voisines, en particulier de la science politique.

L'économie publique, en tant que discipline scientifique centrée sur l'étude de *L'Etat, acteur économique,* constitue donc un sujet très vaste et diversifié. Cet ouvrage, qui se veut une introduction à la matière, en présente et analyse les principaux aspects et expose les outils d'investigation les plus courants. En d'autres termes, il apporte un modèle de réflexion qui permet de mieux comprendre l'activité économique de l'Etat.

L'étude de *L'Etat, acteur économique,* ou en d'autres termes de l'économie publique, exige au préalable la connaissance d'un certain nombre de notions générales relatives à ce champ d'investigation économique et à son environnement. Il convient d'une part de préciser les principales caractéristiques du secteur public et d'autre part d'établir les liens qui le rattachent à l'économie politique, de même que sa spécificité. Tel est l'objet de la suite de ce chapitre. Cette présentation permettra, à la fin du chapitre, de fonder le plan de l'ouvrage.

1.2 L'ECONOMIE PUBLIQUE EN TANT QUE SECTEUR ECONOMIQUE

1.2.1 Définition du secteur public

Le secteur public peut être défini pour les besoins de cet ouvrage en se référant à un critère positif, fondé sur la nature du processus de décision. Ainsi, nous allons admettre que le secteur public, ou l'Etat, est constitué de toutes les organisations où prévaut un mode de décision politique ou collectif, et cela, quel que soit le régime politique : dictature, monarchie, démocratie représentative ou directe. Ce sont essentiellement :

- les *administrations publiques,* à savoir les gouvernements dans un sens large, au niveau national et local dans les pays centralisés, ou national, régional et local dans les fédérations ;
- les *organismes de sécurité sociale* chargés de la prévoyance vieillesse, survivants et invalidité, ainsi que des assurances maladie, accidents et chômage ; le fait qu'ils constituent de véritables services de l'administration ou qu'ils soient relativement indépendants ne change rien à cette définition pour autant qu'ils soient directement soumis au pouvoir politique.

Jusqu'ici conforme aux concepts normalisés de la comptabilité nationale et aux principales statistiques sur les dépenses et recettes publiques, notamment celles de l'OCDE, le critère retenu en diverge au niveau des *entreprises publiques,* qui sont traditionnellement considérées comme des entreprises. Cette solution n'est pas satisfaisante du point de vue de l'analyse économique du secteur public car, parmi les deux catégories d'entreprises publiques que nous allons distinguer, la seconde appartient indiscutablement au secteur public.

- Une première catégorie est formée par les entreprises de droit privé, dont le capital action est tout ou en majeure partie en mains de l'Etat, soit parce qu'il les a crééés, soit parce qu'elles ont été nationalisées. Même si les pouvoirs publics peuvent exercer un contrôle sur elles, en raison de leur participation financière, ces firmes sont assimilables à des entreprises privées parce qu'elles vendent des biens ou services privés tels que des voitures ou des services bancaires et parce qu'elles sont gérées avant tout selon les principes commerciaux qui prévalent dans les sociétés privées, à savoir en priorité la recherche d'un profit.

– En revanche, les entreprises, de droit public, voire privé, qui produisent des biens ou des services marqués par un caractère collectif et qui sont financées de façon substantielle par l'Etat, par voie de participations, de prêts et/ou de subventions, font partie du secteur public parce que l'Etat leur impose de prendre en considération, en règle générale au détriment de leur rentabilité, des objectifs de redistribution, d'emploi, de développement régional ou encore de respect de normes de qualité particulières.

Remarquons enfin que la division traditionnelle de l'économie en deux secteurs, l'un privé et l'autre public, n'est plus satisfaisante. D'une part, ce siècle a connu le développement de toute une gamme d'organisations privées, qui n'ont pas de but lucratif et qui produisent sur une base volontaire des services répondant à des besoins collectifs de sous-ensembles de la population. Le nombre et l'importance de ces organisations font qu'elles forment aujourd'hui un secteur qui se distingue de l'économie privée. Ainsi, par exemple, les associations de consommateurs sont des organismes qui poursuivent un objectif social de protection et d'information des acheteurs de biens et utilisateurs de services, en priorité en faveur de leurs membres affiliés. A bien des égards, cette activité non gouvernementale peut être assimilée à un service collectif, puisque la diffusion d'une information rigoureuse, par exemple les tests comparatifs de performance de biens durables, ou encore la promotion politique des dispositions légales destinées à une meilleure protection des acheteurs, bénéficient non seulement aux membres de ces associations, mais, au-delà, à l'ensemble de la population. Les syndicats, les associations d'automobilistes, les organisations charitables ou religieuses, certains hôpitaux ou écoles, etc. constituent tous d'autres exemples d'organismes appartenant à ce secteur particulier.

D'autre part, l'Etat recourt régulièrement, et dans certains pays intensément, à la réglementation pour contraindre des branches économiques à conduire leurs affaires mieux en accord avec les objectifs politiques qu'il poursuit. Bien que ne faisant guère appel à des ressources productives de la part de l'Etat, cette forme d'intervention par lois et règlements contribue également à rendre floue la frontière entre les secteurs public et privé.

1.2.2. Le mode de prise de décision

Ayant opté pour délimiter le secteur public sur la base du mode de prise de décision, il convient maintenant d'analyser ce qui distingue le mode de décision politique de celui propre au marché.

Le processus de décision sur un marché

Le mode de décision du marché est un processus décentralisé. Les agents économiques font leurs choix de façon largement indépendante les uns des autres. Alors que les consommateurs expriment leur demande en fonction de leurs préférences, de leur revenu et du prix des biens qu'ils aimeraient acheter, les entrepreneurs prennent en considération la technologie, le coût des ressources productives (salaires, taux d'intérêt, dividendes, etc.) et le prix auquel ils pensent pouvoir vendre le bien qu'ils offrent. Produit de ces innombrables décisions individuelles, les quantités totales demandées et offertes se rencontrent sur le marché, où en principe, après une période de tâtonnement, elles s'égalisent sur la base d'un prix d'équilibre.

Le processus de décision dans le secteur public

Le mode de décision politique est un processus centralisé, quoique à un degré variable selon le régime politique, puisque ce caractère croît de la démocratie directe à la dictature. Pourtant, bien que fondées sur une contrainte apparente, les politiques publiques (programmes de dépenses, choix des impôts, etc.) font aussi l'objet d'une demande et d'une offre.

- La *demande* de politiques publiques émane des citoyens qui s'expriment, soit individuellement par le biais de l'élection de représentants, le droit d'initiative, le référendum, la pétition, la grève ou la manifestation, soit collectivement par le truchement d'organismes tels que les partis politiques, les syndicats ou les groupes de pression. Bien que ce mode d'expression des préférences soit plutôt grossier, il permet à la communauté de révéler ses attentes à l'égard de la politique publique. La richesse de l'information ainsi transmise dépend cependant directement de l'aisance avec laquelle les citoyens peuvent s'exprimer politiquement, en d'autres termes du coût de l'action politique. C'est pourquoi l'information est particulièrement pauvre dans les dictatures et s'enrichit avec l'élargissement des possibilités d'expression offertes par les différents régimes démocratiques.
- L'*offre* de politiques publiques, quant à elle, émane de l'exécutif, du parlement et de l'administration, qui conçoivent et engagent les politiques demandées en s'efforçant dans une

large mesure de satisfaire la demande. Une analyse plus fine démontre toutefois que si les hommes politiques agissant au niveau des gouvernements ou parlements doivent plaire suffisamment à leurs électeurs pour être réélus, ils inclineront aussi, comme d'ailleurs les fonctionnaires, à exploiter toute marge de manoeuvre dont ils pourraient bénéficier pour en tirer un avantage personnel.

La confrontation des opinions exprimées par les citoyens ou par les organismes qu'ils ont constitués pour défendre leurs intérêts et des politiques conçues par le pouvoir politique et ses fonctionnaires produit un ensemble de solutions qui tendent, à l'instar du marché, vers un équilibre.

Cependant, le processus de décision politique est plus imprécis pour trois raisons au moins :

– Si les décisions de demande et d'offre se prennent fondamentalement aussi sur la base du signal fourni par le prix, celui-ci est le plus souvent implicite. Certes, l'impôt est l'expression la plus courante du prix à payer pour les prestations publiques ; néanmoins, il est en principe réparti entre les individus selon leur capacité contributive, c'est-à-dire indépendamment de l'utilité que ces derniers retirent des prestations. Les prestations publiques étant fournies en règle générale gratuitement à leurs utilisateurs, ils poussent leur demande jusqu'à satiété ce qui empêche de connaître directement leur valeur économique.
– La confrontation entre la demande et l'offre est imprécise parce qu'elle est le plus souvent effectuée globalement au niveau très agrégé du budget de la collectivité ou alors d'un vote portant spécifiquement sur le régime fiscal ou sur les caractéristiques d'un projet, indépendamment de son financement, et non pas sur la valeur et le coût de chaque objet pris isolément. A cela s'ajoute que cette confrontation, lorsqu'elle se produit, présente un très haut degré de discontinuité : le laps de temps qui s'écoule entre deux possibilités de s'exprimer sur un sujet donné se chiffre en années, voire en décennies.
– Enfin, l'information sur les conséquences économiques et sociales effectives des politiques appliquées est souvent pauvre en raison de la complexité des politiques et du mode politique d'expression des préférences. Ainsi, des opinions sont exprimées et des solutions conçues sans que tous les éléments soient connus, voire même sur la base d'informations erronées.

1.3 L'ECONOMIE PUBLIQUE EN TANT QUE SCIENCE

1.3.1 Définition de l'économie publique

L'économie publique est une branche de l'économie politique, qui concentre son attention sur l'analyse du rôle et du comportement de l'Etat, et plus précisément de ses serviteurs, les politiciens et les fonctionnaires, ainsi que de son impact sur l'économie nationale, voire internationale, et par conséquent sur le bien-être des citoyens. Elle se concentre, sans toutefois s'y limiter, sur l'économie non marchande, terme qui met en évidence que l'économie du secteur public se caractérise par des transactions différentes de celles du marché.

Plus concrètement et pour l'essentiel, l'économie publique examine l'origine, la forme, ainsi que les conséquences économiques et sociales, des activités publiques suivantes :

- les *prestations du secteur public,* à savoir avant tout les services que ce dernier met à disposition de la collectivité, sans d'ailleurs qu'il les ait nécessairement produits lui-même ;
- les multiples *interventions à caractère tant financier que réglementaire* effectuées par l'Etat pour promouvoir une amélioration du bien-être de la collectivité et une plus grande justice sociale : politiques de redistribution du revenu et de la fortune, stabilisation des fluctuations et encouragement de la croissance économique, protection de l'environnement naturel ou des consommateurs, ou encore précautions en vue d'assurer l'approvisionnement du pays en produits alimentaires ou énergétiques ;
- le *financement,* en particulier par la fiscalité, l'emprunt ou la tarification ;
- la *répartition des tâches et des sources de financement* entre les différents échelons de l'Etat et les organismes para-étatiques.

1.3.2 Evolution de la pensée économique en économie publique

L'évolution de l'économie publique en tant que science a été déterminée par deux sources d'influence. D'une part, les penseurs qui ont contribué à son développement ont été marqués, tant en ce qui concerne leur conception du monde que les problèmes à résoudre, par l'ensemble des conditions économiques, sociales et politiques du monde réel qui les entoure. D'autre part, la théorie économique du secteur public, en tant que discipline particulière de l'économie politique, a nécessairement été influencée par cette dernière, ainsi que par les philosophies politiques dominantes.

Durant toute la préhistoire de l'économie politique, qui va de l'Antiquité à l'Ancien Régime, l'économie toute entière était sous la tutelle et au service du Prince. En dépit de cela, l'économie publique a été relativement tardive à se développer et surtout à s'affirmer. Ce fait est suffisamment étonnant pour que l'on s'arrête un instant sur les principales étapes de son développement.

L'empreinte des classiques

L'avènement tardif de l'économie publique tient pour beaucoup à la tournure qu'Adam Smith, le père de l'économie politique moderne, a donnée au développement de cette science. Smith était fasciné, et les économistes actuels le sont d'ailleurs toujours, par le "mystère" de l'échange marchand : grâce à une apparente "main invisible", l'univers économique dispose d'un sens inné de l'ordre, qui n'est pas imposé d'en-haut, mais qui est le fruit des transactions d'échange entre les individus qui cherchent tous à maximiser leurs gains ou avantages personnels. Certes, Smith était lui-même conscient que la libre expression des intérêts particuliers, grâce au laisser-faire, pouvait tout autant contrecarrer le bien-être collectif que le promouvoir, à moins d'être encadrée par un environnement institutionnel et légal adéquat. Toutefois, l'inspiration profondément libérale qu'il a donnée à la pensée économique a fait que cette discipline s'est continuellement développée en se référant au modèle de l'économie marchande.

Certes, les auteurs classiques qui ont succédé à Smith, et en particulier Ricardo, se sont intéressés à la répartition de la charge fiscale ; ils considéraient toutefois que la détermination des impôts était largement indépendante de celle des dépenses. En ce qui concerne les dépenses, ils estimaient que l'intervention de l'Etat devait être limitée à certaines tâches spécifiques (défense, justice et éducation). Le plus extrême d'entre-eux, Say, considérait même les dépenses publiques comme la source d'un tel gaspillage que le meilleur de tous les plans financiers serait de dépenser peu et que l'action de l'Etat devait se limiter à la protection de l'individu.

Les précurseurs

La constatation que l'offre de prestations publiques absorbe des ressources productives et entre par conséquent en concurrence avec le secteur privé n'a été faite que dès la fin du XIXe siècle, essentiellement par des auteurs italiens (Pantaleoni, Mazzola, Viti de Marco, Barone) et Suédois (Wicksell et Lindahl). Ces auteurs se sont également intéressés au caractère d'indivisibilité des services collectifs et, influencés par le développement de la théorie marginaliste, ils avancèrent que le secteur public, à l'instar du secteur privé, devait être guidé par les désirs des consommateurs souverains. Wicksell a par ailleurs été le premier à se soucier des choix politiques en matière de finances publiques. Selon lui, afin de satisfaire les conditions d'optimum en matière de bien-être que nous envisagerons ultérieurement, le vote de toute nouvelle dépense devrait être effectué de pair avec celui des recettes nécessaires pour la financer, en principe selon la règle de l'unanimité. Toutefois, et bien qu'elles marqueront profondément la théorie moderne, ces découvertes n'ont guère initié un courant de recherche fructueux dans la première moitié de ce siècle.

Affirmation de l'économie publique

La publication en 1936 de la Théorie générale de Keynes a mis en évidence le rôle central que le budget public pouvait jouer dans la recherche de l'équilibre macro-économique et révolutionner la politique macro-économique. Keynes ne s'est cependant pas intéressé plus que ses précurseurs aux questions d'allocation des ressources et de distribution des revenus.

Il faudra finalement attendre les années cinquante pour que l'économie publique commence à s'affirmer. On le doit en particulier au développement général de l'économie politique, à la croissance extrêmement rapide du secteur public, au souci de mieux harmoniser l'évolution du secteur privé ou encore au début de la prise de conscience des atteintes à l'environnement. De très nombreux auteurs ont bien sûr participé à cet essor, mais Samuelson pour sa théorie des biens publics (1954, 1955) et Musgrave pour son ouvrage encyclopédique *The Theory of Public Finance* (1959) en sont les deux figures marquantes. C'est sans doute à eux que l'on doit d'avoir contribué à ce que le sujet de l'économie non marchande se développe parallèlement à celui de l'économie marchande, faisant de l'économie publique une véritable spécialisation de l'économie politique.

Toutefois, comme la recherche s'est déployée autour d'une application des outils de l'économie marchande à l'économie, par opposition, non marchande du secteur public, la réflexion a longtemps été menée dans l'optique de la contribution du secteur public à l'allocation optimale des ressources. En outre, la mise en évidence de dysfonctionnements du marché a trop souvent conduit les auteurs à affirmer que le secteur public doit intervenir pour les éliminer, sans se demander si les processus de décision politiques propres au secteur public ne souffraient pas, eux-aussi, de déficiences. Si l'on fait abstraction de quelques précurseurs, ce n'est que plus tardivement que les recherches sur la responsabilité de redistribution du secteur public et les lacunes gouvernementales ont pris une importance significative.

1.4 ANALYSE ECONOMIQUE, CONCEPTIONS ET FONCTIONS DE L'ETAT

1.4.1 Analyse économique

L'économie publique recourt fondamentalement aux mêmes méthodes d'investigation que l'économie politique. On peut distinguer trois approches.

Méthode descriptive

La méthode descriptive consiste en une simple présentation de faits tels que des dépenses effectuées, ressources prélevées ou politiques poursuivies. Elle ne cherche pas à expliquer l'origine et les conséquences des faits qu'elle met en évidence, mais elle sert aux comparaisons entre collectivités publiques ou dans le temps et constitue une étape préalable indispensable à l'analyse.

Méthode positive

La méthode positive s'efforce de comprendre et d'expliquer les faits et phénomènes constatés. Plus précisément, en s'appuyant sur un raisonnement inductif basé sur des hypothèses de comportement et d'organisation, elle cherche à établir une théorie, c'est-à-dire à identifier et modéliser les relations de cause à effet entre des variables économiques qui se reproduisent avec régularité. La théorie ou le modèle fournit non seulement une explication de ce qui a été observé, mais permet aussi de formuler une prévision sur les conséquences probables de la modification d'une ou plusieurs variables, voire de paramètres. Dans la mesure du possible, une théorie devrait cependant être testée empiriquement en la confrontant à la réalité et modifiée ou rejetée si sa validité n'est pas vérifiée. De nature essentiellement empirique, cette démarche est délicate. D'une part, contrairement aux sciences exactes, il est pratiquement impossible de reconstituer en économie politique les conditions de laboratoire permettant d'éliminer les éléments que l'on ne veut pas observer. D'autre part, les données statistiques indispensables sont très incomplètes, pas toujours fiables et portent sur un nombre si faible de relevés qu'elles compliquent les techniques statistiques.

La méthode normative

La méthode normative, qualifiée aussi d'*économie du bien-être*, va au-delà de l'explication de ce qui est, propre à l'approche positive, pour s'aventurer à proposer ce qui devrait être. Fondée sur les enseignements de l'approche positive, elle cherche en plus à énoncer les critères ou objectifs qui devraient être retenus pour prendre la décision, ainsi que les conditions économiques à satisfaire pour les réaliser. En d'autres termes, l'économie normative aspire à stipuler les objectifs à viser pour améliorer le bien-être de la communauté et les moyens à mettre en oeuvre pour les atteindre.

Cette approche est très ambitieuse car le bien-être n'est pas quelque chose qui est mesurable. De ce fait, la méthode normative repose inévitablement sur des jugements de valeur, à savoir des appréciations subjectives – par conséquent non scientifiques et réfutables – portées sur le bien-être. Elle doit donc être utilisée avec beaucoup de retenue.

Une solution intermédiaire : l'approche normative instrumentale

A cheval entre les approches positive et normative - et classée dans l'une ou l'autre selon l'auteur - figure la méthode normative instrumentale, que l'on peut aussi qualifier d'*économie appliquée*. Contrairement à l'approche normative stricte, elle n'ambitionne pas de définir elle-même les critères ou objectifs des interventions publiques, mais se contente de spécifier les moyens à mettre en oeuvre pour atteindre les objectifs préalablement définis, en principe par le pouvoir politique. Cette méthode repose sur les qualités de prédiction de l'analyse positive, qui permet d'anticiper les conséquences d'une modification d'une variable ou d'un paramètre. Elle doit sans doute être préférée à l'approche normative pure car elle accorde une juste place au pouvoir de décision des organes politiques, qui sont en dernier ressort politiquement responsables des décisions prises, quel que soit le rôle que les experts s'appuyant sur ces méthodes d'analyse puissent jouer.

1.4.2 Conceptions de l'Etat

La théorie de l'économie publique repose sur deux conceptions politiques ou philosophiques très différentes du rôle de l'Etat.

Approche individualiste

L'approche individualiste, de loin la plus importante sur le plan de l'analyse économique, cherche à développer une théorie du secteur public qui soit autant que possible le miroir de la théorie de l'économie marchande. Se fondant en conséquence sur le postulat de souveraineté des consommateurs, elle admet que les prestations publiques doivent refléter les préférences individuelles. L'Etat n'a aucune finalité en soi puisqu'il est entièrement au service des citoyens. On doit son développement aux travaux de pionniers de Samuelson et de Musgrave mentionnés précédemment.

On a vu cependant que le mode de décision n'est pas le même pour l'économie de marché que pour le secteur public. Comme, dans ce dernier cas, les décisions émanent d'un processus politique relativement centralisé, l'analyse doit être prolongée par un examen des institutions et des processus de décision politiques.

Approche de la contrainte

L'approche alternative, dite de la contrainte, de l'intérêt général ou organique de l'Etat, part de l'organisation politique existante pour la prise de décisions collectives. Selon ses principaux avocats (Colm, 1956 ; Lindblom, 1961 ; Barrère, 1972), les décisions publiques peuvent ne pas refléter les préférences des citoyens et leur être imposées. Dans ce cas, la rationalité collective diffère d'une simple agrégation des préférences individuelles ; l'Etat détient une véritable personnalité lui permettant de poursuivre ses propres objectifs. Cette approche n'est pas nécessairement autoritaire ou anti-démocratique, mais elle considère les décisions publiques comme des choix émanant d'une autorité.

1.4.3 Fonctions de l'Etat

En examinant le développement du secteur public et ses déterminants, il apparaît – ce que chacun sait d'ailleurs d'expérience – que l'Etat remplit de multiples fonctions et que ses tâches ont été depuis près d'un siècle en s'amplifiant. Il est souhaitable pour les analyser de les ordonner en catégories bien délimitées. Parmi les diverses classifications possibles, celle qui a été proposée en 1959 par Musgrave s'est imposée auprès des économistes parce qu'elle a l'avantage de faire coïncider les principales fonctions du secteur public avec des domaines bien définis de l'analyse économique. Elle permet non seulement de traiter chacun de ces sujets séparément et avec des outils d'analyse propres, mais également de fournir des critères précis pour aborder d'autres questions relatives au secteur public.

Les fonctions attribuées à l'Etat par Musgrave sont énumérées ci-dessous, sans commentaire car leur étude formera le corps des chapitres 2, 3 et 8, et sera récurrente dans le reste de l'ouvrage. L'Etat doit promouvoir :

- une *allocation optimale des ressources économiques* rares afin d'en tirer le meilleur parti pour le bien-être de la collectivité (fonction d'allocation) ;
- une *distribution équitable du bien-être* – en termes plus concrets du revenu et de la fortune – entre les individus, les régions ou les générations (fonction de redistribution) ;
- l'*équilibre macro-économique* en stabilisant les fluctuations de la croissance économique (fonction de stabilisation).

Ces fonctions sont interdépendantes. Cela signifie :

- qu'il est nécessaire, pour mener à bien la politique propre à une fonction, que les objectifs des deux autres fonctions soient atteints ;
- que les diverses fonctions peuvent se trouver en situation de complémentarité (l'amélioration des résultats de l'une contribue à ceux de l'autre) ou au contraire d'antagonisme (les mesures prises au titre d'une fonction pénalisent une autre).

1.5 PLAN DE L'OUVRAGE

La suite de l'ouvrage est organisée en deux parties. La première, consacrée aux *lacunes du marché, au rôle de l'Etat et aux lacunes des gouvernements,* est formée de trois chapitres. Les deux premiers portent respectivement sur la responsabilité du secteur public en matière d'allocation optimale des ressources (chapitre 2) et de distribution équitable du bien-être (chapitre 3). On y apprendra que, dans certaines circonstances, les marchés présentent des dysfonctionnements qui peuvent justifier une intervention publique. Le chapitre 4 examinera la réponse du secteur public. On y étudiera tout d'abord la façon dont l'Etat procède pour remplir sa double tâche en matière d'allocation des ressources et de distribution équitable, puis on y envisagera les dysfonctionnements des gouvernements eux-mêmes.

La deuxième partie portera sur les *moyens de la politique publique.* Après avoir traité de la décentralisation gouvernementale (chapitre 5), on examinera le financement de l'activité publique en mettant plus particulièrement en évidence l'attention que les économistes portent aux effets de la fiscalité sur l'allocation des ressources et la distribution des revenus (chapitre 6). Le chapitre 7 présentera les instruments de gestion au service de la politique de l'Etat, en particulier le budget et la rationalisation des choix budgétaires. Le chapitre 8 enfin changera de perspective pour considérer la stabilisation macro-économique de l'économie, la troisième fonction attribuée au secteur public.

PREMIERE PARTIE

Lacunes du marché, rôle de l'Etat et lacunes des gouvernements

CHAPITRE II

L'allocation optimale des ressources

2.1 ALLOCATION OPTIMALE DES RESSOURCES ET LACUNES DU MARCHE

2.1.1 L'enjeu de l'allocation optimale

Economie politique et allocation des ressources

Le problème central de l'économie résulte de deux constatations simples : les ressources productives sont rares et les besoins de l'homme jamais rassasiés.

Par ressources productives, l'économiste désigne tous les facteurs de production qui sont nécessaires à l'élaboration d'un bien ou d'un service. Ce sont le travail (main-d'œuvre), le capital (capital financier, équipements, bâtiments), le sol, les ressources naturelles et l'énergie.

Pour maximiser son bien-être, toute communauté doit donc veiller à tirer le meilleur parti des ressources productives dont elle dispose à un moment donné, c'est-à-dire à les utiliser de façon optimale ou efficace. L'impératif d'efficacité économique exige tout à la fois :

- l'adaptation optimale de l'offre de biens et services à la demande (en termes économiques : l'efficacité allocative) ;
- la production optimale de ces biens et services à l'aide des ressources disponibles (en termes économiques : l'efficacité productive).

La transformation efficace des ressources productives en biens et services de consommation finale, que l'on désigne par allocation ou affectation des ressources, dépend aussi du savoir-faire intellectuel et manuel de la collectivité ainsi que de l'efficacité de son organisation. A la rareté des ressources productives s'ajoute donc une rareté de ce que les économistes nomment par analogie le capital humain. A l'instar du capital physique, il peut être en particulier accru (ou plutôt amélioré) par la formation, mais celle-ci nécessite également l'engagement de ressources productives et par conséquent un sacrifice immédiat en terme de consommation finale.

Secteur public et allocation des ressources

L'allocation des ressources revêt également une grande importance dans le secteur public pour deux raisons. Premièrement, toute activité gouvernementale, quelle qu'elle soit, exerce une influence sur l'affectation des ressources. En effet, comme nous le démontrons dans l'annexe à ce chapitre, les ressources étant limitées, toute production d'un bien ou d'un service implique inévitablement un sacrifice, ou en d'autres termes un coût de renonciation à produire un autre bien ou service. La main-d'œuvre et les équipements requis, par exemple pour un service de transports publics, imposent ainsi un coût d'opportunité, qui se mesure à la quantité des autres biens ou services qui auraient pu être produits avec les ressources prélevées par les pouvoirs publics et qui ne sont plus disponibles pour le secteur privé ou pour une autre prestation publique. C'est pourquoi, à l'instar de ce que l'économie privée cherche à faire spontanément, l'Etat doit veiller à ne pas gaspiller de ressources productives en les allouant inefficacement.

Secondement, l'Etat a un rôle constitutionnel de garant de l'intérêt général. Il lui appartient à ce titre d'aller bien au-delà du respect des normes d'allocation optimale des ressources dans la production de ses propres prestations et de contribuer directement à l'amélioration de l'allocation des ressources dans le secteur privé chaque fois que cela se justifie. Ainsi que nous le verrons plus en détail par la suite, il apparaît en effet que le mécanisme du marché présente, à des degrés divers, des déficiences ou lacunes susceptibles à la limite d'en perturber complètement le fonctionnement. Les gaspillages de ressources qui en résultent engendrent, pour la collectivité, une perte de bien-être qui peut justifier une intervention correctrice du secteur public. De plus, nous verrons dans les chapitres 3 et 8 que ce rôle ne se limite pas à l'allocation des ressources, mais s'étend à la recherche d'une juste répartition du bien-être et de l'équilibre macro-économique.

2.1.2 Le critère de Pareto et le test de compensation de Hicks et Kaldor

L'économie du bien-être

Pour examiner les problèmes particuliers de l'allocation des ressources dans le contexte du secteur public, il importe en premier lieu de pouvoir disposer d'un critère permettant de définir l'allocation optimale des ressources. Cette démarche relève du corps de la théorie économique désigné par le terme économie du bien-être, discipline qui cherche à évaluer, pour les comparer, différentes situations économiques (états du monde) du point de vue du bien-être de la collectivité.

Cette démarche normative est très délicate parce que la notion même de bien-être est en partie subjective : s'il est déjà difficile de mesurer le bien-être (on parle aussi d'utilité ou de satisfaction) de chaque individu, il le devient encore plus d'agréger celui de plusieurs personnes afin de déterminer le bien-être collectif. D'une part, faute de pouvoir le chiffrer cardinalement à l'aide d'un étalon de mesure, le bien-être procuré aux individus par les différentes solutions d'affectation des ressources ne peut être que mesuré ordinalement, c'est-à-dire classé dans l'ordre (dé)croissant de préférence. D'autre part, pour être rigoureusement scientifique, l'économie de bien-être devrait en outre pouvoir se passer de tout jugement de valeur et renoncer aux comparaisons interpersonnelles d'utilité, c'est-à-dire aux confrontations de variations de bien-être entre les individus concernés par une modification de l'allocation des ressources. En d'autres termes, il n'est pas acceptable, d'un point de vue objectif, de comparer les gains et pertes d'utilité de chaque membre de la communauté consécutifs à la réalisation d'un projet.

Le critère de Pareto

Pour définir les conditions économiques à satisfaire pour que l'allocation des ressources soit optimale sans recourir à des comparaisons interpersonnelles d'utilité, les économiste font en règle général appel aux enseignements de la nouvelle économie du bien-être, qui propose un critère d'allocation optimale qui devrait être acceptable pour toute la population.

La clé de voûte de la démarche utilisée pour déterminer le bien-être collectif à partir de celui des individus est fournie par le critère proposé en 1927 par Pareto. Le critère ainsi dit de Pareto s'appuie sur le fait que chaque individu est personnellement en mesure de classer ordinalement les différents états du monde qui s'offrent à lui. Il peut être énoncé de deux façons :

- un état du monde doit être préféré à un autre si une personne au moins gagne au changement, sans que personne ne souffre (critère relatif) ;
- l'allocation des ressources est optimale (ou efficace), et par conséquent le bien-être de la collectivité est à un maximum, s'il n'est plus possible, par une modification de l'allocation,

d'améliorer le bien-être d'une personne au moins sans que personne ne souffre (critère absolu).

Les enseignements du critère de Pareto peuvent être illustrés à l'aide du graphique 2.1. Il représente la frontière des possibilités d'utilité, c'est-à-dire le bien-être potentiel maximal pouvant être atteint par la communauté, composée ici pour simplifier de deux personnes seulement, compte tenu du savoir-faire et des ressources disponibles à un moment donné. L'ordonnée mesure l'utilité de Pierre U^P et l'abscisse celle de Mathieu U^M. Comme aucun étalon ne permet d'évaluer l'utilité cardinalement, celle-ci est mesurée ordinalement ; il est en effet raisonnable d'admettre que Pierre et Mathieu sont capables de classer selon leur ordre de préférences les différentes situations du monde qui s'offrent à eux. La frontière des possibilités d'utilité *tz* définit l'utilité maximale pouvant être atteinte par Pierre compte tenu de l'utilité atteinte par Mathieu.

Examinons maintenant les différentes situations illustrées par une ou plusieurs lettres sur le graphique :

a illustre la situation initiale supposée, qui est caractérisée par une allocation des ressources non optimale : il est possible, en se déplaçant dans la direction nord-est, d'améliorer le bien-être d'un individu au moins, voire des deux, sans que personne ne souffre ;

b représente une allocation supérieure à celle de a car Pierre et Mathieu en dérive une utilité supérieure ; elle n'est toutefois pas optimale car le point se situe en deçà de la frontière des possibilités d'utilité ;

c ne peut être atteint avec les ressources et le savoir-faire disponibles car il est situé au-delà de la frontière des possibilités d'utilité ;

d, e, f satisfont tous les trois le critère de Pareto par rapport à la situation initiale. Le passage de *a* à *d, e* ou *f* améliore l'utilité d'un individu au moins, voire des deux *(f)*, sans que personne ne souffre. Ils constituent également des situations optimales puisqu'il n'est plus possible d'accroître le bien-être d'un individu sans réduire celui de l'autre. Tel est en fait le cas de tous les points situés sur la frontière des possibilités d'utilité. Le critère de Pareto ne permet toutefois pas d'en sélectionner un plutôt qu'un autre : s'agissant d'un problème de distribution du bien-être entre Pierre et Mathieu, d'autres critères doivent être utilisés. Eu égard à l'impossibilité des comparaisons interpersonnelles d'utilité, il n'est pas possible d'affirmer que le passage de *a* à un point comme *f* favorise l'un des deux individus. Parce qu'il s'agit de points extrêmes, on peut tout au plus affirmer que le passage de *a* à *d* est très favorable à Pierre et défavorable à Mathieu, et inversement pour le déplacement de *a* à *e*.

Graphique 2.1 ***Domaine de validité du critère de Pareto***

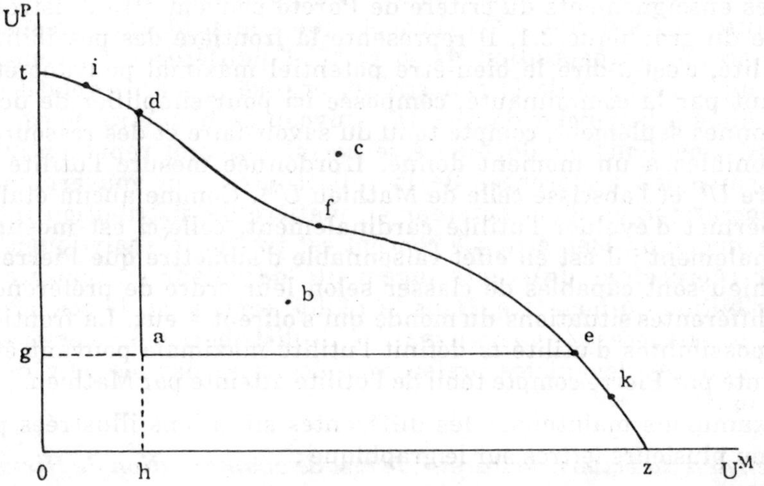

i et *k* ne peuvent pas être évalués par rapport à *a* par le seul critère de Pareto : certes, parce que situés sur la frontière des possibilités d'utilité, ces deux points satisfont la version absolue du critère de Pareto. Toutefois, à l'instar de tous les points situés à l'intérieur des zones *gadt* et *hzea,* ils ne peuvent pas être appréciées par le critère de Pareto parce que, par rapport à la situation initiale *a,* le sort d'un individu s'améliore au détriment de celui de l'autre.

Allocation optimale et distribution équitable : à la recherche d'un optimum optimorum

Avant d'examiner la façon d'évaluer des situations comme celles représentées par *i* et *k,* il convient de préciser qu'il n'existe non pas une, mais une infinité de solutions Pareto-optimales conformément à l'énoncé absolu du principe. De plus, tous les points de la frontière des possibilités d'utilité du graphique 2.1 que l'on peut atteindre à partir de la situation initiale hypothétique *a,* c'est-à-dire tous les points entre *d* et *e* (extrêmes compris) satisfont pleinement le critère relatif. Or, tant les individus à titre personnel que la communauté à titre collectif attachent une importance majeure à la solution qui prévaut car chacune correspondant à une distribution différente du bien-être entre les individus.

Pour déterminer la solution unique qui satisferait simultanément les conditions d'allocation optimale des ressources et la distribution équitable du bien-être, il faudrait appliquer un critère d'évaluation collective ou sociale. La forme traditionnellement choisie est la fonction de bien-être social, analogue à une fonction d'utilité individuelle, mais dont les arguments sont les niveaux d'utilité des individus. Ce concept, que l'on peut se représenter comme une transposition de la carte d'indifférence du consommateur à l'échelle de la collectivité, précise le mérite relatif des individus à bénéficier d'un certain niveau de bien-être. Formellement, une fonction de bien-être social est une représentation abstraite des préférences de la collectivité, d'un gouvernement démocratique ou d'un dictateur en matière de distribution interpersonnelle du bien-être. Ce concept est très utile analytiquement pour représenter différents jugements de valeur en matière de distribution du bien-être. Dans la réalité cependant, la science ne peut pas imposer ses vues en matière de distribution du bien-être et doit s'effacer devant les préférences dégagées par les procédures politiques.

Extension du critère de Pareto : le test de compensation de Hicks et Kaldor

Dans la réalité, il faut bien admettre que les situations dans lesquelles une modification de l'allocation affecte négativement le bien-être d'au moins une personne ne sont pas l'exception, mais la règle. Toute politique publique se traduit presque inévitablement par une diminution du bien-être d'un certain nombre d'individus. Faut-il en conclure que le critère de Pareto est d'un intérêt bien restreint ? Tel serait sans doute le cas si Hicks et Kaldor (1939) et d'autres auteurs n'avaient pas imaginé d'étendre sa portée par l'application d'un *test de compensation.*

Selon la formulation de Kaldor, le test de compensation stipule qu'un état Y de l'allocation est socialement préférable à un état X lorsque les individus qui gagnent à ce changement sont potentiellement en mesure de compenser les perdants et de conserver malgré tout un gain. L'aptitude des gagnants à compenser les perdants permet de s'assurer que ces derniers n'auraient pas à souffrir du changement. Leur indifférence ainsi acquise, l'un des deux volets de la norme de Pareto est satisfait : personne ne souffre. Le solde bénéficiaire revenant – le cas échéant – aux gagnants, après compensation, assure quant à lui le deuxième volet, à savoir l'amélioration du bien-être de la collectivité.

Les enseignements de ce test sont implicites à toute évaluation d'un projet, qu'elle soit essentiellement intuitive et politique ou qu'elle soit effectuée à l'aide d'une technique évoluée comme l'analyse coûts-bénéfices. Dans un cas comme dans l'autre, il est en effet admis que la réalisation d'un projet est souhaitable lorsque la valeur monétaire des bénéfices excède celle des coûts et que par conséquent les bénéficiaires sont hypothétiquement en mesure de dédommager les perdants et de s'assurer en plus d'un gain.

Ce test soulève cependant certaines difficultés dont la plus importante provient du fait que la compensation intégrale des perdants, qui doit être possible au moment de l'évaluation du projet, n'est pas nécessairement effective. Certes, les agents économiques, qui mettent à disposition leurs facteurs de production (travail, capital et sol) ou des biens intermédiaires dans le cadre de la réalisation ou de l'exploitation d'un projet, sont automatiquement rémunérés et, par conséquent compensés pour – conformément au langage économique – le dommage qu'ils subissent.

Cependant, dans de nombreux cas, en particulier lorsque les projets engendrent des nuisances, l'expérience montre que les perdants ne sont en fait pas, ou seulement insuffisamment, dédommagés. Dans le cas de la construction d'une autoroute par exemple, l'acquisition du sol, la rémunération du travail et du capital, ainsi que les frais d'entretien futurs constituent des coûts qui font normalement l'objet de paiements compensatoires ; en revanche, les riverains, qui auront à subir ses nuisances, ne seront souvent pas dédommagés. La réalisation du projet entraîne alors une redistribution du bien-être (ou du revenu) au détriment des victimes. Si par chance cette redistribution va dans le sens souhaité par la communauté en matière de distribution, elle est peut-être tolérable ; mais elle ne l'est certainement pas si elle agit dans le sens opposé.

L'effet de redistribution provoqué par une compensation insuffisante pour les dommages subis a également beaucoup d'importance sur le plan du processus de décision politique, car elle conduit les victimes à s'opposer au projet. Certes, si les victimes sont politiquement minoritaires, le projet sera accepté conformément au critère d'allocation des ressources ; il y aura gain de bien-être pour la collectivité prise dans son ensemble et effet de redistribution. En revanche, si les victimes sont plus puissantes politiquement, le projet, bien que souhaitable pour la société, ne sera pas entrepris. Au delà de l'analyse économique, le test de compensation est donc d'une grande portée pour le fonctionnement des démocraties. En effet, si les gagnants d'une politique étaient tenus de compenser les perdants, il n'y aurait plus de vrais perdants et par conséquent pas d'opposition.

A noter que même si la compensation est versée, il y a redistribution relative du bien-être puisque certains gagnent alors que la situation des autres demeure inchangée. Tant qu'elle demeure modeste, cette modification relative de la redistribution est en général ignorée.

2.1.3 Optimum et équilibre

L'économie du bien-être parétienne s'est attachée à transposer ce critère normatif d'amélioration du bien-être social en un ensemble de conditions techniques devant être satisfaites pour optimaliser l'allocation des ressources. La définition de ces conditions, parce que plus technique, est présentée dans l'annexe de ce chapitre.

Le critère de Pareto et les conditions marginales d'allocation optimale qui en découlent, de même que le test de compensation de Hicks et Kaldor, relèvent d'une réflexion normative visant à déterminer un critère d'allocation optimale ou efficace des ressources. Dans une optique positive, on observe cependant qu'une économie parfaitement compétitive produit spontanément une allocation optimale des ressources sous l'impulsion de la "main invisible" qui la régit. Les marchés ont donc la double propriété de :

- tendre vers des points d'équilibre des quantités produites et prix pratiqués qui satisfont les acheteurs et les vendeurs ;
- satisfaire simultanément les conditions d'allocation optimale des ressources.

Cette propriété des marchés compétitifs de produire des solutions d'équilibre optimales doit être mise au compte du comportement des agents économiques. Ceux-ci cherchent spontanément à maximiser :

- leur utilité s'ils sont consommateurs ;
- leur profit s'ils sont entrepreneurs.

L'équilibre général qui s'établit à long terme grâce à cette main invisible a les propriétés suivantes, qui correspondent exactement aux normes d'allocation optimale :

- les biens produits sont répartis optimalement entre les consommateurs (équilibre de la consommation) ;
- les ressources productives sont réparties efficacement entre les entreprises (équilibre de la production) ;
- la combinaison des biens est optimale (équilibre simultané de la consommation et de la production).

Considérons par exemple le marché du sucre et supposons que la concurrence parfaite y règne. Pour maximiser leur profit, les entrepreneurs, en concurrence les uns avec les autres, essaient d'une part de produire ce bien dans une quantité et une qualité désirées par les consommateurs et d'autre part d'utiliser les méthodes de production les moins coûteuses. La recherche du profit total maximum les incite à pousser leur production jusqu'à ce que la dernière unité produite et vendue rapporte exactement ce qu'elle a coûté ; en d'autres termes, jusqu'à ce que le coût marginal CM

soit égal à la recette marginale qui, en concurrence parfaite, correspond au prix du marché.

De leur côté, les individus en tant que consommateurs et fournisseurs de facteurs de production cherchent également à maximiser leur bien-être par des choix optimaux. Ainsi, chaque consommateur est notamment incité, compte tenu du revenu dont il dispose, à atteindre son niveau d'utilité le plus élevé. Pour maximiser son utilité, il ajuste sa consommation de sucre jusqu'au point où le bénéfice marginal *BM* que lui apporte la consommation de la dernière unité (le dernier kilo) égalise son prix, qui représente pour lui le revenu qu'il doit abandonner pour acquérir une unité additionnelle de ce bien, ou en d'autres termes le montant des autres biens auxquels il doit renoncer. Précisons que la notion de bénéfice marginal est synonyme de celles d'évaluation, de satisfaction ou d'utilité marginale et désigne le bénéfice que l'agent économique tire de la consommation de la dernière unité achetée.

Il apparaît donc qu'aucun gain supplémentaire – de satisfaction pour les consommateurs et de profit pour les entrepreneurs – ne pourra être obtenu lorsque les consommateurs auront ajusté leur consommation de façon à ce que leur bénéfice marginal égalise le prix d'un kilo de sucre et lorsque les producteurs auront poussé leur production jusqu'au point où leur coût marginal atteigne ce prix. En d'autres termes, l'allocation est optimale quand la condition suivante est satisfaite :

$$BM\ Pierre = BM\ Mathieu = CM = P$$

Après avoir rappelé le comportement rationnel des producteurs et des consommateurs et défini la condition de l'allocation optimale, il est désormais possible de montrer à l'aide du graphique 2.2 que dans une situation de concurrence parfaite, comme ici le marché du sucre, l'équilibre vers lequel tend le marché coïncide avec l'optimum.

La droite d'offre reflète le coût marginal *CM* de l'ensemble des offrants et celle de demande le bénéfice marginal *BM* que les consommateurs attribuent aux unités supplémentaires du bien. L'équilibre se situe au point *e*. Il correspond à une quantité produite et vendue Q_e au prix P_e. Pour se convaincre que toute quantité produite inférieure ou supérieure à Q_e n'est pas optimale, il suffit d'imaginer que Q_1 seulement est offert. En Q_1 le bénéfice marginal excède le coût marginal. Cela signifie que les consommateurs sont d'accord de dépenser P_1 pour acquérir une unité supplémentaire de sucre alors que le coût de production de ce kilo est égal à P_2. Dans ces conditions, les entrepreneurs en concurrence les uns avec les autres sont incités à allouer leurs ressources différemment pour produire plus de sucre et ceci jusqu'au point où le bénéfice marginal et le coût marginal correspondent, soit en Q_e. On peut constater une même perte d'efficacité si la production s'élève à Q_2 puisqu'à ce niveau le coût marginal est supérieur au bénéfice marginal. La quantité Q_e vendue au prix P_e correspond donc bien à la solution optimale du point de vue de l'allocation des ressources. Par rapport au graphique précédent 2.1, on voit que tout point autre que e se trouve en deça de la frontière des possibilités d'utilité.

Graphique 2.2 ***Coïncidence entre équilibre et optimum dans un marché de concurrence parfaite***

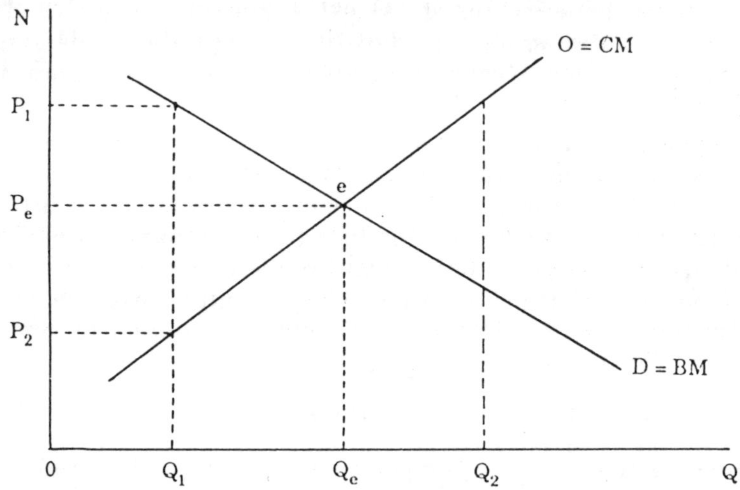

L'identité qui apparaît en cas de concurrence parfaite entre la solution positive d'équilibre et la norme souhaitée d'allocation optimale des ressources explique pourquoi le modèle de concurrence parfaite propre à l'économie de marché avait fasciné Adam Smith, le fondateur de l'économie politique moderne, et constitue aujourd'hui encore le modèle de référence de l'analyse microéconomique moderne. Ce double critère, normatif d'allocation optimale des ressources et positif d'équilibre économique en concurrence parfaite, occupe par ailleurs une place de choix en économie publique.

Comme nous allons le voir, la principale justification de la prise en charge d'une prestation publique ou de l'intervention publique sur un marché est liée au fait que les conditions d'allocation optimale des ressources ne sont souvent pas satisfaites parce que le marché fonctionne imparfaitement, voire pas du tout. En d'autres termes, ils permettent tous les deux d'identifier les dysfonctionnements du marché par comparaison de la solution d'équilibre, vers laquelle l'économie tend en permanence sous l'impulsion du processus de décision décentralisé du marché, avec les conditions d'allocation optimale. Chaque fois qu'il y a écart entre les deux, on peut dire qu'il y a dysfonctionnement ou lacune du marché ; et selon l'ampleur de ce dysfonctionnement, une intervention de l'Etat peut se justifier, soit en se substituant au marché pour la fourniture du service, soit sous la forme d'une intervention correctrice sur le marché imparfait. Cependant, l'existence d'une lacune du marché ne justifie pas nécessairement une intervention publique car la perte de bien-être qui en résulte pour la société est souvent acceptable et inférieure à celle produite par les dysfonctionnements des gouvernements eux-mêmes ; nous y reviendrons dans le chapitre 4.

2.1.4 Les lacunes du marché

L'examen du fonctionnement de l'économie de marché montre cependant qu'elle présente souvent des lacunes. En d'autres termes, laissé entièrement à lui-même, le système de marché ne produit pas nécessairement une allocation optimale des ressources. Ainsi, il peut y avoir divergence entre les conditions d'allocation optimale et les caractéristiques de l'équilibre. L'inefficacité d'un marché se manifeste par des prix ne reflétant pas les coûts ou les bénéfices marginaux effectifs et par conséquent par une offre de biens supérieure ou inférieure à l'optimum, voire, à la limite, par l'absence de production d'un bien pourtant demandé. Ces lacunes ou déficiences du marché peuvent apparaître dans diverses circonstances :

Concurrence imparfaite

Le cas le plus connu est sans doute celui de la concurrence imparfaite qui règne lorsque les offrants (ou les demandeurs) parviennent à exercer une position de force sur un marché, soit parce qu'ils ont conclu un accord de non-concurrence avec les concurrents potentiels (cartels), soit parce qu'ils disposent d'un pouvoir monopolistique plus ou moins prononcé (oligopoles, monopoles, etc.)

Information déficiente

Les marchés fonctionnent également imparfaitement lorsque l'information est insuffisante ou trop coûteuse, en raison notamment de la complexité des biens et de la transparence insuffisante des marchés eux-mêmes. L'information peut aussi être faussée quand, par exemple, la publicité est trompeuse. Dans ces conditions, les agents économiques sont conduits à prendre de mauvaises décisions, ce qui pourrait être évité si l'information était plus aisément disponible et meilleure.

Services collectifs et externalités

Les lacunes du marché qui intéressent le plus l'économie publique, puisqu'elles sont au cœur de l'intervention de l'Etat, résultent des caractéristiques particulières de certains biens et services, les services collectifs, ou d'un phénomène très proche, celui des externalités. Nous n'en dirons pas plus ici puisque nous y consacrerons l'essentiel de la suite de ce chapitre.

Montrer que le système de marché n'est pas toujours efficace n'implique cependant pas du tout que l'Etat doive toujours se substituer au marché pour assurer une allocation optimale. D'une part, toute une série de déficiences du marché peuvent être comblées sur une base strictement volontaire, donc sans recourir à l'Etat. Les organisations comme les associations et les clubs permettent en effet aux intéressés de se regrouper et de mettre en commun leurs moyens pour la réalisation d'un objectif qu'ils ne pourraient guère satisfaire par le truchement du marché. D'autre part, il n'est pas *a priori* garanti que l'allocation des ressources opérée par voie politique, dans le cadre du secteur public, soit toujours meilleure que celle, même déficiente, du marché car le processus de décision politique présente lui aussi des carences nuisibles à l'allocation optimale des ressources. C'est pourquoi toute approche normative doit être complétée par une analyse positive afin d'examiner si les mesures collectives proposées améliorent effectivement l'efficacité de l'économie.

2.2. L'EVALUATION DES VARIATIONS DU BIEN-ETRE DE LA COMMUNAUTE

Les conditions d'allocation optimale tirées du critère de Pareto caractérisent une situation dans laquelle toutes les possibilités d'améliorer le bien-être par une modification de l'engagement des ressources productives ou par l'échange des biens disponibles ont été exploitées. Dans la pratique cependant le problème ne se pose pas dans ces termes ; il s'agit plus concrètement de pouvoir comparer deux solutions d'allocation des ressources, pas nécessairement optimales, et de déterminer quels sont les gains ou les pertes de bien-être consécutifs au passage de l'une à l'autre.

Si les changements opérés étaient marginaux, le prix du marché fournirait une mesure correcte des gains et des pertes de bien-être. En effet, nous avons vu ci-dessus que, dans un modèle de concurrence parfaite en équilibre, le prix d'un bien mesure tout à la fois son coût marginal de production et l'évaluation marginale de la dernière unité demandée. Cette condition n'est cependant pas souvent satisfaite dans le domaine des décisions publiques puisque la plupart des politiques ou projets provoquent des variations non marginales des quantités offertes et demandées. En conséquence, le prix du marché ne fournit pas toutes les informations nécessaires à une prise de décisions rationnelle : s'il continue à refléter correctement la valeur attribuée à la dernière unité consommée, il ne le fait en revanche pas pour les unités inframarginales, c'est-à-dire pour toutes les unités jusqu'à l'unité marginale non comprise. Et pourtant, le bien-être des individus en dépend directement. C'est pourquoi, pour pouvoir appréhender l'impact sur le bien-être de la communauté de tout projet qui entraîne une variation discontinue des quantités et des prix, il convient de recourir aux deux concepts de surplus du consommateur et de rente du producteur. On dispose pour cela de deux méthodes alternatives qui requièrent toutes deux que l'on se fonde, en lieu et place du prix d'équilibre, sur les droites (courbes) de demande et d'offre des biens et services et des facteurs de production. Examinons-les en commençant par l'évaluation des gains de bien-être des consommateurs avant d'envisager celle des producteurs, puis de la collectivité tout entière.

2.2.1. Gain de bien-être des consommateurs

Nous avons établi ci-dessus que le prix qu'une personne paie pour un bien correspond au moins à la satisfaction qu'elle retire de sa consommation. Si tel n'était pas le cas, elle ne l'achèterait pas car le sacrifice qu'elle concède en numéraire serait plus important que sa satisfaction. En d'autres termes, nous pouvons admettre que la "volonté de payer", soit le montant qu'un individu est disposé à payer pour acquérir un bien, est en tout cas égale au prix du marché sans quoi il ne procéderait pas à l'échange.

Toutefois, la satisfaction qui échoit au consommateur pour chaque unité consommée est, à l'exclusion de la dernière unité, supérieure au prix qu'il paie. L'achat d'un bien lui offre donc un surplus de satisfaction que l'on qualifie de surplus du consommateur. Selon la définition simple proposée par Marshall (1925), le *surplus du consommateur* correspond à la somme maximale qu'un consommateur accepte de payer pour une quantité donnée d'un bien moins le montant qu'il doit effectivement verser.

Ce concept peut être expliqué à l'aide du graphique 2.3 qui représente la somme maximale qu'un individu est disposé à payer plutôt que de renoncer à son achat durant une période donnée pour respectivement une, deux, trois..., *n* unités d'un bien.

Cette disposition à payer de l'individu, qui correspond à son évaluation marginale, est représentée dans ce graphique par des colonnes dont la hauteur décroît au fur et à mesure que sa consommation augmente, traduisant une utilité marginale décroissante. Un consommateur rationnel poussera ses achats jusqu'au point où son évaluation marginale est égale au prix du marché ; compte tenu du prix *P,* il choisira donc la quantité *Q.* Si l'on admet que le bien en question est parfaitement divisible, les marches d'escalier font place à une droite continue, la droite de demande, dont la pente négative traduit l'utilité marginale décroissante.

De là, trois notions importantes peuvent être définies :

- Le *paiement* est égal au produit de la quantité du bien achetée et du prix, soit la surface *oQbP.*
- La *volonté de payer* (ou disposition à payer) correspond à toute la surface sous le segment satisfait de la demande du consommateur (segment *ab*), c'est-à-dire à l'aire *oQba.* Cette surface représente le bénéfice total qu'un consommateur retire de la consommation de la quantité *Q* du bien.
- Le surplus du *consommateur* correspond à la différence entre la volonté de payer et le paiement effectif (*oQba* – *oQbP* = *Pba*), soit la surface hachurée du graphique.

Graphique 2.3 ***Volonté de payer, paiement et surplus du consommateur***

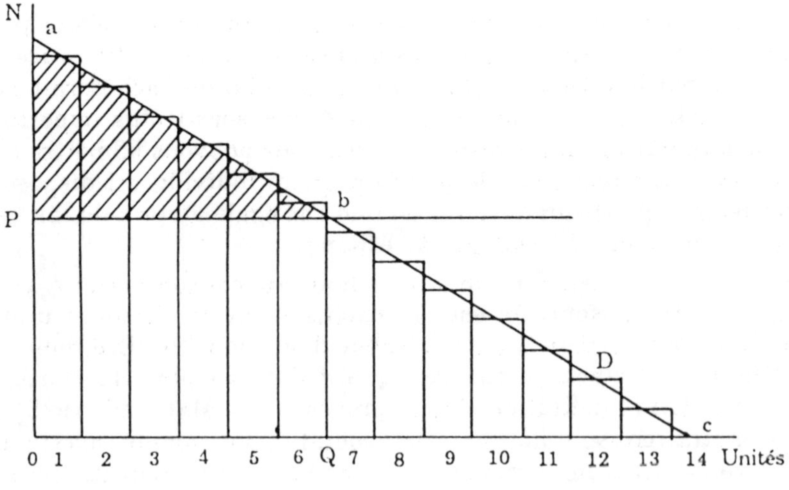

Voyons maintenant comment ces concepts de surplus du consommateur et de volonté de payer permettent d'évaluer la contribution d'un projet public au bien-être de la communauté. Fondamentalement, deux situations peuvent se présenter :

- L'Etat abaisse le prix de vente d'un bien (électricité ou gaz) ou d'un service tel que les transports publics. On suppose que la capacité de production est suffisante pour répondre à une demande supplémentaire.
- L'Etat réalise un important projet qui lui permet d'accroître substantiellement la production d'électricité ou la capacité d'une route ou d'un pont, par exemple. Cette offre supplémentaire induit soit une baisse du prix du bien considéré, si celui-ci est vendu sur un marché, soit une diminution des frais d'utilisation (en l'occurrence de transport) des usagers.

Dans tous ces cas, nous sommes en présence de variations non marginales. Les mesures prises par les pouvoirs publics affectent le prix du marché, directement dans le premier exemple et indirectement dans les deux autres situations.

Pour estimer en termes monétaires l'impact de l'intervention gouvernementale, deux mesures équivalentes peuvent être utilisées. Illustrons-les en retenant, parmi les trois situations ci-dessus, celle où l'augmentation de l'offre induit une baisse de prix. Pour cela, il convient de dessiner un graphique 2.4 qui décrit la situation sur le marché. Sachant que la demande totale est égale à la somme des demandes individuelles, les trois notions définies

Graphique 2.4 ***Variations du surplus du consommateur et de la volonté de payer***

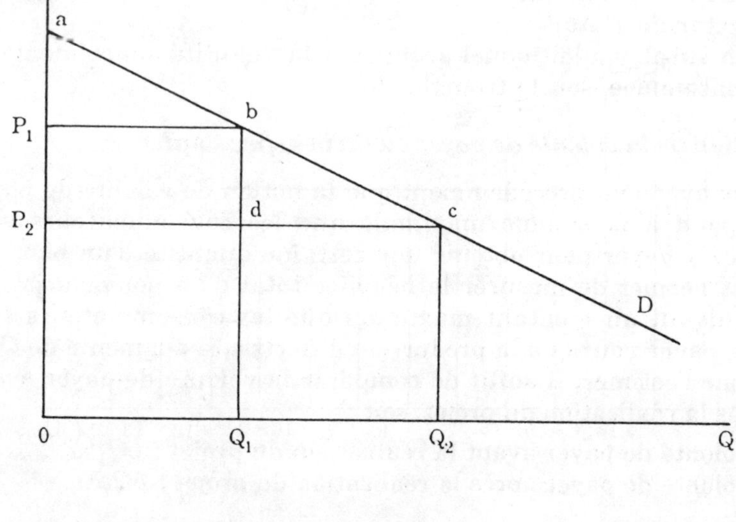

à l'aide du graphique 2.3 peuvent être sans autre reprises. Ainsi, si l'on admet qu'à l'origine, c'est-à-dire avant l'application de la politique, la quantité Q_1 était produite et vendue à un prix P_1 :

- la volonté de payer de la collectivité (ou son bénéfice total) correspond à la surface oQ_1ba,
- le paiement effectif est égal à l'aire oQ_1bP_1,
- et enfin le surplus des consommateurs est représenté par la surface P_1ba.

Supposons maintenant que la réalisation du projet permette une augmentation de l'offre d'électricité de Q_1 à Q_2. Compte tenu de l'importance relative du producteur d'électricité par rapport au marché, cet accroissement de l'offre nécessite, pour être écoulé, une diminution du prix de vente de P_1à P_2.

Le gain de bien-être que cette politique apporte aux consommateurs peut être évalué de deux façons différentes : en estimant soit la variation du surplus des consommateurs, soit celle de la volonté de payer.

Variation du surplus des consommateurs

Cette première méthode de mesure du gain de bien-être des consommateurs consiste à comparer le surplus des consommateurs avant et après la réalisation du projet, soit :

- surplus avant la réalisation du projet : P_1ba,
- surplus après la réalisation du projet : P_2ca,
- variation du surplus, et par conséquent gain de bien-être pour les consommateurs : $P_2ca - P_1ba = P_2cbP_1$.

Remarquons que ce gain de surplus a deux origines différentes :

- une économie de dépense réalisée par les consommateurs initiaux consécutive à la baisse du prix et illustrée par le rectangle P_2dbP_1,
- un surplus additionnel acquis sur la quantité supplémentaire consommée, soit le triangle dcb.

Variation de la volonté de payer ou du bénéfice total

Nous avons vu précédemment que la notion de volonté de payer correspond à la somme maximale que les consommateurs sont disposés à payer pour obtenir une certaine quantité d'un bien. Ce concept permet de mesurer le bénéfice total d'un nouveau projet, qui équivaut au montant maximum que les consommateurs sont prêts à payer pour que la production d'électricité augmente de Q_1 à Q_2. Pour l'estimer, il suffit de comparer la volonté de payer avant et après la réalisation du projet, soit :

- volonté de payer avant la réalisation du projet : oQ_1ba,
- volonté de payer après la réalisation du projet : oQ_2ca,

– variation de la volonté de payer ou bénéfice total du nouveau projet : $oQ_2ca - oQ_2ba = Q_1Q_2cb$.

Portée de ces mesures

Si l'on admet quelques postulats peu restrictifs, ces deux mesures sont, comme nous le verrons ci-dessous, équivalentes. Le choix de l'une ou l'autre dépend donc essentiellement des contraintes particulières posées par la situation à analyser.

Pour conclure cette section consacrée au surplus des consommateurs, il convient de faire trois remarques complémentaires. Premièrement, on utilise ces notions de surplus du consommateur et de volonté de payer parce qu'elles sont observables et mesurables alors que celle de bien-être ne l'est pas. La surface sous la droite de demande ne fait pas explicitement appel à la notion subjective d'utilité des utilisateurs, mais représente simplement la somme de leurs évaluations marginales. Deuxièmement, la droite de demande du marché est tracée en admettant que le prix des autres biens, le revenu, les goûts, la population et la distribution des revenus sont maintenus constants. Toute modification de ces variables déplacerait la droite de demande du bien en question et par conséquent changerait la surface sous la droite de demande utilisée pour mesurer le surplus des consommateurs. Troisièmement et enfin, cette approche ignore l'impact de la variation de prix sur le revenu des consommateurs. Formellement, il conviendrait de travailler avec une droite de demande compensée. Ce concept, que nous présenterons au paragraphe 6.2.4, met en évidence la variation de la quantité demandée lorsque le prix varie et que simultanément le revenu des individus est compensé de telle sorte que la variation de prix n'a aucun effet sur leur niveau de bien-être général.

2.2.2 Gain de bien-être des producteurs

Alors que les consommateurs achètent les biens pour une somme inférieure à ce qu'ils seraient disposés à les payer plutôt que de s'en passer, les titulaires des facteurs de production réalisent un gain lorsqu'ils peuvent les vendre à un prix supérieur au montant minimal qu'ils seraient prêts à recevoir comme dédommagement. Ce gain, qui est qualifié le plus souvent de *rente du producteur,* correspond à la différence entre ce qu'un facteur de production gagne dans son emploi actuel et la somme minimale requise pour l'inciter à y rester, compte tenu des autres possibilités qui lui sont offertes.

Pour illustrer ce concept, prenons l'exemple du facteur travail, un raisonnement identique pouvant être conduit pour les autres facteurs de production.

Imaginons, pour simplifier notre exposé, qu'un individu soit parfaitement libre d'offrir le nombre d'heures de travail qu'il souhaite L selon le taux de salaire du marché W. Sur le graphique 2.5, la courbe S, qui représente l'offre de travail, met en évidence la rémunération minimale nécessaire pour encourager notre individu à offrir différentes quantités de travail et par conséquent à sacrifier une partie de son temps de loisirs. Ce dédommagement indispensable s'élève à oc pour la première heure et à L_1a pour qu'il travaille L_1 heures par semaine.

A l'instar d'un individu qui opère son calcul de consommateur, le travailleur a avantage à pousser son offre jusqu'au point où le dédommagement qu'il exige pour travailler davantage correspond au salaire horaire en vigueur sur le marché. Rappelons que si la concurrence parfaite règne sur le marché du travail, le taux de salaire représente tout à la fois :

- le montant qu'il est nécessaire de payer pour inciter des travailleurs à renoncer à des heures de loisirs ;
- la valeur du produit marginal du travail, c'est-à-dire la valeur de la production rendue possible par l'heure de travail supplémentaire.

Cela dit, si le taux de salaire est égal à W_1, la rente du facteur de production travail correspond à la différence entre :

- la *rémunération* qu'il reçoit effectivement pour son travail, soit $oL_1 \cdot oW_1$, qui est représentée par la surface oL_1aW_1, et

Graphique 2.5 ***Rente du facteur de production***

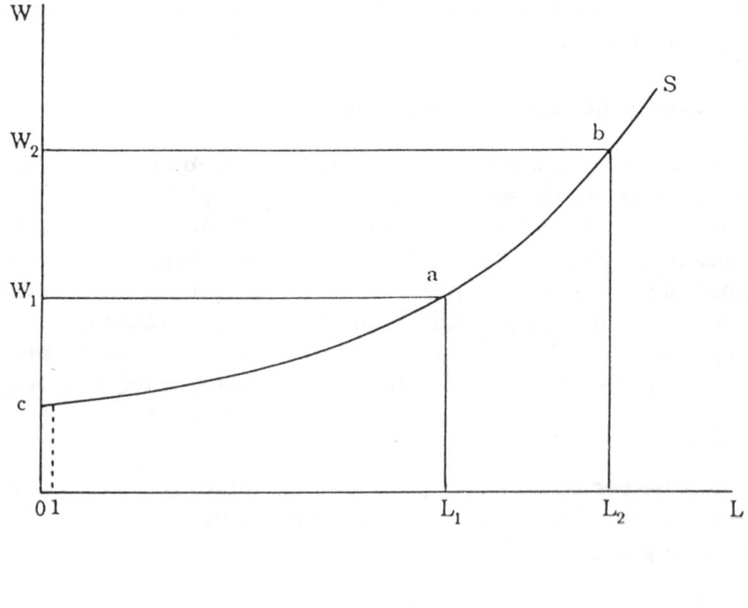

– le *montant minimum total qu'il requiert pour offrir L_1 heures de travail,* soit l'aire sous la courbe d'offre oL_1ac,
– ce qui donne une *rente du producteur* correspondant à la surface caW_1.

Si, à la suite de la réalisation d'un projet public, le taux de salaire s'élève à W_2, l'individu offrira L_1L_2 heures de travail en plus et la rente dont il jouit augmentera en conséquence pour atteindre cbW_2.

Comme pour la mesure d'une variation du bien-être des consommateurs, deux méthodes peuvent être utilisées pour évaluer l'impact d'une variation du taux de salaire.

Variation de la rente du facteur de production

Elle est égale à la différence entre la rente après et avant le changement du taux de salaire, soit $cbW_2 - caW_1 = W_1abW_2$.

Variation du sacrifice total consenti par le travailleur ou du coût total du travail

Il s'agit de la variation du montant destiné à compenser le travailleur du coût que lui impose son effort de travail. Cette variation du coût total subie par le travailleur correspond à la différence entre le coût total du sacrifice avant et après réalisation du projet, soit $oL_2bc - oL_1ac = L_1L_2ba$.

Fondé sur l'exemple d'un travailleur isolé, ce même raisonnement est applicable au cas du marché, l'offre agrégée de travail étant égale à la somme des offres individuelles.

2.2.3 Deux mesures équivalentes de l'impact d'une politique sur le bien-être de la collectivité

Pour déterminer l'impact global d'une politique sur le bien-être de la collectivité, il convient de prendre en compte tout à la fois l'incidence sur les consommateurs et celle sur les producteurs. Plus précisément, il s'agit :

– soit d'additionner les variations du surplus du consommateur et de la rente du producteur de toutes les parties concernées,
– soit de retrancher à la variation du bénéfice total celle du coût total.

Pour illustrer l'équivalence de ces deux approches, considérons la politique de concurrence visant à contraindre un monopoleur à maximiser le bien-être de la collectivité plutôt que son profit. Le graphique 2.6 représente les droites habituelles de demande ($D = RU$) et de recette marginale RM et les courbes de coût marginal CM et de coût moyen ou unitaire CU.

Graphique 2.6 ***Le coût en bien-être d'un monopole***

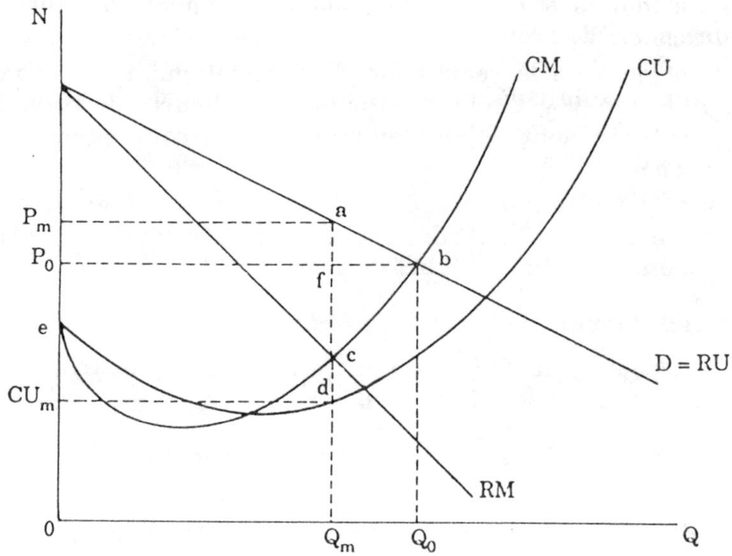

Le monopoleur qui maximise son profit choisit de produire une quantité Q_m, qui lui permet d'égaliser son coût marginal et sa recette marginale. Le prix de vente atteint alors P_m. Or, pour maximiser le bien-être de la collectivité, il faudrait produire une quantité Q_o vendue au prix P_o, car c'est la seule solution qui permet, à la marge, d'égaliser le coût marginal avec le prix (qui est égal à l'évaluation marginale).

Les deux approches mentionnées ci-dessus pour mesurer l'impact de la politique antimonopole, laquelle conduit à l'optimum (Q_o, P_o), donnent des résultats équivalents.

Somme du surplus des consommateurs et de la rente des producteurs

Pour simplifier notre démonstration, nous supposons que la pente ascendante des courbes de coûts est due uniquement au phénomène des rendements décroissants. En d'autres termes, nous admettons que les prix des facteurs de production sont constants et que par conséquent leur rente ne subit pas de changement. Le cercle des gagnants et des perdants est ainsi limité aux consommateurs d'une part et au monopoleur d'autre part.

– Les *consommateurs* enregistrent une augmentation de leur surplus égale à P_obaP_m.
– Le *monopoleur* est influencé par deux effets contradictoires : une perte de profit sur la quantité vendue initialement due à la baisse de prix et un profit supplémentaire sur la quantité additionnelle consécutif à l'augmentation de la production. Si l'on se réfère maintenant au graphique, la variation du bien-être du monopoleur peut être évaluée de la façon suivante. Au point Q_m, le profit du monopoleur équivaut à son revenu total moins son coût total, soit $oQ_maP_m - oQ_mdCU_m = CU_mdaP_m$. Bien qu'il soit habituel de mesurer le coût total en multipliant le coût unitaire par la quantité produite, nous avons vu dans la section précédente que le coût total correspond aussi à la surface sous la courbe d'offre (de coût marginal). En conséquence, le profit du monopoleur peut être mesuré en utilisant $oQ_maP_m - oQ_mce = ecaP_m$. En faisant un raisonnement identique, le profit du monopoleur au point Q_o atteint $ecbP_o$. La perte du monopoleur consécutive à sa production supplémentaire est donc composée de deux éléments contradictoires :
  - une perte de profit sur la quantité oQ_m, soit P_ofaP_m ;
  - un profit supplémentaire réalisé sur la quantité additionnelle, soit *cbf* ;
  - au total, le profit du monopoleur diminue de $-P_ofaP_m + cbf$.
– L'*ensemble de la collectivité* retire donc de cette mesure un gain de bien-être net égal à $P_obaP_m + (cbf - P_ofaP_m) = cba$. Si l'on se réfère maintenant au test de compensation de Hicks et Kaldor, on constate que cette politique de concurrence vaut la peine d'être appliquée car les consommateurs sont non seulement potentiellement en mesure de compenser les producteurs (perdants), mais encore de conserver un gain.

Différence entre le bénéfice total et le coût total

L'évaluation du gain de bien-être de la société selon la seconde approche peut être résumée ainsi :

– La *variation du bénéfice total* correspond à la surface Q_mQ_oba, à laquelle il faut ajouter la variation des dépenses consécutives à la baisse du prix de P_m en P_o qui peut se produire dans d'autres secteurs de l'économie.
– La *variation du coût total* est égale à l'aire sous la courbe d'offre Q_mQ_obc, plus les modifications possibles de coût total que peut subir l'économie dans son ensemble.
– Si l'on exclut l'existence de distorsions dans l'économie, on peut admettre que les variations des dépenses et celles des coûts totaux des autres entreprises sont égales et se com-

pensent. En conséquence, le *gain de bien-être de l'ensemble de la collectivité* se limite à la différence entre la variation du bénéfice total et celle du coût total du monopoleur, soit $Q_mQ_oba - Q_mQ_obc = cba$.

Cette deuxième approche donne donc exactement le même résultat que la précédente. Nous aurons ultérieurement diverses occasions d'appliquer ces techniques de mesure, notamment en traitant de l'indivisibilité de l'offre (2.4) et de la politique de l'environnement (2.5). Elles constituent également l'outil de base de l'analyse coûts-bénéfices, qui est la méthode la plus évoluée d'évaluation des projets publics (7.2.3).

2.3 LES SERVICES COLLECTIFS

Nous avons vu précédemment que le fonctionnement des marchés pouvait présenter des déficiences, source d'une mésallocation des ressources néfaste pour le bien-être de la communauté. Nous avons signalé également que les lacunes les plus importantes provenaient de l'existence de biens présentant des caractéristiques techniques particulières, soit les services collectifs. Bien que pour des raisons déjà évoquées, la présence de services collectifs ne justifie pas nécessairement une allocation par le secteur public, il n'en demeure pas moins que l'activité de l'Etat dans le domaine de l'allocation des ressources est étroitement liée à l'existence de ces biens particuliers. C'est d'ailleurs la raison pour laquelle certains les désignent – à notre avis exagérément – par le terme de biens publics.

2.3.1 La nature des services collectifs

Les particularités des services collectifs peuvent être mises en évidence en observant les caractéristiques propres aux biens et services privés, qui sont d'une part la rivalité de la consommation et d'autre part la possibilité d'exclusion.

- Un bien est dit *rival* ou *divisible* lorsque son achat ou utilisation par une personne en exclut définitivement (ou dans certains cas simultanément) toute consommation par une autre personne. Dans ce cas, il y a une relation singulière entre chaque unité produite et/ou offerte et chaque unité consommée ou utilisée. Le coût marginal d'un consommateur supplémentaire est supérieur à zéro, ce qui justifie son exclusion par le prix.
- Un bien est dit *exclusif* – ou se prête à l'exclusion ou au rationnement – lorsque son détenteur (souvent son producteur) est en mesure d'en empêcher l'accès à toute personne qui refuse-

rait de l'acheter au prix qu'il en exige. Le détenteur d'un bien exclusif jouit en conséquence d'un droit de propriété qui lui est conféré par la loi, ou en tout cas par les us et coutumes. La possibilité d'exclusion garantit au détenteur du bien d'être dédommagé en cas d'échange pour la renonciation à son droit.

Tableau 2.7 ***Catégories de biens et services***

Caractéristiques	Exclusion (rationnement possible)	Non-exclusion (rationnement impossible)
Rivalité (rationnement désirable : CM> 0)	A Biens privés	D Services collectifs mixtes
Non-rivalité (rationnement indésirable : CM = 0)	C Services collectifs mixtes	B Services collectifs purs

Ainsi qu'il ressort du tableau 2.7, il est possible d'identifier formellement quatre catégories de biens et services selon que la consommation est rivale ou non rivale et que l'exclusion est possible ou impossible.

A) Les *biens et services privés* réunissent les deux caractéristiques de rivalité et de possibilité d'exclusion. Leur rationnement est non seulement possible, mais souhaitable du point de vue de l'allocation des ressources puisque leur coût marginal de production est supérieur à zéro. Un croissant en constitue un excellent exemple.

B) Les *services collectifs* purs présentent des particularités diamétralement opposées à celles de la catégorie précédente, puisque leur consommation est *non rivale* et l'*exclusion impossible*.

- La non-rivalité signifie qu'une fois produits pour une ou plusieurs personnes, ces services collectifs peuvent être consommés ou utilisés par un grand nombre de personnes sans coût de production supplémentaire. La consommation par une personne ne diminue en rien la quantité disponible pour les autres ; elle est donc non rivale de celle des autres consommateurs. Comme le coût marginal engendré par un utilisateur supplémentaire est égal à zéro, le rationnement par le prix (ou par tout autre moyen) n'est pas justifié du point de vue des conditions d'allocation optimale.
- La non-exclusion implique que le fournisseur ou le propriétaire d'un service collectif est dans l'impossibilité de réser-

ver son utilisation à ceux qui seraient prêts à le dédommager en le lui achetant. Un grand nombre de personnes peut donc jouir des bénéfices du service collectif sans en payer le prix. Une fois produit, il est automatiquement à la disposition de tous. En d'autres termes, le rationnement par le prix est non seulement indésirable, mais impossible.

Les exemples classiques de services collectifs purs sont l'éclairage public, la défense nationale, les phares côtiers pour la navigation ou encore la radiodiffusion.

C) Une première catégorie de *services collectifs mixtes* est caractérisée par la *non-rivalité* et la *possibilité d'exclusion.* Ce cas est très répandu : citons les ponts, les tunnels, les autoroutes, les terrains de sports ou toutes les formes de représentations artistiques. Jusqu'à concurrence de la limite de capacité, la consommation par les premiers utilisateurs n'empêche pas celle par d'autres personnes. En revanche, le propriétaire de l'installation n'a guère de difficulté à réserver le service qu'il fournit à ceux qui s'acquittent du prix d'exclusion.

D) La seconde catégorie de *services collectifs mixtes* présente les particularités inverses de rivalité et d'impossibilité d'exclusion. Bien que beaucoup moins fréquente, cette situation se produit lorsque les droits de propriété ne sont pas ou sont mal définis. Ce fut le cas, à l'origine, des gisements d'or ou de pétrole et aujourd'hui encore, dans une certaine mesure, celui des ressources marines (poissons, etc.) Leur exploitation est sans aucun doute rivale, mais les premiers exploitants ne peuvent se réserver ces richesses pour eux seuls car ils n'ont pas de moyens légaux d'empêcher la venue de nouveaux arrivants. Seules les eaux territoriales sont réservées aux pêcheurs ressortissants du pays. Par extension, cette catégorie de services couvre également des biens naturels qui sont en règle générale gratuits et que les sociétés industrielles utilisent abusivement pour déjeter leurs déchets toxiques à l'exemple de l'air et de l'eau, voire de la couche d'ozone que l'on détruit avec les CFC ou la stratosphère dans laquelle les gaz carboniques s'accumulent, formant l'effet de serre, vraisemblablement source d'un réchauffement de la planète. La capacité d'absorption du milieu naturel est rivale, mais il est très difficile d'en empêcher l'utilisation.

Avant d'envisager l'origine de la non-rivalité et de l'impossibilité d'exclusion, apportons deux précisions :

- On utilise plus volontiers le terme de service que de bien car les prestations offertes revêtent généralement cette forme. Le bien, par exemple l'autoroute, n'est que le support d'un service, à savoir la possibilité de se déplacer rapidement et en relative sécurité d'un point à un autre.

– Le caractère de non-rivalité n'est en réalité pas aussi absolu que nous l'avons supposé ci-dessus. En effet, même s'il y a non-rivalité sur le plan du nombre de bénéficiaires d'un service collectif, la qualité du service se dégrade souvent lorsque ce nombre progresse (phénomène de congestion d'un tunnel) ou en raison de limites géographiques (détérioration de la qualité du service des pompiers lorsque la distance augmente).

2.3.2 Les origines de la non-rivalité et de la non-exclusion

Le caractère de non-rivalité de la consommation provient de la nature particulière de la production du service envisagé : la production jointe à utilisateurs multiples. Le processus de production fournit un service unique dont peuvent bénéficier autant de personnes qu'il y a d'utilisateurs potentiels, et cela sans coût supplémentaire. De plus, chaque utilisateur peut jouir non seulement de la même quantité que tous les autres, mais encore de la quantité totale offerte. Le nombre de bénéficiaires dépend de la capacité technique du service (capacité maximale d'une salle, d'un tunnel, etc.).

L'origine de l'impossibilité – ou en tout cas des difficultés – d'exclusion est d'ordre à la fois technique et économique. L'exclusion nécessite en effet la faculté de pouvoir, d'une part, identifier les bénéficiaires et, d'autre part, de mesurer l'intensité avec laquelle ils y recourent afin de connaître la valeur qu'ils lui attribuent. Or dans certains cas, comme par exemple l'éclairage public, la technique ne fournit aucun système approprié permettant de résoudre cette question. A noter que, si dans ce cas l'impuissance de la technique semble bien définitive, les progrès fulgurants de l'électronique et de l'informatique permettent d'appliquer ou d'entrevoir des solutions de contrôle d'utilisation dans de nombreux domaines où cela semblait également impensable il n'y a pas très longtemps ; par exemple, de même que l'on peut depuis longtemps facturer le parcage des véhicules sur la voie publique, il serait possible de contrôler précisément l'utilisation des voies de circulation des centres d'agglomérations.

En raison des difficultés techniques, l'exclusion peut dès lors se traduire par un coût très élevé, voire exorbitant, sans commune mesure avec la recette qu'elle permettrait de recueillir, ce qui justifie d'y renoncer. Nous reviendrons ci-dessous sur le fait que l'exclusion, même si elle est techniquement et économiquement envisageable, peut être déconseillée du point de vue de l'allocation optimale des ressources.

Jusqu'ici nous nous sommes concentrés sans le préciser sur l'exclusion des consommateurs par les fournisseurs. La question doit aussi être considérée du point de vue inverse, celui de la faculté qu'ont les citoyens-consommateurs d'éviter de recevoir un service collectif pour lequel ils n'éprouvent aucun intérêt, ou qui constitue à leurs yeux des maux publics ou une nuisance. Lorsque les agents économiques peuvent s'exclure, on dit que la consommation ou la jouissance du service est optionnelle ou que la non-exclusion est unilatérale. Tel est le cas des programmes de radio ou de télévision. En revanche, lorsque les agents économiques ne peuvent pas éviter de consommer un service collectif qu'ils estiment indésirable, on dit que la consommation est non optionnelle ou que l'impossibilité d'exclusion est bilatérale. L'exemple classique de cette situation est, pour les habitants d'un pays, la défense nationale.

2.3.3 Les conditions d'allocation optimale des services collectifs

Le caractère de non-rivalité de la consommation des services collectifs modifie les conditions d'allocation optimale valables pour les biens privés. Illustrons sur les graphiques 2.8a et b la demande de deux consommateurs (Pierre et Mathieu) composant la collectivité, respectivement pour un bien privé et un service collectif, ainsi que l'offre de ce bien ou service. Nous supposons que la distribution du revenu est donnée et que les prix des autres biens ne varient pas. Rappelons que la distance verticale sous la droite de demande mesure le bénéfice marginal (de Pierre ou de Mathieu, ou des deux ensemble selon la droite considérée) et celle sous la droite d'offre, le coût marginal de production de ces biens.

Graphique 2.8 ***Les conditions d'allocation optimale***

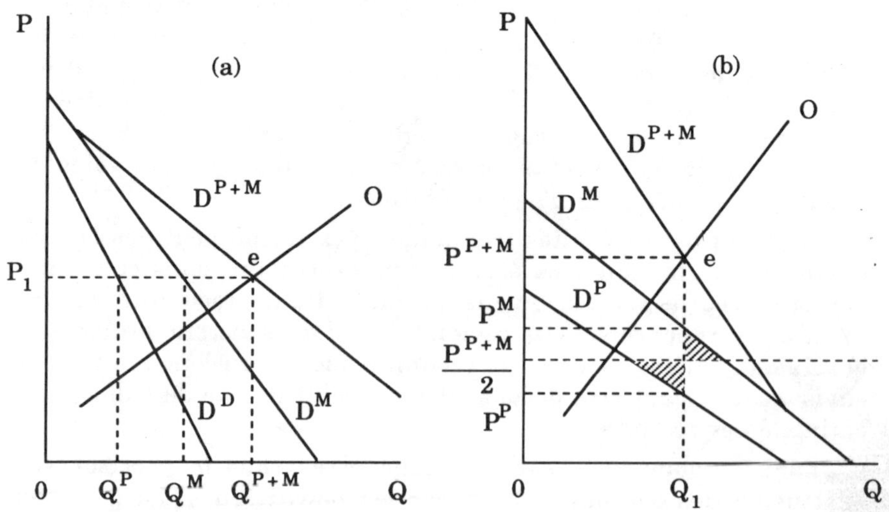

Conditions d'allocation optimale d'un bien privé

Ayant déjà analysé ces conditions dans le détail dans la section 2.1.3, nous nous limiterons ici à un bref rappel.

- La demande totale du marché s'obtient par addition horizontale des quantités demandées par Pierre et Mathieu à chaque niveau de prix ($D^P + D^M = D^{P+M}$).
- Avec la droite d'offre *O,* l'optimum (et l'équilibre s'il s'agit d'un marché en concurrence parfaite) se situe en *e,* à l'intersection des droites d'offre et de demande totale. La solution optimale requiert une production totale Q^{P+M}, vendue au prix P^1. A ce prix, qui est identique pour tous, Pierre et Mathieu choisissent respectivement une quantité Q^P et Q^M du bien afin d'égaliser leur bénéfice marginal, qui est fonction de la quantité qu'ils consomment, avec le prix du marché qui leur est imposé par ce dernier.
- Cette solution est optimale car elle maximise le bien-être de Pierre et de Mathieu d'une part et le profit des producteurs d'autre part. Les conditions d'allocation optimale sont donc réunies lorsque :

$$BM^P = BM^M = CM$$

Conditions d'allocation optimale d'un service collectif

Pour les services collectifs, il n'est pas nécessaire d'envisager le partage de la quantité produite, car la quantité offerte est, en raison de la non-rivalité, disponible pour tous.

- La demande totale du marché s'obtient par addition verticale des quantités demandées par Pierre et Mathieu, soit $D^P + D^M = D^{P+M}$. En raison de la non-rivalité de la consommation, la valeur de la production d'une unité additionnelle du service collectif ne correspond plus au bénéfice marginal que peut en retirer Pierre ou Mathieu, mais à celui de Pierre et Mathieu, puisque l'un et l'autre peuvent en jouir entièrement. Il convient donc d'additionner le bénéfice marginal de Mathieu à celui de Pierre pour obtenir le bénéfice marginal que la communauté retire de cette production supplémentaire ou, en d'autres termes, le prix qu'elle est disposée à payer plutôt que de s'en passer. En supposant la droite d'offre *O,* l'optimum se situe en *e.* La nature du service collectif requiert qu'une quantité unique Q_1 soit mise à disposition des deux consommateurs. En effet, à gauche de Q_1, la demande est supérieure à l'offre, ce qui signifie que Pierre et Mathieu attribuent à l'unité marginale une valeur plus grande que le coût nécessaire pour la produire ; l'inverse est vrai à droite de Q_1.

– En conséquence, la règle d'égalité entre le bénéfice marginal de chaque consommateur et le coût marginal propre aux biens privés n'est plus applicable. Dans le cas des services collectifs, les conditions d'allocation optimale des ressources exigent que la somme des bénéfices marginaux soit égale au coût marginal, c'est-à-dire :

$$BM^P + BM^M = CM$$

Toutefois, dans la mesure où leurs goûts diffèrent, le bénéfice marginal retiré par chaque consommateur à cette quantité optimale Q_1 n'est pas le même. En conséquence, la non-rivalité soulève un problème de tarification, qui relève de la dimension de justice redistributive. Si le coût marginal de production est réparti également entre les utilisateurs, ceux-ci ne pourraient pas maximiser leur bien-être individuel car, dans le cas d'un service collectif pur dont la consommation n'est pas optionnelle, sa nature les empêche de choisir la quantité consommée de façon à égaliser leur satisfaction marginale avec le prix. Ils sont dès lors contraints de payer, pour Pierre, un prix supérieur à son évaluation marginale de Q_1, alors que Mathieu souhaiterait, à ce prix, une quantité supérieure. Les deux triangles hachurés dans le graphique 2.8b représentent le coût de la coercition – en d'autres termes la perte de bien-être – dont souffrent Pierre et Mathieu s'ils étaient appelés tous les deux à payer un prix uniforme correspondant à une répartition égale du coût marginal de production.

Pour éviter cela, il conviendrait de pouvoir moduler le prix pour chaque individu, de façon à imposer à chaque contribuable un prix correspondant à la satisfaction qu'il retire de la quantité offerte à tous, soit sur le graphique P^P et P^M, qui correspondent à l'évaluation marginale de Pierre et Mathieu de la quantité Q_1. Remarquons que cette règle de prix différenciés constitue la clé de voûte du principe d'équivalence selon lequel le fardeau fiscal devrait être réparti entre les individus selon le bénéfice qu'ils retirent des prestations de l'Etat, principe qui est concurrent avec celui de capacité contributive. On verra cependant plus tard pourquoi cette règle n'est souvent pas applicable ou désirée.

2.3.4 La non-révélation des préférences

Bien que la définition de nouvelles conditions d'allocation optimale applicables aux services collectifs ne soulève aucun problème particulier, il apparaît dans la réalité que le système décentralisé du marché rencontre des difficultés majeures à les satisfaire spontanément. En effet, dès qu'un service collectif est mis en place, ses caractéristiques de non-rivalité et de non-exclusion permettent à un grand nombre de personnes d'en jouir sans avoir nécessairement à contribuer directement à leur financement. Etant en mesure de bénéficier gratuitement de nombreux services collectifs, les utilisateurs ne sont pas incités et encore moins obligés à *révéler leurs préférences*. Et si, par hypothèse, ils étaient interrogés sur l'utilité que leur apporte ce service, et par conséquent sur la somme qu'ils seraient prêts à payer pour pouvoir en disposer, ils n'auraient aucune peine à cacher la vérité puisque rien – à savoir ni la rivalité, ni l'exclusion – ne les empêche d'en jouir gratuitement. En d'autres termes, les bénéficiaires des services collectifs purs sont en mesure de se comporter en *resquilleurs*, tout en espérant cependant en leur for intérieur que le service sera malgré tout fourni, grâce à un financement par d'autres utilisateurs ou par l'Etat. En outre, parce qu'ils ne sont pas confrontés au paiement obligatoire d'un prix, les individus sont enclins à jouir du service jusqu'à satiété, et par conséquent à utiliser exagérément les ressources comme si le coût d'opportunité était nul.

Cette situation a, de toute évidence, des conséquences sérieuses, voire fatales, pour l'allocation de ce type de services par le marché. Si les individus n'ont pas à manifester leur intérêt pour un bien en acceptant de payer le prix demandé, comment pourrait-on en effet connaître leur vraie demande pour ce bien ? En tout cas, un marché décentralisé n'y parvient pas. Dans ces circonstances, se voyant incapable de couvrir leurs coûts, les fournisseurs du service seront bien peu enclins à l'offrir. Le système du marché est ainsi mis en échec ; seule une action collective d'un groupe d'individus formant un club d'intérêt ou de l'Etat permettra d'y remédier.

L'aptitude d'une solution volontaire, bien qu'hors marché, à résoudre le problème d'allocation, ou au contraire la nécessité de transférer la responsabilité des décisions au pouvoir politique propre à l'Etat dépend notamment du nombre d'agents concernés par le service collectif.

- Si ce nombre est petit, fournisseur(s) du service et bénéficiaires sont mieux à même de réaliser la relation d'interdépendance qui les lie. Un marchandage s'établit entre les parties en présence, forçant les bénéficiaires à dédommager au moins partiellement celui ou ceux qui seraient disposés à fournir le service. Il n'est toutefois pas certain que ce marchandage induise une solution véritablement optimale car cela dépend du pouvoir de négociation des parties en présence.
- Si le nombre d'agents concernés est élevé, le marchandage ne peut s'engager, le grand nombre de bénéficiaires leur permettant de rester dans l'anonymat ; seul un processus de décision politique peut alors encourager les bénéficiaires à

révéler leurs préférences. Conscients que les décisions prises de façon centralisée par le processus politique leur seront imposées, ils ont en effet tout avantage à les influencer dans le sens de leurs intérêts et donc à révéler leurs préférences en se prononçant, par les différents moyens politiques à leur disposition, pour la solution de leur choix.

2.4 INDIVISIBILITE DE L'OFFRE, PRIX ET INVESTISSEMENTS OPTIMAUX

2.4.1 L'indivisibilité de l'offre

Le caractère de non-rivalité de la consommation résulte également de l'indivisibilité de l'offre, c'est-à-dire du fait que certains biens et services ne peuvent être offerts qu'en bloc et que par conséquent il n'est pas possible de calibrer avec précision la capacité de production en fonction de la demande effective.

Les fournisseurs de prestations dont l'offre présente ces caractéristiques sont placés devant l'alternative suivante :

- mettre en place, selon l'importance de la demande et de l'indivisibilité de l'offre, une capacité (nettement) supérieure à celle qui serait nécessaire pour satisfaire la demande ;
- renoncer totalement à assurer la prestation ou alors en offrir une quantité insuffisante.

Du point de vue économique, l'indivisibilité de l'offre a une double conséquence :

- Le coût *minimal* de mise en place de la capacité de production nécessaire pour assurer un service peut s'avérer extrêmement important (percement d'un tunnel, construction d'un pont).
- Une fois cette capacité installée, et aussi longtemps qu'elle n'est pas pleinement utilisée, il est facile de satisfaire une demande supplémentaire à un coût marginal souvent dérisoire, voire nul. Dans le cas d'un tunnel, par exemple, les frais variables provoqués par le passage d'une voiture de plus (usure de la route, aération) sont infimes comparés à ceux du percement.

L'indivisibilité de l'offre traduit l'existence du phénomène bien connu en micro-économie des *rendements croissants* ou des économies d'échelle : l'augmentation de la production, mesurée en quantité ou en nombre d'utilisateurs, permet de réduire les coûts unitaires de production. En d'autres termes, la demande de tout nouveau consommateur induit une diminution du coût unitaire de l'ensemble de la production. Cette situation de rendements croissants, qui est évidente dans le cas extrême de l'indivisibilité de l'offre comme celui d'un tunnel, est aussi relativement fréquente dans un grand nombre de prestations d'intérêt général souvent nommées "monopoles naturels" comme la production et la distribution d'eau, de gaz et d'électricité, les transports collectifs par rail et par câble, les télécommunications (postes, téléphones), les équipements de protection de l'environnement (collecte et épuration des eaux usées, incinération des ordures) etc. Dans tous ces cas cependant, les gains dus à l'échelle de production ne sont pas aussi importants que dans celui d'une situation extrême d'indivisibilité de l'offre parce que seuls certains équipements du processus de production présentent un caractère d'indivisibilité et/ou parce que la limite de capacité y est vite atteinte.

Ainsi que nous le verrons au paragraphe 2.4.3, les rendements croissants engendrés par l'indivisibilité de l'offre créent une incompatibilité entre la satisfaction des conditions d'allocation optimale, notamment par une politique de prix adéquate, et l'objectif de rentabilité financière. L'Etat se voit donc contraint d'intervenir, soit en octroyant une subvention aux entreprises privées, soit en prenant lui-même en charge l'offre de la prestation.

2.4.2 L'analyse économique de la tarification optimale

Avant d'analyser plus en détail l'indivisibilité de l'offre du double point de vue des politiques de prix et d'investissement, il convient d'ouvrir une brève parenthèse sur la tarification optimale des services collectifs qui se prêtent à l'exclusion, comme les transports collectifs, les télécommunications ou l'offre d'électricité. En bref, si seule l'efficacité économique compte et que, par conséquent, d'autres objectifs, comme celui de redistribution, ne sont pas pris en considération, les principes normatifs qui prévalent sont les mêmes que les services soient offerts par un département de l'administration centrale, par des entreprises appartenant entièrement ou partiellement au secteur public ou par des entreprises privées. En d'autres termes, les règles de tarification à observer pour assurer une allocation optimale des ressources sont les mêmes indépendamment de la forme de propriété – privée ou publique – de l'entreprise. Cependant, alors que le marché amène automatiquement les entreprises privées placées en situation de concurrence parfaite à les respecter, il est nécessaire de les ériger en normes à appliquer dans le cadre du secteur public ou de marchés imparfaits puisque leur respect dépend de décisions délibérées.

Fondamentalement, les règles de la tarification optimale des services collectifs sont celles que nous avons rappelées dans la section 2.1.3. Nous avions montré que l'allocation des ressources est optimale lorsque le prix des biens ou des services est égal à leur coût marginal ; ainsi, la valeur subjective attribuée à la dernière unité consommée correspond exactement à celle du sacrifice fait pour la produire. Dans ce cas seulement le critère de Pareto est satisfait : il n'est plus possible par une modification de l'allocation des ressources d'améliorer le bien-être d'une personne sans diminuer celui d'une autre. La règle de tarification au coût marginal permet donc de dire qu'une augmentation de la production est justifiée aussi longtemps que le prix est supérieur au coût marginal et ce jusqu'à ce que le prix (ou le bénéfice marginal) et le coût marginal soient égaux. Comme nous l'avons vu dans la section 2.2.3, cette règle assure la maximisation du bien-être social qui est composé de la somme des surplus du consommateur et du producteur ou, ce qui revient au même, de la différence entre le bénéfice total et le coût total.

L'analyse économique légitime donc la fixation du prix au niveau du coût marginal. S'agit-il toutefois du coût marginal à court ou à long terme ? Cette distinction est importante pour définir une politique de prix, et par extension d'investissement, car il ne revient pas au même de fixer le prix en fonction de l'un ou de l'autre, sauf dans le cas très restrictif où la capacité de production est elle-même optimale et par conséquent le coût marginal à court terme identique à celui à long terme. La différenciation entre le court et le long termes est simple en théorie : on considère comme faisant partie du court terme toute période d'une durée insuffisante pour permettre à une firme de modifier son capital fixe de production. Dans ces conditions, elle n'a pas d'autre moyen pour accroître sa production que d'utiliser plus intensément les capacités physiques existantes. L'augmentation des frais variables (main-d'œuvre, énergie, entretien) qui en résulte constitue le *coût marginal à court terme.*

Dans le long terme, ou plus précisément après écoulement du laps de temps nécessaire pour réaliser un projet d'expansion des capacités de production, la situation est différente. Les entrepreneurs sont placés devant l'alternative d'employer plus intensément les capacités existantes ou de modifier leur capital fixe de production par l'investissement. Dans ce cas, la définition du *coût marginal à long terme* doit tenir compte du coût du capital fixe supplémentaire : il correspond alors à la variation du coût total (coûts fixes et coûts variables) consécutive à une modification de la production d'une unité par l'entreprise.

Compte tenu de cette importante distinction entre le court et le long terme, il appert que la règle de tarification optimale se réfère au coût marginal *à court terme.* En effet, seuls sont significatifs du point de vue économique les bénéfices et les coûts imputables à la période en cours. Or, comme une adaptation du capital physique par l'investissement demande plusieurs années, la période comptable, qui est traditionnellement égale à l'année, correspond à la notion du court terme ; la tarification devrait donc en principe être effectuée sur la base de la demande et du coût marginal de l'année.

On remarquera que la règle de tarification optimale propre à la recherche de l'efficacité économique ignore le coût du capital physique fixe puisque les dépenses engagées pour le mettre en place ont été effectuées antérieurement à la période pour laquelle on cherche à optimiser l'utilisation des capacités physiques existantes ; bien qu'il s'agisse d'un coût, il convient de l'ignorer car il est historique. En d'autres termes, ce coût ne peut plus être évité en modifiant la production.

Sans ambiguïté sur le plan théorique, la distinction entre le court et le long terme est moins évidente dans la pratique parce que le capital de production est formé de nombreux éléments dont la durée de mise en place peut varier énormément. De plus, même si cela était justifié du point de vue des règles de l'allocation optimale des ressources, il n'est pas envisageable du point de vue économique, institutionnel et politique, de modifier sans cesse le prix d'une prestation. C'est pourquoi, en pratique, il serait préférable de définir le court terme comme la période minimale à observer avant de procéder à une modification de prix, ce qui revient à dire que les décisions de tarification devraient à la limite plutôt correspondre au coût marginal à long terme et par conséquent inclure les coûts imputables aux variations du capital fixe.

Dans la réalité, les conditions dans lesquelles les prix des services collectifs sont établis sont fort différentes de la situation idéale développée par la théorie. Il y a plusieurs raisons à cela, en particulier le fait que les unités de production sont le plus souvent caractérisées par une forte indivisibilité, si bien qu'il n'est pas toujours possible de produire selon les conditions de moindre coût, que les capacités existantes peuvent s'avérer insuffisantes ou excédentaires, que la demande peut ne pas s'exprimer sous la forme d'un flux régulier mais présenter des pointes journalières ou saisonnières (transports publics, téléphone), ou encore qu'il faille tenir compte d'un coût de congestion. En outre, nous allons voir ci-dessous que le respect de la règle de tarification optimale engendre, lorsqu'on est en présence de rendements croissants, une situation de production déficitaire qui ne peut être résolue sans créer de nouveaux problèmes. Enfin, de bons arguments, notamment de nature distributive, peuvent être avancés pour corriger les normes de tarification optimale fondées sur le critère d'allocation optimale des ressources.

2.4.3 Prix et investissement optimaux en cas d'indivisibilité de l'offre

L'analyse économique de l'indivisibilité de l'offre nous permet d'appliquer les principes de tarification optimale énoncés ci-dessus, et par extension le critère d'investissement optimal. Nous envisagerons tout d'abord le cas le plus simple d'indivisibilité extrême, puis celui d'indivisibilité partielle, dit du monopole naturel.

Le cas extrême d'indivisibilité de l'offre

Un tunnel franchissant un obstacle géographique peut être considéré comme un cas extrême d'indivisibilité de l'offre. Aussi longtemps que le trafic est inférieur à sa capacité maximale, le coût marginal d'utilisation est si faible qu'il peut être considéré comme nul aux fins de la présentation. Si nous supposons par ailleurs que la capacité de l'ouvrage est illimitée, le coût marginal à long terme est identique au coût marginal à court terme et par conséquent lui aussi nul pour le tunnel existant.

Cette situation est illustrée dans le graphique 2.9 dont l'ordonnée mesure les coûts de production ainsi que le prix (numéraire *N*) et l'abscisse la quantité de trafic ou le nombre d'utilisateurs par période *Q*. La demande, qui exprime le trafic à chaque niveau de prix, est représentée par la droite *D*. La tranche du coût du capital imputable à la période considérée (en principe l'année) correspond à *oa* ; pour mieux illustrer le fait que ce coût est extrêmement important même s'il ne devait y avoir qu'un seul utilisateur, nous l'avons représenté sous la forme d'une surface, *oab1*. Celle-ci est cependant tronquée car elle ne se prête pas à une comparaison quantitative. Compte tenu de l'indivisibilité de l'offre, le coût marginal *CM* imputable au premier passage est exorbitant et peut être imaginé comme empruntant le tracé *oab1,* alors que celui des *n* passages suivants, qui est selon notre hypothèse nul, se confond avec l'abscisse. Quant au coût unitaire (ou moyen) total *CUT,* il dépend dans ces conditions uniquement de la répartition du coût du capital initial sur la quantité de trafic. La courbe *CUT* descend d'abord très rapidement lorsque le coût initial est partagé entre les premiers utilisateurs, puis sa pente s'affaiblit au fur et à mesure que leur nombre progresse.

La situation de rendements croissants consécutive à l'indivisibilité de l'offre peut être décelée sur ce graphique de deux façons :

- La pente de la courbe *CUT* demeure négative au niveau de la demande maximale potentielle, ce qui signifie que le coût unitaire total est d'autant plus faible que le trafic est élevé.
- La courbe de coût marginal, qui en l'occurrence se confond avec l'abscisse, est située au-dessous de la courbe *CUT* au

niveau de la demande maximale potentielle, ce qui explique d'ailleurs pourquoi le coût unitaire total est décroissant.

Tarification optimale : Pour examiner l'application de cette règle, il est usuel de supposer que la décision de construire le tunnel a déjà été prise et que l'on se trouve donc dans une situation de capacité héritée. Le problème posé consiste à définir le niveau auquel il faudrait – le cas échéant – fixer le péage et la quantité de trafic qu'il conviendrait d'autoriser pour maximiser le bien-être de la communauté.

Graphique 2.9 ***Cas extrême d'indivisibilité de l'offre***

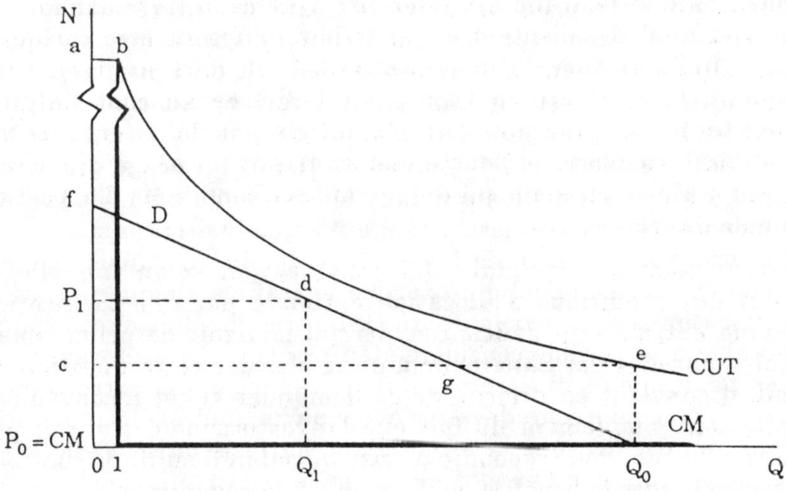

La règle de tarification au coût marginal exige dans ces conditions que l'accès au tunnel soit libre et donc gratuit pour tous les utilisateurs potentiels, ce qui implique que la demande soit entièrement satisfaite (Q_o). Toute autre solution prévoyant le prélèvement d'un péage (par exemple P_1 engendrant un trafic réduit à Q_1) serait moins bonne pour la communauté : comme la valeur attribuée à la dernière unité acquise est supérieure au coût pour la produire, il est avantageux d'accepter un trafic supplémentaire par une baisse de prix. Mesuré sur la base de la variation du surplus du consommateur, le gain de bien-être résultant du respect de la règle de tarification optimale, par rapport, par exemple, à la solution caractérisée par la quantité Q_1 vendue au prix P_1, correspond à la surface oQ_odP_1. Le graphique met également en évidence que dans cette situation de rendements croissants, où le coût marginal est non seulement en tout point inférieur au coût unitaire, mais est même nul, la solution optimale ($P_0 = CM = 0$) engendre un déficit comptable correspondant au produit de la quantité par le coût unitaire total, illustré par la surface oQ_oec.

Le lecteur constatera que selon les hypothèses retenues pour construire cet exemple, le fournisseur du service n'est jamais en mesure de couvrir ses frais quel que soit le nombre d'usagers qu'il décide de satisfaire ; sa recette moyenne (le prix) est en effet en tout point inférieure au coût unitaire. Cette situation, qui n'illustre qu'un cas spécial parmi d'autres, ne se produirait évidemment pas si la courbe de coût unitaire total descendait au-dessous de la droite de demande sur un segment de cette dernière.

Dans tous les cas, le système du marché est mis en échec. Tout d'abord, un entrepreneur privé n'a aucun intérêt – tout au contraire – à respecter les conditions d'allocation optimale puisqu'elles l'amènent à faire un déficit. Si de plus, la recette moyenne (le prix) est en tout point inférieur au coût unitaire comme dans ce graphique, il n'a même pas la possibilité de rentabiliser l'exploitation du tunnel en fixant un péage qui serait optimal à ses yeux, mais qui dérogerait des conditions d'allocation optimale des ressources.

Investissement optimal : La constatation selon laquelle le respect des conditions d'allocation optimale par une tarification optimale entraîne un déficit commercial pourrait de prime abord sembler paradoxale. Sans pour autant aborder cette question en détail, il convient en priorité de se demander si cet inconvénient résulte tout simplement du fait que l'investissement n'aurait pas dû être effectué. Pour répondre à cette question il suffit de confronter son coût avec le bénéfice qu'il apporte à la communauté :

– Le bénéfice total retiré par la collectivité correspond à la surface sous la droite de la demande (cf. section 2.2.1). L'équipement étant mis à disposition gratuitement, il équivaut en d'autres termes au surplus des consommateurs oQ_of.
– Le coût du capital est égal au coût unitaire total multiplié par le nombre d'usagers, soit l'aire oQ_oec.
– La confrontation du bénéfice total oQ_of et du coût total oQ_oec montre qu'il était judicieux de procéder à cet investissement car le premier est supérieur au second. Géométriquement le triangle *cgf* (caractéristique d'un bénéfice supérieur au coût) est plus grand que le triangle gQ_oe (caractéristique d'un coût supérieur au bénéfice).

Sans pour autant préciser si la capacité existante est optimale, on constate que le déficit provoqué par l'application des normes de tarification optimale n'est pas imputable au fait que cet investissement n'aurait pas dû être effectué. Ainsi que nous l'avons vu ci-dessus, il provient de la situation de rendements croissants (ou de coûts décroissants), qui fait que le coût marginal sur la base duquel le prix doit être fixé est inférieur au coût unitaire ou moyen.

Le cas du monopole naturel

L'analyse du cas intermédiaire d'indivisibilité de l'offre propre aux télécommunications, aux transports collectifs, etc. peut être dérivée du cas extrême que nous venons d'envisager. La seule différence réside dans le fait que l'offre témoigne de rendements moins fortement croissants, parce qu'il n'est pas possible de satisfaire une quantité supplémentaire sans engager de nouvelles ressources. La courbe de coût marginal *CM* demeure cependant au-dessous de celle de coût unitaire *CUT*, qui conserve en conséquence sa pente négative caractéristique des rendements croissants.

Pour autant que l'on adapte la notion de coût en conséquence, l'analyse qui suit peut être imaginée dans le court terme comme dans le long terme. Il faut cependant se placer dans l'optique du long terme où tous les coûts (fixes et variables) sont variables si l'on veut mettre en évidence pourquoi ces services favorisent la monopolisation de la production, d'où la désignation de monopole naturel.

Cette situation est représentée par le graphique 2.10. Les droites *D* et *RM* illustrent respectivement la demande et la recette marginale de la firme qui offre le service.

Graphique 2.10 ***Cas du monopole naturel***

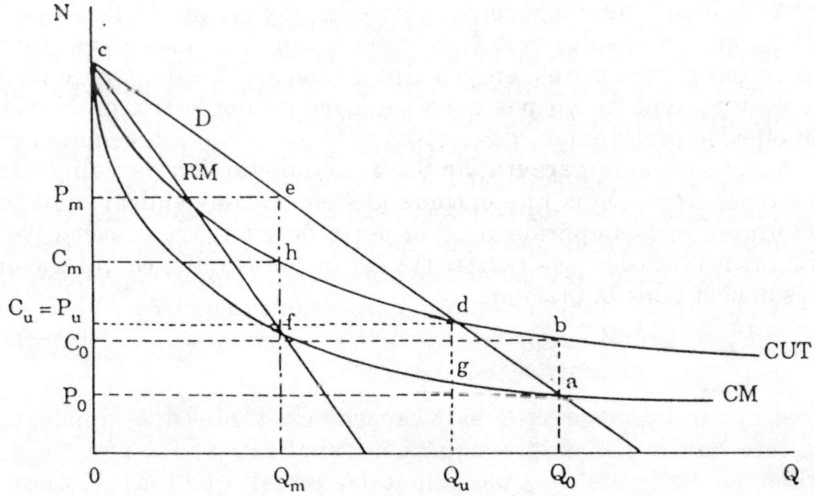

Trois solutions de tarification méritent d'être comparées :

Solution optimale maximisant le bien-être de la communauté : Pour maximiser le bien-être de la communauté, il conviendrait de produire la quantité Q_o et de la vendre au prix P_0 conformément à la règle de tarification au coût marginal. Cette solution induit toutefois un déficit comptable d'un montant égal à $(C_o - P_o) \cdot Q_0$ ou, en d'autres termes, à la surface P_oabC_o. A l'instar du cas précédent, l'investissement valait pourtant la peine d'être effectué puisque le bénéfice total, soit $oQoac$ est supérieur au coût total oQ_obC_o.

Solution de maximisation du profit de l'entreprise : L'entrepreneur soucieux de maximiser son profit peut vendre une quantité Q_m au prix P_m en fixant son offre selon l'intersection entre son coût marginal et sa recette marginale. Cette solution lui permet de réaliser un bénéfice égal à $(P_m - C_m) \cdot Q_m$ ou à la surface C_mheP_m. Elle n'est toutefois pas satisfaisante pour la collectivité car elle implique une perte de bien-être correspondant à l'aire fae, ainsi que nous l'avons démontré dans la section 2.2.3.

Tarification au coût moyen : Une troisième solution, qui permet d'équilibrer financièrement les comptes, consiste à choisir le prix P_u correspondant au coût unitaire et à écouler une quantité Q_u. Bien que plus favorable pour la collectivité que la maximisation du profit de l'entrepreneur, cette solution transgresse néanmoins les conditions d'allocation optimale des ressources et provoque une perte de bien-être égale au "triangle" *gad*.

A priori, la solution consistant à respecter le principe de tarification au coût marginal semble donc bien la meilleure du point de vue de l'allocation des ressources. Cette conclusion est cependant le fruit d'une approche partielle négligeant le fait que le déficit qui en résulte doit être couvert par des ressources financières complémentaires, en principe de nature fiscale. Or, ce mode de financement ne va pas sans soulever de nouveaux problèmes. En effet, le prélèvement des impôts entraîne lui aussi, comme nous le verrons dans le paragraphe 6.2.4, une distorsion de l'allocation des ressources. Dans une optique globale, il conviendrait que l'on détermine par comparaison où la perte de bien-être consécutive à cette mésallocation des ressources est la plus faible, ce qui s'avère très délicat dans la pratique.

2.5 LES EXTERNALITES ET LA POLITIQUE DE L'ENVIRONNEMENT

2.5.1 Définition et conséquences économiques des externalités

Les caractères de non-rivalité de la consommation (production jointe) et de non-exclusion utilisés pour définir les services collectifs permettent d'expliquer une autre source de défaillance du marché, à savoir les externalités, que l'on qualifie aussi d'effets externes ou encore d'économies et de déséconomies externes.

Le terme d'externalité désigne des bénéfices ou des coûts qui, bien qu'ils s'ajoutent aux bénéfices et aux coûts propres à une activité donnée, ne sont pas reflétés dans les prix du marché et touchent des agents économiques tiers, sans que ces derniers soient légalement tenus de payer ou en droit de recevoir un dédommagement.

De même que les externalités peuvent être tout aussi bien profitables que défavorables pour certains, elles proviennent tout autant d'activités de consommation que de production. En ce qui concerne la production, les exemples les plus connus sont les nuisances engendrées par certaines industries (bruit, pollution de l'eau, de l'atmosphère, etc.) ou inversement les bénéfices induits par l'instruction. Quant aux externalités liées à la consommation, on peut avant tout citer les nuisances provoquées par le trafic automobile ou par le tabagisme et l'alcoolisme, et pour les économies externes, les vaccinations obligatoires.

A l'instar des services collectifs, les externalités sont donc le fruit d'une double caractéristique de production jointe (non-rivalité) et de non-exclusion :

- Il y a *production jointe* dans ce sens que l'activité de production ou de consommation n'engendre pas seulement le bien ou le service désiré (ou la satisfaction escomptée), mais elle induit également un bénéfice ou un coût additionnel ;
- Il y a *non-exclusion* sur le double plan de l'auteur et respectivement de la victime ou du bénéficiaire de l'externalité, comme le montre le tableau 2.11. En l'absence de droits de propriété bien définis, l'auteur d'une externalité n'a pas la possibilité d'exclure les tierces personnes qui bénéficient de son activité (cas des économies externes), et, réciproquement, il n'a pas à supporter les coûts externes qu'elle impose aux agents économiques tiers. Quant aux personnes concernées par l'externalité, en cas d'économies externes, elles n'ont pas à payer de prix en contrepartie des bénéfices dont elles jouissent alors que si elles sont au contraire affectées par l'activité de l'auteur de l'externalité, elles n'ont pas le pouvoir de se faire dédommager.

Tableau 2.11 ***Externalités et non-exclusion***

Externalité	Bénéfice externe	Coût externe
Auteur	N'est pas compensé	N'a pas à la supposer
Victime ou ou bénéficiaire	N'a pas à payer	N'est pas compensé

Ainsi, l'existence d'effets externes a pour conséquence économique de créer une divergence entre les coûts ou bénéfices qui sont comptables (internes) et ceux qui sont totaux ou sociaux, à savoir ceux qui concernent l'ensemble de la société. Il en résulte, ainsi que nous le démontrerons dans les graphiques 2.12 et 2.13, que les conditions d'optimalité selon Pareto ne peuvent plus être satisfaites ; en effet, les décisions prises par les producteurs et les consommateurs, qui cherchent à maximiser respectivement leur profit ou leur utilité, ne prennent en compte que les coûts et les bénéfices qui ont une réalité financière pour eux et omettent – par négligence ou parce qu'ils ne peuvent pas faire autrement – de considérer les effets externes qu'entraînent leurs choix. C'est pourquoi, l'équilibre atteint, fruit du comportement individuel des agents économiques, diffère de la situation optimale du point de vue social : les activités qui induisent des bénéfices externes auront tendance à être sous-optimalement développées et celles qui engendrent des coûts externes à l'être sur-optimalement. Dans les deux cas, l'allocation efficace des ressources du point de vue social justifie une correction des choix opérés spontanément sur les marchés.

2.5.2 Le théorème de Coase : internalisation volontaire des externalités

Dans certains cas, notamment lorsque le nombre d'agents économiques concernés est faible ou que les individus impliqués sont bien organisés, le problème allocatif soulevé par les externalités peut être résolu par un marchandage entre les parties en présence ou par une action devant les tribunaux. Le théorème de Coase (1960) montre que les parties en présence peuvent négocier une solution qui permettra d'internaliser l'externalité et de satisfaire les condition d'allocations optimale. Il faut cependant que certaines conditions préalables soient satisfaites, en particulier que les droits de propriété soient clairement établis et respectés, que la source et le coût d'un dommage (ou l'ampleur d'un bénéfice) puissent être identifiés et évalués et enfin que le coût de la transaction ne dissuade pas les parties en présence de trouver une solution optimale.

Graphique 2.12 ***Le théorème de Coase ; internalisation volontaire***

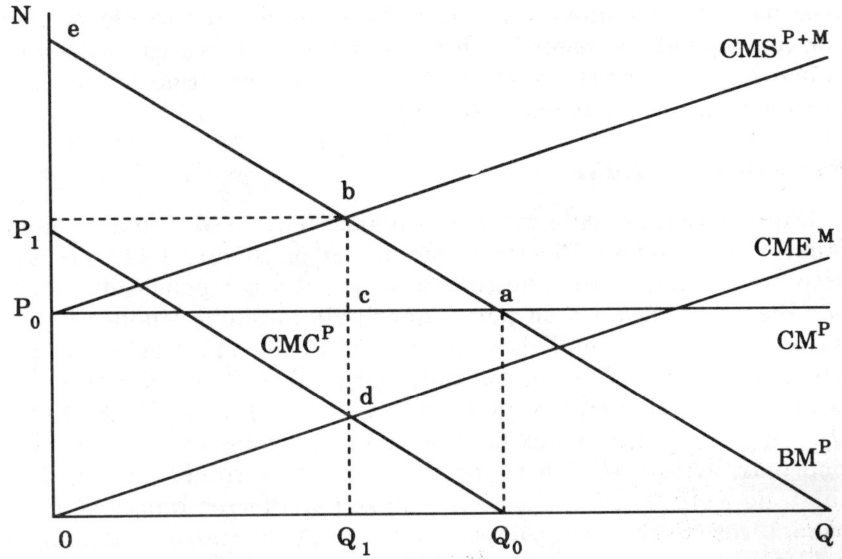

Supposons une maison mitoyenne habitée d'un côté par Mathieu et sa famille et de l'autre par Pierre, un menuisier-bricoleur qui travaille exclusivement pour sa propre consommation. Il ressort du graphique 2.12 mesurant le numéraire N en ordonnée et la quantité Q en abscisse qu'en l'absence de toute autre contrainte, Pierre, le menuisier-bricoleur, recourt à son équipement jusqu'au point où son bénéfice marginal BM^P, soit l'utilité que lui apporte son activité à la marge, est égal à son coût marginal CM^P et produit par conséquent Q_0. Cette solution serait optimale pour la société si la famille de Mathieu n'avait pas à souffrir du bruit, et cela de façon croissante en fonction du niveau d'activité de Pierre. Graphiquement, le coût marginal externe croissant provoqué par le bruit est représenté par la droite CME^M. Dans ces circonstances, le coût marginal total imputable à la production de Pierre est supérieur à son coût marginal interne CM^P ; il est très exactement égal à la somme (verticale) de ce dernier et du coût marginal externe CME^M, soit le coût marginal social ou total CMS^{P+M}. Désormais, la solution optimale pour la société correspond à la quantité Q_1 déterminée en fonction de l'intersection entre le bénéfice marginal de Pierre BM^P et le coût marginal social CMS^{P+M}.

La transparence de la situation tant pour Pierre que pour Mathieu favorise une négociation entre eux. Un accord strictement volontaire leur permettra même d'atteindre une solution collectivement optimale ; néanmoins, le bénéfice de la correction, pourtant unique, est réparti de façon diamétralement opposée entre les deux parties selon que Pierre est propriétaire de l'immeuble, et peut par conséquent s'arroger le "droit de polluer", ou au contraire que la maison est propriété de Mathieu, ce qui lui permet de se protéger. Considérons successivement ces deux situations.

Pierre est propriétaire

Dans ce cas, la seule arme à la disposition de Mathieu et de sa famille est d'inciter Pierre, le menuisier-bricoleur, à réduire son activité en lui versant une compensation. La compensation exigée par Pierre est égale à sa perte marginale lorsqu'il renonce à produire : elle correspond donc à la différence verticale entre son bénéfice marginal BM^P et son coût marginal CM^P, représentée par la droite de coût marginal de compensation de Pierre CMC^P. Entre Q_0 et Q_1, il est avantageux pour Mathieu, qui compare la compensation marginale CMC^P à payer avec le coût marginal CME^M qu'il subit, de payer la compensation requise par Pierre ; toutefois, il n'a pas intérêt à payer une compensation supplémentaire au dommage qu'il subit, c'est pourquoi, son calcul personnel le conduit spontanément à choisir la compensation qui correspond à la quantité optimale Q_1. Dans ces circonstances, Mathieu souffre de la nuisance de O à Q_1 et paye Pierre pour éviter une nuisance supplémentaire entre Q_1 et Q_0. Au niveau optimum Q_1, le coût marginal social CMS^{P+M} est supporté à raison de Q_1c par Pierre (son coût marginal de production CM^P) et cb (qui est égal à Q_1) par Mathieu. Alors que la nouvelle solution Q_1 laisse Pierre indifférent puisqu'il est compensé pour son "manque d'utilité", Mathieu gagne au changement : le coût de la compensation, soit l'aire sous la droite CMC^P entre Q_0 et Q_1, est inférieure à celui de la nuisance correspondant à l'aire sous la droite CME^P sur le même segment de l'axe horizontal.

Mathieu est propriétaire

Dans ces conditions, Mathieu et sa famille peuvent exiger une compensation pour toute la pollution qu'il subit, libre à Pierre de s'y soumettre de la façon la moins contraignante pour lui. Il choisit en conséquence de limiter sa production à Q_1, la solution optimale, et de compenser Mathieu de o à Q_1 pour le coût marginal externe que ce dernier subit. Il préfère la compensation financière à la cessation d'activité puisque sa perte de satisfaction (différence entre BM^P et CM^P représentée par CMC^P) y serait supérieure à la compensation à payer conformément au coût marginal externe subit par Mathieu CME^M. Au point optimal Q_1, Pierre paye son coût marginal interne Q_1c plus une compensation cb, qui correspond à Q_1d.

On voit donc bien que la répartition des droits de propriété n'a pas d'influence sur la solution optimale atteinte par la négociation ; en revanche, elle renverse complétement la répartition du bénéfice de la correction.

2.5.3 L'Etat et la politique de l'environnement

Si les conditions d'une solution sur une base volontaire sont insuffisamment satisfaites, notamment parce que le nombre de personnes concernées est élevé, l'Etat devrait intervenir pour remédier à cette forme de lacune du marché, très proche de celles engendrées par les services collectifs. La dégradation de la qualité de l'environnement par les déchets, les fumées ou le bruit consécutive à des activités de production ou de consommation a d'ailleurs incité presque tous les gouvernements à mettre en place une politique de sauvegarde de l'environnement.

L'Etat dispose pour cela de plusieurs instruments. Le plus utilisé est sans conteste le *contrôle direct* par voie législative et réglementaire fixant des taux de pollution ou d'émission de substances polluantes admissibles. On verra qu'un *contrôle indirect* de nature punitive ou incitative, respectivement par la fiscalité ou les subventions, représente une alternative très attrayante. Il peut encore agir en attribuant plus clairement ou différemment les droits de propriété, ce qui amène les citoyens à se charger eux-mêmes de les faire respecter par des actions en justice. Enfin, il peut octroyer un "droit de polluer" au plus offrant dans une procédure d'enchères. L'Etat se doit également de veiller à montrer l'exemple car le fait qu'il assure toute une série de prestations ne le met aucunement à l'abri d'être lui-même un pollueur.

Externalités et allocation optimale des ressources

Imaginons une entreprise de papier implantée au bord d'une rivière dans laquelle elle déverse des résidus polluants. La production de papier engendre deux types de coûts qui sont illustrés sur le graphique 2.13 construit comme le précédant. La droite *CM* traduit le coût marginal interne de production, soit celui qui est directement supporté par la firme. Pour simplifier nous admettons qu'il est constant.

Les résidus polluants constituent un second coût, qui n'est pas automatiquement pris en charge par l'entreprise de papier, alors qu'il est imposé à la communauté tout entière ou à un sous ensemble de celle-ci. Toujours dans le but de simplifier, nous supposons que ce coût externe est le même pour chaque unité additionnelle produite. Il peut donc être illustré par la droite horizontale *CME*. Notons que le coût du dommage marginal dépend de deux facteurs : l'importance, mesurée en unités physiques, des résidus déversés par unité de papier produite et le coût de l'unité marginale de pollution ainsi créée. Un coût marginal externe constant implique donc non seulement que le taux de déchets est constant par unité produite, mais encore que le coût du dommage est proportionnel à sa quantité physique. La situation où le coût du dommage marginal est tout d'abord nul ou négligeable, puis tend à augmenter plus ou moins rapidement au fur et à mesure que la quantité totale de pollution s'accroît, est beaucoup plus fréquente mais n'exige guère une modification de l'analyse.

Graphique 2.13 ***Politique de l'environnement, technologie fixe***

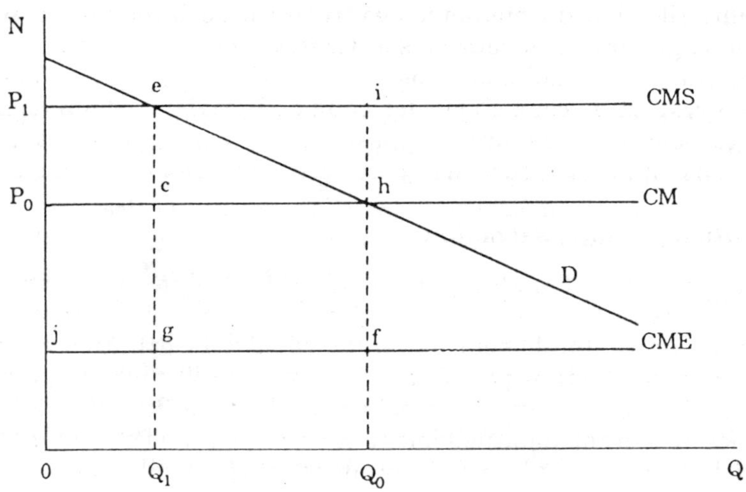

Comme, dans ces circonstances, la production de papier n'entraîne pas seulement un coût interne, mais également un coût externe, le coût total ou social est supérieur au premier du montant du second. La droite de coût marginal social *CMS,* qui le représente, est obtenue par l'addition verticale des deux coûts puisque la production les engendre conjointement.

Supposons, enfin, que la demande de papier D est exclusivement dérivée des lecteurs de livres et de journaux, les "lecteurs", et que seules les personnes qui se baignent dans la rivière, les "baigneurs", sont victimes du coût externe engendré par la production de papier.

L'analyse économique des effets d'une nuisance exige, dans un premier temps, que l'on suppose que l'Etat s'abstient de toute intervention. Si l'on admet pour ne pas compliquer la démonstration que l'entreprise s'efforce spontanément de satisfaire la solution compétitive, l'équilibre est caractérisé par une production Q_o et un prix P_o déterminés par le point d'intersection h entre la demande D et le coût marginal interne de production CM. Cet équilibre présente toutefois deux inconvénients :

– Il n'est pas optimal du point de vue de l'allocation des ressources qui exigerait au contraire une production Q_1 vendue à un prix P_1, conformément à l'intersection e du coût marginal social CMS et de la demande D. Une partie des coûts – en l'occurrence les coûts externes – engendrés par la production de papier étant tout simplement ignorés, une quantité trop importante est vendue à un prix trop bas.
– Il entraîne, comme nous le démontrerons ci-dessous, une redistribution du bien-être des victimes de la pollution, soit les baigneurs, en faveur de ses auteurs, soit indirectement les lecteurs. Elle résulte de l'absence de droits de propriété (ou du non-respect de ceux-ci) sur les eaux de la rivière, ce qui donne légalement ou de fait la possibilité à l'entreprise, et par extension aux lecteurs, d'imposer cette charge aux baigneurs.

Externalités et moyens d'action

Pour simplifier l'analyse, nous admettons dans un premier temps que les techniques de production ne peuvent pas être modifiées, c'est-à-dire que le seul moyen de réduire la pollution est de diminuer la production polluante. Sachant que le niveau optimal de production se situe en Q_1, la solution à laquelle les collectivités publiques recourent habituellement consiste à prescrire autoritairement le niveau maximum de production Q_1 par le biais d'une *disposition légale* fixant à ce niveau le maximum de pollution admissible.

A cette solution juridique et contraignante, les économistes opposent des mesures indirectes conformes au fonctionnement des marchés, même si cela peut paraître paradoxal puisqu'il y a intervention. En particulier, le prélèvement proposé pour la première fois par Pigou (1918) d'une *redevance de pollution,* c'est-à-dire d'un impôt ou d'une taxe, incite les agents pollueurs à choisir spontanément la solution optimale du point de vue de la collectivité car elle leur fait internaliser, c'est-à-dire prendre en compte directement, les coûts externes que leur activité impose à autrui. A leur tour, selon les circonstances économiques, les producteurs peuvent répercuter tout ou partie de ce coût supplémentaire sur les acheteurs de leurs produits. Cette redevance est en principe spécifique ou unitaire, c'est-à-dire qu'elle est exprimée en francs par unité physique. Dans le cas très spécial envisagé ici de technologie fixe, qui implique que le seul moyen de réduire la pollution et de réduire la production, la redevance sera appliquée sur la production.

Pour amener l'entreprise à produire la quantité optimale du point de vue social, le montant de la redevance par unité de papier doit être fixé de façon à correspondre au coût marginal externe *CME* au niveau optimal de production Q_1. Comme, dans notre exemple, le coût marginal externe est supposé constant, il suffit de fixer la redevance à Q_1g, soit *oj* ou P_oP_1. Par ce moyen le coût comptable (interne) de production *CM* est accru d'une redevance correspondant au coût du dommage, ce qui incite l'entrepreneur à prendre en compte le coût total et par conséquent à réviser spontanément sa production pour la réduire jusqu'à la quantité optimale Q_1.

Les victimes de la pollution sont ainsi épargnées d'un dommage illustré par la surface Q_1Q_ofg, qui correspond au produit de la réduction de la pollution par le coût marginal de cette dernière. Il est aisé de constater que la société dans son ensemble sort gagnante de cette mesure puisque la somme des bénéfices formés par la diminution du dommage et par la recette de la redevance (somme des surfaces Q_1Q_ofg et P_oceP_1 correspondant à la surface totale P_ohiP_1) est supérieure à la diminution du surplus des consommateurs P_oheP_1, d'un montant égal à *hie*.

Le lecteur constatera cependant que le respect des conditions d'allocation optimale tolère une pollution et par conséquent un dommage résiduel de oQ_1gj. Vouloir réduire la pollution encore plus, voire complètement, serait néfaste pour la communauté dans son ensemble car le sacrifice demandé aux lecteurs excéderait le coût total supporté par la firme et les victimes de la pollution. L'analyse économique montre ainsi que la position des écologistes les plus absolus n'est pas soutenable du point de vue du bien-être de la collectivité ; cela ne veut pas dire pour autant que leur contribution à la prise de conscience des coûts externes entraînés par les activités d'une économie moderne, et plus encore des dangers des atteintes irréversibles à l'environnement, est inutile.

Une solution alternative à la redevance de pollution consiste à verser au pollueur une *subvention* pour l'inciter à ne pas polluer. L'effet est très semblable à celui de la redevance puisque le versement d'une subvention pour la production abandonnée apparaît aux yeux du producteur comme une augmentation de son coût marginal interne de production. En effet, si l'Etat verse une subvention de P_0P_1 pour chaque unité de papier que le fabriquant ne produit pas, ce dernier aura l'impression que son coût marginal pour produire Q_1 est supérieur de hi à son coût marginal interne *CM* et égal à la somme de ce dernier et de la subvention P_0P_1 qui lui serait payée s'il ne produisait pas cette quantité.

Du fait de la perte de la subvention en cas de production de Q_0, le coût total de production du fabricant de papier correspond à Q_0i ; il est donc supérieur au prix que les lecteurs sont disposés à payer pour cette quantité, soit Q_0h, ce qui incite le producteur à réduire son offre. En fait, il a avantage à diminuer sa production jusqu'au point où son coût total selon *CMS*, qui matérialise la somme du coût marginal et de la subvention en cas de renonciation à produire, égalise sa recette moyenne selon la droite de demande *D*, ce qui l'amène à produire la quantité optimale du point de vue de la société Q_1.

Effets redistributifs

Si les trois mesures envisagées ci-dessus pour assurer une allocation optimale des ressources aboutissent au même résultat sur le plan de l'efficacité, il n'en va pas de même de leurs effets redistributifs. Nous avons déjà mentionné qu'en l'absence de toute intervention de l'Etat la non-internalisation des dommages causés aux baigneurs par la pollution implique que ces derniers octroient une subvention aux lecteurs. Celle-ci atteint P_0P_1 (ou *oj*) par unité de produit et P_0hiP_1 (ou oQ_0fj) au total. Grâce à cette subvention, les lecteurs peuvent consommer une quantité supérieure à un prix inférieur à celui qu'ils auraient à payer s'ils devaient acquitter le coût total. Ils bénéficient ainsi d'un surplus du consommateur supplémentaire représenté par la surface P_0heP_1. De même que la non-intervention en cas de nuisance désavantage certains groupes au profit d'autres, toute mesure de réduction de la pollution entraîne des effets de redistribution qui sont résumés dans le tableau 2.14. Celui-ci envisage quatre situations : la réglementation, le prélèvement d'une redevance dont le produit alimente la caisse de l'Etat, le prélèvement d'une redevance qui sert à compenser les baigneurs pour le dommage résiduel dont ils souffrent et le versement d'une subvention sur la production abandonnée.

- La *réglementation* place l'entrepreneur dans la position d'un monopoleur puisqu'elle lui permet de vendre une quantité moindre à un prix supérieur et d'obtenir un surprofit égal à P_0ceP_1. Elle opère tout de même un effet redistributif dans le sens souhaité puisque les baigneurs voient leur dommage réduit de Q_1Q_0fg, alors que le surplus des consommateurs, ici des lecteurs, diminue de P_0heP_1.
- Le prélèvement d'une *redevance* par l'Etat ne modifie pas le gain des baigneurs et la perte des lecteurs. En revanche le surprofit glané précédemment par l'entrepreneur est dans ce cas accaparé par l'Etat qui encaisse une recette fiscale égale au produit de la production Q_1 par le taux unitaire de la redevance *oj* ou P_0P_1, soit l'aire P_0ceP_1. Engagé pour inciter

Tableau 2.14 ***Effets de redistribution de la politique de l'environnement***

	Régle-mentation	Redevance encaissée par l'Etat	Redevance compensant les "pollués"	Subvention
Entreprise	$+P_0ceP_1$	–	–	$+P_0hiP_1$
Lecteurs	$-P_0heP_1$	$-P_0heP_1$	$-P_0heP_1$	$-P_0heP_1$
Baigneurs	$+Q_1Q_0fg$	$+Q_1Q_0fg$	oQ_0fj	$+Q_1Q_0fg$
Etat	–	$+P_0ceP_1$	–	– chie

les producteurs à prendre en compte les dommages que leur activité peut occasionner à des tierces personnes et promouvoir ainsi une allocation optimale des ressources, cet impôt sur la pollution procure donc des recettes supplémentaires au secteur public. Le prélèvement de redevances de pollution ne peut cependant se substituer que partiellement à celui des impôts traditionnels car cette source de financement est d'autant plus modeste que la mesure est dissuasive.

– Si l'Etat n'entend pas accroître ses ressources par ces redevances de pollution, il peut soit réduire proportionnellement d'autres recettes fiscales soit utiliser les montants ainsi acquis pour *dédommager les victimes* du préjudice résiduel (surface oQ_1gj) au moyen d'un transfert monétaire. Dans ce cas, parce que libérés, suite à la réallocation des ressources, d'un dommage égal à Q_1Q_0fg et compensés pour le dommage restant oQ_1gj, les baigneurs bénéficient d'un gain de bien-être total de oQ_0fj par rapport à la situation sans intervention. En outre, ils sont indifférents, parce que complétement compensés, par rapport à la situation avant implantation de l'usine.

– La *subvention* a, en terme de redistribution, un effet diamétralement opposé à celui de la redevance. A l'instar de la réglementation, elle privilégie particulièrement l'entreprise puisque d'une part elle la place dans une situation lui permettant de faire un surprofit correspondant à P_0ceP_1 et que d'autre part elle lui apporte une subvention à charge de l'Etat égale à *hiec*.

Effet allocatif de la politique de l'environnement en cas de technologie variable

Nous avons vu à l'aide d'un exemple que divers instruments permettent de produire une allocation optimale des ressources en cas de déséconomies externes. Dans sa simplicité voulue à titre explicatif, l'exemple utilisé supposait que le seul moyen de diminuer la pollution était de réduire la production qui l'engendrait. Dans la réalité, le problème se pose presque toujours de façon différente. Le processus technique de production est rarement immuable et des aménagements techniques peuvent être pris à court ou moyen terme pour diminuer la pollution. On peut en effet dans certains cas choisir un processus technique de production plus respectueux de l'environnement, soit au moins installer des systèmes de récupération ou de filtrage des produits polluants. Dans ce nouveau contexte, la finalité de la réglementation ou de la redevance est d'inciter les entrepreneurs à prendre les mesures nécessaires pour réduire la pollution liée à un niveau de production donné. Comme dans le cas précédant, la contrainte ou l'incitation doit promouvoir un effort préventif optimal compte tenu du rapport entre le coût de l'effort et l'avantage procuré sous forme d'une diminution du dommage.

Cette situation peut être analysée à l'aide du graphique 2.15 dont l'ordonnée mesure le numéraire *N* et l'abscisse la quantité de pollution *Q* propre à un niveau donné de production. Deux fonctions de coût marginal y sont tracées :

- le coût marginal du dommage *CMD,* que l'on suppose croître avec le niveau de la pollution ;

Graphique 2.15 ***Politique de l'environnement ; technologie variable***

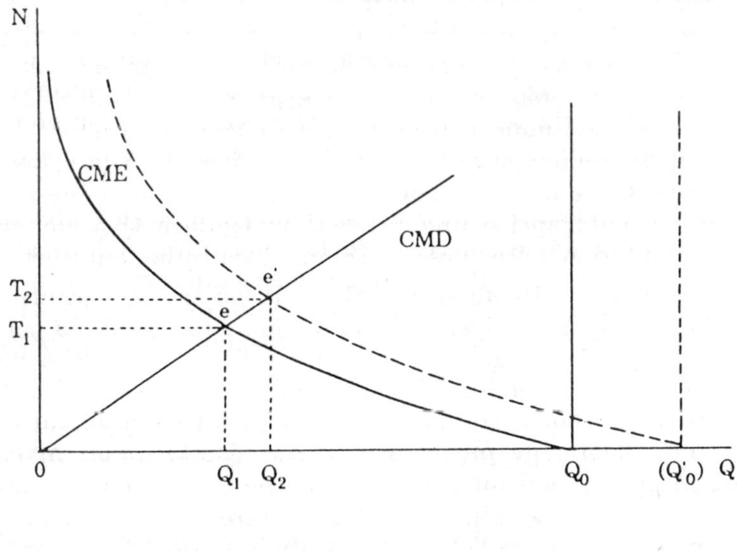

- le coût marginal d'épuration *CME,* que l'on suppose augmenter de façon croissante à l'effort engagé, d'une pollution maximale correspondant à Q_0 à la suppression de toute pollution vers *o*.

La confrontation de ces deux coûts montre que les mesures d'intervention devraient pousser l'entrepreneur à réduire sa pollution de Q_0 à Q_1 ; à ce niveau, le coût marginal d'épuration *CME* est en effet juste égal au coût marginal du dommage *CMD.* Tout effort supplémentaire serait injustifié car le coût additionnel d'épuration serait supérieur au coût du dommage marginal.

Un des moyens à disposition de l'Etat pour inciter l'entrepreneur à faire cet effort d'épuration consiste à lui prescrire réglementairement de limiter son niveau de pollution à Q_1. A l'instar du cas précédent, il peut obtenir le même effet en prélevant une redevance unitaire par unité physique de déchet. Pour assurer la solution d'allocation optimale des ressources, cette redevance devrait inciter l'entrepreneur à faire l'effort d'épuration dont le coût marginal correspond exactement au coût marginal du dommage. Tel serait le cas d'une redevance de oT_1, qui rapporterait à l'Etat une recette égale à oQ_1eT_1. Une taxe supérieure à oT_1 induirait en effet un effort d'épuration exagéré du point de vue de l'allocation des ressources et inversement.

En examinant de plus près le fonctionnement de cet instrument, on réalise que la redevance place l'entrepreneur devant un choix. Ou bien il décide de s'acquitter de la taxe pour obtenir en quelque sorte le droit de polluer ; c'est ce qu'il fait pour le niveau de pollution supérieur à Q_1, puisque le coût marginal d'épuration *CME* y est supérieur tout au long du segment oQ_1. Entre Q_0 et Q_1, en revanche, il a avantage à choisir d'épurer, car le coût marginal de cet effort est inférieur à la taxe qu'il devrait payer par unité de pollution. L'entrepreneur, qui est incité à poursuivre l'effort d'épuration optimal, est donc poussé à internaliser exactement le coût marginal du dommage que ses déchets imposent à la collectivité. Remarquons que la même solution pourrait être obtenue si l'Etat octroyait à l'entreprise une subvention égale à Q_1e sur chaque unité de pollution évitée grâce à l'effort d'épuration entrepris.

Le graphique 2.15 illustre également, en traits discontinus, la situation propre à un niveau de production plus grand. La pollution engendrée par la production étant plus élevée, la courbe de coût marginal d'épuration est déplacée vers la droite et intercepte maintenant le coût marginal du dommage au point *e',* caractéristique d'un dommage plus élevé. Il en résulte qu'un niveau de pollution plus important doit être concédé Q_2 et qu'une redevance par unité de pollution plus forte oT_2 doit être introduite pour inciter l'entreprise à produire l'effort d'épuration optimal.

Ainsi confrontée à une redevance par unité de pollution et à un coût d'épuration qui varie en fonction de la quantité produite, l'entreprise sera poussée à ajuster tout à la fois son effort d'épuration et son niveau de production, afin d'égaliser son coût marginal total (y compris la redevance et le coût d'épuration) avec le prix du marché. En effet, l'intervention de l'Etat fait internaliser le coût du dommage par l'entreprise au moyen de la combinaison d'une redevance de pollution, qui varie en fonction du niveau de production, et des dépenses d'épuration, ce qui renchérit le coût de production. L'entrepreneur s'efforcera cependant de répercuter ce coût supplémentaire sur son prix de vente, d'où une certaine diminution de la quantité produite, à moins que la demande soit totalement inélastique, c'est-à-dire insensible à une variation de prix.

Déjà très succincte, cette présentation théorique des externalités et de la politique de l'environnement ne rend évidemment pas justice aux difficultés de mise en pratique. Sans pour autant aborder le sujet, remarquons que le principal obstacle réside dans l'évaluation des divers paramètres nécessaire à la fixation de la solution optimale. En particulier, l'estimation du coût du dommage dépend d'une part de facteurs matériels (physiques, chimiques et biologiques) et d'autre part de toute une série de paramètres économiques (lieu, degré de perception de la pollution, etc.) Il va sans dire que l'évaluation des autres paramètres tels que les coûts de production internes des agents pollueurs et de la demande n'est pas aisée non plus. Ces difficultés sont cependant les mêmes que l'on agisse par voie de réglementation ou de prélèvement fiscal.

Remarquons, enfin, que si ces deux instruments permettent de satisfaire l'objectif de réduction de la pollution, les économistes préfèrent la redevance parce que ce moyen est plus efficace. Il a en effet en principe l'avantage d'inciter à procéder à un gros effort d'épuration là où cela s'avère peu coûteux et permet à la limite de ne rien entreprendre là où cela s'avère trop cher.

Un banal exemple chiffré permet de le démontrer. Supposons pour cela que deux entreprises émettent dans une région la même quantité de pollution et que l'Etat souhaite réduire la pollution totale de 50 %. Admettons ensuite que le coût d'épuration est inférieur dans l'entreprise *A*, soit 10 centimes par kilo de polluant, à celui de l'entreprise *B* où il se monte à 30 centimes par kilo.

Si l'Etat intervient en légiférant, les deux entreprises seront tenues de réduire leur pollution de 50 %, ce qui implique un coût moyen d'épuration au niveau de l'économie de 20 centimes par kilo.

En revanche, si les pouvoirs publics fixent une redevance de pollution de 11 centimes par kilo de produit polluant, ils provoquent la réaction suivante de la part de l'industrie :

- l'entreprise *A* procédera à une épuration totale car elle a avantage à faire cette dépense plutôt que de payer la redevance ;
- l'entreprise *B,* au contraire, ne bougera pas, préférant payer une redevance de 11 centimes par kilo plutôt que de supporter des frais d'épuration de 30 centimes par kilo.

Deux constatations s'imposent :

- au niveau de l'économie, l'objectif d'une réduction de 50 % de la pollution est atteint, puisqu'une des deux entreprises ne pollue désormais plus du tout, alors que l'autre continue à le faire ;
- du point de vue économique, cette solution est effectivement préférable, puisque le coût moyen n'est que de 10 centimes par kilo (le coût supporté par *A*), contre 20 centimes par kilo avec la réglementation.

ANNEXE

Les conditions d'allocation optimale des ressources

Dans la rubrique 2.1.3, nous avons relevé que pour devenir opérationnels les critères d'allocation optimale de Pareto ainsi que de Hicks et Kaldor devaient être prolongés par un ensemble de conditions que l'économie devrait satisfaire. Bien que ces conditions demeurent à un haut niveau d'abstraction, elles fournissent à l'analyste un outil puissant d'examen des questions d'allocation des ressources. Sans entrer dans les détails, cette annexe les présente et les justifie brièvement.

Pour définir les conditions d'allocation optimale des ressources, on a recours à un certain nombre d'hypothèses simplificatrices :

- l'économie est fermée et stationnaire ;
- le plein-emploi des facteurs de production est assuré en permanence ;
- les goûts des consommateurs ne changent pas ;
- il n'y a pas de progrès technique ;
- les facteurs de production sont homogènes et disponibles en quantités fixes et limitées ;
- enfin, sur un plan technique, on admet que tous les biens et tous les facteurs de production sont parfaitement divisibles et que toutes les fonctions sont continues et par conséquent différentiables. Les courbes d'indifférence sont convexes par rapport à l'origine et les fonctions de production ne présentent pas de rendement croissant à l'échelle.

Les conditions nécessaires de l'optimum parétien portent sur la réalisation simultanée de trois optima : l'optimum technologique (ou de production), l'optimum de l'échange (ou de consommation) et l'optimum général. Aux fins de démonstration et pour permettre l'utilisation de graphiques en deux dimensions, nous supposons une économie composée de deux personnes, Pierre et Mathieu, qui consomment deux biens *X* et *Y* produits à l'aide de deux types de facteur de production, le travail et le capital, désignés respectivement par *T* et *C*.

L'objet de cet examen consiste à définir les conditions dans lesquelles le stock de travail et de capital doit être réparti entre les productions de *X* et *Y* d'une part, et celles dans lesquelles les biens *X* et *Y* doivent être distribués entre les deux consommateurs d'autre part, de telle sorte que, conformément au critère de Pareto, aucune modification de l'allocation des ressources et aucun échange supplémentaire ne puissent améliorer le bien-être d'un individu sans diminuer celui d'un autre.

L'optimum technologique (ou de production)

L'utilisation techniquement efficace des ressources rares – la quantité de facteurs de production et la technologie étant supposées fixes – constitue une première condition nécessaire de l'allocation optimale. Formellement, la production est techniquement efficace lorsque pour une quantité d'intrants donnée il n'est plus possible d'augmenter la production d'un bien sans réduire simultanément celle d'un autre. Sur le graphique 2.16 nous dessinons la traditionnelle boîte d'Edgeworth dont les dimensions reflètent les quantités de travail et de capital disponibles. Le travail est

Graphique 2.16 ***L'optimum technologique***

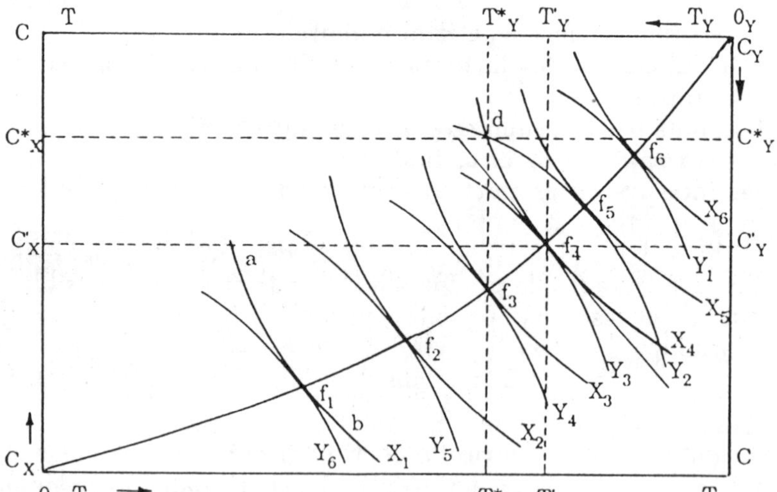

mesuré horizontalement et le capital verticalement. o_X et o_Y sont les origines à partir desquelles on mesure les quantités de travail et de capital utilisées dans la production des biens *X* et *Y*. Le plein-emploi des facteurs de production étant supposé en permanence assuré, chaque point à l'intérieur de la boîte correspond à une allocation spécifique du travail et du capital dans chacune des productions. Au point d, par exemple, la production du bien X requiert des quantités T^*_X de travail et C^*_X de capital et celle du bien Y des quantités T^*_Y de travail et C^*_Y de capital.

La technologie avec laquelle les deux industries combinent travail et capital pour produire les biens *X* et *Y* est illustrée par deux familles d'isoquantes. Celle du bien *X* est dessinée à partir de l'origine o_X et celle du bien *Y* à partir de l'origine o_Y. Rappelons qu'une famille d'isoquantes représente les différents niveaux de production pouvant être atteints par des quantités et des combinaisons variables de deux facteurs de production. Plus une isoquante est éloignée de l'origine, plus elle indique un niveau de production élevé. A chaque point d'une isoquante, on peut tracer une tangente dont la pente correspond au taux marginal de substitution technique entre le capital et le travail $TMST_{C,\,T}$, c'est-à-dire au taux par lequel les deux facteurs peuvent être permutés sans modifier la quantité produite. Ce taux est égal au rapport du produit physique marginal des deux facteurs, soit pour le bien *X* par exemple :

$$TMST^X_{C,T} = \frac{dX/dC}{dX/dT}$$

Ainsi, pour passer de a à b par exemple (en maintenant le niveau de production à X_1), il faut remplacer du capital par du travail. Il en résulte une amélioration de la productivité du capital et une diminution de la productivité du travail. Cependant, plus le travail se substitue au capital, plus cette substitution devient difficile, ce qu'exprime la modification du taux marginal de substitution technique.

Ayant rappelé ces notions de base, nous pouvons définir maintenant les conditions de l'optimum technologique. Le point *d* traduit de toute évidence une situation non optimale puisqu'une réallocation des facteurs de production entre les deux productions permet, par exemple, d'accroître la production du bien *Y* de l'isoquante Y_2 à celle désignée par Y_3, tout en maintenant la production du bien *X* au niveau X_4. Le passage de d à f_4 implique un transfert de capital de la production de *X* vers celle de *Y* et un transfert inverse de travail. f_4 est une situation optimale puisque la production de *Y* ne peut plus être accrue qu'au détriment de celle de *X*. En d'autres termes, la condition d'efficacité est satisfaite à un point où les isoquantes de la production de *X* et celles de la production *Y* ont une tangente commune. Plus formellement, la condition d'optimum technologique exige que $TMST^X_{C,T} = TMST^Y_{C,T}$, c'est-à-dire que le taux marginal de substitution technique entre le capital et le travail soit le même pour la production des deux biens *X* et *Y*.

L'examen du graphique 2.16 montre cependant que cette situation n'est pas unique, mais qu'elle se répète une infinité de fois dans la boîte. La courbe, qui relie les deux origines en passant par les points de tangence f_1, f_2, f_3, etc., met en évidence une sélection de solutions de production optimales possibles, d'où son appellation de ligne des possibilités optimales de production. Remarquons enfin que le choix d'un point optimal parmi l'infinité des solutions possibles dépend de la répartition souhaitable de l'effort de production entre les biens *X* et *Y*.

Cette présentation des conditions d'efficacité technologique en termes de substitution de facteurs de production peut être transposée sur le marché des biens *X* et *Y* sous la forme plus connue de la frontière des possibilités de production ou courbe de transformation des productions.

Au lieu de mesurer des quantités de facteurs de production engagés, le graphique 2.17 exprime les quantités de biens obtenues à chaque point de la ligne des possibilités optimales de production. La frontière *sz* représente l'infinité des solutions de production Pareto-optimales possibles, alors que tout point situé à l'intérieur

Graphique 2.17 ***Frontière des possibilités de production***

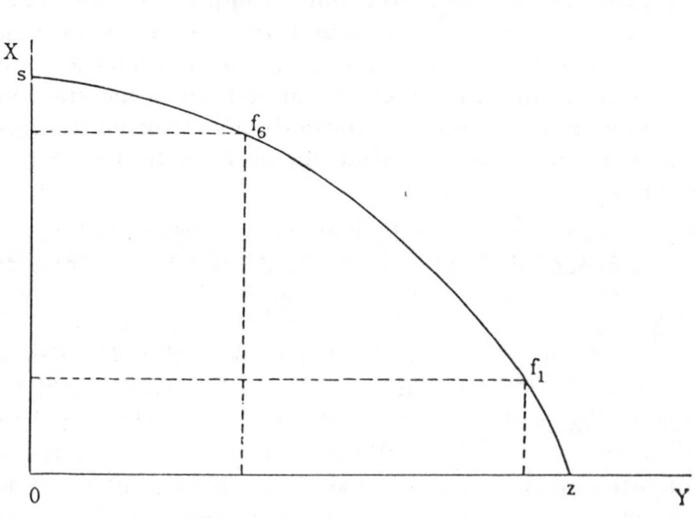

de cette frontière correspond à une situation non optimale, comme *d* sur le graphique 2.16. La pente de la tangente à n'importe quel point de la courbe de transformation des productions reflète le taux marginal de transformation $TMT_{X,Y}$, c'est-à-dire le taux auquel il est possible de transformer le bien *X* en bien *Y*, ou le coût (d'opportunité) marginal de la production d'un bien exprimé en termes de l'autre. Quand on se déplace de gauche à droite le long de la courbe de transformation, la production de *Y* devient de plus en plus coûteuse puisqu'il faut abandonner la production d'une quantité toujours plus grande de *X* pour obtenir une unité supplémentaire de *Y*.

La condition générale d'efficacité technologique pour une économie constituée d'un grand nombre d'entreprises et d'un grand nombre de biens peut, sur la base de ce raisonnement, être généralisée ainsi : le taux marginal de substitution technique entre n'importe quelle paire de facteurs de production engagés dans la production de tous les biens et le taux marginal de transformation entre n'importe quelle paire de biens doivent être les mêmes dans toutes les *u* entreprises. En d'autres termes pour deux biens :

$$TMST^{X}_{C,T} = TMST^{Y}_{C,T}$$

et

$$TMT^{u_1}_{X,Y} = TMT^{u_2}_{X,Y}$$

L'optimum de l'échange (de consommation)

Les conditions définies ci-dessus se rapportaient à l'efficacité de la production. Elles ne suffisent évidemment pas à assurer l'optimum général de Pareto, car même si la production est organisée de façon optimale, il se peut que les biens offerts ne correspondent pas aux préférences individuelles des consommateurs. Afin de fixer les conditions d'optimalité globale, il convient donc au préalable de déterminer encore les conditions nécessaires de l'échange optimal des biens produits entre les individus. La démarche à suivre pour définir les conditions d'optimalité en matière d'échange est semblable à celle utilisée pour l'optimalité de la production. Elle consiste à modifier la répartition initiale entre les consommateurs des quantités de biens produites jusqu'à ce qu'aucun échange supplémentaire ne puisse, conformément au critère de Pareto, accroître l'utilité d'une personne sans diminuer simultanément celle d'une autre.

L'analyse graphique peut être effectuée à l'aide d'une boîte d'Edgeworth semblable à celle utilisée auparavant (graphique 2.16), à condition d'admettre que les axes de coordonnées représentent maintenant des quantités de biens et l'ensemble des courbes les cartes d'indifférence des deux consommateurs. A n'importe quel point d'une courbe d'indifférence, la pente de la tangente correspond au taux marginal de substitution $TMS^i_{x,y}$, c'est-à-dire au taux auquel un bien peut se substituer à l'autre sans que le niveau d'utilité du consommateur i n'en soit modifiée.

Il existe toutefois une différence importante avec le cas précédent : alors que nous avions admis que le stock de facteurs de production était fixe – et par conséquent les dimensions de la boîte – nous devons remarquer maintenant qu'il existe un nombre infini de boîtes, chacune correspondant à un point sur la courbe des possibilités optimales de production puisque la quantité de biens X et Y offerte peut varier selon la combinaison choisie. Ainsi, par exemple, la boîte dessinée sur le graphique 2.18, que nous commenterons ci-dessous pour présenter l'optimum général, correspond à des quantités de biens X_0 et Y_0.

Parmi tous les points situés à l'intérieur de la boîte, qui se rapportent à différentes dotations des consommateurs en produits, seuls ceux se trouvant le long de la courbe de contrat, qui relie tous les points de tangence entre les deux familles de courbes d'indifférence, représentent des combinaisons optimales de répartition du stock de biens. Pour s'en persuader il suffit de faire un raisonnement analogue à celui conduit lors de l'analyse de l'optimum technologique. A l'instar du cas précédent, il existe donc une infinité de points satisfaisant la condition d'échange (ou de consommation) optimal qui peut être formulée de la façon suivante : le taux marginal de substitution entre n'importe quelle paire de biens produits par l'économie doit être le même pour tous les consommateurs, soit symboliquement :

$$TMS^P_{X,Y} = TMS^M_{X,Y}$$

où $TMS^P_{X,Y}$, par exemple, représente le taux marginal de substitution entre le bien X et le bien Y de Pierre.

Exprimée différemment cette égalité signifie que le rapport des utilités marginales procurées à un individu par les deux biens X et Y doit être identique à ce même rapport pour les mêmes biens auprès de n'importe quel autre individu, soit :

$$\frac{dU^P/dX^P}{dU^P/dY^P} = \frac{dU^M/dX^M}{dU^M/dY^M}$$

Lorsque cette égalité est réalisée, il n'est plus possible, par une modification de la répartition des biens entre les consommateurs, d'accroître le bien-être de l'un sans réduire celui des autres.

L'optimum général de Pareto

Connaissant les conditions nécessaires des optima de la production et de l'échange, nous sommes maintenant en mesure d'énoncer, en les combinant, celles que requiert l'optimum général de Pareto. La façon de procéder ressemble au cas précédent : il s'agit de rechercher les conditions permettant de maximiser l'utilité d'une personne sans modifier celle des autres, tout en tenant compte simultanément des possibilités de production de l'économie. La condition d'un optimum général de Pareto, et par conséquent d'une allocation optimale des ressources, peut être énoncée ainsi : dans toute l'économie, le taux subjectif auquel chaque personne est disposée à substituer n'importe quelle paire de biens doit être égal au taux technique auquel il est possible de transformer l'un de ces biens dans l'autre, soit :

$$TMS_{X,\,Y} = TMT_{X,\,Y}$$

où $TMS_{X,\,Y}$ est le taux marginal de substitution entre X et Y, valable pour tous les individus selon la condition d'échange optimum, et où $TMT_{X,\,Y}$ représente le taux marginal de transformation entre X et Y, valable pour chaque centre de production conformément à la condition de production optimale.

Pour mieux saisir la signification de cette condition, imaginons un instant que X joue le rôle d'un bien numéraire, en d'autres termes celui de la monnaie. Le taux marginal de substitution entre X et Y peut désormais être interprété au niveau des consommateurs comme leur évaluation (ou bénéfice) marginale de la consommation du produit Y exprimée en terme du produit X, et le taux marginal de transformation comme le coût d'opportunité de Y en terme de X. Ainsi la condition d'optimalité parétienne exige que la production d'un bien soit poursuivie jusqu'à ce que le bénéfice marginal de Y (en terme de X) soit égal à son coût d'opportunité marginal.

La recherche de l'optimum général peut être illustrée à l'aide du graphique 2.18. Il représente la courbe de transformation des productions *sz* dérivée dans le graphique 2.17 et une boîte d'Edgeworth permettant de définir la répartition optimale entre les deux individus d'une combinaison possible de production des deux biens, en l'occurrence les quantités X_0 et Y_0 correspondant au point g. La famille de courbes d'indifférence de Pierre est représentée à partir de l'origine o et celle de Mathieu à partir du point *g*.

Parmi tous les points situés sur la courbe de contrat *og* – et par conséquent satisfaisant la condition d'échange optimal d'égalité des taux marginaux de substitution des deux individus –, seul le point *e* correspond à une situation d'optimum général tel que

Pareto l'a défini. En effet, géométriquement, la tangente à la frontière au point *g* est exactement parallèle à la tangente commune aux courbes d'indifférence $I^P{}_2$ et $I^M{}_3$. L'identité de leur pente exprime l'égalité du taux marginal de substitution et du taux marginal de transformation des productions exigée par la condition d'optimum général définie ci-dessus.

Graphique 2.18 ***L'optimum général***

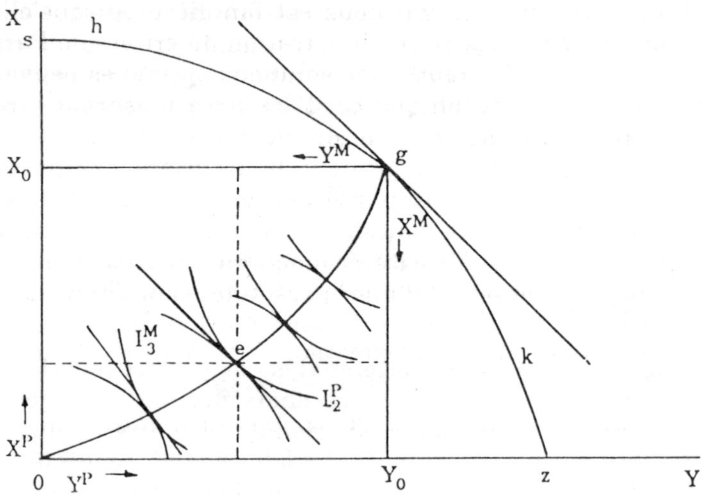

Deux remarques permettent de tirer tous les enseignements de ce graphique :

- Par analogie à la démonstration faite dans le graphique 2.16 pour la répartition des facteurs de production, on voit bien que toute répartition des biens *X* et *Y* produits ne correspondant pas à une combinaison le long de la courbe de contrat permet un gain de bien-être collectif, selon Pareto, par un nouvel échange entre les deux individus.
- Toute solution optimale du point de vue de l'échange, mais définie par un taux marginal de substitution différent du taux marginal de transformation, incorpore un gain de bien-être potentiel selon Pareto, qui se concrétise par l'échange entre individus de la production donnée jusqu'à ce que sa répartition soit caractérisée par un taux marginal de substitution égal au taux marginal de transformation.

Il importe de réaliser que cet optimum général e correspond à la répartition des productions selon le point *g* choisi arbitrairement.

Il n'est donc pas unique, mais ne constitue au contraire qu'une solution parmi une infinité de solutions optimales possibles correspondant à chaque point sur la courbe *sz*. Si l'on imagine maintenant que pour chacun de ces autres points le long de *sz*, par exemple *h* ou *k*, est associée une autre boîte d'Edgeworth, on peut intuitivement saisir que la condition d'égalité des taux marginaux de substitution et de transformation de l'optimum général implique une autre répartition de la production – et par conséquent du bien-être – entre les individus.

En fait, cette constatation nous est familière puisque'elle nous ramène au point de départ de l'illustration du critère de Pareto (cf. section 2.1.2). En effet, toutes ces solutions optimales peuvent être transposées sur un graphique dont les axes mesurent (ordinalement) l'utilité, dans notre exemple, de Pierre et Mathieu. Reliés entre eux, tous ces points forment la frontière des possibilités d'utilité que nous avons illustrée sur le graphique 2.1. Chaque point de cette frontière satisfait les conditions nécessaires à l'optimum parétien d'efficacité économique : il n'est plus possible d'améliorer le bien-être d'une personne sans diminuer celui d'une autre.

Comme nous l'avons vu, cette analyse ne permet toutefois pas de préférer un point à un autre ; ce choix dépend du jugement de valeur qui est porté sur la distribution du bien-être la plus souhaitable au sein de la communauté. Il ne relève en conséquence plus de la fonction allocative, mais de la fonction distributive.

La question qui reste à résoudre est de savoir comment ces conditions nécessaires à l'optimum parétien d'efficacité économique peuvent être concrétisées dans une économie. Deux types de solutions diamétralement opposées sont envisageables :

- Un planificateur doté d'une vision omnisciente indique à tous les agents économiques – producteurs et consommateurs – les choix qu'ils doivent effectuer pour satisfaire ces conditions.
- On fait confiance au système de décision décentralisé du marché et, par conséquent, au système des prix. La condition générale d'allocation optimale devient alors la suivante : le rapport des prix entre n'importe quelle paire de biens (produits ou facteurs) doit être identique au taux marginal de transformation, qui doit lui-même être identique au taux marginal de substitution, et ceci pour chaque entreprise ou individu de l'économie, à savoir :

$$TMS_{X,Y} = TMT_{X,Y} = \frac{P_Y}{P_X}$$

où P_Y/P_X représente le rapport valable dans toute l'économie entre le prix de Y et celui de X. C'est exactement ce qui est dit dans la section 2.1.3 où la démonstration est faite en admettant que l'un des biens sert de numéraire.

Si l'on suppose donc que les agents économiques ont un comportement rationnel et qu'en conséquence les consommateurs s'efforcent de maximiser leur utilité et les producteurs leur profit, l'équilibre des marchés tend automatiquement, pour autant qu'un certain nombre de conditions et notamment la concurrence parfaite soient satisfaites, à s'établir selon ces conditions.

Si en revanche, conformément à la première alternative, on ne recourt pas au mécanisme des prix pour diffuser auprès de tous les agents économiques l'information déterminante sur les relations d'offre et de demande, la tâche de planificateur – en fait l'Etat – est incommensurable.

C'est pourquoi, dans toutes les économies, quel que soit le système politique, les décisions de consommation et, mais déjà dans une moindre mesure, celles d'offre de facteurs de production, sont laissées aux mains des individus. Quant à elles, les décisions de production sont soumises dans les pays à régime communiste à une planification très lourde, qui s'est avérée, à l'expérience, non gérable, alors qu'elles reposent dans les démocraties sur un système d'économie mixte : la production est partagée entre les entreprises privées, nationalisées et l'Etat.

CHAPITRE III

Distribution équitable du bien-être (du revenu et de la fortune)

3.1 LA DISTRIBUTION DU BIEN-ETRE (DU REVENU ET DE LA FORTUNE)

3.1.1 Le problème de la distribution du bien-être (du revenu et de la fortune)

C'est un fait universel, le revenu national est plus ou moins inégalement distribué entre les personnes. En d'autres termes, il y a concentration plus ou moins forte du revenu sur les catégories de gens aisés, alors que les classes moyennes et surtout modestes, bien que beaucoup plus nombreuses, doivent se contenter d'une part du revenu national plus petite.

Si cette inégalité de la distribution convient à certains, d'autres estiment qu'une plus grande égalité serait socialement plus juste ou équitable. En fait, la distribution que l'on observe à un moment donné dans un pays n'est pas seulement le résultat d'un mécanisme socio-économique spontané, mais est influencée par une politique délibérée d'organismes privés et de l'Etat, qui s'efforcent de réduire l'inégalité et d'aider les personnes défavorisées. La dynamique de cet effort a son origine dans la divergence observée entre les jugements de valeurs que la société porte en matière de distribution équitable du revenu (et de la fortune) et celle qui résulte du libre jeu des forces du marché. En d'autres termes, le marché présente également des lacunes dans l'optique de la distribution du revenu et de la fortune, ce qui suscite des réactions correctives d'organismes privés et justifie également une intervention publique.

En portant l'essentiel de leur attention sur l'allocation des ressources, les économistes ont trop longtemps abandonné aux seuls politologues, sociologues et philosophes la question de la distribution du revenu (et de la fortune). Le seul volet de la théorie de la distribution auquel ils s'intéressèrent portait sur la rémunération des facteurs de production (travail, capital et sol) et la *répartition fonctionnelle* de ces grandes catégories de revenu dans le revenu national. Or, ce sujet relève plutôt de l'allocation des ressources et ne revêt d'intérêt du point de vue de la distribution que si les travailleurs bénéficient presque exclusivement des fruits de leur labeur et si les capitalistes jouissent pour l'essentiel du produit de leur patrimoine, ce qui n'est manifestement plus le cas. Pour élaborer une vraie théorie de la justice distributive, il convient de mettre en évidence la répartition du revenu (ou de la fortune) entre les personnes, ce que l'on qualifie usuellement de *distribution interpersonnelle* des revenus. Par ailleurs, si la question de la distribution personnelle du revenu, et subsidiairement de la fortune, retient plus particulièrement l'attention, celle très proche de la *distribution entre les générations* fait l'objet d'un intérêt croissant suite au développement, puis aux difficultés, de la sécurité sociale, notamment de la prévoyance vieillesse. De même, l'aggravation des *disparités économiques entre régions* aux niveaux national et international incite à rechercher les causes et les remèdes de cette évolution.

3.1.2 Allocation optimale et distribution équitable

Dans le chapitre 2, nous avons défini l'allocation optimale des ressources comme un état du monde dans lequel il n'est plus possible d'améliorer le bien-être d'une personne sans diminuer celui d'une autre. Mais nous avons également souligné qu'il existe une infinité de solutions Pareto-optimales, chacune correspondant à une distribution différente du bien-être au sein de la communauté. En d'autres termes, le double respect de l'*optimum* de production (utilisation optimale des ressources productives) et de l'*optimum* de consommation (répartition des biens et services entre les individus conformément à leurs préférences) est une condition nécessaire, mais non suffisante, de l'*optimum* social. De nombreuses solutions optimales du point de vue de l'allocation des ressources sont inacceptables du point de vue de la justice distributive.

La question de la distribution équitable du bien-être est omniprésente dans toutes les décisions politiques pour deux raisons :

- Toute mesure relevant de l'allocation des ressources a presque obligatoirement un effet de redistribution, puisqu'il n'est guère imaginable qu'elle ne touche pas un certain nombre de personnes de façon favorable ou défavorable. Même si le test de compensation de Hicks et Kaldor (cf. paragraphe 2.1.2) est satisfait et que, par conséquent, il y a gain de bien-être pour la collectivité, la modification de l'allocation des ressources n'est pas neutre du point de vue de la distribution, à moins qu'il y ait compensation intégrale des perdants.

- Une part très importante, et sans doute encore croissante, des programmes de dépenses et d'intervention publics poursuit en priorité un objectif de redistribution. A titre d'exemple, citons les dépenses dans les domaines de la santé, de l'agriculture ou de la prévoyance vieillesse.

On peut s'étonner que cette question ait été si longtemps négligée dans la littérature. L'origine de cette carence réside probablement dans le développement de la nouvelle économie du bien-être, qui a pu donner l'illusion que les problèmes d'efficacité économique pouvaient être abordés exclusivement sur une base scientifique. Simultanément, le fait que la détermination de la meilleure solution à tout point de vue *(optimum optimorum)* nécessite une définition politique de la distribution optimale a pu donner l'impression que la contribution scientifique possible de l'économie politique en matière de distribution du bien-être était dérisoire. Or, s'il est correct de refuser à la science économique le droit de se prononcer sur la distribution du bien-être, on doit reconnaître qu'elle est la mieux à même, grâce à une approche théorique et donc systématique de la question, de fonder les discussions au niveau politique. La science économique donne non seulement les moyens d'illustrer correctement la distribution existante, mais surtout elle permet d'identifier les sources des inégalités de revenu (de fortune) et de spécifier les mesures idoines pour opérer la redistribution souhaitée.

3.1.3 De la distribution du bien-être à celle des revenus (de la fortune)

Jusqu'ici nous avons librement utilisé les expressions de distribution du bien-être ou du revenu et de la fortune. S'il est correct de parler de distribution du bien-être sur le plan de l'analyse formelle, dans la réalité, le problème se pose en termes concrets de distribution, ou plutôt de redistribution, du revenu et par extension de la fortune. C'est donc sur ce plan, et tout particulièrement sur la distribution du revenu, que nous porterons notre attention dans la suite de ce chapitre.

Pourtant, se concentrer sur la distribution du revenu pour appréhender la répartition du bien-être entre les individus implique qu'il y ait une excellente corrélation entre la possibilité financière d'acheter des biens et services et le bien-être, ce qui n'est pas nécessairement le cas. En effet, le revenu exclut un grand nombre de facteurs qui n'ont pas de valeur marchande mais qui contribuent au bien-être. Leur éventail va du climat à la liberté individuelle en passant par les conditions de travail sans oublier surtout la diversité des préférences en ce qui concerne l'ampleur des loisirs. Or, si l'on accepte, conformément à la théorie micro-économique moderne, de considérer les loisirs, c'est-à-dire la renonciation à travailler, comme un bien, qui a une valeur aux yeux des individus à l'instar de n'importe quel autre bien ou service, l'accent porté sur la seule distribution des revenus peut donner une image fausse de la répartition du bien-être. S'il s'avérait, par exemple, que les personnes à revenu modeste attachent une plus grande valeur aux loisirs et choisissent donc de travailler moins, la disparité des revenus serait plus importante que celle du bien-être.

Même si, faute de pouvoir évaluer et comparer les utilités, les mesures de distribution se limitent à celle du revenu, les politiques de redistribution devraient tenir compte du revenu et des loisirs. Une forte préférence pour les loisirs, par opposition au travail rémunérateur, ne devrait pas être à l'origine d'une situation privilégiée. Inversement, il serait injuste que, parmi les individus à faible capacité de gain, ceux qui préfèrent le revenu et travaillent donc davantage, soient défavorisés dans leur prétention à une aide par rapport à ceux qui aiment mieux les loisirs. De même, parmi les individus à forte capacité de gain, ceux qui ont une forte préférence pour le revenu ne devraient pas contribuer plus à des mesures de redistribution que ceux qui ont opté pour davantage de loisirs.

3.2 ILLUSTRATION ET MESURE DE L'INEGALITE DE LA DISTRIBUTION DU REVENU OU DE LA FORTUNE

Pour appréhender correctement l'inégalité plus ou moins prononcée de la distribution personnelle (ou familiale) du revenu, l'économiste doit résoudre trois questions :

– définir le revenu (ou la fortune),
– illustrer les faits de façon parlante et honnête,
– mesurer le degré d'inégalité de la distribution.

Comme nous traiterons de la définition du revenu dans le paragraphe 6.3.1 consacré à l'impôt sur le revenu des personnes physiques, nous pouvons nous concentrer ici sur l'illustration et la mesure de l'inégalité.

3.2.1 Illustration de la distribution

L'économiste dispose de différentes méthodes statistiques pour illustrer la distribution du revenu. Qu'il choisisse la forme du tableau ou celle, moins précise mais plus parlante, du graphique, il commencera toujours par classer les revenus dans un ordre croissant du plus faible au plus élevé, par tranches ou classes d'importance égale ou inégale. On dispose ensuite en regard de chacun de ces groupes de revenu un certain nombre d'informations le concernant, en particulier l'effectif, soit le nombre absolu de personnes (ou de ménages), ou la fréquence, c'est-à-dire le rapport de l'effectif d'une tranche à l'effectif total, la somme ou l'importance relative des revenus de la tranche, le revenu moyen de la tranche, etc. Deux variantes sont envisageables :

- Les revenus sont groupés par tranches correspondant aux quartiles ou aux déciles, voire même éventuellement pour les revenus les plus élevés aux centiles. Cette méthode permet de mettre en évidence l'effectif ou la fréquence des individus (ou ménages) situés, par exemple, dans le 25 % des revenus très faibles ou dans le 10 % des revenus très élevés.
- Les revenus, également classés en ordre croissant, sont groupés par classes d'importance inégale. Le tableau 3.1, tiré en guise d'exemple de la statistique de l'impôt direct prélevé au niveau du gouvernement suisse illustre cette méthode.

Les présentations graphiques se fondent généralement sur cette seconde forme de classification des revenus par tranches d'importance inégale. La *courbe de Lorenz* en est la variante la plus répandue, d'autant plus qu'elle est la source d'une véritable mesure de l'inégalité de la distribution, le *coefficient de Gini.*

On trace la *courbe de Lorenz* en reliant, pour chaque tranche de revenu, les points de coordonnées du pourcentage cumulatif des individus (ou ménages) mesuré sur l'abscisse et de celui du revenu échéant à cette ou ces classes mesuré sur l'ordonnée. Ainsi, sur le graphique 3.2, tiré du tableau 3.1, les lignes pointillées indiquent approximativement que le 50 % de la population à revenu faible dispose de 30 % du revenu net total et que 90 % de la population reçoit 75 % du revenu, ce qui signifie que le 10 % restant perçoit 25 % du revenu net total de la communauté. Par comparaison, si tous les revenus étaient égaux, c'est-à-dire si chaque tranche de 10 % de la population touchait le 10 % du revenu total, la courbe de Lorenz aurait l'allure de la droite diagonale nommée ligne de parfaite égalité, parce qu'elle caractérise la situation imaginaire où le revenu de chaque individu serait identique. La position de la courbe de Lorenz par rapport à la diagonale illustre donc le degré d'inégalité de la distribution : l'inégalité est d'autant plus forte que la courbe est éloignée de la ligne de parfaite égalité et inversement.

Tableau 3.1 *Distribution du revenu net en Suisse*

Classes du revenu net en 1 000 F	Ménages de contribuables			Revenu net			Revenu par ménage (moyen) de chaque classe
	Effectif	% par classe (fréquence)	% cumulatif	en 1 000 F	% par classe (fréquence)	% cumulatif	
(1)	(2)	(3)	(4)	(5)	(6)	(7)	(8)
- 9,9	1 278 508	2,95	2,95	314 484	0,30	0,30	4 006
10 - 24,9	788 837	29,63	32,58	14 806 848	14,10	14,40	18 770
25 - 49,9	1 249 860	46,95	79,53	44 679 872	42,53	56,93	35 748
50 - 99,9	460 952	17,31	96,84	29 745 888	28,32	85,25	64 531
100 - 499,9	81 661	3,07	99,91	13 074 912	12,45	97,70	160 112
500 - 999,9	1 831	0,07	99,98	1 202 642	1,14	98,84	656 823
1 000 et plus	649	0,02	100,00	1 218 923	1,16	100,00	1 878 156
Total	2 662 298	100,00		105 043 569	100,00		39 456

Source : Office fédéral de la statistique, Impôt fédéral direct, 21e période (1981-1982), tableau 16, p. 37.

Graphique 3.2 ***Courbe de Lorenz***

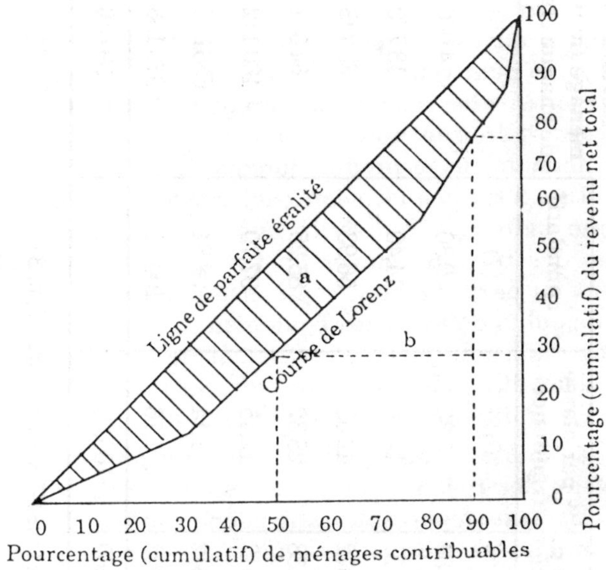

3.2.2. Mesure de l'inégalité de la distribution

A l'instar de son illustration, l'inégalité de la distribution (ou la concentration du revenu) peut être mesurée de différentes manières. On peut notamment recourir aux mesures statistiques usuelles de dispersion comme la variance et l'écart-type. Toutefois, le *coefficient de Gini* constitue sans aucun doute la mesure de concentration la plus connue. Son calcul est très simple quand on a dessiné la courbe de Lorenz, soit

$$\text{Coefficient de Gini} = \frac{\text{aire } a}{\text{aire } a + b}$$

Sa valeur évolue théoriquement entre 0 lorsque le revenu est également distribué et 1 dans le cas où tout le revenu est perçu par une seule personne. Dans le premier cas la courbe de Lorenz se confond avec la diagonale alors que dans le second elle prend l'allure d'une équerre.

Le coefficient de Gini ne fournit pas seulement une mesure de l'inégalité de la distribution ; il permet aussi d'évaluer l'effet de redistribution d'une décision spécifique comme une modification du régime fiscal ou de comparer l'état de la distribution entre différents pays. Il peut cependant produire des résultats ambigus, en particulier lorsque les courbes de Lorenz propres aux deux situations comparées se croisent tout en donnant le même coefficient de Gini. Un tel phénomène se produit lorsque la nature de l'inégalité de la distribution n'est pas la même ; tel pourrait par exemple être le cas lorsque l'effet de redistribution d'une diminution de la concentration des revenus élevés en faveur des revenus moyens est totalement ou partiellement compensé par une dégradation de la situation des plus défavorisés, également en faveur des revenus moyens. Dans ces conditions, le coefficient de Gini ne permet pas de comparer deux états de la distribution, car il ne considère pas la structure de l'inégalité (ou de la concentration).

Une seconde faiblesse du coefficient de Gini provient de ce qu'il ignore le niveau des revenus dont on examine la distribution. Or, cette information est importante tant pour examiner l'évolution de la distribution d'un pays dans le temps que pour comparer la distribution de différents pays à un moment donné. Un certain degré d'inégalité n'a en effet pas les mêmes conséquences sociales selon que le revenu moyen est élevé ou bas.

3.3 ORIGINE DE L'INEGALITE DE LA DISTRIBUTION DU REVENU

3.3.1 Distinction entre biens économiques et droits constitutionnels

Avant de rechercher l'origine des inégalités de la distribution des revenus, le domaine dans lequel elles se manifestent doit être précisé. En effet, les inégalités caractérisent essentiellement la distribution des biens économiques protégés par un droit de propriété, par opposition à celle des droits politiques, individuels et, le cas échéant, sociaux, qui sont en principe distribués universellement et également entre tous les citoyens d'une nation.

L'économiste ne peut ignorer l'existence des droits politiques, individuels et sociaux, car elle modifie les règles du jeu de l'économie en compromettant dans certains cas l'objectif d'efficacité. Aussi, après avoir brièvement défini le domaine des droits et leurs caractéristiques, nous examinerons les principes en vertu desquels les sociétés ont choisi d'accorder ces droits et les facteurs qui déterminent – bien que de façon très floue – la frontière entre le domaine des droits de propriété associés aux biens économiques et celui des autres droits constitutionnels.

Domaine des droits

Dans la plupart des pays, mais à des degrés souvent très différents selon le régime politique et les traditions, tous les individus majeurs, de même que, dans bien des cas, les enfants et les adolescents bénéficient :

- de droits *individuels ou fondamentaux* comme le respect de la dignité humaine et de la sphère privée, l'égalité devant la loi, ainsi que les libertés d'opinion et d'information, d'association et de réunion, de conscience et de croyance, d'établissement et d'émigration, ou encore de commerce et de profession ;
- de droits *politiques* tels que le droit de vote ou d'éligibilité ;
- de droits *sociaux* comme le droit à l'instruction de base, à l'assistance pour les indigents, à la couverture des grands risques de la vie comme la vieillesse, l'invalidité, le chômage et la perte de soutien, et encore, bien que cela soit beaucoup plus controversé, le droit au travail, à l'instruction supérieure, ou au logement.

En contrepartie indissociable de leurs droits, les citoyens doivent accomplir un certain nombre de devoirs, tels que l'obligation du service militaire, qui sont, eux aussi, par principe également répartis.

Caractéristiques des droits

Les droits constitutionnels individuels, politiques et sociaux ont plusieurs caractéristiques qui les distinguent très nettement des droits de propriété associés aux biens économiques.

- Etant acquis et exercés gratuitement, à savoir sans aucun paiement en espèces ou en nature, les individus ne sont pas incités à les utiliser avec modération, ou en d'autres termes à les économiser, ce qui peut être coûteux et inefficace pour la société, en particulier dans le domaine des droits sociaux.
- Les droits étant répartis universellement, ils ignorent la loi économique des avantages comparés qui voudrait que les individus se spécialisent dans l'exercice des droits pour lesquels ils ont le plus de talent. Ce principe ne permet pas de sélectionner entre les bons et les mauvais électeurs ou soldats.
- Les droits (et devoirs) n'étant pas, contrairement aux récompenses pécuniaires du marché, distribués comme une prime (ou une punition), les individus ne sont pas incités à se comporter de façon constructive pour la société.

- Le fait que les droits ne puissent pas être achetés ou vendus ne permet pas aux individus de recourir à l'échange pour s'assurer un gain de bien-être profitable aux deux parties. De nombreux citoyens seraient sans doute prêts à renoncer à un ou plusieurs droits en faveur d'autres citoyens en contrepartie d'un droit plus étendu dans un domaine spécifique ou d'une prestation monétaire ou en nature.
- Enfin, le fait que les droits soient distribués également ne signifie pas encore qu'ils le soient équitablement. Un traitement identique peut parfaitement ne pas être considéré comme équitable par certains, puisque les individus diffèrent dans leurs aptitudes, intérêts et préférences. Le libre accès de tous à l'instruction primaire n'assure pas forcément l'égalité des chances en raison des différences d'aptitudes des enfants et du milieu social des parents ; des mesures tendant à privilégier l'instruction des moins favorisés peuvent donc être souhaitées.

Cet examen montre que la définition des droits n'a pas tenu compte des principes de l'échange économique. Leur légitimité n'est pourtant pas mise en cause, bien que leur étendue et leur interprétation diffèrent selon les régimes politiques et les traditions.

Justification des droits individuels, politiques et sociaux

Très brièvement il faut s'interroger sur les raisons pour lesquelles les sociétés accordent des droits. Parmi toutes les explications possibles, mentionnons les trois plus courantes :

- *La liberté* : La plupart des droits individuels, de même que le droit de vote (droit politique), tendent en principe à protéger l'individu de l'Etat et des grandes organisations économiques en délimitant une sphère dans laquelle les particuliers peuvent se mouvoir sans craindre leur intervention. Sur le plan de l'exercice de ces droits, les libertés individuelles sont cependant limitées par l'ordre public. Ainsi nul n'a le droit de crier "Au feu ! " dans un théâtre bondé pour faire un usage divertissant de son droit de parole. De même l'ingérence de l'Etat sur la liberté de commerce et de profession peut être justifiée en présence d'externalités et de services collectifs.
- *Le pluralisme* : L'étude de l'histoire des nations, et en particulier de leur organisation et du fonctionnement de leurs institutions, montre de façon évidente que pour réaliser et maintenir durablement son équilibre, toute société doit s'appuyer sur différents modes de relations entre les individus. En dépit de son aptitude à promouvoir l'efficacité de l'activité économique, le marché ne peut pas être la seule

forme d'organisation de la société. Si les droits pouvaient être négociés comme n'importe quel produit industriel, le marché exercerait sur les relations humaines un impérialisme intolérable, faisant notamment fi de toute considération de justice distributive. Le domaine des droits permet donc de contrôler le marché et de promouvoir certaines valeurs sociales.

- *L'humanisme* : Cette troisième justification insiste par dessus tout sur le respect de la dignité humaine de tous les citoyens. Dans son célèbre traité *A Theory of Justice,* Rawls (1973) a développé, à partir d'une théorie du contrat social, un principe d'égalité dans l'attribution des droits et devoirs fondamentaux et la répartition du bénéfice social. Il s'attache à déterminer la constitution sociale qui serait adoptée si tous les participants à son élaboration travaillaient en complète ignorance de leur classe sociale, de leurs aptitudes et de leur patrimoine dans la société future. Les principes de justice élaborés seraient dans ces circonstances le fruit d'un accord ou d'une négociation loyale. Rawls conclut que, dans cette "situation initiale", les individus opteraient pour l'égalité des libertés et des devoirs fondamentaux car tel serait leur avantage mutuel, ne serait-ce que pour se protéger eux-mêmes de tout abus.

Etendue des droits individuels, politiques et sociaux

Les développements qui précèdent montrent que la délimitation du domaine des droits, et par symétrie de celui des biens économiques garantis par des droits de propriété échangés sur le marché, est une question de nature philosophique et politique. La science économique en éclaire cependant un aspect : l'attribution de nombreux droits requiert des ressources productives et entraîne par conséquent des coûts souvent importants. La frontière entre la sphère des droits de propriété échangés sur le marché et celle des autres droits constitutionnels est donc fortement influencée par le coût d'opportunité économique propre à chaque droit. En bref, il est de loin plus aisé de donner à tous des droits qui ont un coût en ressources relativement faible, tels que la liberté de parole, de croyance ou de vote, que d'accorder à chacun le droit au logement ou à l'instruction supérieure.

L'absence de contrainte économique, ou sa légèreté relative, explique en grande partie pourquoi les droits individuels et politiques fondamentaux ont pu être accordés il y a très longtemps déjà dans de nombreux pays. En revanche, compte tenu de l'ampleur des ressources qu'ils nécessitent, les droits sociaux comme les diverses prestations de la sécurité sociale, le droit au travail ou le droit au logement sont tributaires du niveau de développement économique et ne peuvent être introduits que progressivement, souvent d'ailleurs après de dures batailles politiques. De plus, l'avenir économique n'étant jamais certain, il s'avère prudent de les accorder avec retenue, car ils sont très difficilement réversibles politiquement si la situation économique et financière de l'Etat devait le justifier.

Toutefois, précisons que l'octroi de nombreux droits tels que les droits de propriété, de commerce et de profession ou d'établissement et d'émigration a contribué de façon déterminante au développement des économies capitalistes durant ces deux derniers siècles.

3.3.2 Origine des inégalités

En dépit des nombreuses explications proposées, on ne dispose pas encore d'une théorie globale satisfaisante sur l'origine des inégalités. Examinons-en cependant les hypothèses dominantes. Pour cela, il s'avère commode d'établir une distinction entre les *inégalités d'opportunités* dues à l'inégalité de la dotation en facteurs de production et les *inégalités de rémunérations* (sous-entendu, à égalité d'opportunités) dues à l'investissement en capital humain et au fonctionnement imparfait des marchés.

Inégalités d'opportunités

Une simple observation des faits montre que la situation initiale des individus pour acquérir un revenu n'est pas identique ; en bref, les individus n'ont pas les mêmes opportunités. On reconnaît trois sources d'*inégalités d'opportunités* :

- L'*origine familiale* en est une sur le double plan biologique et sociologique. D'une part, même sans entrer dans la controverse entre les biologistes, psychologues et sociologues, il est indéniable que des différences d'aptitudes potentielles résultent du bagage génétique transmis par les parents. D'autre part, le niveau social des parents (niveau d'éducation et statut professionnel, revenu familial) influence non seulement l'éducation de base, mais aussi le niveau d'instruction reçu par les enfants "bien nés" grâce notamment à l'encouragement moral et à l'appui financier de leur famille.
- Les *discriminations,* qui sont pratiquées, volontairement ou pas, sur les plans politique et économique en fonction de la race, de la nationalité, du sexe, de la religion, de l'âge, de la fortune et de la région de domicile, constituent une deuxième source d'inégalités d'opportunités. Les discriminations opérées à l'égard des individus appartenant à certaines races ou religions, à l'égard des femmes, voire à l'égard de personnes

ayant atteint un certain âge, sont bien connues et ne demandent pas d'autres commentaires. La fortune, de même que les hauts revenus, sont quant à eux à l'origine de privilèges. Sur le plan financier, ils facilitent l'obtention de crédits et ouvrent l'accès à des modes de placements plus rémunérateurs fermés aux petits épargnants ; sur le plan de la place de chacun dans la société, ils permettent de choisir les meilleures écoles, de s'entourer des conseils des meilleurs spécialistes (avocats, services fiduciaires, médecins, etc.), ou encore offrent des avantages divers sous forme de privilèges en nature et d'appuis d'amis "bien placés". Enfin, il appert que la région d'habitation est une source d'inégalités d'opportunités entre les individus domiciliés ou provenant de régions différemment développées et cela même si l'on peut objecter que les personnes désavantagées peuvent y échapper en faisant preuve de mobilité.

- Enfin, *la dotation des agents économiques en capital physique ou financier* explique, elle aussi, des inégalités d'opportunités, car elle est la source d'une forme de rémunération additionnelle à celle fournie par le travail. Cela est particulièrement vrai si ce capital a été transmis par héritage. En revanche, s'il a été acquis par une accumulation du revenu courant (épargne), il convient d'examiner aussi les causes des inégalités de rémunérations.

Alors que les inégalités résultant de l'origine familiale – en particulier le bagage héréditaire – sont assez largement acceptées comme des "réalités de la vie", les discriminations politiques et économiques sont depuis longtemps ressenties comme des injustices inacceptables qu'il convient d'éliminer. De même, les sociétés s'intéressent au transfert du patrimoine entre les générations et en particulier au rôle joué par des paramètres tels que les législations en vigueur (droit matrimonial, droit fiscal sur les successions) ou des facteurs sociologiques comme la force des sentiments familiaux.

Inégalités des rémunérations

En admettant même que les agents économiques soient dotés de facteurs de production identiques – ou en d'autres termes qu'ils bénéficient des mêmes opportunités –, la distribution des revenus est inégale parce que ces facteurs de production ne produisent par la même rémunération. Des écarts de rémunérations ont deux sources au moins.

- L'*investissement en capital humain* par la mise en valeur de la dotation initiale en facteur travail par la formation scolaire, universitaire, professionnelle et permanente, joue sans aucun doute un rôle très important sur la rémunération des individus. Il ne suffit pas d'être "doué" et "bien né", encore faut-il avoir la volonté de développer et d'exploiter ces qualités héritées. A l'instar des investissements en capital physique, l'investissement en capital humain nécessite un sacrifice temporaire, qui sera en principe compensé par une rémunération future plus élevée. A noter que le comportement individuel en matière de santé et, le cas échéant, les soins dont chaque individu a pu bénéficier influencent aussi son capital "humain".

– La principale source d'inégalités de rémunérations réside cependant dans le *fonctionnement imparfait des marchés.* La théorie néoclassique nous enseigne que les facteurs de production sont rémunérés en fonction de leur productivité marginale en valeur, et que, pour une qualité donnée, cette rémunération est identique pour tous. Il apparaît cependant dans la pratique que les marchés du travail, voire des capitaux, sont loin de se conformer aux marchés parfaits implicites dans cette règle de détermination de la rémunération des facteurs. A qualité égale, des différences de rémunération importantes existent dans la réalité en fonction de la région d'activité, de la branche économique, de la position dans l'organisation de l'entreprise, du pouvoir de négociation des syndicats ouvriers et patronaux, ainsi qu'en fonction de la réglementation qui régit la branche et l'activité. Même si cela est moins marqué, le même type d'influence touche le facteur capital : il suffit de citer l'importante législation qui régit les secteurs immobilier et agricole, et qui, à certaines époques, restreignait les mouvements de capitaux.

3.4 CRITERES DE LA POLITIQUE DE (RE)DISTRIBUTION

3.4.1 La recherche d'une distribution équitable

Le but politique ultime de l'analyse économique de la distribution, soit la promotion d'une répartition plus juste des revenus, requiert un critère de distribution équitable. Sa définition relève cependant d'une approche purement normative. Exprimé en termes simples, il s'agit de préciser si, du point de vue du mieux-être de la société, cent francs de revenu national supplémentaires ont la même valeur quel qu'en soit le bénéficiaire ou si, au contraire, cette dernière varie selon la façon dont ces cent francs sont distribués, certaines formes de répartition étant préférables à d'autres parce qu'elles privilégient certains groupes de bénéficiaires.

De très nombreux philosophes et humanistes s'intéressent depuis très longtemps à cette question et ont proposé différents critères d'une juste distribution du revenu. Bien qu'elles divergent profondément, puisqu'elles reposent sur des idéologies différentes, les normes avancées partent généralement d'une réflexion sur le contrat social. Il faut entendre par là l'ensemble des règles constitutionnelles – dont celles relatives à la distribution des richesses – sur lesquelles les membres d'une communauté doivent s'entendre parce qu'elles régissent leurs relations mutuelles.

Plusieurs théories du contrat social ont été développées. Nous en considérerons quatre : les critères de la dotation en facteurs, utilitariste, égalitariste et de maximisation de la situation du plus défavorisé.

Le critère de la dotation en facteurs

S'inspirant des philosophes de la loi naturelle du XVIIe siècle comme Hobbs et Locke, qui estimaient que chaque personne a un droit inné aux fruits de ses efforts, certains auteurs accordent une garantie morale à une distribution personnelle du revenu fondée sur la dotation des agents économiques en facteurs de production. A partir de ce point de consensus, les opinions divergent fondamentalement d'une école à l'autre :

- D'un côté, les classiques du XVIIIe et du XIXe siècles et certains néoclassiques extrêmes d'aujourd'hui reconnaissent comme juste toute répartition du revenu national qui est conforme à la productivité marginale des facteurs de production. La rémunération des agents économiques correspond dans ce cas à leur dotation en facteurs de production et à la valeur (au prix) de ces facteurs sur les marchés. Certains auteurs restreignent ce principe aux marchés compétitifs, car ils estiment que les profits monopolistiques et les salaires supérieurs au produit marginal sont des rémunérations illégitimes.
- D'un autre côté, la philosophie marxiste attribue tout le fruit de la production nette au travail manuel. La rémunération du travail est jugée plus morale que celle du capital, car elle est accompagnée par la désutilité engendrée par le travail, ce qui n'est pas le cas des revenus du capital.

Le critère utilitariste

Bentham a développé au milieu du XIXe siècle une théorie de la justice fondée sur la notion d'utilité, d'où son appellation de théorie utilitariste. Selon lui, le revenu doit être réparti de façon à produire le bonheur maximum pour le plus grand nombre, principe qui, à ses yeux, devrait être accepté par toute personne raisonnable. En d'autres termes, il s'agit de maximiser l'utilité totale de la communauté W en maximisant l'utilité U des n personnes qui la composent, soit :

$$W = \sum_{i=1}^{n} U_i = U_1 + U_2 + \dots U_n$$

L'application de cette règle aboutit à deux formes de distribution du revenu total selon que l'on suppose les fonctions d'utilité marginale des individus identiques ou, au contraire, différentes.

Ces deux situations sont illustrées sur les graphiques 3.3a, 3.3b, 3.3c et 3.3d, qui mesurent en ordonnée l'utilité marginale du revenu de Pierre UM_P ou de Mathieu UM_M et en abscisse respectivement le revenu de Pierre Y_P (graphiques 3.3a et 3.3c) et le revenu de Mathieu Y_M (graphiques 3.3b et 3.3d).

Précisons que cette analyse repose sur trois hypothèses :

– L'utilité du revenu peut être mesurée cardinalement ; il est donc non seulement possible de constater que Pierre, par exemple, dérive de son revenu une utilité totale (surface sous la fonction d'utilité) plus grande que Mathieu, mais encore de quantifier la différence.
– L'utilité marginale du revenu est décroissante. Pour prendre en compte que l'utilité marginale des premiers francs de revenu est quasi infinie (courbe quasi verticale), on ne considère que la distribution du revenu qui dépasse un certain niveau minimum *om*.
– Ce minimum étant atteint, le revenu total de la communauté à distribuer est fixé à *mt*.

Examinons maintenant les deux formes de distribution équitable qui sont générées par le critère utilitariste selon que les fonctions d'utilité marginale du revenu sont identiques ou différentes :

– Si les *fonctions d'utilité sont semblables* (graphiques 3.3a et 3.3b), le bien-être global de la communauté est maximisé lorsque l'utilité marginale du revenu se situe au même niveau pour tous les individus, ce qui implique que le revenu doit être également distribué. Dans ces conditions, Pierre et Mathieu reçoivent respectivement *mc* et *md* du revenu total ($mc = md,\ mc + md = mt$) et jouissent tous les deux d'une utilité marginale égale à *of,* ainsi que d'une utilité totale correspondant à la surface *mcgh,* qui est égale à *mdkl.* Aussi longtemps que, par exemple, le revenu de Pierre est supérieur à celui de Mathieu, son utilité marginale est inférieure ($UM_P < UM_M$) et il est possible d'accroître l'utilité totale de la collectivité par un transfert de revenu de Pierre à Mathieu.

Graphique 3.3 ***Formes de distribution du revenu***

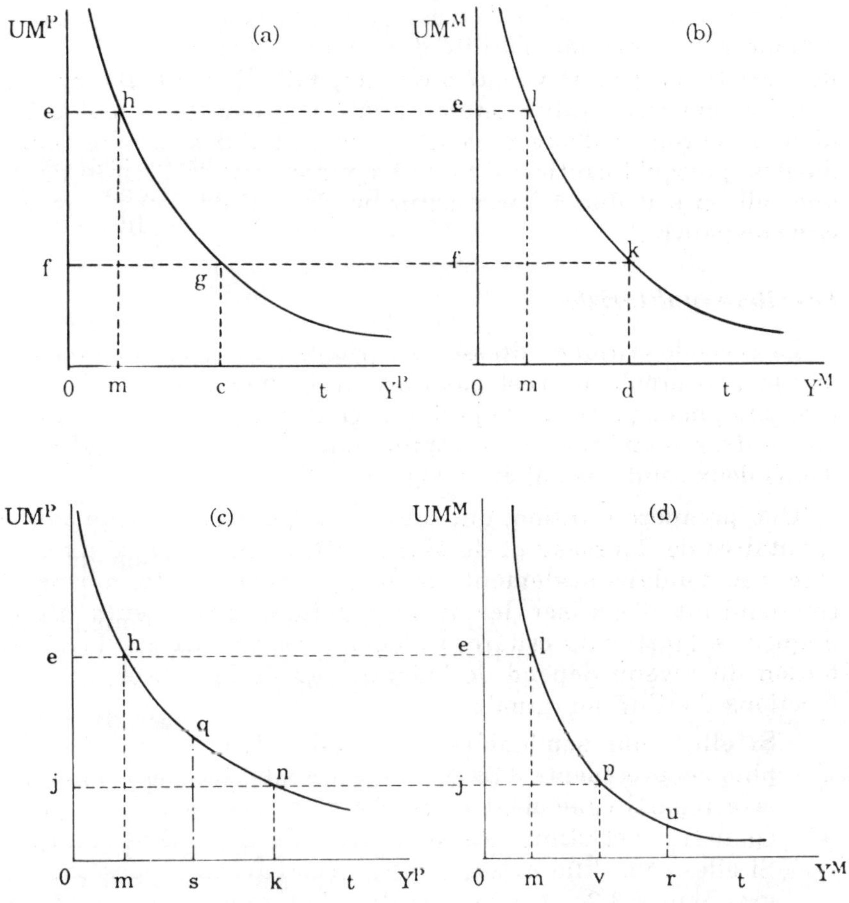

– Si les *fonctions d'utilité sont différentes* (graphiques 3.3c et 3.3d), c'est-à-dire si les agents économiques n'ont pas la même aptitude à dériver de la satisfaction d'un revenu personnel donné, le critère utilitariste exige que celui qui a la plus grande faculté de jouir de son revenu, soit ici Pierre, reçoive un revenu supérieur à Mathieu. La règle de maximisation de l'utilité totale conduit à répartir le revenu total mt de façon inégale, à raison de *mk* pour Pierre et *mv* pour Mathieu ($mk + mv = mt$). Les utilités marginales sont égalisées à *oj*, mais l'utilité totale de Pierre *mknh* est supérieure à celle de Mathieu *mvpl*. Dans ces conditions, Pierre est dans une situation meilleure que Mathieu pour deux raisons : non seulement, à revenu égal, il dérive plus de satisfaction que

Mathieu, mais encore cela justifie qu'il reçoive une part plus importante du revenu à distribuer.

Comme, dans la réalité, il n'est guère possible de connaître et de comparer les fonctions d'utilité des agents économiques, le critère utilitariste n'a pas de valeur opérationnelle. Par ailleurs, en portant l'accent sur l'utilité totale de la communauté, il peut même aller à l'encontre d'une répartition équitable des utilités individuelles, puisqu'il cautionne toute augmentation de l'utilité totale, que celle-ci soit due à l'accroissement de l'utilité d'une personne riche ou pauvre.

Le critère égalitariste

La seconde critique adressée au critère utilitariste montre bien que le vrai problème n'est pas celui de la maximisation du bien-être total, mais porte sur la position relative de chacun par rapport aux autres membres de la communauté. Pour le résoudre, au moins deux solutions ont été imaginées :

Une première solution, qui repose sur les idées humanistes et égalitaires de Rousseau et de Marx, postule que l'égalité du bien-être est fondamentalement désirable. Selon cette norme, il conviendrait d'égaliser les utilités totales des agents économiques. A l'instar du critère précédent, son impact sur la distribution du revenu dépend de l'identité ou de la non-identité des fonctions d'utilité marginale.

- Si elles sont semblables, la solution fournie par les graphiques précédents 3.3a et 3.3b est applicable : le revenu doit être réparti également entre Pierre et Mathieu. Les critères égalitariste et utilitariste aboutissent donc au même résultat.
- Si elles sont différentes, comme nous l'avons supposé sur les graphiques 3.3c et 3.3d, une distribution égalitaire attribuerait ms à Pierre et mr à Mathieu ($ms + mr = mt$), de telle sorte que l'utilité totale dérivée par les deux individus soit la même ($msqh = mrul$). La part la plus importante du revenu revient à celui dont la capacité de jouissance est la plus faible, soit ici Mathieu. Le critère utilitariste et les préceptes égalitaires parviennent donc à des conclusions diamétralement opposées.

Une seconde version, qui paraît dominer dans les sociétés modernes à économie de marché, combine le critère égalitariste et celui de la dotation en facteurs. Le premier impose que l'on élimine les souffrances dues à la pauvreté et que l'on assure à chaque famille un niveau de vie minimum. Une fois cet objectif atteint, la répartition du revenu national peut correspondre à la rémunération des facteurs d'après leur productivité marginale.

La règle de maximisation de la situation des plus défavorisés de Rawls

Rawls propose que la distribution soit effectuée de telle sorte que le bien-être des plus mal nantis soit le plus grand possible. En reprenant un terme propre à la théorie des choix en incertitude, on parle volontiers de règle "*maximin*", ce qui signifie que la situation minimale doit être maximisée. Rawls justifie ce principe en prétendant que tout individu qui a une forte aversion pour le risque placé dans une situation hypothétique dans laquelle il ignore tout de la société dans laquelle il vivra et de la position qu'il y occupera choisira la répartition qui lui garantit le plus grand revenu minimum. Ce principe n'implique donc pas l'élimination de toutes les inégalités, puisqu'il les admet pour autant que les plus malheureux puissent atteindre le niveau de bien-être le plus élevé possible.

3.4.2 Redistribution volontaire

Ci-dessus, nous avons considéré les principaux critères normatifs de répartition du revenu fixés au niveau du contrat social ou de la constitution. En dépit de l'intérêt que revêtent ces principes, il faut bien admettre que, dans la réalité, la question de la distribution optimale ne se pose pas dans ces termes abstraits, mais qu'il s'agit plutôt de corriger la distribution existante pour qu'elle corresponde mieux aux objectifs en la matière ; on doit donc rechercher des critères de redistribution.

Plusieurs modèles de redistribution ont été développés. Celui de Hochman et Rogers (1969) part de la constatation – ou du postulat – que les fonctions d'utilité individuelles sont interdépendantes et que, par conséquent, accorder un don ou une aide à une personne défavorisée apporte une satisfaction non seulement au bénéficiaire, mais aussi au donateur, puisqu'il est sensible à la condition sociale ou au sort d'autrui. Hochman et Rogers en concluent que les riches sont incités à procéder spontanément à des transferts en faveur des moins favorisés. L'altruisme et la générosité des uns devraient donc suffire à dégager l'aide nécessaire aux personnes pauvres et à assurer un certain degré d'égalité.

D'autres auteurs comme Brennan (1973) arrivent à la même conclusion en partant d'une hypothèse diamétralement opposée. Le comportement des personnes aisées n'est pas dicté par l'altruisme, mais plutôt par la crainte qu'un revenu trop faible n'incite les pauvres à menacer leurs biens, ce qui est source de criminalité et de troubles sociaux. Il peut être aussi motivé par leur souci d'éviter que les revenus modestes ne soient vraiment trop bas, au cas où elles devraient s'en contenter elles-mêmes un jour.

Si l'on reconnaît que les fonctions d'utilité individuelles sont interdépendantes et qu'en particulier les personnes aisées trouvent une satisfaction à aider celles qui sont défavorisées, le problème de redistribution peut être abordé en se référant à la théorie de l'optimum parétien : une certaine redistribution des revenus, qui respecte les libertés individuelles s'avère en effet possible. Dans ces conditions, le transfert de revenu, qui bénéficie aux pauvres autant qu'aux riches, améliore le bien-être de la communauté, puisque, conformément au critère de Pareto, tout le monde y gagne sans que personne ne souffre. Néanmoins, cette nouvelle répartition du revenu, après transfert, ne peut pas être qualifiée de juste, à moins que l'on associe la notion de juste redistribution à celle d'optimalité parétienne.

Le graphique 3.4, adapté de Browning et Browning (1979), illustre le fait que la charité des personnes riches envers celles qui sont dans le besoin satisfait non seulement ces dernières, mais aussi les préférences des premières. Alors que les axes mesurent le revenu des personnes respectivement aisées Y_R et dans le besoin Y_P, la droite *mn* reflète toutes les possibilités de répartir le

Graphique 3.4 ***Redistribution Pareto-optimale***

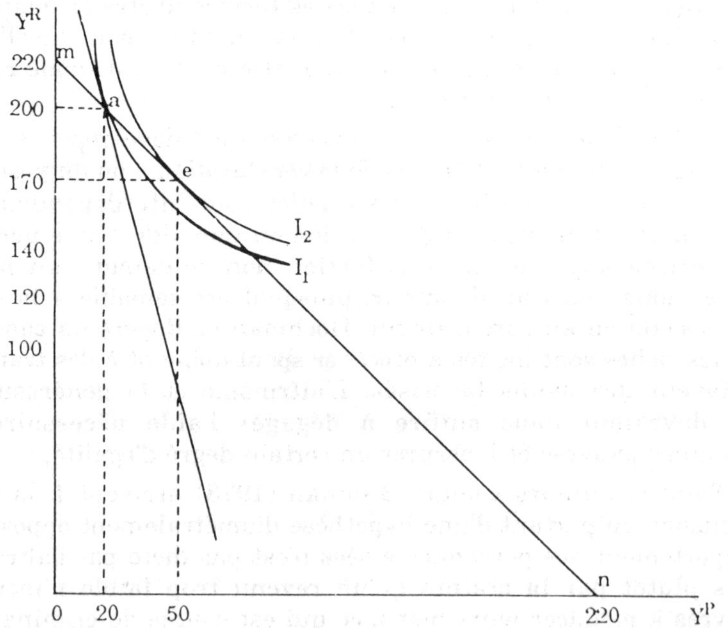

revenu national de 220 milliards entre les deux groupes sociaux. I^1 et I^2 représentent deux courbes d'indifférence des personnes aisées en ce qui concerne la répartition du revenu ; leur pente mesure le taux auquel les riches sont disposés à renoncer à une partie de leur revenu pour le céder aux pauvres.

Partons d'une situation initiale a où les riches disposent de 200 milliards et les pauvres de 20 milliards (les nombres retenus sont volontairement extrêmes pour la clarté du graphique). La pente de la courbe d'indifférence des personnes aisées I^1 au point a montre que ceux-ci seraient prêts à céder 1,20 francs pour accroître le revenu des pauvres de 30 centimes. En transférant 30 milliards aux défavorisés, les riches peuvent maximiser leur bien-être au point de tangence *e* entre leur courbe d'indifférence I^2, plus éloignée de l'origine que I^1, et la droite *mn*. Dans ce cas, ils peuvent offrir 30 milliards aux pauvres en ne cédant effectivement que 30 milliards. Cette solution est préférable du point de vue de Pareto puisque les deux groupes sociaux y gagnent et personne ne souffre.

Pourtant, même si les personnes aisées sont habituellement, par altruisme ou par égoïsme, disposées à céder une part de leur revenu aux plus défavorisés ou à accepter le principe d'une redistribution des revenus, cet effort spontané et individuel, ou par le truchement des organisations caritatives, présente deux inconvénients importants qui justifient tous les deux une intervention des pouvoirs publics.

Le premier inconvénient est que l'avis des personnes dans le besoin n'est absolument pas pris en considération. Or, il est évident que celles-ci préféreraient une redistribution plus importante que celle dont elles bénéficient en vertu de l'altruisme ou de l'égoïsme de leurs bienfaiteurs. Ajoutons à cela qu'il serait bien aléatoire pour les pauvres de devoir compter exclusivement sur la charité, puisqu'on sait d'expérience que les contributions spontanées tendent à baisser en période de difficultés économiques, alors même que les besoins d'assistance augmentent. Ainsi, dans une société démocratique où chaque citoyen a le même droit d'exprimer ses préférences, il n'est pas imaginable de laisser aux seules personnes disposées à aider celles dans le besoin le soin de déterminer l'ampleur de la redistribution ainsi que l'identité des bénéficiaires.

Le second inconvénient provient du risque très sérieux que les bienfaisants potentiels se comportent en resquilleurs, c'est-à-dire qu'ils n'aillent pas jusqu'au bout de leurs intentions. En effet, conscient qu'il ne pourra pas changer à lui seul le sort des nécessiteux, chaque donateur potentiel voudra préalablement avoir l'assurance que ses concitoyens jouissant d'une même situation participent aussi à l'amélioration des conditions de vie des défavorisés. La promotion d'une plus grande égalité des revenus présente ainsi les caractéristiques d'un service collectif, puisqu'un grand nombre de personnes peuvent en bénéficier sans avoir nécessairement apporté une contribution à son financement. Parce qu'il permet d'imposer à la minorité les options de la majorité, seul un processus de décision politique est en conséquence en mesure d'éviter ce type de comportement et de concrétiser une politique de redistribution suffisante.

3.5 INSTRUMENTS DE LA POLITIQUE DE REDISTRIBUTION

La double constatation que le marché ne garantit pas spontanément une distribution équitable des revenus et que l'effort de redistribution volontaire effectué par altruisme ou égoïsme est insuffisant, explique pourquoi il revient à l'Etat de conduire une politique délibérée de redistribution des revenus (et de la fortune). Sa finalité est de promouvoir une meilleure correspondance entre la distribution observée à un moment donné et la distribution considérée comme juste ou équitable. Comme nous l'avons relevé dans l'introduction, la définition de la juste distribution fait appel à des jugements de valeur qui doivent être formulés par le processus politique. Les critères de distribution équitable exposés précédemment ne peuvent être imposés aux citoyens et à leurs représentants ; en revanche, ils informent sur les principales conceptions possibles et sur leurs conséquences. Comme on le verra encore ultérieurement, les systèmes politiques dégagent en principe une solution qui se situe entre celle proposée par le critère utilitariste et celle visant à accorder une priorité absolue aux plus défavorisés selon Rawls.

3.5.1 Quelle stratégie ?

Pour modifier la répartition du revenu national conformément aux objectifs définis par le processus politique de décision, l'Etat dispose d'un certain nombre d'instruments. Sur le plan stratégique, son mode d'intervention est sujet à une double interrogation.

Action sur les inégalités d'opportunités ou celles de rémunérations ?

Conformément aux deux principales sources d'inégalités de revenu, l'action des pouvoirs publics peut en principe se concentrer surtout sur les inégalités d'opportunités ou alors porter sur les inégalités de rémunérations. Dans la pratique cependant, il s'avère que la plupart des moyens d'action exercent subsidiairement un effet sur l'autre source d'inégalités de revenu.

La lutte contre les inégalités d'opportunités doit être conduite en tout premier lieu sur le plan constitutionnel. Il convient de faire respecter, voire de faire inscrire dans la constitution, les droits individuels fondamentaux qui ont une influence prépondérante sur l'égalité des opportunités. Il s'agit en particulier de l'égalité devant la loi, qui ne devrait souffrir d'aucune restriction liée au sexe, à la race, à la nationalité ou à la religion, ainsi que le respect des libertés d'établissement et d'émigration ou encore de commerce et de profession.

Elle sera conduite également au moyen de toute une série de mesures plus spécifiquement économiques comme celles qui consistent par exemple à :

- éliminer la misère et l'analphabétisme car ils tendent très largement à se transmettre aux générations descendantes ;
- redistribuer la fortune, ou en tout cas réduire les fortes concentrations de fortune, par l'imposition de la fortune, des successions et des donations ;
- encourager le développement des régions dépressives afin de réduire les conséquences néfastes pour leurs habitants d'un manque ou de la disparition de postes de travail.

L'action sur les inégalités de rémunérations peut, elle aussi, être engagée avec des mesures légales ou réglementaires comme la fixation d'un salaire minimal, le contrôle des prix et/ou des loyers ou encore le soutien des prix agricoles. Ces interventions dans le processus de fixation des prix des facteurs de production ou des biens visent à protéger certaines catégories sociales défavorisées et à leur garantir un revenu différent de celui qui naîtrait du libre jeu des mécanismes du marché. Notons que suite à des pressions corporatistes visant à créer ou maintenir des rentes de situation, de telles mesures peuvent aussi être observées dans la réalité sans qu'elles aient été motivées par des considérations de justice sociale.

La théorie et la pratique montrent cependant que l'efficacité de ces mesures interventionnistes laisse le plus souvent à désirer. De plus, elles perturbent le bon fonctionnement des marchés, ce qui est fort dommageable puisqu'une plus grande égalité des rémunérations implique précisément un effort pour améliorer le fonctionnement des marchés en réduisant les entraves à une saine concurrence, par une lutte contre les monopoles et cartels, le protectionnisme de certains secteurs économiques, les prix administrés et les mécanismes institutionnalisés d'indexation des prix.

La réduction des inégalités de rémunérations repose enfin sur l'engagement de mesures budgétaires importantes afin de :

– favoriser l'accumulation du capital humain grâce au développement de l'instruction à tous les niveaux, le libre accès aux études à tous ceux qui en ont les compétences et, si nécessaire, l'octroi d'un encouragement financier personnalisé ;
– favoriser la conservation de la qualité du capital humain par des mesures en matière de formation continue, ainsi que d'hygiène, de santé et d'habitat ;
– pénaliser les personnes aisées grâce notamment à une imposition progressive et l'octroi d'exonérations d'impôt pour les revenus faibles ;
– aider directement les personnes défavorisées par des transferts en espèces ou la mise à disposition gratuite de prestations publiques.

Action globale ou sélective ?

L'action de redistribution peut être globale ou sélective ; dans la pratique cependant, il n'est pas toujours facile de les distinguer.

Les mesures engagées ont une action globale lorsqu'un effort général de redistribution est recherché. Ainsi, l'imposition progressive du revenu est une mesure globale qui, par une imposition plus forte des revenus moyens et élevés et une exonération des revenus faibles opère une ponction plus importante sur les couches aisées de la population. Dans d'autres cas, l'action de l'Etat, tout en demeurant fondamentalement globale, vise plus spécifiquement les groupes de la population dont les membres remplissent certaines conditions comme être retraités, invalides, chômeurs ou encore, par exemple, agriculteurs. Le fait même d'appartenir à l'un de ces groupes donne droit à des déductions fiscales sur le revenu ou à des allocations ou subventions sans que la situation financière individuelle soit prise en considération.

Par opposition, la politique de redistribution est dite sélective lorsqu'elle a pour objectif d'aider directement les personnes jugées particulièrement démunies ou méritantes. Cette aide, qui est fournie essentiellement sous la forme de transferts en espèces (allocation d'assistance, bourse d'études, logement subventionné) et, dans certains cas, de prestations en nature (assistance médico-sociale, etc.), est accordée sur la base d'un examen de la situation particulière de chacun. Contrairement aux mesures globales citées ci-dessus, il ne suffit plus, pour y avoir droit, de satisfaire des conditions très générales d'éligibilité, mais il faut en plus que les circonstances placent les bénéficiaires dans une situation financière difficile.

Notons que, du point de vue administratif, les politiques globales sont moins coûteuses en formalités alors que les mesures sélectives nécessitent un appareil administratif beaucoup plus coûteux afin d'identifier les personnes dans le besoin et de vérifier le bien-fondé des aides demandées. Du point de vue financier par contre, les mesures sélectives sont plus avantageuses car elles permettent de concentrer l'effort là où il est prioritaire, alors que les mesures globales ont l'inconvénient d'"arroser" tous les ayants droit, qu'ils soient effectivement dans le besoin ou pas.

3.5.2 Les principaux instruments

Considérons maintenant plus spécifiquement, mais très brièvement, les principales familles d'instruments engagés pour opérer un effet sur la distribution du revenu, soit la fiscalité, les dépenses publiques et les interventions publiques dans le processus de fixation des prix.

La fiscalité

La fiscalité est sans doute le moyen de redistribution le plus connu, bien que peut-être le moins visible. Elle exerce un effet de redistribution lorsque la ponction fiscale totale, c'est-à-dire celle qui résulte de l'ensemble du système fiscal, est proportionnellement plus élevée pour les revenus élevés que pour les revenus modestes. La progressivité de la fiscalité est fonction d'une part de la progressivité de chaque impôt, que nous examinerons plus en détail dans le paragraphe 6.3.1, et de la structure du système fiscal. Les systèmes fiscaux sont en effet formés par la juxtaposition de toute une série d'impôts différents. A côté de l'impôt sur le revenu, on trouve des impôts sur la fortune, les successions, les donations et les ventes et divers droits et taxes à caractère fiscal (cf. section 6.1). Par rapport au revenu, ces impôts s'avèrent progressifs (et donc augmentent plus que proportionnellement), proportionnels ou encore régressifs (augmentent moins que proportionnellement), ce qui fait que le système fiscal dans son ensemble est plus ou moins progressif selon l'importance relative des différents impôts et la nature de leur barème. Ainsi, par exemple, l'effet de redistribution de l'impôt progressif sur le revenu est d'autant plus atténué que la part de l'imposition sur les ventes est importante, car cette dernière est en principe légèrement régressive.

Les dépenses publiques

L'Etat peut aussi agir sur la distribution du revenu en fournissant des prestations en nature, qui devraient en principe favoriser plus particulièrement les classes de revenus modestes, ou en transférant du pouvoir d'achat à certaines catégories de personnes sous forme d'allocations.

Parmi les *prestations publiques en nature,* il faut distinguer :

– celles qui sont réservées aux personnes qui remplissent certaines conditions spécifiques justifiant une aide en nature de la part de l'Etat (assistance médico-sociale, etc.) ;
– celles qui sont potentiellement à la disposition de tous ceux qui en ont utilité, comme l'enseignement gratuit, les soins hospitaliers ou les campagnes de vaccination, mais dont la gratuité, ou en tout cas le faible coût, les rend accessibles à des catégories de la population qui en seraient exclues dans l'hypothèse contraire ;
– celles qui visent des catégories bien déterminées de la population, mais indépendamment de la situation financière des bénéficiaires (services sociaux destinés aux personnes âgées et aux handicapés, les aides familiales, les services d'orientation professionnelle, etc.)

On utilisera cependant plus souvent le moyen des transferts en espèces pour opérer un effet de redistribution. A l'instar des prestations publiques en nature, l'aide peut être plus ou moins sélective :

– A un extrême, elle peut être accordée globalement à toutes les personnes qui, par exemple, n'ont pas un revenu égal ou supérieur à un certain montant ou à des groupes de la population qui satisfont certaines conditions générales. L'assurance vieillesse et invalidité, l'assurance chômage ou encore les allocations familiales constituent les exemples classiques de cette forme d'aide.
– A l'autre extrême, l'aide n'est accordée qu'aux personnes qui remplissent des critères bien précis (bourse d'études, allocation aux chômeurs, rente vieillesse complémentaire, etc.)

Notons que les transferts ne sont pas nécessairement distribués directement aux personnes dans le besoin. Certains subsides peuvent être octroyés par exemple à des entrepreneurs pour qu'ils emploient davantage de jeunes qui viennent de terminer leurs études ou leur apprentissage. De même, certaines subventions sont accordées pour abaisser le prix de produits ou de services de première nécessité et qui grèvent lourdement le budget des catégories sociales les moins aisées (certaines denrées alimentaires comme le pain, les transports, etc.)

L'intervention sur les mécanismes de fixation des prix

L'Etat peut également opérer un effet de redistribution en intervenant sur les marchés pour modifier les prix relatifs. Les trois principales façons d'agir sont citées ci-dessous. L'expérience a cependant démontré que cette manière de faire présente en règle générale des inconvénients sérieux pour l'efficacité de l'allocation des ressources.

- La politique des *salaires minimaux* repose sur la constatation que les salariés les moins qualifiés doivent recevoir une protection particulière pour la détermination de leur rémunération. Cette protection se concrétise par l'instauration d'un salaire minimum à un niveau supérieur au prix d'équilibre du marché.
- Le *contrôle des loyers* a pour objectif de garder dans des limites acceptables le prix des loyers, puisqu'ils occupent une part importante dans le budget des ménages modestes.
- Enfin, le *soutien des prix agricoles* est dicté par le souci d'assurer aux agriculteurs un revenu minimum, voire paritaire par rapport aux travailleurs industriels, et subsidiairement de les mettre à l'abri des fluctuations de cours des denrées agricoles dues au caractère incertain de ces productions.

Il est intéressant de noter que si, dans ces trois exemples, les objectifs d'équité et d'efficacité économique sont en conflit, dans d'autres cas, notamment lorsque l'Etat réglemente les cartels et autres organisations analogues pour rétablir les conditions de concurrence et améliorer l'allocation des ressources, son action est en principe en harmonie avec la politique de redistribution des revenus.

3.6 LES LIMITES DE LA POLITIQUE DE REDISTRIBUTION

L'engagement de la politique de redistribution, selon les voies et moyens examinés dans la rubrique précédente, soulève au moins deux problèmes que nous avons volontairement ignorés jusqu'à maintenant :

- l'incidence effective des mesures de redistribution n'est guère transparente et ne correspond pas toujours à celle désirée par le législateur ;
- l'engagement des mesures de redistribution est rarement sans influence sur la masse à distribuer et, le plus souvent, il y a conflit entre les objectifs d'équité et d'efficacité.

3.6.1 Divergences entre redistribution légale et effective

On sait d'expérience que le fardeau fiscal n'est pas toujours supporté par le contribuable légal, à savoir celui qui est légalement tenu de s'acquitter du montant de l'impôt auprès du fisc, mais qu'il est en réalité souvent assumé par un autre contribuable, qui devient le contribuable effectif. Ce phénomène, que la théorie de l'impôt qualifie de translation de l'impôt, est analysé plus en détail dans le paragraphe 6.2.2.

La possibilité de répercuter l'impôt sur d'autres agents économiques est lourde de conséquences pour la politique de redistribution, car si la translation est souvent désirée et escomptée par le législateur, elle est rarement transparente et ne se produit pas toujours comme il le souhaite. Il en résulte que, dans bien des cas, on ignore qui supporte effectivement le fardeau de l'impôt : ainsi, l'effet de redistribution est parfois sans rapport ou va même à contresens de l'objectif poursuivi.

Cette mauvaise transparence de l'effet de redistribution n'est pas confinée aux impôts. Elle apparaît aussi, et peut-être même de manière encore plus aiguë, au niveau des dépenses publiques qui sont engagées à des fins de redistribution. Tel est tout particulièrement le cas pour les prestations en nature, mais il n'est pas aisé non plus de déterminer si les transferts en espèces atteignent vraiment les bénéficiaires recherchés. D'un côté, les aides globales ont le défaut d'un certain arrosage, qui ne tient pas compte des situations individuelles. D'un autre côté, l'expérience montre que les appareils de contrôle très lourds, qui sont mis en place pour l'attribution de certains transferts, n'évitent nullement les discriminations. Il faut en effet compter avec des individus particulièrement habiles qui savent comment obtenir tous les avantages possibles, alors que d'autres personnes, par manque d'information ou par réserve, renoncent à s'engager dans les démarches à entreprendre.

Qu'il s'agisse des prestations en nature ou des transferts, l'effet de redistribution effectif des dépenses publiques est donc rarement évident. Cela justifierait un effort constant d'analyse et de contrôle pour s'assurer que les effets vont dans le sens des objectifs affichés du point de vue politique et légal.

3.6.2 Le conflit équité-efficacité

L'examen des conséquences possibles de la politique de redistribution sur le volume et l'allocation des ressources montre que son influence peut être tout aussi bien positive que négative.

- Elle est *positive,* lorsque la politique de redistribution contribue à améliorer l'efficacité de l'allocation des ressources. Ainsi, le développement des dépenses publiques visant à améliorer l'éducation et la santé de l'ensemble de la population est sans doute favorable à la croissance de l'économie, et par conséquent à celle du revenu national à distribuer. Il en va certainement de même de la paix sociale qui règne entre les partenaires sociaux s'ils sont satisfaits de la répartition entre rémunérations du travail et du capital. Les objectifs d'allocation optimale et de distribution équitable sont alors *complémentaires.*

– Cette influence est cependant le plus souvent *négative,* ce qui implique que la politique de redistribution nuit à l'efficacité de l'allocation des ressources. Allocation optimale et distribution équitable sont *antagonistes.*

Cette seconde situation a fait l'objet de beaucoup d'attention de la part des économistes et des politiciens de droite et centre-droite, qui ont mis en évidence, depuis la fin des années soixante-dix surtout, les conséquences négatives sur l'allocation des ressources, et donc sur le revenu national à distribuer, d'une politique de redistribution trop agressive et surtout conçue sans égard à ses répercussions possibles sur l'efficacité économique.

Origine et illustration du conflit entre équité et efficacité

La politique de redistribution nuit à l'efficacité économique parce qu'elle exerce des effets pervers sur la volonté de travailler, d'épargner ou encore d'investir des agents économiques, et par conséquent sur le niveau et la croissance du revenu national.

Illustrons le problème en examinant, sur le plan théorique, comment un impôt progressif sur le revenu peut induire une diminution de l'offre de travail d'une personne ayant un revenu élevé et, par conséquent, aller à l'encontre d'une politique de redistribution poursuivie par ce biais, en influençant négativement le revenu total à distribuer.

Pour ce faire, nous imaginerons une société composée de deux personnes seulement : une personne aisée, Pierre, bénéficiant d'un revenu horaire de 50 francs et une personne pauvre parce qu'incapable de travailler, Mathieu. Nous supposerons ensuite que l'Etat prélève un impôt sur le revenu de Pierre dans le seul but de financer le versement à Mathieu d'une allocation correspondant au montant de la recette fiscale.

En l'absence d'intervention publique, Pierre a un revenu confortable, alors que Mathieu est pauvre comme Job. Dès l'instant où l'Etat introduit un impôt sur le revenu, le taux de salaire net de Pierre diminue. Dans un premier temps, il peut réagir en décidant de travailler davantage pour maintenir son revenu net à son niveau initial ; toutefois, si le taux d'imposition progresse, l'expérience montre qu'il sera tenté de travailler moins et de s'accorder plus de loisirs. Il en résulte que la recette fiscale n'est pas illimitée. Selon toute probabilité, elle progressera au début, mais aura tendance à diminuer au-delà d'un certain niveau d'imposition, entraînant de ce fait une réduction des montants que l'Etat peut transférer à Mathieu. Cette situation est illustrée par le tableau 3.5, dont les données n'ont d'autre valeur que démonstrative.

Tableau 3.5 ***Redistribution génératrice d'inefficacité***

	Taux d'imposition en %	Nombre d'heures de travail	Revenu brut de Pierre	Recette fiscale	Revenu net de Pierre	Transfert à Mathieu
a	0	6	300	0	300	0
b	15	7	350	52,5	297,5	52,5
c	30	5,5	275	82,5	192,5	82,5
d	50	3	150	75	75	75
e	80	1,5	75	60	15	60
o	100	0	0	0	0	

Le tableau 3.5 peut être transposé sur le graphique 3.6 dont l'abscisse mesure le revenu disponible (après impôt) de Pierre $Y^P{}_d$ et l'ordonnée celui de Mathieu $Y^M{}_d$. La droite à 45° *oz* décrit la répartition égale, alors que la droite *ag* montre toutes les possibilités qu'aurait l'Etat de redistribuer le revenu, si Pierre ne réagissait pas à l'impôt. Pierre y étant au contraire sensible, la courbe *abcdeo* illustre les positions respectives de Pierre et Mathieu correspondant aux différents taux d'imposition.

- De *a* à *b* (taux d'imposition de 0 à 15 %), le prélèvement de l'impôt incite Pierre à travailler davantage pour maintenir son revenu initial.
- De *b* à *c* (taux d'imposition de 15 à 30 %), l'accroissement du taux d'imposition amène Pierre à travailler moins pour avoir plus de loisirs ; néanmoins la recette fiscale – et par conséquent le transfert à Mathieu – continue d'augmenter.
- Au point *c*, équivalant dans cet exemple imaginaire à un taux de 30 %, on parvient à un maximum à partir duquel toute nouvelle progression du taux d'imposition se traduit par une diminution de la recette fiscale et du transfert à Mathieu.
- Ce point de recette fiscale décroissante peut donc être atteint avant le taux d'imposition de 50 % *d* qui assurerait, toute chose égale d'ailleurs, l'égalisation des revenus ; toute tentative de pousser l'effort de redistribution au-delà du point *c* induit inexorablement une perte de revenu, non seulement pour Pierre, mais aussi pour Mathieu.

Graphique 3.6 ***Conflit entre redistribution et effort de travail***

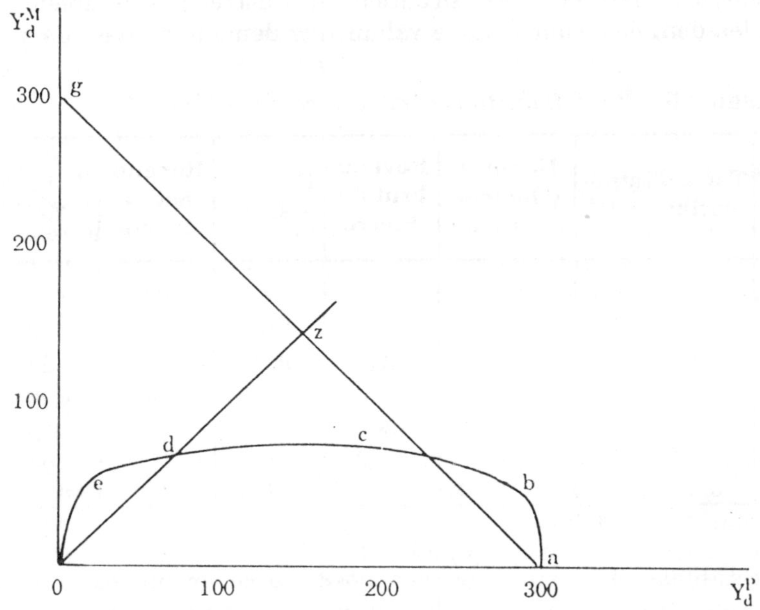

Quelle est la solution la plus susceptible d'être choisie le long de la courbe *abcdeo* ? Tout dépend du critère normatif sous-jacent à ses préférences en matière de redistribution :

- Pour les partisans du critère de la dotation en facteurs, la solution se situe en *a*, avec un taux d'imposition de 0 %.
- Pour maximiser l'utilité totale, en l'occurrence le revenu total, un taux de 15 %, qui nous place au point *b*, doit être retenu.
- Le critère "*maximin*" de Rawls conduit à choisir le point *c*, puisqu'un taux d'imposition de 30 % maximise le revenu de Mathieu.
- Si elle est favorable à une égalisation stricte des revenus, elle appliquera un taux de 50 %, qui conduit au point *d*. Ce choix implique toutefois pour Pierre et pour Mathieu un revenu inférieur à celui qu'ils auraient eu en *c*.

Lors de la conclusion d'un hypothétique contrat social, le choix des égalitaristes se porterait sur la solution *z*, mais elle suppose que la politique de redistribution n'a pas de répercussion sur le revenu à distribuer. Comme tel n'est pas le cas, un égalitariste doit décider s'il veut aller aussi loin que le point *d* ou s'arrêter entre *c* et *d*. Si ses préférences portent sur le sort des plus défavorisés, il préférera un point proche de *c* ; mais si la notion d'égalité l'emporte, il optera pour une solution proche de *d*. Toutefois, l'observation des mentalités politiques montre que la plupart des citoyens acceptent d'aller au-delà de *b* pour aider les pauvres, mais désirent s'arrêter avant *c*.

Le principal enseignement à tirer de cet exemple imaginaire est que le désir des égalitaristes de répartir le revenu total maximal également entre les deux individus ne peut pas être satisfait, car ce revenu est lui-même une fonction de la politique de redistribution. Si le contribuable aisé est imposé trop lourdement, il décide de travailler moins, ce qui diminue le revenu national à distribuer.

Cette conclusion dépend cependant de la validité du postulat sur l'effet incitateur, puis dissuasif d'un impôt progressif sur le revenu sur l'offre de travail, que nous étudierons dans le paragraphe 6.2.5. Nous nous contenterons donc de préciser ici que même si les études empiriques font l'objet de controverses, il est largement admis que les taux d'imposition élevés induisent une réduction de l'offre de travail en raison de leur effet de substitution important en défaveur du travail. C'est pourquoi, un renforcement de la politique de redistribution par une augmentation des taux d'imposition se traduit par une diminution de l'effort de travail.

Illustrée par l'exemple du prélèvement d'un impôt progressif sur le revenu, la problématique d'un effet dissuasif sur l'effort de travail se pose aussi pour d'autres mesures de redistribution et, en particulier, pour les transferts en espèces. Plusieurs observations montrent que des allocations comme celles versées aux chômeurs ont un effet dissuasif sur l'effort de travail. En d'autres termes, le transfert ne dissuade pas seulement le contribuable, mais aussi le bénéficiaire.

La possibilité que la politique de redistribution opère un effet pervers sur les décisions des agents économiques ne se limite pas à l'offre de travail, mais s'étend aussi à leur volonté d'épargner, d'investir et de prendre des risques. Dans certaines circonstances, l'impôt sur le revenu peut ainsi décourager l'épargne, si le revenu qu'elle dégage est trop fortement imposé, ou encore l'investissement, si sa rémunération nette est jugée insuffisante à la suite d'une imposition trop lourde. De même, dans le domaine des transferts entre générations propres à la prévoyance-vieillesse, on peut se demander si la formation d'épargne collective obligatoire induit un accroissement ou, au contraire, une diminution de l'épargne privée totale et, le cas échéant, si la politique d'investissement des institutions de prévoyance est aussi favorable à l'expansion économique que celle des agents économiques privés.

Le lecteur aura remarqué que nous avons porté l'attention, jusqu'à présent, sur l'impact de la fiscalité ou d'un transfert sur l'offre de travail et d'épargne ou encore sur la volonté d'investir, c'est-à-dire sur des variables qui déterminent le volume et la croissance de la production, et non pas sur l'efficacité économique telle que nous l'avons définie dans le chapitre précédent à l'aide du critère de Pareto de maximisation du bien-être de la collectivité. Cette distinction est importante en théorie, mais négligeable dans la pratique. Elle se justifie seulement si la ponction fiscale ou l'allocation n'entraîne qu'un effet de revenu, ce qui n'est vrai que si l'impôt ou l'allocation touche les individus indépendamment de leur situation économique, fait finalement plutôt rare. Dans cette hypothèse, on admet que sur l'ensemble des individus, la ponction fiscale est exactement compensée par les prestations publiques offertes, et vice versa. Dans la réalité cependant, pratiquement tous les transferts de et vers l'Etat entraînent en plus un effet de substitution car ils influencent les choix des individus, en l'occurrence entre travail et loisirs, épargne ou investissement et consommation. Il en résulte une charge fiscale excédentaire, source d'une perte de bien-être pour la collectivité puisque l'impact négatif du prélèvement fiscal sur le bien-être des individus n'est pas entièrement compensé par l'impact positif des prestations publiques. C'est pour cette raison que l'on peut assimiler l'impact sur le volume et la croissance de la production à celui sur l'efficacité économique qui porte l'accent, conformément au critère de Pareto, sur le bien-être de la population.

Pour terminer, il convient d'ajouter – et l'on aurait tort de minimiser ce facteur – que la conduite d'une politique de redistribution entraîne des *coûts administratifs* importants. Pour prélever les impôts, attribuer les transferts aux personnes dans le besoin et offrir des prestations publiques à des fins de redistribution, il faut non seulement de nombreux fonctionnaires pour exécuter le travail, mais aussi la plupart des citoyens, en tant que pourvoyeurs de fonds ou bénéficiaires potentiels, sont appelés à remplir des tâches administratives pour le compte du fisc. La politique de redistribution nécessite en conséquence des ressources – essentiellement du travail – qui pourraient sans cela être affectées à des tâches productives. En d'autres termes, les facteurs de production, qui sont engagés pour la politique de redistribution, ne sont pas productifs en terme de création du revenu national, puisqu'ils servent uniquement à modifier sa répartition entre les individus.

Arbitrage du conflit entre équité et efficacité

Le fait que la politique de redistribution puisse se traduire par un coût d'efficacité ne signifie pas qu'il faille y renoncer, mais simplement que cette éventualité doit être prise en considération lors de sa conception. Pour chaque mesure envisagée, un arbitrage doit être effectué entre sa contribution à l'objectif de redistribution et son coût d'efficacité et seules celles qui se traduisent par un gain social net doivent être retenues.

Le principe de ce nécessaire arbitrage du conflit entre équité et efficacité peut être illustré très sommairement à l'aide du graphique 3.7, dont l'abscisse représente l'utilité de Pierre U^P et l'ordonnée celle de Mathieu U^M, soit celle des deux individus qui composent la collectivité. La courbe *st* illustre la frontière des possibilités d'utilité, c'est-à-dire l'ensemble des points satisfaisant les conditions nécessaires à *l'optimum* parétien puisqu'il n'est plus possible d'améliorer le bien-être d'une personne sans diminuer celui d'une autre. Enfin, la famille de courbes d'indifférence collectives I_1, I_2, I_3 et I_4 correspond à la fonction de bien-être social, exprimant les préférences de la communauté en matière de distribution du bien-être.

Graphique 3.7 ***Arbitrage du conflit équité-efficacité***

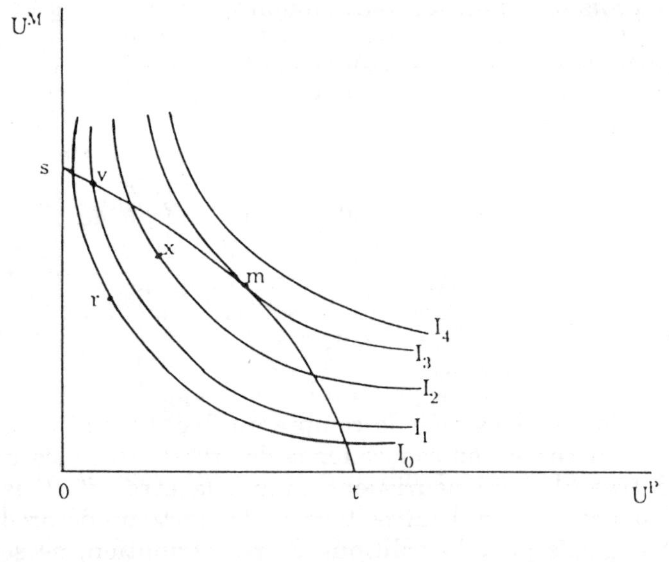

Supposons, dans un premier temps, que l'allocation des ressources est optimale et que l'économie se situe au point *v*. Compte tenu de la fonction de bien-être social, ce point n'est pas entièrement satisfaisant car, s'il respecte le critère d'allocation optimale des ressources, tel n'est pas le cas de celui de distribution équitable compte tenu des préférences de la communauté en la matière. Pour atteindre cet *optimum optimorum,* il faudrait redistribuer le bien-être pour parvenir au point *m,* déterminé par le point de tangence entre la courbe d'indifférence I_3 et la frontière des possibilités d'utilité. Toutefois, nous avons vu que le système d'imposition et de transferts nécessaire à la redistribution du bien-être impose un coût d'efficacité, car il induit une distorsion de l'allocation des ressources. Dès lors, deux cas peuvent être imaginés :

- La mesure de redistribution envisagée permet d'atteindre le point x, qui se trouve en deçà de la frontière des possibilités d'utilité en raison de l'effet négatif exercé sur l'allocation des ressources. Bien que ce point soit moins favorable que *m,* il se situe sur une courbe d'indifférence collective I_2, plus élevée que le point initial *v* sur I_1. La mesure de redistribution vaut donc la peine d'être appliquée malgré la charge excédentaire qu'elle induit, car elle améliore le bien-être de la communauté.
- En revanche, si la mesure de redistribution ne permet d'atteindre que le point *r* sur la courbe d'indifférence collective I_0, elle doit être écartée, car elle engendre globalement une diminution du bien-être social.

Engagement de la politique de redistribution

Nous venons donc de voir qu'il est parfaitement justifié d'introduire une mesure de redistribution néfaste pour l'allocation optimale des ressources, pour autant bien sûr qu'il y ait un gain social net pour la collectivité. Toutefois bien que sans doute utile à la compréhension du problème posé, cette illustration ne permet pas de prendre des décisions. Pour cela, il conviendrait de procéder de cas en cas à une analyse empirique du coût d'efficacité et de l'effet de redistribution probable des mesures envisagées. Il relève en effet du bon sens que les mesures de redistribution devraient tout à la fois être efficaces quant à leur impact sur la distribution et minimiser le coût d'efficacité.

De nombreux auteurs recommandent par ailleurs de renoncer dans la mesure du possible à la pratique traditionnelle consistant à confier aux dépenses publiques le double rôle de vecteur de prestations publiques et de moyen de la politique de redistribution. Il s'avère en effet que la poursuite de ces deux objectifs au moyen d'un seul instrument est inefficace pour la réalisation de l'un et/ou de l'autre objectif. Une règle bien établie de politique économique stipule en effet qu'il devrait y avoir au moins autant d'instruments engagés qu'il y a d'objectifs visés et que chaque instrument devrait être utilisé dans le domaine où son efficacité est la plus grande. Afin de mieux respecter la séparation des deux fonctions du budget :

- Les prestations publiques en biens et services devraient viser l'objectif d'allocation des ressources et être fournies dans la mesure du possible à leurs utilisateurs contre paiement d'un prix ;
- La redistribution des richesses devrait être opérée par le biais de la fiscalité et des transferts en espèces. Toutefois, l'effort de redistribution devrait être considérablement renforcé afin que la dépense supplémentaire qui serait imposée aux familles modestes en vertu de cette nouvelle stratégie en matière d'allocation des ressources puisse être compensée par les transferts opérés en leur faveur par prélèvement sur les personnes aisées.

CHAPITRE IV

Des lacunes du marché à celles des gouvernements

Dans la première partie consacrée aux fondements analytiques de l'économie publique, nous avons établi qu'en dépit de ses qualités énormes, une économie de marché où toutes les décisions seraient prises dans le cadre du marché ou sur la base d'ententes volontaires ne fonctionne pas de façon entièrement satisfaisante : d'une part l'allocation des ressources peut être source de gaspillage, d'autre part, la distribution du revenu ne satisferait pas l'opinion politique majoritaire. Cette constatation justifie l'existence et l'activisme d'un secteur public pour répondre à des besoins collectifs que l'économie privée n'arrive pas à satisfaire, pour fixer et faire respecter les règles de fonctionnement des marchés et pour modifier la distribution des revenus (et de la fortune) conformément aux objectifs collectifs.

Fondée sur une réflexion théorique, cette constatation ne permet toutefois pas de déterminer avec précision le rôle du secteur public. La réponse à cette question, objet de tant de controverses, est délicate pour deux raisons au moins. Premièrement, le problème ne se pose pas sous la forme d'une simple alternative privé-public : diverses solutions existent dans le cadre même du secteur privé, à cheval entre les deux secteurs sous la forme d'organisations privées à but non lucratif, ainsi que dans le cadre même du secteur public. Secondement, il serait erroné d'admettre sans autre que le secteur public, et en particulier le processus de décision politique qui préside à sa destinée, fonctionnerait lui sans faille. Il convient donc de poursuivre les investigations en étudiant avec le même soin le fonctionnement des processus de choix collectifs ou publics et les dysfonctionnements des gouvernements et autres organisations non-marchandes. Mais au préalable, il faut étudier si l'extraordinaire accroissement de l'activité du secteur public depuis le début du siècle – une multiplication par trois à cinq, selon le pays, du rapport entre les dépenses publiques et le produit national – est vraiment imputable aux facteurs qui justifient, voire imposent le rôle joué par le secteur public.

4.1 LE DEVELOPPEMENT DU SECTEUR PUBLIC

4.1.1. Les faits

Il ne fait aucun doute que le développement très important du secteur public constituera un des faits les plus marquants de l'histoire économique du XXe siècle. Cette évolution a une signification toute particulière dans les pays à économie de marché, puisque ceux-ci comptaient par principe essentiellement sur l'initiative privée pour satisfaire les besoins de la communauté et assurer un développement harmonieux de l'économie et des relations économiques entre les individus. Mesurée sur la base du rapport entre les dépenses publiques totales, à l'exclusion des entreprises publiques, et le produit intérieur ou national brut, la *taille de l'Etat* a pour le moins triplé, voire quintuplé dans certains pays, pour atteindre aujourd'hui 40 à 50 % dans la toute grande majorité des pays. C'est pourquoi d'ailleurs, il est préférable de parler d'économies mixtes.

Si l'accroissement nominal ou *absolu* des dépenses publiques est évident, compte tenu des phénomènes de croissance et d'inflation qui ont caractérisé cette période, c'est l'importance de l'augmentation *relative* qui est seule significative. En d'autres termes, les tâches des pouvoirs publics touchent aujourd'hui pratiquement tous les domaines de l'économie nationale alors qu'il y a un siècle elles étaient limitées avant tout au secteur de la sécurité pris dans un sens large.

Si l'on ventile maintenant la dépense totale en dépenses de consommation (traitements et achats de biens et services), d'investissement en capital physique et de transferts, on constate que ce sont de loin les dernières qui ont le plus progressé, suivies par les dépenses de consommation. Ainsi, c'est le souci constant, surtout depuis la seconde guerre mondiale, de modifier la distribution du revenu national en faveur de nombreux groupes de la population tels que les agriculteurs, les montagnards, les pauvres, les invalides, les chômeurs et les retraités, qui constitue la principale source de l'expansion rapide du secteur public. Quant aux dépenses de consommation, elles doivent principalement leur gonflement à l'augmentation de l'emploi public, qui est directement liée à la croissance de la population et à l'élargissement des tâches de l'Etat, notamment dans les domaines de l'éducation, de la santé et du secteur social en général.

La progression massive des dépenses publiques a naturellement été accompagnée par un accroissement parallèle du *niveau de la fiscalité,* que l'on définit usuellement comme le rapport exprimé en pourcentage entre le flux annuel des recettes fiscales et le produit intérieur. En moyenne non pondérée des pays de l'OCDE, le niveau de la fiscalité, y compris les cotisations de sécurité sociale, est passé de 26,7 % en 1965 à 38,4 % en 1988 (OCDE, 1990). Dans certains pays comme la Belgique, le Danemark, la Norvège et les Pays Bas, il atteint plus de 45 % et dépasse même les 50 % en Suède. A cela s'ajoute que, n'ayant pas pu accroître suffisamment ses recettes fiscales, l'Etat a dû assurer parallèlement une partie croissante de son financement par l'*emprunt.*

En outre, ces chiffres ne reflètent pas la progression simultanée et rapide des activités "*extra-budgétaires*" du secteur public. Relevons en particulier à ce sujet l'intensification de ses interventions réglementaires ou par le biais des entreprises publiques.

4.1.2 Les déterminants socio-économiques et politiques

La recherche des facteurs pouvant expliquer la croissance de l'Etat constitue un des sujets importants de l'analyse positive du secteur public. Méthodologiquement, deux approches ont été empruntées. L'une consiste à comparer spatialement le secteur public de pays qui ont atteint un niveau de développement économique semblable afin d'identifier l'origine des importantes divergences que l'on a constaté d'un pays à l'autre. L'autre, que nous avons retenue ici parce que la plus enrichissante, cherche à expliquer la croissance de l'Etat dans le temps.

Les principales hypothèses émises au sujet des déterminants de l'évolution du secteur public peuvent être regroupées en sept points.

Premièrement, A. Wagner énonçait il y a près de cent ans la "*Loi de l'extension croissante des activités de l'Etat*". Elle postulait que l'élasticité des dépenses publiques G par rapport au produit national brut Y, est supérieure à 1, soit :

$$\varepsilon_Y^G = \frac{\Delta G / G}{\Delta Y / Y} > 1$$

En d'autres termes, si le produit national brut croît de 10 %, les dépenses publiques augmenteraient selon cette hypothèse de plus de 10 %.

Toutefois, même si la thèse de Wagner a été jusqu'à aujourd'hui confirmée par les faits, elle est purement descriptive car elle n'avance aucune explication des causes de la croissance du secteur public dans les économies de marché.

Deuxièmement, on doit la première véritable explication du phénomène à Peacock et Wiseman (1961) qui ont élaboré l'hypothèse de l'"*effet de déplacement*". Un tel effet se produit lorsqu'un pays doit faire face, durant une certaine période, à des difficultés exceptionnelles. Tel fut notamment le cas lors des deux guerres mondiales et de la dépression des années trente. L'effet de déplacement est dû à la concordance de trois éléments :

- La situation de crise requiert un effort tout à fait particulier (effort de guerre, puis de reconstruction), qui se traduit par une augmentation rapide du volume des dépenses publiques.
- La population, profondément affectée, accepte plus facilement qu'en temps normal de faire des sacrifices pour assurer la sauvegarde de la nation ; cela permet aux autorités, qui bénéficient généralement dans ces circonstances des pleins pouvoirs, d'accroître le fardeau fiscal par un alourdissement des impôts existants ou l'introduction de nouveaux impôts.
- Lorsque les conditions normales sont rétablies, ces ressources financières supplémentaires ne sont que partiellement abrogées, parce que le contribuable s'est habitué à cette charge ou qu'il la trouve supportable compte tenu de l'amélioration de la situation. Dans ces conditions, l'Etat a les moyens d'entreprendre de nouvelles tâches. C'est à ce stade-là seulement que se produit l'effet de déplacement proprement dit puisqu'il est à l'origine d'une augmentation durable du niveau des dépenses publiques.

Même si elle n'explique la croissance du secteur public que par des circonstances exceptionnelles, l'hypothèse de Peacock et Wiseman a eu le mérite de montrer que ce phénomène ne doit pas être attribué uniquement à un gonflement de la demande de prestations publiques, mais qu'il provient aussi très largement de la disponibilité des moyens financiers.

Troisièmement, la *croissance démographique,* l'*expansion économique,* le *progrès technique* et les différents phénomènes qui les ont accompagnés (industrialisation, urbanisation, modification des besoins de la population) ont sans nul doute induit une demande accrue pour les équipements collectifs et pour les dépenses d'ordre social. Les effets de levier sont nombreux :

- Certaines inventions, comme les progrès de la médecine ou l'avènement de la voiture ont été à l'origine d'un énorme volume de dépenses publiques sur les plans hospitalier ou du réseau routier.
- L'intensification de l'industrialisation et le déclin consécutif de l'agriculture ont favorisé un processus d'urbanisation, qui a requis la mise en place d'une vaste infrastructure, notamment dans les domaines des transports et communica-

tions, des hôpitaux et écoles, ou encore de l'approvisionnement en eau, gaz, électricité.

- Ce même processus d'industrialisation et d'urbanisation s'est traduit par un accroissement des nuisances affectant la population ; l'Etat a donc été amené à intervenir par le biais de réglementations ou de programmes de dépenses souvent coûteux dans les domaines de la protection de l'individu, du patrimoine et de l'environnement (police, service du feu, incinération des ordures, épuration des eaux usées, etc.)
- La recherche d'économies d'échelle, c'est-à-dire de la réduction des coûts unitaires de production au moyen de l'élargissement de l'unité de production, a également justifié la prise en charge par les collectivités publiques de services jadis fournis par le secteur privé (police, voirie).
- Enfin, l'amélioration du niveau de vie a accru le sentiment de responsabilité collective qui a induit une modification importante de la conception du rôle de l'Etat et s'est traduit par la mise en place, sur une vaste échelle, d'une politique de transferts en faveur de très nombreux groupes de la population. L'effort s'est porté avant tout sur les personnes défavorisées (pauvres, chômeurs, invalides, etc.), sur certaines classes d'âge (retraités) ou encore certaines catégories socio-professionnelles (agriculteurs).

Quatrièmement, Baumol (1967) a émis l'hypothèse selon laquelle l'élargissement de la taille du secteur public est dû au fait que les gains de productivité y sont nuls ou en tout cas plus faibles que dans l'économie privée. Il s'ensuit, toute chose égale par ailleurs, une progression du coût relatif des dépenses publiques par rapport à celui des prestations privées et par conséquent une augmentation de la part du secteur public dans le produit national. Il convient de remarquer, pour la cohérence de l'explication, que cette augmentation du coût relatif des dépenses publiques n'est pas compensée par une diminution de la demande pour deux raisons :

- les prestations publiques sont délivrées gratuitement ou alors l'élasticité-prix de leur demande est en règle générale inférieure à 1, ce qui implique que la répercussion sur la demande de l'augmentation de leur prix relatif est moins que proportionnelle ;
- l'élasticité-revenu est supérieure à 1, ce qui provoque une augmentation de la demande de prestations publiques supérieure à celle du produit national.

Cinquièmement, les *systèmes fiscaux* modernes ont également contribué au gonflement du secteur public. Ils reposent en effet pour une part importante sur des impôts progressifs, principalement l'impôt sur le revenu des personnes physiques, dont le barème est conçu de telle sorte que le taux d'imposition moyen augmente plus le revenu est élevé. Ainsi, quand le revenu de l'ensemble des contribuables progresse à la faveur de la croissance économique et/ou à cause de l'inflation, la ponction fiscale au titre de cet impôt augmente plus que proportionnellement par rapport au revenu. L'Etat profite ainsi automatiquement, c'est-à-dire sans modification délibérée de l'assiette ou des taux d'imposition, d'un accroissement relatif de ses ressources. Or, des études empiriques montrent que, selon le système fiscal et le fonctionnement du régime démocratique, ce sont les recettes qui déterminent le volume des dépenses et non, contrairement aux principes budgétaires, le volume des dépenses qui détermine les recettes à prélever pour les financer. Dans ce cas, un système fiscal très élastique au revenu national, parce que très progressif, entraîne une extension du secteur public en période de forte croissance et/ou inflation. Même si cet effet de gonflement des recettes fiscales est le même, que l'origine en soit la croissance réelle ou l'inflation, il va sans dire que les conséquences économiques sont beaucoup plus sérieuses dans le second cas, car il n'y a pas d'accroissement parallèle de la capacité de production de l'économie.

Sixièmement, et ce facteur était lui aussi inattendu, la *politique budgétaire de stabilisation,* proposée en premier lieu par Keynes (1936), a contribué indirectement à l'expansion du secteur public. Ce dernier avait en effet démontré que les crises économiques sont le fruit d'une demande insuffisante et que le rôle des autorités consiste à intervenir activement pour combler cet écart déflationniste par des dépenses publiques supplémentaires financées par l'emprunt, de préférence auprès de la Banque centrale. Or, Buchanan et Wagner ont prétendu récemment (1977) que l'abandon pur et simple imposé par une politique budgétaire active de la règle – jusque-là sacro-sainte – d'équilibre budgétaire a éliminé la principale contrainte à une progression illimitée des dépenses publiques et a ouvert ainsi la voie à plus de laxisme dans le contrôle des dépenses. Il est vrai en tout cas que le recours à l'emprunt, comme mode de financement du secteur public, n'a cessé d'augmenter depuis la fin des années soixante surtout et qu'il est tout de même plus facile politiquement de faire passer de nouveaux emprunts que des nouveaux impôts pour financer des projets additionnels.

Septièmement, l'incursion récente de l'analyse économique dans le domaine du fonctionnement des systèmes politiques suggère une *explication politique au phénomène.* La situation de concurrence dans laquelle se trouvent les partis politiques, les groupes d'intérêt, voire les fonctionnaires, conduit inexorablement dans les démocraties parlementaires à une surenchère des prestations que l'Etat accorde à tel ou tel groupe social et, par conséquent, à un gonflement mal contrôlé du secteur public par les citoyens. Comme il est beaucoup plus populaire de proposer de nouvelles prestations que la réduction ou suppression de prestations existantes et comme les bénéficiaires peuvent espérer que d'autres en supporteront les coûts, les régimes démocratiques fonctionnent de façon asymétrique, favorisant ainsi, sans le vouloir expressément, l'élargissement du secteur public.

A l'examen de toutes ces hypothèses, il apparaît nettement qu'aucune explication unidimensionnelle ne suffit et que l'évolution du secteur public est le fait de l'influence conjointe de plusieurs facteurs socio-économiques.

De plus, lorsqu'on prête attention aux disparités dans la taille et le rôle du secteur public de pays ayant atteint un niveau de développement approchant, on réalise que les déterminants socio-économiques n'éclairent qu'une partie du phénomène et que pour compléter l'explication il faut étendre l'analyse aux facteurs politiques. En fait, il est bien dans l'ordre des choses que les *mentalités et conceptions politiques* des missions de l'Etat, et en toile de fond le poids de l'histoire, jouent un rôle important, si ce n'est primordial, sur son évolution et son organisation.

Même si la plupart des explications proposées sont pertinentes, on doit bien réaliser qu'il n'est guère possible d'établir des prévisions sur l'évolution future du secteur public, à cause surtout de l'influence primordiale exercée par les conceptions politiques dominantes sur le rôle de l'Etat et le fonctionnement des régimes politiques. Un regard rétrospectif sur une période plus longue montre d'ailleurs que la civilisation, européenne en particulier, a vu se succéder des idéologies de laisser-faire et d'interventionnisme avec, pour corollaire, des périodes de croissance et de stabilisation de l'activité des collectivités publiques.

4.2 L'ANALYSE ECONOMIQUE DES CHOIX COLLECTIFS ET DE LA BUREAUCRATIE

Quelle qu'en soit leur justification, une fois prises en charge par l'Etat, l'allocation des ressources et la redistribution des revenus, comme toute autre action de politique publique, relèvent d'un *processus de décision politique.* De même qu'ils ont rigoureusement étudié le fonctionnement des marchés, les économistes appliquent aussi leurs outils d'analyse à celui des institutions et procédures de décision politiques. Le sujet traité, soit principalement la théorie de l'Etat, les règles de vote, le comportement politique, les partis, et la bureaucratie, est identique à celui de la science politique ; cependant la méthode d'analyse utilisée est celle de l'économie politique. L'interrogation fondamentale de cette extension de l'économie publique, désignée indifféremment par les termes d'analyse économique des choix collectifs ou publics porte sur la démarche suivie par une collectivité formée d'une multitude d'individus pour dégager sa demande pour les politiques publiques et celle empruntée par les gouvernements pour y répondre par une offre de politiques publiques. Bien qu'il soit toujours un peu arbitraire de désigner un précurseur, le nom le plus fréquemment cité est celui de Wicksell (1896), qui fut le premier a étudier les règles de prise de décision, et qui avait notamment proposé que chaque dépense publique devait être financée individuellement et acceptée par un vote à l'unanimité afin de satisfaire le critère de Pareto. Mais ce n'est qu'au cours de ces trente dernières années que cette discipline a gagné son autonomie grâce à des contributions peu nombreuses, mais importantes, pouvant être rangées selon deux écoles de pensée.

4.2.1 Détermination de la fonction de bien-être social

La première approche examine dans quelles conditions il est possible de passer d'un ordre de préférence individuel à une ordre de préférence social cohérent. Pour cela, on s'efforce de déterminer, sur un plan général, les *conditions de validité et le contenu de la fonction de bien-être social,* et, sur le plan particulier des dépenses publiques, elle examine la cohérence et l'optimalité de la détermination du budget par le vote.

L'origine de cette approche remonte à la mise en évidence du *paradoxe du vote* de Condorcet en 1785. Celui-ci peut être illustré par un exemple représentant trois votants (I, II, III), qui ont à choisir entre trois options (A, B, C). Le tableau 4.1 illustre leurs préférences.

Tableau 4.1 ***Préférences hypothétiques de trois citoyens***

	Préférences		
Votants	**Maximale**	**Moyenne**	**Minimale**
I	A	B	C
II	C	A	B
III	B	C	A

Si le choix collectif doit être obtenu selon la règle de la majorité simple portant sur la confrontation directe des différentes paires d'alternatives, *A* est préféré deux fois à *B* et une fois à *C*, *B* est préféré deux fois à *C* et une fois à *A* et enfin C obtient deux fois le meilleur contre *A* et une fois contre *B*. Ainsi, si l'on commence par une confrontation directe entre *A* et *B*, puis du gagnant de cette confrontation contre *C*, *A* remporterait la première et *C* la seconde. Toutefois, si l'on commence par opposer *B* à *C*, *B* dominerait, mais serait à son tour battu par *A*. De toute évidence, ce résultat est contradictoire par rapport à celui obtenu précédemment remporté par *C*. Enfin, si le vote initial portait sur une comparaison entre *C* et *A*, *C* l'emporterait pour être pourtant battu à son tour par l'alternative *B*. On constate ainsi que les trois alternatives peuvent être gagnantes selon l'ordre dans lequel elles sont soumises au vote, ce qui est pour le moins paradoxal.

La probabilité d'occurrence de ce paradoxe du vote, et par conséquent de décisions collectives inconsistantes, dépend du nombre de votants et d'options. Pour le système de la majorité simple, elle oscille, selon certaines estimations, entre 6 % pour trois votants et trois options et 73 % pour une infinité de votants et d'options.

Le problème de l'agrégation des préférences individuelles afin de parvenir à un choix collectif non ambigu a retenu beaucoup d'attention depuis les travaux de Arrow (1951). Celui-ci, en s'appuyant sur un raisonnement axiomatique, a en effet proposé un *théorème d'impossibilité* qui avance qu'aucune règle de vote connue ou inconnue est en mesure de satisfaire avec certitude un certain nombre de conditions raisonnables que devrait satisfaire un système de vote.

4.2.2 Approche institutionnelle

Outre ses conclusions troublantes, l'approche ci-dessus orientée sur les caractéristiques logiques des choix collectifs n'est pas entièrement satisfaisante car elle ignore complètement le cadre institutionnel dans lequel ces choix collectifs sont réalisés. Cette lacune est comblée par *l'approche* dite *institutionnelle* qui examine comment les intérêts divergents en matière de politique publique sont conciliés par l'intermédiaire des institutions politiques. Même s'il peut paraître comme une réalité qui transcende les individus ou les groupes, l'Etat doit être conçu comme un ensemble de pouvoirs dont les titulaires de fait sont les seuls véritables sujets de l'économie publique. En d'autres termes, les institutions publiques ne font que prolonger, sur le plan collectif, les efforts de maximisation de l'utilité des individus, ce qui, vu la nature des services collectifs, les amène toutefois à user d'une certaine dose de contrainte. Ce dépassement de la théorie individualiste pure par une incursion directe dans les mécanismes politiques doit beaucoup aux travaux de Schumpeter (1942), Downs (1957), Buchanan et Tullock (1962) ainsi que Breton (1974).

La façon sans doute la plus parlante de présenter le fonctionnement des systèmes politiques est, par analogie au marché, d'examiner l'expression de la demande de la part des citoyens, ainsi que l'offre de l'Etat en réponse à cette demande. Selon Downs et Breton, l'individu est incité à agir politiquement, et par conséquent à manifester sa *demande* de politiques, lorsque une ou un ensemble de politiques publiques ne lui apportent pas la satisfaction qu'il en attendrait compte tenu de sa participation financière, et qu'il subit ainsi une coercition. Il utilisera pour cela les différents moyens d'action politique à sa disposition tels que l'action collective à travers des partis, des groupes de pression ou des manifestations et l'action individuelle, qui va de la lettre aux ajustements économiques individuels, et qui passe bien sûr par l'élection et le vote. Dans une démocratie représentative, les individus jugent les politiques offertes en comparant le flux d'utilité (de bénéfices) qu'ils reçoivent du gouvernement en place avec celui qu'ils croient pouvoir recevoir si le parti (ou une coalition) d'opposition dirigeait le gouvernement, et ils votent en conséquence.

Dans les démocraties semi-directes ou représentatives, l'*offre* de politiques publiques est assurée par le ou les partis au pouvoir et le gouvernement qu'ils supportent, ainsi que par l'administration publique. Pour saisir correctement le comportement des hommes politiques et des fonctionnaires, il importe de réaliser qu'ils ne cherchent pas en priorité le bien commun ou l'intérêt général ; à l'instar des individus et des entrepreneurs, ils s'efforcent au contraire de toujours tirer le meilleur parti de leur propre situation dans l'exécution de la fonction qui leur est confiée. La fonction d'utilité d'un homme politique contient pour l'essentiel deux types d'arguments :

- la probabilité de réélection (ou d'élection),
- un ensemble d'arguments personnels portant sur des avantages particuliers en matière de gains pécuniaires, de pouvoir, d'image laissée à la postérité, ou encore de réalisation de convictions personnelles, etc.

C'est en particulier à Schumpeter et à Downs que l'on doit d'avoir mis en évidence que les politiciens cherchent sans cesse à satisfaire les préférences individuelles pour assurer leur réélection. En d'autres termes, les partis proposent des politiques afin de gagner les élections, plutôt que de gagner les élections afin de formuler des politiques. Ceci n'empêche pas les élus d'avoir un espace de liberté dont l'importance dépend de la majorité dont ils disposent d'une part et de la faculté d'oubli des citoyens pour les décisions impopulaires prises dans le passé d'autre part.

Ainsi, alors que les citoyens sont des demandeurs, qui manifestent leurs préférences en matière de politiques publiques, les partis politiques peuvent être assimilés à des entrepreneurs potentiels pour la production de ces politiques. Dans ce contexte, la position de l'*électeur médian* joue un rôle déterminant. Il est en effet possible de démontrer que si les préférences des citoyens se répartissent selon une distribution unimodale gauche-droite, le candidat, ou le parti dans un système à deux partis, le plus proche de la position médiane recevra le plus grand nombre de voix, car les votants sont incités à se prononcer en faveur du candidat le plus proche de leur position préférée.

Si les décisions relatives à l'offre de politiques publiques sont prises par les partis politiques, elles sont toutefois influencées, parfois fortement, par les *fonctionnaires* chargés de les élaborer et de les appliquer. Ceux-ci cherchent en effet aussi à maximiser leur fonction d'utilité : fondamentalement, ils aspirent à une augmentation de leur revenu, de leur pouvoir, de leur prestige, ou alors à une plus grande facilité de gestion grâce à un accroissement de la taille de leur bureau, qu'elle soit mesurée en nombre de fonctionnaires subordonnés ou en budget alloué. Pour que les décisions prises par les gouvernements soient à leur avantage personnel, les bureaucrates usent et abusent de diverses stratégies : sous-estimation des coûts et exagération des bénéfices, rétention ou transformation des informations à l'égard de leurs supérieurs ou des ordres des supérieurs à l'intention des subordonnés, préférences pour des solutions plus complexes et perfectionnées pour pallier aux carences des pratiques administratives en vigueur, préférences pour les transferts en nature plus intensifs en travail par rapport aux transferts monétaires, utilisation habile des réseaux de relations avec les politiciens et d'autres fonctionnaires pour faire avancer leurs projets, etc. C'est pourquoi le fonctionnement des bureaucraties, et notamment leur forte propension à s'étendre et à favoriser des solutions compliquées et coûteuses doit être l'objet d'autant d'attention que celui des systèmes politiques.

Les politiciens et fonctionnaires ne peuvent pas maximiser leur fonction d'utilité sans limites, mais sont soumis à diverses *contraintes.* Le gouvernement en particulier doit s'efforcer de réduire autant que possible la coercition que sa politique impose aux électeurs dont les voix sont décisives. Pour y parvenir, il usera de différents moyens : à titre d'illustration, citons la stratégie consistant à offrir des blocs de politiques car cela permet de compenser les effets défavorables des politiques impopulaires par d'autres au contraire très populaires.

Sans que nous soyons entrés dans les détails, le lecteur a pu entrevoir que les politiques publiques peuvent aussi être expliquées, comme la production d'un bien privé, par la rencontre entre une demande et une offre de politiques ; la première est exprimée par les citoyens, qui s'efforcent de minimiser la coercition que leur impose une combinaison prestations-charges financières qui leur déplaît, et la seconde est assurée par les politiciens et les fonctionnaires, qui sont obligés de satisfaire, au moins en partie, la demande s'ils veulent pouvoir réaliser leurs objectifs personnels.

Cela dit, il nous faut analyser maintenant pourquoi les procédures politiques présentent elles-aussi des dysfonctionnements, comme les marchés.

4.3 ORIGINES ET NATURE DES DYSFONCTIONNEMENTS DES GOUVERNEMENTS

Il est opportun de reprendre le raisonnement qui nous a conduit jusqu'ici. Dans un premier temps, nous avons vu que, dans certaines conditions, le fonctionnement des marchés présente des lacunes plus ou moins sérieuses qui, dans la mesure où elles ne peuvent pas être compensées par des solutions volontaires, justifieraient en principe une intervention publique. Dans un second temps, nous venons d'esquisser comment les systèmes politiques se substituent au marché pour déterminer la demande et l'offre de politiques publiques.

Si l'on arrêtait là notre raisonnement, cela reviendrait à admettre implicitement que l'allocation des ressources et la distribution du revenu seraient, comme par enchantement, tout à la fois optimales et équitables sitôt que la responsabilité en serait confiée à un gouvernement. Or, tout observateur impartial se rend compte à l'évidence que les processus de décision collectifs propres au secteur public sont caractérisés eux aussi par des dysfonctionnements. Pourtant, il n'y a pas si longtemps que des chercheurs portent attention à cette question. Certes, un chef de file de la pensée en la matière comme Buchanan (1977) avait sonné l'alerte en démontrant le dysfonctionnement des processus de décision politiques au niveau macro-économique de l'engagement de la politique budgétaire et de l'endettement public. Par ailleurs, de nombreux chercheurs ont contribué à comparer, à l'aide d'analyses empiriques, l'efficacité de la production de certaines prestations offertes respectivement par des entreprises privées et publiques. Néanmoins, c'est à Wolf (1988) que l'on doit la première tentative d'élaborer une véritable théorie des lacunes des organisations non marchandes. Suivant une procédure analogue à celle utilisée pour identifier les lacunes du marché, Wolf commence par identifier les caractéristiques de la demande et de l'offre de prestations non marchandes susceptibles de provoquer des lacunes gouvernementales, avant de proposer une nomenclature des lacunes du marché.

4.3.1 Dysfonctionnements des gouvernements

Du côté de la demande

Du côté de la demande, il y a essentiellement trois familles d'explications des dysfonctionnements des gouvernements. Premièrement, le fonctionnement des systèmes politiques constitue un terrain favorable, en particulier pour les raisons suivantes :

- Le *jeu des récompenses politiques* favorise les parlementaires et les membres du gouvernement qui font état d'un problème et proposent des solutions, sans avoir à assumer la responsabilité de les appliquer ; il avantage également les politiciens qui proposent une prestation publique nouvelle ou améliorée par rapport à ceux qui proposent une plus grande retenue de la part de l'Etat.
- La *myopie,* c'est-à-dire la forte préférence pour le présent des hommes politiques, est incompatible avec la vue à long terme nécessaire pour analyser et solutionner un problème particulier.
- La *perception* par le public des lacunes du marché a fortement augmenté depuis les années trente, notamment parce qu'elle a été exacerbée par les médias, ce qui a favorisé l'éclosion et le renforcement de toute une série de groupements (féministes, consommateurs, écologistes, anti-nucléaire, etc.), qui ont poussé pour que des mesures législatives et réglementaires soient prises.
- La *doctrine socialiste* de l'époque enseignait que l'Etat était parfaitement en mesure de résoudre les problèmes posés par les lacunes du marché.

Deuxièmement, le *mode de financement* des prestations publiques par l'impôt ou l'emprunt tend à dissocier les citoyens qui reçoivent les bénéfices de ceux qui payent les coûts des programmes gouvernementaux. Pour la plupart des prestations publiques, les bénéfices d'un programme sont concentrés sur un groupe particulier alors que leur coût est réparti largement sur le public, ce qui crée pour les utilisateurs une fausse illusion de gratuité ; de plus, le libre-accès à ces prestations encourage chacun à les consommer jusqu'à satiété.

Troisièmement, l'*amélioration du niveau de vie* due à la croissance du produit national provoque une augmentation plus que proportionnelle de la demande de prestations publiques. En effet, les transferts, les prestations à but de redistribution ou culturel et certaines autres prestations non marchandes ont une élasticité-revenu de la demande non seulement positive, mais encore souvent supérieure à un. En revanche, une hausse des impôts ou des coûts unitaires de production des prestations publiques exercent un effet dissuasif sur la demande.

Du côté de l'offre

Du côté de l'offre, quatre caractéristiques fournissent un bouillon de culture favorable à l'apparition de lacunes gouvernementales.

Premièrement, en théorie, comme en pratique, il est particulièrement difficile de définir et de *mesurer la production,* et cela pour deux raisons au moins : d'une part, il ne s'agit le plus souvent que de biens intermédiaires qui servent à satisfaire une demande finale ; d'autre part, leur qualité est difficile à évaluer. Les dépenses en matière d'éducation en fournissent une excellente illustration. C'est pourquoi, les statisticiens et autres observateurs se contentent presque toujours de mesurer la production sur la base des dépenses engagées, ce qui implique que "plus" est nécessairement "mieux".

Deuxièmement, la *nature de la production* publique peut être la cause de déficiences pour deux raisons au moins :

– la position de monopole dans laquelle se trouve en règle général l'instance responsable ne permet pas de comparaison sur la qualité et l'efficacité de la production ;
– la technologie servant à produire des biens non-marchands est peu connue, ou assortie de grandes incertitudes. L'exemple de l'éducation à nouveau parle de lui-même.

Troisièmement, faute de contrainte de profit, ou au moins de clause de fermeture ou de faillite, permettant d'évaluer la performance des organisations gouvernementales, l'*élimination des mauvaises organisations* n'est pas assurée, contrairement à ce qui se produit sur un marché.

Quatrièmement, à l'instar de la demande, l'*offre de prestations publiques* tend à augmenter lorsque les revenus publics gonflent, à la suite d'une augmentation des taux d'imposition, de la croissance économique ou encore de la progression à froid, car les politiciens savent toujours comment absorber les ressources financières supplémentaires.

Comme sur les marchés, il y a bien un mécanisme d'ajustement entre la demande et l'offre de prestations gouvernementales ; cependant, parce que ce dernier repose presque entièrement sur le système politique, le risque de déséquilibres chroniques est nettement plus élevé en raison de la longueur des délais de réaction, de la formation de coalitions et de la pratique de l'échange de votes.

4.3.2 Nomenclature des lacunes des gouvernements

Ces diverses particularités de la formation de la demande et de l'offre de politiques publiques sont, toujours selon Wolf (1988), la cause de quatre lacunes gouvernementales.

Séparation entre coûts et revenus :

Les activités non marchandes suppriment le lien, essentiel pour le fonctionnement des marchés, entre le coût pour produire une prestation et le revenu pour la financer, car celui-ci est tiré des impôts ou d'autres sources autres qu'un prix de vente. Il en résulte une séparation entre la valeur (aux yeux des citoyens) de la production gouvernementale et son coût. Dans ces conditions, le risque est grand que des ressources superflues soient engagées et/ou que l'offre de prestations soit supérieure à ce que la déficience du marché justifierait. En d'autres termes, il est probable que la production se fasse avec des coûts redondants, c'est-à-dire à l'intérieur de la frontière des possibilités de production, et sans que toutes les possibilités offertes d'amélioration technologique de la production ne soient exploitées. Cette situation caractéristique d'"inefficacités *X*" (Leibenstein, 1966) est favorisée parce que l'immobilisme ne coûte guère au niveau de l'Etat et parce que les gains d'un changement sont très incertains.

Règles et standards internes :

Faute de pouvoir se référer, comme les entreprises privées, à des indicateurs de performance directs tels que la part de marché et les profits, les organisations publiques doivent développer tout un ensemble de règles et de standards afin de guider, réglementer et évaluer leur performance, ainsi que celle de leur personnel. En quelque sorte, les organisations gouvernementales doivent se fixer des objectifs internes. Cependant, comme elles n'ont pas la possibilité, contrairement aux organisations privées, de relier ces standards à la situation du marché, ces derniers n'ont pas un lien clair et fiable avec les buts publics qu'ils sont sensés promouvoir. Le risque est alors grand qu'ils entrent dans la fonction d'utilité du personnel public, d'où l'apparition de divergences entre les résultats effectifs et ceux socialement désirés, avec pour conséquence un gonflement des coûts et une réduction du niveau de la production réelle. Parmi les règles internes qui se sont ainsi imposées dans les organisations publiques, citons en particulier la conviction selon laquelle la taille du budget est la meilleure mesure de la performance et que la solution la plus nouvelle et la plus complexe est toujours préférable (le lecteur n'aura aucune peine à trouver de lui-même des exemples dans le domaine des hôpitaux, de la défense, voire de la construction de bâtiments publics).

Externalités dérivées :

L'intervention gouvernementale en vue de corriger des lacunes du marché peut entraîner des effets externes positifs ou négatifs dans d'autres domaines que ceux qui font l'objet de la politique. Ces externalités sont proches de celles rencontrées sur les marchés en ce sens qu'elles échappent à l'organisation productrice, qui ne peut par conséquent pas les prendre en compte dans leurs calculs. La politique de soutien des prix agricoles opère par exemple un effet externe imprévu lorsqu'elle provoque des excédents de production dont on ne peut se débarrasser qu'en engageant des sommes substantielles.

Injustices distributives :

Même si cela peut paraître paradoxal, les activités publiques engagées pour réduire les iniquités produites par le marché ou simplement pour remédier à d'autres déficiences du marché peuvent être elles-mêmes à l'origine d'iniquités. Alors que dans le cadre du marché les injustices sont avant tout liées au revenu et à la fortune, celles produites par les organisations gouvernementales sont attachées au pouvoir qui est donné à certains serviteurs de l'Etat (assistants sociaux, fonctionnaires de la sécurité sociale, préposés à l'examen des dossiers de réfugiés, taxateurs, policiers, enseignants, etc.) d'exercer une autorité sur les citoyens sollicitant une prestation ou une autorisation. Certes, le pouvoir discrétionnaire qui leur est conféré peut être exercé avec scrupule, compassion et compétence, mais cela n'est pas toujours le cas. Dans la réalité, les cas de traitement inéquitable sont nombreux : décisions arbitraires ou témoignant d'un favoritisme certain, à la limite abus de pouvoir et corruption de fonctionnaires, sans compter ceux plus diffus résultant des chicanes et lenteurs bureaucratiques.

4.4 CONTRIBUTION DE L'ECONOMIE PUBLIQUE AU CHOIX ENTRE RESPONSABILITE PRIVEE OU PUBLIQUE

4.4.1 Critères de l'intervention publique

Ainsi, on doit bien constater que les gouvernements sont tout autant que les marchés sujets à de sérieux dysfonctionnements en matière d'allocation des ressources et de justice redistributive. Dans ces conditions, il est naturel que l'on se tourne vers l'économie publique – en tant que science – pour voir si elle est aussi à même de préciser la meilleure solution institutionnelle selon les circonstances ; en d'autres termes de définir les critères de l'intervention publique. Or, les développements qui précèdent suggèrent qu'il n'est pas facile de répondre à cette question avec rigueur. Il y a donc grand risque que l'idéologie prime sur l'analyse.

Si l'on avait correctement réalisé à l'époque que les lacunes du marché pouvaient justifier une intervention publique, la possibilité d'une situation inverse fut longtemps négligée. La détermination de la meilleure solution est très complexe parce que la comparaison privé/public doit non seulement être effectuée selon les deux dimensions de l'efficacité allocative (efficacité de l'échange ou de la consommation et efficacité productive ou technologique), mais encore prendre en compte les autres objectifs publics, en particulier ceux d'équité et de qualité.

Efficacité

La double dimension de l'efficacité allocative rappelée ci-dessus peut être illustrée à l'aide du cas du monopoleur. Celui-ci peut parfaitement produire efficacement en engageant optimalement les facteur de production, mais il use de son pouvoir sur le marché pour vendre une quantité inférieure à un prix supérieur par rapport à la solution compétitive. Dans ces conditions, la mauvaise affectation des ressources se situe exclusivement sur le plan de l'échange. Dans le cas du monopoleur toutefois, la mésallocation des ressources reste dans des proportions modestes ; bien que de façon imparfaite, le marché fonctionne. On s'intéressera dans ce cas plutôt aux conséquences dommageables sur l'équité du profit extraordinaire que les monopoleurs dégagent au détriment des consommateurs.

En revanche, cet argument ne s'applique pas lorsque la divergence entre le prix et le coût marginal est due à des services collectifs ou des externalités ; dans ce cas, c'est l'inefficacité allocative due à la révélation imparfaite des préférences et/ou à l'ignorance des coûts externes par les agents économiques qui retient l'attention en priorité et qui peut justifier une intervention publique. Cependant, faute de pouvoir systématiquement évaluer, pour chaque prestation, l'ampleur de la non-révélation des préférences et/ou les conséquences sur l'allocation des rendements croissants ou des externalités, et faute de pouvoir évaluer les conséquences sur l'allocation des dysfonctionnements des gouvernements, les décisions demeureront encore longtemps de nature essentiellement politique et marquées par le poids des solutions héritées.

La complexité du choix en terme d'efficacité allocative explique, sans pour autant le justifier, pourquoi les analyses portent essentiellement sur la *dimension technique* de l'efficacité. L'impression générale, confirmée par de nombreuses études empiriques sur l'efficacité productive comparée entre production publique et privée, suggère que le système du marché et les entreprises privées sont plus efficaces que les gouvernements ou entreprises publiques. Cette supériorité se manifesterait sur le triple plan de :

– l'*efficacité dynamique* dont dépend l'aptitude des entreprises à promouvoir la croissance économique en développant et implantant de nouvelles technologies ou de nouveaux produits ;
– l'*efficacité technologique,* au sens strict, qui porte sur l'aptitude des entreprises à employer les meilleures technologies disponibles afin de minimiser les coûts de production et/ou de maximiser la qualité ;
– l'*efficacité X* qui se réfère à l'aptitude des gestionnaires à augmenter la productivité, pour une technologie donnée, par une amélioration de l'organisation et du management, ainsi que par une augmentation de la motivation des travailleurs.

Cet écart dans l'efficacité technologique des secteurs privé et public s'explique essentiellement par la différence dans le système de récompenses et de sanctions des acteurs. Sur un marché, le contrôle de performance est assuré directement par les consommateurs, qui portent leur choix sur les produits ayant le meilleur rapport coût-performance. Dans le cadre du secteur public, les récompenses et sanctions sont données indirectement par un autre corps public constitué, essentiellement le Parlement ou un office de contrôle de gestion, alors que les consommateurs finals, les citoyens, ne peuvent s'exprimer qu'indirectement en usant des différents moyens d'action politique à leur disposition.

Cependant, cet avantage présumé des entreprises privées est moins évident qu'il n'y paraît de prime abord si l'on prend – comme il se doit – un point de vue plus large que celui de l'efficacité productive. Il disparaît en effet dès que l'on se préoccupe aussi des objectifs additionnels tels que ceux de redistribution ou de satisfaction d'un standard de qualité donné.

Equité

Parmi les autres critères pouvant justifier une responsabilité publique, le plus important est évidemment celui d'équité. Compte tenu de l'incapacité du marché à produire spontanément une distribution équitable des revenus, une intervention publique s'impose sans aucun doute. La fin ne justifie cependant pas tous les moyens. Nous avons vu dans le chapitre 3 que les mesures de redistribution ont une incidence sur l'allocation des ressources et la croissance économique et qu'elles ne peuvent pas être engagées de n'importe quelle manière.

Qualité et/ou sécurité

Le troisième critère souvent proposé est celui de sécurité d'approvisionnement et de standard de qualité. Il a joué un rôle important, en particulier en Europe, dans l'attribution au secteur public de responsabilités telles que l'approvisionnement en eau potable, la collecte et l'épuration des eaux, la collecte et l'incinération des ordures, les transports collectifs urbains, ou encore les postes et télécommunications. Au vu de certaines mauvaises expériences faites en Europe (par ex. : grève des postiers britanniques ou des transports publics parisiens) et des bonnes expériences faites aux Etats-Unis avec des entreprises privées (par ex. : les télécommunications et les postes privées), on constate que l'*a priori* selon lequel un approvisionnement public apporte un avantage certain en matière de sécurité et de qualité est fragile et qu'un examen plus rigoureux s'impose.

4.4.2 La variété des solutions

De la discussion qui précède, il ressort clairement qu'il n'est pas possible actuellement de définir une batterie de critères qui permettrait de déterminer les prestations qui doivent être fournies par un gouvernement. Ce choix doit se faire tout en nuance, d'autant plus qu'il ne se présente pas sous la forme d'une stricte alternative "privé/public", mais plutôt sous la forme d'une combinaison des deux solutions alternatives.

Le choix le plus fondamental porte sur l'attribution de la responsabilité principale de la prise de décision : admet-on qu'elle soit du ressort du marché ou la confie-t-on à un gouvernement, et de ce fait à un processus de décision politique ? Si l'on fait abstraction du cas fort rare de prestations qui feraient encore entièrement défaut, la recherche de la solution idéale implique inévitablement une réévaluation et, le cas échéant, une modification de la solution en vigueur. Il conviendra en conséquence soit de nationaliser ou étatiser des activités privées, soit de privatiser des activités publiques, ce qui implique le transfert de propriété du capital de l'un à l'autre.

Si le *marché* est choisi, les décisions d'allocation et de redistribution seront prises de façon décentralisée sur la base du prix. Cela ne signifie pas pour autant que l'Etat renonce à toute ingérence sur le marché puisqu'il a tout loisir de réglementer et contrôler son fonctionnement en recourant à tout un arsenal d'instruments juridiques, voire économiques (fiscalité dissuasive ou incitative). Toute variation du degré de contrôle de l'Etat sur le fonctionnement des marché fait l'objet d'une politique de (dé) réglementation.

Si au contraire la solution retenue est celle de l'*Etat,* le degré d'étatisation dépend encore de deux décisions supplémentaires importantes.

- Un *choix* demeure entre *production publique et privée.* Dans la première hypothèse, l'Etat engage lui-même les facteurs de production (main-d'œuvre, capital, etc.) nécessaire à la prestation, alors que dans le second, il sous-traite la production à des entreprises privées qui gèrent leur activité librement dans les limites fixées par le contrat passé par l'Etat (ex. : construction de routes, d'armes, etc.)
- Indépendamment de la prise en charge de la production, l'Etat a encore le choix entre *remettre la prestation gratuitement* au public ou de la *financer* tout ou en partie en la *vendant.* Du point de vue de l'allocation des ressources, il serait préférable de vendre les prestations publiques : d'une part, le prix force les consommateurs à arbitrer l'utilité qu'ils retirent de cette prestation avec celle que leur procurerait d'autres biens ; d'autre part, cela les inciterait à tenir indirectement compte du coût d'opportunité attaché à leur production. Néanmoins, la commercialisation des prestations publiques n'est souvent pas réalisable pour les raisons que nous examinerons encore dans le paragraphe 6.3.6.

DEUXIEME PARTIE

Les moyens de la politique publique

CHAPITRE V

Décentralisation gouvernementale

5.1 DECENTRALISATION GOUVERNEMENTALE ET ANALYSE ECONOMIQUE

Les développements qui précèdent ont volontairement ignoré que l'Etat n'est pas constitué d'une entité unique, mais est divisé en une multitude de collectivités publiques différentes. Dans la réalité, l'organisation politique d'un pays peut revêtir de très nombreux aspects qui se situent entre, à un extrême, l'Etat unitaire, où toutes les décisions sont prises par une autorité centrale et à l'autre, l'"Etat anarchique", sans gouvernement.

D'un point de vue politique ou constitutionnel, il est usuel de distinguer deux formes de régime :

- l'*Etat unitaire,* selon le modèle de la France ou de la Grande-Bretagne, organisé en un gouvernement souverain unique et une multitude de gouvernements locaux ne disposant que de peu de compétences ;
- l'*Etat fédéral,* dans lequel des gouvernements souverains régionaux – que nous appellerons cantons – coexistent avec le gouvernement national et les gouvernements locaux. Parmi la quinzaine d'Etats fédéralistes dénombrés dans le monde, seuls quelques-uns, dont en particulier les Etats-Unis et la Suisse, sont le résultat du regroupement au cours du temps d'Etats souverains ; les autres, comme par exemple la République fédérale allemande, sont par contre le fruit d'une volonté délibérée de décentraliser le pouvoir de décision.

Alors que dans les systèmes unitaires, le gouvernement central délègue un certain nombre de décisions à des gouvernements locaux, dans l'Etat fédéral, la *souveraineté* est répartie entre le gouvernement fédéral et les gouvernements de l'échelon intermédiaire et les responsabilités de chaque niveau de gouvernement sont clairement notifiées par des constitutions écrites. De plus, en vertu du *principe de subsidiarité* prévalant, qui prévoit qu'une tâche ne peut être transférée au niveau supérieur que si l'échelon inférieur n'est pas en mesure de l'assumer, les cantons disposent de la compétence de base pour n'importe quelle tâche, exercée ou à venir, à moins qu'elle n'ait été explicitement transmise au gouvernement fédéral par un article constitutionnel.

L'économiste attache autant d'importance au fait même de la décentralisation qu'à la nature du système – unitaire ou fédéral. Sous la désignation de décentralisation gouvernementale (ou de fédéralisme fiscal si l'attention se limite aux pays fédéralistes), il examine les avantages et inconvénients, ainsi que l'application, de la décentralisation gouvernementale. La question centrale consiste à déterminer le degré optimal de décentralisation, c'est-à-dire de répartition des compétences entre les différents échelons du gouvernement en matière de dépenses et de recettes publiques. A l'instar d'autres domaines, cette branche de l'analyse économique est positive lorsqu'elle se concentre sur les conséquences d'un système en vigueur, mais débouche sur des considérations normatives puisqu'elle donne de précieuses indications sur les avantages et inconvénients des solutions possibles.

Le but de ce chapitre est double. Dans la deuxième section, nous examinerons la justification et les limites de la décentralisation, qu'elle soit effectuée dans le cadre d'un système unitaire ou fédéral. Dans la troisième section, nous nous pencherons plus directement sur les problèmes de coordination, d'harmonisation et de péréquation soulevés par une solution fédéraliste, en nous référant en toile de fond au cas de la Suisse qui est particulièrement représentatif.

5.2 JUSTIFICATION ET LIMITES DE LA DECENTRALISATION

L'opportunité de confier tout ou partie des tâches de l'Etat au gouvernement central ou au contraire de les attribuer à des gouvernements locaux, voire régionaux, ou, exprimé en d'autres termes, la définition du degré approprié de décentralisation, doit être examinée principalement à la lumière des trois fonctions de l'Etat qui nous ont guidés jusqu'ici.

Si ce cadre analytique permet de bien cerner les avantages et inconvénients de différentes solutions, l'examen de la dynamique de la décentralisation ou des systèmes fédéralistes démontre que des facteurs extra-économiques de nature historique, géographique, culturelle et politique jouent dans la pratique le rôle déterminant.

5.2.1 Politique de stabilisation

Pour différentes raisons, dont certaines seront reprises plus en détail dans le chapitre 8 consacré précisément à cette troisième fonction de l'Etat, seul le gouvernement central peut valablement conduire une politique de stabilisation, et notamment la politique budgétaire.

Premièrement, les fluctuations économiques, et les déséquilibres qui s'en suivent, concernent le pays tout entier, même si leur intensité peut varier selon les régions. La stabilité économique présente donc toutes les caractéristiques d'un service collectif. C'est pourquoi, le risque est grand que chaque région se comporte en resquilleur tout en espérant que les autres feront l'effort de stabilisation à sa place, ce qui aurait pour conséquence un effort global non seulement inférieur à ce qui serait souhaitable, mais encore désordonné.

Deuxièmement, si une région venait à pratiquer une politique de stabilisation active, cette dernière serait vouée à un demi-échec pour deux raisons. D'une part, si l'on peut à la rigueur faire en sorte que son impact primaire bénéficie essentiellement à la région, l'effet multiplicateur ne serait que partiel car une partie de la demande induite s'adresse à une production effectuée en dehors de la région. En d'autres termes, l'impact d'une politique budgétaire régionale est d'autant plus faible que la zone économique est ouverte sur le monde, ce qui est évidemment beaucoup plus le cas d'une région que d'un pays. D'autre part, si une collectivité régionale devait recourir fortement à l'emprunt pour couvrir le déficit provoqué par sa politique expansive, les conditions qui lui seraient imposées par le marché seraient plus défavorables car les capitaux jouissent d'une grande mobilité à l'intérieur d'un pays.

Troisièmement, la prise de décision nécessaire à l'engagement de la politique budgétaire, déjà délicate au niveau national, deviendrait très aléatoire si elle était décentralisée, en raison des difficultés pratiques et politiques que nous envisagerons dans le chapitre 8.

Quatrièmement, comme les collectivités locales ne constituent individuellement, voire en association, qu'une fraction de l'Etat central, il apparaît clairement qu'elles n'ont pas une importance suffisante pour pouvoir être chargées de la stabilisation de l'économie et que cette tâche doit indiscutablement revenir au gouvernement central. Les collectivités régionales et communales devraient cependant être invitées à ne pas contrecarrer la politique nationale, mais plutôt à l'appuyer par une coordination des efforts.

5.2.2 Politique de redistribution

Bien que de façon moins péremptoire que pour la politique de stabilisation, il est à maints égards aussi plus efficace de conduire une politique de redistribution interpersonnelle des revenus et de la fortune au niveau de la nation qu'à celui de la région, et plus encore de la commune. Conduite au niveau régional ou local, la politique de redistribution influe en effet sur le choix du domicile des personnes physique et d'implantation des entreprises. Admettons qu'un gouvernement régional (canton) ou local (ville) décide de procéder à un effort de redistribution nettement supérieur à celui des collectivités voisines en appliquant une imposition très progressive, en versant aux personnes dans le besoin d'importants transferts en espèces ou encore en produisant de nombreuses prestations à but social. Il en résultera une double conséquence fâcheuse pour la politique de redistribution elle-même et pour l'allocation des ressources.

Premièrement, cette politique sera autodestructrice car elle fera non seulement fuir la population aisée vers des collectivités à fiscalité plus légère, mais encore elle attirera les personnes dans le besoin qui chercheront à profiter de cette aide au-dessus de la moyenne. Pour la communauté en question, il en résultera bien une distribution plus égale, mais au prix d'une baisse du revenu moyen par habitant, qui, de ce fait, ne saura plus où prélever les moyens nécessaires pour financer sa politique. Ce phénomène touchera tout particulièrement les villes, qui enregistreront une hémorragie de personnes bénéficiant d'un revenu supérieur à la moyenne et une immigration d'habitants des zones rurales dont le système d'aide sociale est traditionnellement peu développé.

Paradoxalement, ce phénomène se produira même si les riches sont plutôt favorables à une politique de redistribution agressive. En effet, comme la contribution de chaque personne aisée à l'amélioration de la situation de toutes celles qui sont défavorisés est de toute façon dérisoire, elles auront avantage à déménager, et donc à laisser aux autres la charge de supporter cette politique. L'effort de redistribution est donc, lui aussi, affaibli par un comportement de resquilleur.

Sur le plan de l'allocation, elle provoquera, selon un mécanisme que nous examinerons dans le paragraphe 6.2.4, une distorsion, soit un gaspillage de ressources et par conséquent une perte de bien-être pour la population.

Cette constatation générale mérite cependant d'être nuancée car les conséquences fâcheuses d'une action régionale ou locale dépendent d'au moins trois facteurs :

– l'ampleur de la correction distributive envisagée ;

– du degré d'harmonie des efforts de redistribution des collectivités voisines ;
– de la mobilité spatiale des agents économiques.

La compétence nationale s'impose largement si la correction à apporter est importante et s'il y a une importante disparité des efforts de redistribution entrepris par les collectivités voisines. Toute politique de redistribution n'est pourtant pas exclue aux niveaux du canton et de la municipalité, si la mobilité des agents économiques est faible, ou en d'autres termes si les facteurs extra-économiques prédominent. Or, il faut souligner que celle-ci diffère considérablement d'un pays à l'autre ; relativement élevée aux Etats-Unis et au Canada, elle l'est beaucoup moins en Europe où l'attachement des individus, voire même des entreprises, à une région est plus fort. Dans ces conditions, une politique de redistribution agressive isolée ne provoque une réelle fuite des personnes aisées vers des localités plus clémentes que si d'autres motivations, et notamment le choix du logement ou d'un emploi, s'y ajoutent. Cela explique pourquoi on observe dans un pays fédéraliste comme la Suisse une coexistence entre des collectivités pratiquant une imposition lourde, notamment à des fins de redistribution, et d'autres une fiscalité plus légère.

Cette situation provoque un conflit paradoxal entre les dimensions interpersonnelle et régionale de la politique de redistribution. Alors qu'une politique de redistribution décentralisée ne peut être que limitée si la mobilité est forte, une faible mobilité la rend possible : dans ce cas, la recherche d'une plus grande équité verticale provoque une iniquité horizontale. En effet, qu'une personne se situe plutôt vers le sommet ou au contraire vers le bas de l'échelle des revenus, la charge fiscale qui la concerne, s'il s'agit d'un impôt, ou l'aide de l'Etat, s'il s'agit d'un transfert, diffère selon qu'elle réside dans une collectivité à politique de redistribution agressive ou non. Pour réduire ces écarts, la décentralisation partielle de la politique de redistribution requiert que l'on engage en contrepartie – même si cela n'en est pas la seule justification – une politique de péréquation afin d'égaliser, au moins en partie, l'aptitude des collectivités locales ou régionales à pratiquer une politique de redistribution. En théorie, cette politique de péréquation peut être le fruit d'une entente entre les collectivités locales ou régionales concernées ou relever de la compétence du gouvernement central ; néanmoins, comme le comportement du resquilleur existe aussi au niveau de collectivités placées sur un pied d'égalité, l'intervention, voire la prise en charge de cette mission par le gouvernement central, s'avère souhaitable dans la pratique.

En résumé, force est donc de constater que les arguments théoriques et pratiques plaident plutôt pour une "nationalisation" de la politique de redistribution. Toutefois, une certaine décentralisation est parfaitement envisageable pour des mesures d'appoint et visant des objectifs spécifiques justifiés par la situation propre de la collectivité en question. Ces mesures régionales peuvent d'autant plus varier d'une collectivité à l'autre que la mobilité est faible et la communauté d'une certaine importance. Nous trouvons là une première justification du système fédéral, les cantons constituant une entité de taille et d'homogénéité suffisantes pour pratiquer, dans certaines limites, une politique active en la matière.

5.2.3 L'allocation optimale des ressources

C'est la fonction d'allocation de l'Etat qui fournit de loin les plus forts arguments en faveur d'une décentralisation de l'offre de prestations publiques, voire de son financement. Trois domaines de réflexion doivent être envisagés.

Nature des services collectifs et effet de débordement

Le principal déterminant du niveau gouvernemental approprié pour assurer une prestation réside dans la nature des services collectifs à fournir, dont dépend leur *effet de débordement,* c'est-à-dire la portée spatiale de leurs externalités. Certains services ne bénéficient en effet qu'à l'environnement immédiat de leur lieu de production (éclairage public, service du feu) alors que d'autres ont une portée spatiale beaucoup plus vaste, qui peut même dépasser les frontières de la nation (enseignement supérieur, défense nationale). Par ailleurs, leur qualité (intensité) décline plus ou moins rapidement en fonction de l'éloignement du lieu de production. Sur cette base, on distingue en gros trois catégories de services collectifs.

A un extrême, on trouve les *services collectifs nationaux,* dont les bénéfices sont répartis de façon égale entre tous les habitants d'un pays. A l'autre extrême, nous avons les *services publics locaux* qui, eux aussi, sont consommés par tous les habitants, mais cette fois-ci seulement d'une collectivité locale. Entre deux, nous trouvons une immense variété de services dont les bénéfices s'étendent au-delà de la municipalité et portent parfois jusqu'à l'échelle nationale, mais qui sont consommés de façon très inégale. Par commodité, nous les qualifierons de *services publics régionaux.*

Soulignons d'emblée que si la portée spatiale due à l'effet de débordement des bénéfices d'un service collectif détermine le niveau *minimal* de gouvernement nécessaire à son approvisionnement efficace, elle ne permet pas de définir le niveau *maximal* approprié ; pour cela, nous verrons ci-dessous que d'autres arguments doivent être invoqués.

Quelques exemples permettent d'illustrer la détermination du niveau minimal auquel la production devrait être assurée. Examinons tout d'abord un *service collectif national* comme la défense nationale. Imaginons un instant que les cantons soient responsables d'assurer leur défense contre une agression étrangère. Ils fourniraient certainement un effort spontané, mais celui-ci sera globalement insuffisant car rien ne les incite à considérer que, dans les faits, les mesures qu'ils prennent pour eux réduisent automatiquement aussi le risque d'une agression contre les communautés voisines. Les moyens choisis, de même que leur ampleur, ne suffiront donc pas du point de vue de l'ensemble des communautés. En d'autres termes, une collectivité optera presque inévitablement pour un comportement de resquilleur si elle n'a pas la possibilité de se faire dédommager pour les avantages qu'elle apporte à ses voisines. Il en résulte que pour assurer l'approvisionnement optimal d'un service collectif, la compétence devrait être octroyée au minimum au niveau de la collectivité dont la taille permet d'internaliser tout, ou du moins la majeure partie, des externalités. Pour un service collectif comme la défense nationale, la taille d'un pays est, selon les circonstances géopolitiques, souvent insuffisante pour internaliser tous les bénéfices d'un effort de défense, ce qui justifie même des ententes supranationales.

A l'opposé, un service collectif comme l'éclairage public ou la police communale profite presque exclusivement aux habitants de la collectivité qui le fournit. Chacune d'entre elles est par conséquent en mesure de produire la quantité optimale, non seulement à son niveau, mais encore du point de vue de l'ensemble des communautés. Un tel service collectif local, peut donc sans inconvénient être offert par les municipalités.

De très nombreux services collectifs se situent cependant entre ces deux cas extrêmes. Les biens et manifestations culturels, l'instruction supérieure, les transports par route ou chemin de fer, ou encore les postes et télécommunications profitent en principe à des populations situées dans plusieurs collectivités, voire à tout le pays, mais de façon très variable d'une personne à l'autre. A moins que la localité soit de grande taille, un approvisionnement local, sans être exclu, risque fort d'être insuffisant. Selon la nature du bien et la portée spatiale de ses bénéfices, cinq solutions institutionnelles au moins peuvent être envisagées en théorie pour contribuer à une bonne internalisation des effets de débordement :

– *entente intercommunale* pour amener les communes qui bénéficient des externalités à apporter un aide financière à la commune qui fournit la prestation ;

- *regroupement politique* de plusieurs collectivités, en principe par absorption des localités périphériques par la localité principale, si les effets externes qui arrosent les premières sont nombreux et importants ;
- *intervention du gouvernement national* par le biais de subventions pour garantir un niveau de prestation minimal au niveau communal ;
- application de la *solution fédéraliste* consistant à donner à un gouvernement souverain intermédiaire, le canton, la compétence d'offrir toute une série de services collectifs ;
- et enfin, approvisionnement par le *gouvernement central.*

Un examen de la portée géographique des bénéfices des services publics les plus courants montre que la frontière entre les trois catégories de services retenues ci-dessus, même si elle est très floue, correspond bien à une réalité et met en évidence, de ce point de vue, l'intérêt économique d'une organisation fédéraliste de l'Etat.

Respect des préférences populaires

Nous venons d'exposer pourquoi la portée géographique des bénéfices d'un service collectif détermine le niveau *minimal* de gouvernement nécessaire pour le fournir efficacement. On pourrait en déduire que la solution la plus sûre serait de confier au gouvernement national l'essentiel de l'approvisionnement en services collectifs. Toutefois cette conclusion hâtive néglige que pour une multitude de raisons d'ordre culturel, social, religieux, géographique ou encore économique, les besoins et les goûts des populations diffèrent largement d'une région, voire d'une localité à l'autre. Confier les choix pour l'essentiel à un gouvernement central provoque une uniformisation de la quantité et de la qualité des prestations publiques sur l'ensemble du pays, alors que les différences de préférences justifient une adaptation aussi étroite que possible aux goûts des habitants de chaque collectivité. Il en résulte une mauvaise allocation des ressources parce que la solution, qui est imposée à tous en vertu du système de décision majoritaire, s'écarte des préférences d'un nombre beaucoup plus important de personnes que si elle avait été choisie indépendamment au niveau de chaque commune ou canton.

Cette situation peut être illustrée simplement à l'aide du graphique 5.1 qui représente, au moyen des courbes de distribution AA', BB' et CC', l'effectif E des citoyens de trois collectivités différentes demandant une certaine quantité d'un service collectif X. Un gouvernement central fournirait une quantité uniforme proche de X_B correspondant à la solution médiane pour l'ensemble des trois collectivités ; en revanche, des gouvernements régionaux

Graphique 5.1 ***Allocation optimale avec des goûts régionaux différents***

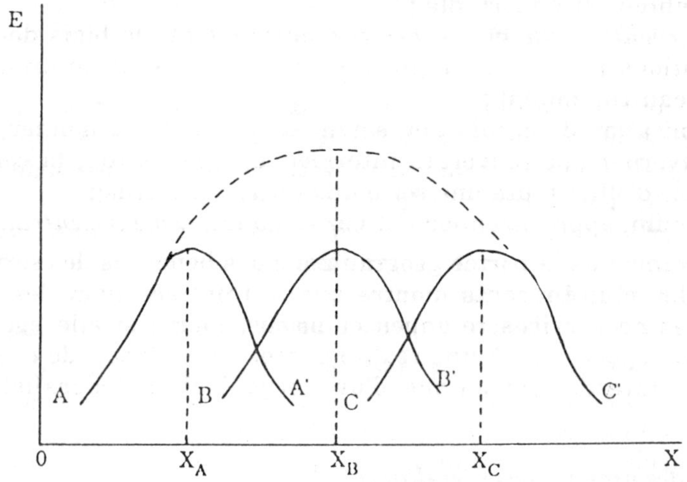

se prononceraient en faveur d'une quantité proche de X_A pour *A*, X_B pour *B* et X_C pour *C*, solutions qui, dans le cas des collectivités *A* et *C*, correspondent beaucoup mieux à la demande de leurs ressortissants.

Il en ressort que, de ce point de vue, l'efficacité de l'allocation est d'autant meilleure qu'il est possible d'augmenter, par la décentralisation de la décision, l'homogénéité des goûts au sein de la collectivité concernée. On peut cependant objecter que les goûts des citoyens formant une collectivité ne sont jamais identiques et, qu'à l'intérieur de celle-ci, les citoyens dont les préférences sont éloignées de la solution médiane qui leur est imposée ne seront pas satisfaits. Pire encore, les citoyens des groupes *A* et *C* dont la préférence se situe des côtés *A'* et *C* des queues de la courbe de distribution relative à leur communauté respective choisiraient la solution nationale uniforme X_B plutôt que les solutions régionales X_A et X_C. Or, c'est précisément sur ce point qu'apparaît un autre avantage de la décentralisation et du fédéralisme. Sans être nécessairement libre de le faire, car des contraintes, notamment le logement et la profession peuvent l'en empêcher, tout individu a la possibilité de se déplacer et de choisir une autre collectivité, même voisine, où la combinaison des politiques publiques de recettes et de dépenses correspond mieux à ses goûts. Selon l'ampleur des déplacements initiés par cette forme paroxystique d'expression du droit de vote – on parle volontiers de "voter avec les pieds" –, l'homogénéité des préférences est accrue à l'intérieur de chaque collectivité, alors qu'elle diminue d'une collectivité à l'autre. Si cette mobilité géographique est sans effet pour un processus de décision national, elle contribue, dans les communes ou cantons, à une meilleure adaptation de l'allocation des ressources aux préférences des citoyens.

Nous avions d'ailleurs déjà vu dans le chapitre 2, et plus précisément sur le graphique 2.8, que la solution unique imposée à tous, propre à toute décision centralisée, entraîne une perte de bien-être pour la population. Celle-ci est provoquée par la coercition exercée sur les individus, ici sur les communautés locales, par une offre de services collectifs inférieure ou supérieure à ce qu'ils auraient souhaité recevoir compte tenu du prix, ou plus généralement de l'impôt qu'ils sont appelés à payer en contrepartie.

La décentralisation des décisions présente encore d'autres avantages. En particulier, si l'on prend soin d'établir un lien entre le volume des dépenses et celui des recettes à chaque échelon du gouvernement, la combinaison recettes-dépenses est mieux à même de susciter une prise de conscience du coût des programmes de dépenses aux niveaux local et régional qu'au niveau national. En effet, comme il est plus difficile au niveau local de cacher durablement les conséquences financières d'une amélioration des prestations, les citoyens ou leurs représentants sont plus directement appelés à se prononcer sur la combinaison des deux, un peu comme les individus face à un achat sur le marché. En revanche, si l'amélioration des prestations locales est financée à un niveau supérieur, cette prise de conscience s'estompe puisque les contribuables locaux n'ont à supporter qu'une petite partie du coût supplémentaire, l'essentiel étant à la charge des citoyens des autres collectivités.

Enfin, il est probable qu'une large décentralisation des processus de décision favorise l'expérimentation et l'innovation, c'est-à-dire le recours pour certaines collectivités à des politiques sensiblement différentes des pratiques courantes. Cela est vrai dans des domaines aussi divers que la justice, l'instruction, les transports ou les politiques sociales. A l'instar de ce qui se produit dans le secteur privé, la concurrence et la possibilité de comparer diverses solutions sont susceptibles de favoriser une amélioration des moyens mis en œuvre alors qu'une centralisation exagérée pousse à la lourdeur et l'immobilisme.

Taille optimale des collectivités publiques

Les enseignements des deux rubriques précédentes apportent des conclusions opposées : alors que la prise en compte des bénéfices produits par les services collectifs tend à justifier un niveau de compétence élevé, celle des différences de goûts selon la communauté ou la région plaide pour une prise de décision aussi proche que possible des citoyens afin de minimiser la coercition. Cette contradiction impose que l'on recherche le niveau optimal de gouvernement pour chaque service collectif.

Le raisonnement idoine peut être illustré d'après Oates (1972) à l'aide du graphique 5.2, dont les axes mesurent respectivement le numéraire *N* et la taille de la collectivité *H*. Il représente, sous la forme de fonctions, les deux critères contradictoires mentionnés ci-dessus.

Premièrement, la courbe CM_1 traduit le coût *marginal* de coercition croissant associé à toute augmentation de la taille de la collectivité. Sachant que, dans un système de décision majoritaire, tous les citoyens sont condamnés à consommer la même quantité d'un service collectif, la probabilité que la quantité produite de chaque service collectif diffère de la quantité souhaitée augmente avec la taille de la communauté. D'une part, l'influence que chaque individu peut exercer sur le niveau de production est

Graphique 5.2 ***Détermination de la collectivité optimale***

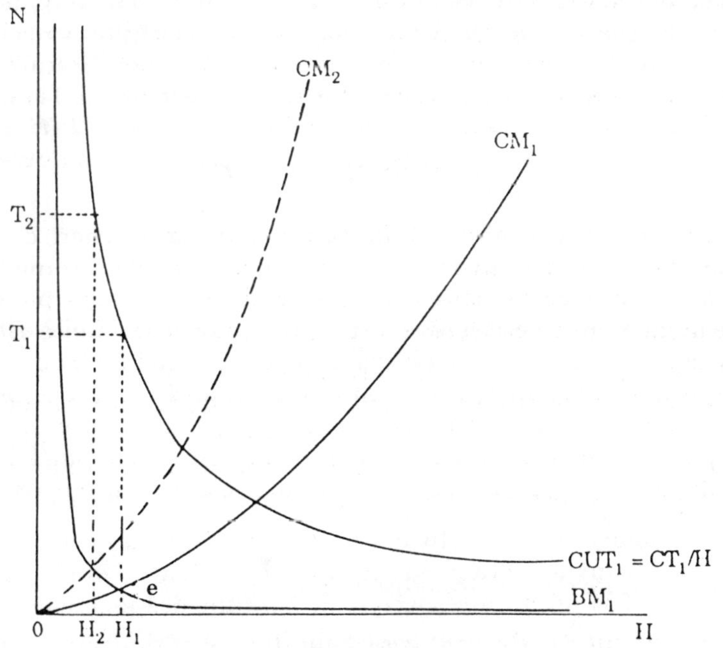

d'autant plus réduite que la collectivité est grande ; d'autre part, dans la mesure où les individus ont une certaine mobilité, les préférences individuelles sont plus homogènes au sein de chaque collectivité qu'entre deux collectivités différentes. C'est pourquoi il faut admettre que le coût de la coercition due au processus de décision collectif, que l'on qualifiera d'externalité politique, croît avec l'élargissement de la taille de la collectivité.

Deuxièmement, la courbe BM traduit la *diminution de la charge fiscale individuelle* – que l'on qualifie très librement de bénéfice marginal – associée à une augmentation de la taille de la collectivité. Sa construction requiert un raisonnement en deux étapes. Au préalable, supposons que le service collectif dont on veut optimaliser le niveau de production est un service collectif pur et qu'il peut être produit à coût constant ; il n'y a donc ni rivalité entre les consommateurs due à un phénomène de congestion, ni (dés) économies d'échelle associées à un accroissement de la production. Admettons ensuite que le coût total de production du service CT soit réparti également entre les H individus que compte la collectivité.

Sur cette base, déterminons dans un premier temps, pour une quantité donnée du service collectif, le coût total par tête CUT, soit la charge fiscale individuelle. Il correspond à $CUT = CT/H$, qui est représenté par l'hyperbole rectangulaire CUT_1. Dans un deuxième temps, définissons la variation du coût total par tête, soit la diminution de la charge fiscale ou bénéfice marginal consécutive à un agrandissement de la circonscription, par addition d'une ou plusieurs personnes ou groupe. Mathématiquement, il s'agit de la dérivée première de l'expression du coût total par tête CT/H, soit

$$\partial(CT/H)/\partial H = CT/H^2$$

qui correspond à la négative de la pente de la courbe CUT_1. En d'autres termes, le bénéfice marginal résultant d'une augmentation de la taille de la collectivité est inversement proportionnel au carré du nombre de citoyens. Il est représenté par la courbe BM_1.

Dans ce contexte, la taille optimale d'une collectivité est déterminée par l'intersection e du coût marginal de la coercition CM_1 et du bénéfice marginal BM_1 liés à l'élargissement de la collectivité. Elle correspond dans notre exemple à une population optimale de H_1 dont chaque membre supporte une charge fiscale de T_1.

Pour déterminer la solution optimale propre à chaque service collectif, il convient encore de mettre en évidence les facteurs qui déterminent la position respective de chacune des fonctions.

Pour ce qui est du *coût marginal de coercition* ou externalité politique imputable à l'élargissement d'une collectivité, on peut affirmer qu'il est d'autant plus élevé que les citoyens ont des goûts divergents et sont peu mobiles. Cela implique une courbe de coût marginal à forte pente (par exemple, CM_2 justifiant une réduction de la circonscription optimale à H_2). En effet, la probabilité qu'un citoyen se voie imposer une solution qui ne lui convienne pas et, par conséquent, subisse une externalité politique est d'autant plus forte que la communauté est vaste et que la faible mobilité l'empêche de se déplacer vers une collectivité dont les aspirations correspondent mieux aux siennes. En revanche, si les goûts (et le revenu) étaient identiques, le coût marginal associé à l'agrandissement de la collectivité serait nul – et se confondrait donc avec l'abscisse – car il y aurait unanimité sur la quantité à produire, indépendamment du nombre de citoyens. Dans ce cas, et pour autant que le service reçu par chacun ne souffre d'aucune baisse de qualité, la taille de la collectivité optimale devrait être étendue au maximum.

Quant à la courbe de *bénéfice marginal d'un agrandissement de la communauté,* sa position et la rapidité avec laquelle elle décline dépendent du coût total de production. Si l'on envisageait un niveau de service accru ou un service collectif plus coûteux à produire, les courbes de coût total par tête et de bénéfice marginal se déplaceraient en direction du nord-est. Comme le déplacement de la courbe de coût total par tête est un multiple de celle traduisant le bénéfice marginal, il n'est pas possible de l'illustrer correctement sans modifier l'échelle des axes.

Remarquons enfin que si l'on abandonne l'hypothèse du service collectif pur et que l'on admet qu'un phénomène de congestion puisse se manifester à partir d'une certaine intensité d'utilisation du service – ce qui implique qu'une certaine rivalité peut surgir entre les utilisateurs – le bénéfice marginal engendré par une augmentation de la taille est plus faible car la qualité du service diminue. Ainsi, plus l'effet de congestion est prononcé, moins il est justifié d'agrandir la collectivité. A la limite, on trouve le bien privé qui ne peut satisfaire qu'un consommateur car il est caractérisé par une rivalité entière.

Bien que plus intuitive que concrète, cette démonstration synthétique met bien en évidence pourquoi les divers arrangements institutionnels mentionnés précédemment, et notamment la solution fédéraliste, sont susceptibles de produire le compromis recherché entre les solutions extrêmes de l'approvisionnement strictement local ou national. De toute évidence, le critère d'allocation optimale des ressources plaide non seulement en faveur d'une décentralisation gouvernementale, mais en plus pour la mise sur pied de solutions intermédiaires.

Fondées exclusivement sur le critère partiel d'*efficacité allocative,* qui envisage l'adéquation entre l'offre et la demande, ces conclusions ne sont pas contredites par l'autre critère partiel d'*efficacité productive,* qui se réfère à l'aptitude du système politique et administratif à prendre et à appliquer les décisions sans gaspiller les ressources.

Une observation sommaire des conséquences de l'organisation étatique sur l'efficacité de la conduite de la politique tend à montrer des avantages et des inconvénients dans chaque système. D'un côté, il semble que les processus de décision politique fonctionnent mieux, c'est-à-dire sont mieux aptes à révéler les vraies préférences des citoyens, si la taille de la collectivité est petite. La plus grande proximité des citoyens réduit l'impact des groupes de pression et les autres échanges de vote ainsi que les distorsions qui peuvent résulter d'une bureaucratie trop lourde. En revanche, il apparaît que l'accroissement du nombre de niveaux auxquels des décisions sont prises augmente le coût de la décision. D'une part, il convient de financer toute une infrastructure gouvernementale (gouvernement, administration, élections, votes) supplémentaire ; d'autre part, cela engendre des procédures administratives parallèles onéreuses nécessitant des mesures de coordination difficiles et provoque une dispersion des compétences techniques.

5.3 LA PRATIQUE DU FEDERALISME

Parmi les deux formes de décentralisation pratiquées, Etat unitaire et Etat fédéral, la seconde solution est la plus intéressante à étudier sur le plan pratique car elle répartit les compétences, selon l'objet, entre trois niveaux de gouvernement (gouvernement central, cantons et communes). Elle fournit non seulement de meilleures garanties pour un partage des compétences conforme aux enseignements de la théorie, mais elle soulève aussi, du côté du financement, de très intéressants problèmes de coordination, d'harmonisation et de péréquation entre les différents niveaux de collectivités et entre les collectivités de même niveau. C'est donc à ce modèle d'organisation politique, et en toile de fond au modèle suisse, que nous nous référerons pour survoler quelques-unes des principales questions pratiques de la décentralisation gouvernementale.

5.3.1 Répartition des dépenses et des recettes

Répartition des dépenses

Dans la section précédente, nous avons exposé les principes économiques qui sous-tendent le choix du niveau optimal de gouvernement en matière d'allocation des ressources. Il en ressort que, du point de vue théorique tout au moins, chaque service collectif pourrait justifier un niveau de compétence propre. Il va sans dire que pour diverses raisons, et notamment le coût administratif exorbitant de la prise de décision, l'organisation fédéraliste, avec en plus, si nécessaire, des ententes entre groupes de collectivités de même niveau, constitue un excellent compromis.

Afin de concrétiser ces enseignements dans la pratique, une étude détaillée de chaque service collectif serait nécessaire pour mettre en évidence la portée spatiale des bénéfices qu'il produit, la diminution de la charge fiscale par tête consécutive à un élargissement de la collectivité et le degré d'homogénéité des goûts à l'intérieur de la collectivité concernée ainsi que par rapport aux collectivités voisines. Nous n'en dirons pas plus dans cet ouvrage puisqu'une telle étude ne peut être utilement menée que dans le cas concret d'un pays, qu'il s'agisse d'un pays centralisé qui envisage l'adoption d'une certaine forme de décentralisation ou d'un pays à tradition fédéraliste, qui réexamine le partage des compétences hérité du passé.

Répartition des recettes

A l'instar de la répartition des tâches, celle des sources de financement du secteur public entre les différents niveaux de gouvernement mérite réflexion. Un premier élément a été invoqué dans la section précédente, en suggérant qu'un parallélisme entre la répartition des tâches et celle de leurs moyens de financement contribue à garantir une allocation des ressources conforme aux préférences de la communauté concernée. La double question posée ici est cependant quelque peu différente : quels impôts ou quelles autres sources de financement faut-il prélever aux différents échelons de gouvernement ? Comment procéder pour qu'un agent économique qui jouit d'un élément imposable dans deux ou plusieurs collectivités ne soit pas taxé deux fois ou au contraire échappe à un impôt ? Ce double problème est communément désigné par les termes de *coordinations verticale et horizontale.*

Coordination verticale : Sans doute, la question la plus essentielle du fédéralisme fiscal consiste à déterminer quels impôts doivent être prélevés à quels niveaux de gouvernement. Le but est double : prélever chaque type d'impôt là où cela est le plus approprié de le faire et éviter une double ou triple imposition, source de concurrence entre collectivités et de renforcement des distorsions spatiales.

Le raisonnement économique permet de donner un début de réponse à la première question. Le critère de neutralité enseigne que les municipalités et les cantons devraient se spécialiser dans le prélèvement des impôts frappant une assiette peu ou pas mobile comme la propriété immobilière, les successions, ainsi que dans les paiements directs de prestations. En revanche, le gouvernement central devrait se spécialiser dans les impôts fondés sur une assiette particulièrement mobile comme les ventes de biens et services, les transactions mobilières ou les impôts spéciaux sur certains produits comme l'alcool et le tabac, afin d'éviter les distorsions commerciales qui résulteraient du prélèvement d'impôts régionaux selon des modes et à des taux différents. La perception des impôts sur le revenu et la fortune des personnes physiques ou encore le bénéfice des sociétés est un sujet particulièrement intéressant. De prime abord, surtout si on lui confère un rôle de redistribution important, l'imposition des personnes devrait être du ressort du gouvernement central pour éviter d'induire des mouvements migratoires. Toutefois, si la mobilité est faible et si les collectivités ont une demande différenciée à l'égard de la politique de redistribution, ces impôts peuvent être de la compétence des cantons et communes ; l'inégalité horizontale de traitement qui en résulte est acceptée comme un prix à payer par les populations pour avoir des gouvernements plus proches d'eux.

Bien que très succincte, cette énumération suggère que le nombre des impôts qui se prêtent plus particulièrement à un prélèvement national semble relativement plus élevé, ce qui complique l'effort rappelé ci-dessus de tendre vers un équilibre entre recettes et dépenses à chaque niveau de collectivité.

Pour éviter que la même masse imposable ne soit frappée à différents échelons gouvernementaux, on peut appliquer diverses méthodes dont les alternatives extrêmes sont :

- séparer complètement les différents types de ressources, c'est-à-dire restreindre à un seul niveau le droit de définir et de prélever n'importe quel impôt ;
- adresser au contribuable un bordereau d'impôt unique et partager le rendement entre les niveaux de gouvernement ; cette solution résoudrait simultanément les problèmes de coordination et d'harmonisation.

La première alternative risque de ne pas fournir suffisamment de ressources aux collectivités intermédiaires ou locales, surtout si elles prennent soin de ne prélever que les impôts les plus appropriés à leur niveau. Quant à la seconde, elle réduit substantiellement leur pouvoir d'adapter leurs ressources à leurs besoins. Par ailleurs, elle n'est guère envisageable politiquement dans un pays fédéraliste, qui respecte la souveraineté de ses gouvernements intermédiaires.

Coordination horizontale : le problème de la coordination horizontale consiste à déterminer comment répartir entre les cantons (éventuellement les communes) la compétence de lever un impôt pour les contribuables qui jouissent d'une masse imposable dans deux ou plusieurs cantons (communes). Cette question est particulièrement importante pour les impôts sur le revenu et la fortune des personnes physiques et sur le bénéfice et le capital des personnes morales. Il est aisé de comprendre qu'un tel problème ne se pose pas dans un Etat unitaire.

Deux situations opposées doivent être évitées. D'une part, un revenu – pour ne citer que cet exemple – ne devrait échapper ni entièrement à l'impôt, ni à la progressivité, ce qui se produit si différents éléments du revenu sont imposés dans deux ou plusieurs cantons. D'autre part, un élément du revenu ne devrait pas être imposé deux fois. Théoriquement, il y a deux manières de résoudre ce problème :

- L'impôt est payé dans le canton de domicile (A) sur le revenu total et un crédit d'impôt correspondant à l'impôt payé dans un autre canton (B) est déduit du montant de l'impôt dans A.
- L'impôt payé dans l'autre canton (B) est considéré comme un coût de production qui peut être déduit dans le canton de domicile (A).

Quel que soit le système retenu, les coûts administratifs sont élevés tant pour l'Etat que pour les individus. De plus, il y a un problème d'équité interrégionale lorsque les règles et les taux d'imposition divergent d'un canton à l'autre, ce qui est inévitable dans un système fédéral.

5.3.2 Harmonisation fiscale

Plus un Etat fédéral attribue une large compétence fiscale aux cantons, plus il doit s'attendre à ce qu'il y ait de larges divergences dans la fiscalité en vigueur, en particulier en ce qui concerne les règles de prélèvement des impôts et surtout la charge fiscale globale, voire dans le choix des impôts. La fiscalité d'un canton reflète les conceptions politiques de la collectivité en matière d'équité du système fiscal, de prestations publiques et de politique de redistribution. Il est donc parfaitement dans la nature du système fédéraliste que les collectivités qui demandent beaucoup à l'Etat en matière de services publics et de redistribution aient une fiscalité lourde et progressive et inversement.

Même si fondamentalement il convient de ne considérer que la combinaison charge fiscale-prestations publiques, il n'est pas possible d'ignorer complètement les différences de charge fiscale pour les raisons suivantes :

- un niveau de prestations donné exige une charge fiscale plus lourde dans une région à revenu cantonal modeste que dans une région riche ;
- les contribuables sont aussi frappés par le différentiel de charge fiscale en lui-même, quels que soient le niveau et la qualité des prestations qu'ils reçoivent en contrepartie ;
- les différences dans les règles de perception, voire dans le choix des impôts, entraînent des complications administratives et des distorsions.

Ces diverses raisons, ainsi que les difficultés inhérentes à la coordination horizontale, font sentir le besoin d'une harmonisation des systèmes fiscaux cantonaux, au moins partielle. Tout effort d'harmonisation fiscale a deux niveaux d'exigence :

- Le niveau bas d'*harmonisation légale ou formelle* consiste à définir, pour chaque canton et pour chaque impôt important, la même assiette, le même cercle de contribuables et le même mode de calcul. L'harmonisation formelle est une condition nécessaire de la coordination horizontale, mais elle n'est pas suffisante pour résoudre les problèmes d'équité interrégionale et de neutralité spatiale.
- Pour satisfaire ces deux derniers objectifs, il est indispensable d'élever le niveau d'exigence et de passer à une *harmonisation matérielle*. Cela implique qu'au-delà de l'harmonisation légale, les déductions, exemptions ou autres listes franches, ainsi que les barèmes, devraient être identiques. Dans cette hypothèse, la coordination verticale et horizontale de la fiscalité est réalisée au prix d'une perte de l'autonomie fiscale cantonale. Si l'on fait abstraction des différences d'interprétation des lois et règlements qui se produiraient encore si les cantons demeuraient responsables de la perception des impôts visés, l'harmonisation matérielle ne laisserait plus guère de place pour une conception régionale du rôle de l'Etat.

5.3.3 Péréquation financière

L'examen des sources de financement des collectivités locales et cantonales d'un pays fédéraliste montre qu'ils tirent une part non négligeable de leurs ressources financières de transferts reçus d'un gouvernement de rang supérieur, respectivement les gouvernements national et cantonal, voire des deux pour les communes. Examinés ci-dessous par simplification exclusivement au niveau de la relation Etat central-cantons, bien que la pratique soit extensible à la relation canton-communes, ces transferts poursuivent deux buts :

Premièrement, *aider les gouvernements de rang inférieur* – en l'occurrence les cantons au niveau du gouvernement national – à financer les services collectifs d'intérêt national. Il s'agit des services collectifs qui ont un effet de débordement important (par exemple l'épuration des eaux ou les universités si elles sont comme en Suisse de la compétence des cantons) ou qui répondent à des besoins sociaux, comme une assurance maladie minimale obligatoire. Ces transferts contribuent à la coordination verticale du système puisque leur justification réside dans la constatation que le bassin géographique intéressé dépasse les frontières de la collectivité qui fournit le service.

Deuxièmement, ces transferts traduisent la volonté politique nationale d'*égaliser partiellement les disparités entre cantons,* en particulier celles provenant de différences de revenu cantonal.

Pour mener à bien cette péréquation financière, il convient au préalable de développer une mesure de la capacité financière des cantons. A l'instar de la fiscalité individuelle qui est modulée selon la capacité contributive des individus, il est reconnu que l'aide du niveau de gouvernement supérieur doit être inégalement distribuée pour tenir compte des disparités de la force financière des cantons (communes). La mesure de la capacité financière des collectivités n'est cependant pas aisée. Il faut en particulier veiller à ne pas conclure à un besoin d'aide exagéré pour les cantons (communes) qui n'exploiteraient pas tout leur potentiel fiscal par une fiscalité comparativement trop légère et inversement. De plus, il convient de tenir compte que les conditions-cadre, l'environnement géographique et démographique notamment, nécessitent des programmes de dépenses différents d'une collectivité à l'autre.

Du point de vue des *instruments,* il existe fondamentalement deux instruments : la participation aux recettes et les subventions.

La *participation des cantons aux recettes d'impôts nationaux* constitue pour eux une source de financement supplémentaire non contraignante puisqu'elle s'ajoute à leurs propres recettes. Une péréquation entre les cantons peut être obtenue en modulant tout ou partie de cette part redistribuée en fonction de la clé de péréquation élaborée sur la base d'un indice de capacité financière.

Les *subventions* sont un instrument de co-financement des prestations cantonales beaucoup plus directif puisqu'elles sont non seulement liées à une dépense cantonale, mais le plus souvent ne couvrent qu'une partie de la dépense, le canton devant assurer lui-même le reste du financement. En règle générale donc, un canton ne peut tirer avantage de cette aide potentielle du gouvernement national que s'il engage lui-même une dépense. A l'instar de la participation aux recettes, les subventions peuvent être modulées en fonction de la capacité contributive des gouvernements bénéficiaires afin de tenir compte qu'une dépense donnée implique un effort plus grand pour certaines communautés que pour d'autres. La participation financière à une dépense donnée, exprimée en pourcentage, ne sera donc pas la même.

CHAPITRE VI

Le financement du secteur public

Pour mener à bien la politique qui résulte de ses responsabilités en matière d'allocation des ressources et de distribution du revenu, voire de stabilisation de l'économie, l'Etat a besoin de ressources financières considérables qu'il se procure par la vente de certaines prestations, par la fiscalité et, si ces deux sources ne suffisent pas, par l'emprunt.

Bien que l'essentiel de la théorie sur le financement de l'Etat ait été établi bien avant celles relatives à l'allocation des ressources et à la distribution des richesses, l'augmentation continuelle des besoins financiers du secteur public, consécutive à son développement, puis la prise de conscience qu'une fiscalité trop lourde a des effets pervers sur l'économie privée ont donné une nouvelle dimension à ce sujet.

Après avoir brossé un tableau général des différentes sources de financement du secteur public, ce chapitre développera avant tout, compte tenu de son importance, l'analyse économique de la fiscalité, puis présentera brièvement les principales questions soulevées par l'application du principe d'équivalence et par le financement par l'emprunt.

6.1 CLASSIFICATION DES RESSOURCES FINANCIERES DU SECTEUR PUBLIC

Les systèmes de financement du secteur public sont non seulement complexes, mais aussi très diversifiés. Le tableau 6.1 met en évidence leurs principales caractéristiques, en faisant une distinction principale entre les ressources qui proviennent de la participation de l'Etat à l'économie de marché et celles qu'il se procure auprès d'autres organismes du secteur public.

Tableau 6.1 ***Sources de financement du secteur public***

Origine des ressources	
Participation du secteur public à l'économie de marché en tant que	**Autres organismes publics**
Partenaire	*Nationaux*
– Commercialisation de biens et services	– Transferts
– Modification du patrimoine public	– Crédits de la Banque centrale
Souverain	*Etrangers ou internationaux*
– Impôts	– Emprunts
– Taxes et contributions	– Aides unilatérales

6.1.1 Financement par participation à l'économie de marché

Dans une économie mixte où secteurs privé et public contribuent conjointement, bien que dans des proportions différentes, à la formation du produit intérieur, c'est le secteur privé qui fournit à l'Etat la plus grande partie des ressources nécessaires au financement de ses activités. L'importance des recettes que l'Etat peut prélever dépend donc étroitement de la valeur ajoutée créée par le secteur privé.

Le financement du secteur public résultant de sa participation à l'économie de marché prend deux formes tout à fait différentes selon que l'Etat traite avec les agents économiques en qualité de partenaire ou de souverain.

Etat partenaire : contrat volontaire

Le secteur public acquiert une partie relativement modeste de ses ressources en traitant avec les agents économiques privés en qualité de partenaire ; il y a réalisation d'un contrat volontaire fondé sur la réciprocité entre l'Etat et les agents économiques concernés. Cette participation contractuelle de l'Etat à l'économie de marché se concrétise de deux façons.

Premièrement, par la *commercialisation de biens et services* au sens large, qui revêt elle-même trois aspects :

– La *vente (ou commercialisation) d'un bien ou d'un service* : le prix, le tarif ou le péage représentent le dédommagement pécuniaire qui est exigé des acheteurs ou utilisateurs en contrepartie directe de la prestation reçue. Ce mode de financement est systématiquement pratiqué dans les domaines des transports et communications et dans ceux de la distribution d'électricité, de gaz ou de l'eau.

- La *rémunération (intérêt ou dividende) des placements financiers* tels que prêts à des agents économiques privés ou à d'autres organismes publics et participations au capital-actions d'entreprises.
- La *location ou l'affermage des biens du patrimoine public* comme les immeubles, les terrains, etc.

Deuxièmement, par la *modification du patrimoine public* qui se produit dans deux circonstances :

- Lorsque l'Etat accroît ses engagements envers des tiers ou d'autres collectivités publiques, tant à l'intérieur du pays qu'à l'étranger, en recourant au crédit des banques ou des assurances ou en émettant un emprunt sur le marché financier. Cette augmentation des ressources financières est cependant temporaire car ce capital doit d'une part être rémunéré annuellement par paiement d'un intérêt et d'autre part, à l'échéance, être remboursé ou converti en un nouvel emprunt.
- Lorsque l'Etat réalise une partie de son patrimoine réel ou financier en le vendant à des agents économiques privés ou à d'autres organismes publics.

Etat souverain : financement par la contrainte

En règle générale toutefois, le secteur public assure son financement en usant de sa souveraineté sur les citoyens. La contrainte à laquelle il recourt dans ce cas ne s'applique cependant qu'aux agents qui remplissent certaines conditions comme celle d'être au bénéfice d'un revenu ou d'une fortune. Les deux principales catégories de ressources répondant à cette caractéristique sont d'une part les impôts et d'autre part les taxes et contributions.

Les *impôts* sont des prélèvements fiscaux effectués par l'Etat, en vertu de son pouvoir de contrainte, sur les agents économiques privés sans contre-prestation directe de sa part.

Le terme d'impôt est fréquemment remplacé par celui de *droit.* Tel est en particulier le cas des *droits de douane* qui sont prélevés sur les importations de marchandises. Comme leur fonction prioritaire était de protéger l'industrie nationale, ils ont perdu beaucoup d'importance depuis la création de zones de libre-échange ou d'unions douanières. De même, un *droit de timbre,* de *mutation* ou de *succession* est prélevé en cas de transfert entre personnes d'éléments de leur patrimoine. D'autres impôts encore ont reçu l'appellation abusive de *taxe,* telle la taxe sur la valeur ajoutée.

Les trois distinctions suivantes sont très utiles pour distinguer différentes catégories d'impôts.

Impôts personnels ou sur les choses : si tous les impôts frappent en dernier ressort des agents économiques, les impôts personnels sont prélevés conformément à la situation particulière de chaque contribuable alors que les impôts sur les choses touchent des actes économiques ou des objets (achats/ventes, immeubles, titres, etc.), indépendamment de la capacité contributive des personnes concernées.

Impôts directs ou indirects : un impôt est considéré comme direct s'il est versé directement par le contribuable supposé en supporter la charge (impôt sur le revenu). Il est au contraire qualifié d'indirect s'il est prélevé à n'importe quel point du circuit économique, mais est supposé être répercuté sur d'autres agents économiques (taxe sur la valeur ajoutée, impôt sur l'essence). Cette distinction est toutefois ambiguë car elle sous-entend que les mécanismes de translation (répercussion) de l'impôt sont parfaitement connus, ce qui n'est pas toujours le cas. Ainsi certains impôts directs (impôt sur le revenu, cotisations sociales payées par l'employeur) peuvent dans certaines conditions être répercutés sur d'autres contribuables, notamment par le biais de prix plus élevés ou d'une moindre rémunération du capital.

Impôts sur les flux ou sur les stocks : les premiers frappent des flux tels que les revenus et les dépenses propres à l'activité économique courante (impôts sur le revenu, sur les bénéfices, sur les ventes). Conformément à la notion de flux, les éléments imposables ont une dimension temporelle, en principe annuelle. Les impôts sur les stocks frappent au contraire la valeur d'un élément du patrimoine accumulée à un moment donné. Ils touchent soit la détention d'un patrimoine (impôt sur la fortune ou impôt foncier), soit le transfert d'un élément du patrimoine (impôt sur les successions, droit de mutation sur les transactions immobilières ou mobilières).

Les *taxes et contributions,* contrairement à l'impôt, sont toujours prélevées en contrepartie d'une prestation que l'Etat octroie obligatoirement à une personne ou à un groupe d'agents économiques. Elles servent à financer des prestations spécifiques tangibles (contrôle technique des voitures, du chauffage) ou de nature strictement administrative (mise à disposition d'un document, accord d'une autorisation). L'existence de cette réciprocité confère aux taxes et contributions une certaine analogie avec les prix ou tarifs ; toutefois elles s'en distinguent nettement car elles reposent sur le pouvoir de l'Etat d'imposer la prestation.

Les taxes et contributions ont de nombreuses appellations : émolument, patente, permis, droit, redevance, contribution, cotisation, etc. Ces deux derniers termes sont néanmoins plus spécifiquement utilisés quand la prestation concerne un ensemble de personnes, sans pour autant qu'il soit prévu que chacune d'entre elles en profitera effectivement (assurance vieillesse ou invalidité, par exemple).

A mi-chemin entre les impôts et les taxes, relevons deux types de prélèvements particuliers :

- les *impôts affectés ou de dotation* dont les recettes servent à alimenter un fonds spécial destiné à financer certaines dépenses spécifiques (imposition des carburants pour financer la construction des autoroutes, par exemple) ;
- les *redevances d'incitation (ou de dissuasion),* qui sont des prélèvements fiscaux visant à influencer le choix des agents économiques, en général pour les dissuader de consommer ou de produire certains biens (impôts sur le tabac et l'alcool, redevances de pollution).

6.1.2 Les ressources provenant d'autres organismes publics

L'organisation verticale du secteur public d'un pays ainsi que les relations qu'il entretient avec d'autres nations ou organisations internationales sont à l'origine d'une seconde source de financement de l'Etat, très différente de celle résultant de sa participation à l'économie de marché.

Ressources provenant d'autres organismes publics nationaux

La contribution au financement d'une collectivité par d'autres organismes publics *nationaux* peut revêtir deux formes totalement différentes.

D'une part, l'organisation interne du secteur public national donne naissance à un réseau souvent complexe de *transferts* financiers entre les différentes administrations, entreprises et régimes de sécurité sociale qui le constituent. Ces transferts peuvent être une source de financement importante pour certains organismes ou collectivités et par conséquent une cause de dépenses non négligeables pour les instances qui les accordent. Pour une collectivité régionale (locale) qui bénéficie d'une aide financière de la part de l'Etat central (ou régional), on parlera plus volontiers :

- de *subvention* lorsque le transfert est une participation de la collectivité de rang supérieur à une dépense de fonctionnement ou d'investissement de la collectivité aidée ;

– de *transfert* au sens strict lorsque l'aide consiste en une somme forfaitaire, indépendante de toute dépense, ou en une participation à des recettes fiscales ou d'une autre nature (participation aux bénéfices d'une entreprise publique).

D'autre part, dans de nombreux pays et sous certaines conditions, l'Etat, et plus particulièrement l'administration centrale, peut financer tout ou partie de son impasse budgétaire en recourant au *crédit de la Banque centrale.* De prime abord plus aisée que tous les autres moyens disponibles, cette forme de financement, qui revient à monétiser la dette publique, peut, si elle n'est pas utilisée à bon escient, favoriser l'expansion du secteur public et provoquer l'inflation.

Ressources provenant d'organismes publics étrangers ou internationaux

Si les transferts opérés entre les différents organismes publics nationaux ne modifient pas la capacité financière du secteur public considéré dans son ensemble, il n'en va pas de même des relations financières qu'un Etat entretient avec d'autres Etats ou organisations internationales. Elles peuvent représenter une source de financement importante. Les deux formes les plus courantes sont :

– les *prêts accordés* par une organisation internationale ;
– les *aides unilatérales* reçues d'un Etat étranger ou d'une organisation internationale.

6.2 ANALYSE ECONOMIQUE DE LA FISCALITE

6.2.1 Fonctions de la fiscalité

Les collectivités et autres organismes publics prélèvent des impôts, des taxes et contributions ou encore commercialisent leurs prestations pour un certain nombre de raisons d'ordre micro et macro-économique qui découlent des trois fonctions du secteur public.

Allocation des ressources

Sur le plan de l'allocation des ressources, au moins quatre tâches sont dévolues à la fiscalité.

Premièrement, elle sert avant tout à financer les achats de facteurs de production, ainsi que de biens et services dont l'Etat a besoin pour assurer ses prestations.

Deuxièmement, le financement des dépenses publiques par les recettes courantes contribue à la révélation des préférences de la collectivité, ce qui n'est pas le cas du mode de financement alternatif, l'emprunt.

Nous avons vu précédemment que la révélation des préférences joue un rôle très important pour l'allocation optimale des ressources. Pour s'en convaincre, rappelons-nous les circonstances dans lesquelles elle se manifeste :

- Lorsque le secteur public commercialise ses prestations, ce qui implique que les bénéficiaires sont facilement identifiables et que le coût d'exclusion est supportable, les agents économiques expriment leurs préférences en adaptant la quantité demandée en fonction du prix qui leur est imposé par le marché.
- Si l'Etat fournit au contraire ses prestations gratuitement et les finance indirectement au moyen de la fiscalité, les citoyens sont amenés à révéler leurs préférences dans le cadre du système de décision politique, le plus souvent par l'intermédiaire de leurs représentants. Ceux-ci en ont l'occasion lors de la discussion des projets de dépenses ou des budgets annuels. Ils ont en effet avantage à s'exprimer s'ils veulent s'assurer que la combinaison dépenses-impôts qui les concerne personnellement soit la plus proche de ce qu'ils pourraient souhaiter.

Déjà plus flou pour le financement par l'impôt que pour celui du prix de vente, ce lien entre dépenses et impôts disparaît presque entièrement en cas de financement par l'emprunt. Peu avertis du fait que l'emprunt, s'il n'est pas source de croissance économique, ne peut être qu'un simple report d'une augmentation d'impôts, car il faudra bien le rembourser, les citoyens, voire leurs représentants, ne perçoivent guère que les dépenses financées de cette façon ont également un coût. En effet, l'impact de cet appel d'argent frais par les collectivités publiques sur la situation des agents économiques s'exerce très indirectement par le biais des marchés monétaire et financier et de l'interdépendance de ces marchés avec ceux des biens et facteurs de production. Etant incités à penser que les prestations gratuites de l'Etat ne leur coûtent rien ou pratiquement rien, les citoyens-contribuables ne sont donc pas amenés à révéler leurs préférences.

Troisièmement, la fiscalité tend à nuire à la croissance économique par un impact dissuasif sur l'offre de travail et d'épargne, ainsi que sur la volonté d'investir et d'innover. Il est par conséquent important de veiller à minimiser les effets pervers du système fiscal sur la croissance économique. C'est précisément ce que suggèrent les économistes qui proposent depuis plus d'une dizaine d'années de porter autant d'attention au développement de l'offre qu'à celui de la demande pour assurer l'équilibre macro-économique.

Quatrièmement, le prélèvement d'impôts au sens large – ou inversement l'octroi de subventions – peut être utilisé pour influencer délibérément les décisions économiques des citoyens et des entreprises. A titre d'exemple, citons les redevances de pollution et les impôts sur le tabac et sur l'alcool.

Redistribution des richesses

La fiscalité constitue l'un des principaux instruments de redistribution du revenu et de la fortune dont l'Etat dispose, à côté des transferts et de l'offre de certaines prestations publiques. La façon de mettre la fiscalité au service de la politique de redistribution a été esquissée dans le paragraphe 3.5.2), nous n'y reviendrons donc pas.

Equilibre macro-économique

La troisième fonction de la fiscalité se situe au niveau macro-économique. La ponction fiscale est indispensable pour compenser l'effet expansif des dépenses publiques, sans quoi un profond déséquilibre macro-économique serait inévitable. Partant de là, nous verrons dans le chapitre 8 consacré à la politique budgétaire qu'en modulant l'importance de la ponction fiscale, le budget public peut contribuer à stabiliser les fluctuations indésirables de l'activité économique et à assurer l'équilibre macro-économique.

6.2.2 Le critère d'équité ou l'incidence des impôts

La recherche de critères d'un bon système fiscal

Depuis fort longtemps, politiciens et économistes portent une grande attention à la meilleure façon de répartir le fardeau du financement du secteur public entre les citoyens. Comme la conception des impôts et leur application soulèvent d'autres questions, en particulier la crainte d'un effet pervers sur l'allocation des ressources ou sur la croissance économique, il est normal de se demander si l'on peut établir les critères d'un "bon" système fiscal qui pourraient servir de guide à une réforme fiscale ou à l'élaboration *ex. nihilo* d'un système fiscal. Même si elle ne permet pas de conclure, car une partie de la décision doit relever du politique, l'analyse économique de la fiscalité a permis de réunir un certain nombre d'enseignements et, en fin de compte, de formuler un certain nombre de critères.

Deux préoccupations, voire deux critères, dominent toute la réflexion. Il s'agit d'une part de l'*équité* du système fiscal, qui se pose sur le double plan d'un critère de juste répartition du fardeau fiscal et d'un processus de translation ou de répercussion de la charge fiscale des contribuables légaux vers les contribuables effectifs, principalement connu sous l'appellation d'*incidence*. Il s'agit d'autre part de l'efficacité ou neutralité du système fiscal, qui se présente sous le double aspect d'un critère de *neutralité* et d'une analyse de l'*impact des impôts* sur l'efficacité économique et sur l'offre de facteurs de production, ainsi que la volonté d'investir et de prendre des risques. Une troisième famille de préoccupations porte sur les modalités du prélèvement fiscal, en particulier sa transparence, sa constance, sa cohérence et son coût administratif, dont dépendent son acceptation par les citoyens.

Le critère d'équité

Ce critère stipule simplement que la distribution du fardeau fiscal doit être équitable, c'est-à-dire que chacun doit payer sa juste part. La simplicité s'arrête pourtant là car deux approches définissent l'équité de façon diamétralement opposée.

Premièrement, le *principe d'équivalence ou du contrat volontaire* enseigne que chaque contribuable doit payer un montant d'impôt correspondant aux avantages qu'il retire des prestations de l'Etat. Ce principe établit donc un lien étroit entre l'impôt et la dépense publique et repose sur l'idée d'un contrat volontaire entre les citoyens et l'Etat.

Son application requiert que quatre conditions soient satisfaites : possibilité d'exclusion par le prix, coût d'exclusion raisonnable, indivisibilité de l'offre et effets externes modérés. Même sans développement supplémentaire, le lecteur peut se rendre compte que la plupart des prestations publiques ne satisfont pas ces conditions car elles présentent au contraire un caractère très marqué de service collectif. Il n'en demeure pas moins que toutes les possibilités d'appliquer ce principe ne sont de loin pas épuisées actuellement dans les pays industrialisés à économie de marché.

Deuxièmement, le *principe de la capacité contributive* préconise que la charge fiscale doit être distribuée entre les agents économiques conformément à leur aptitude à contribuer au financement des prestations de l'Etat, c'est-à-dire selon leur capacité économique. Ce principe renonce à établir un lien quelconque entre les prestations publiques reçues et les impôts payés par les contribuables. En d'autres termes, les décisions en matière de fiscalité peuvent être prises indépendamment de celles en matière de dépenses publiques.

L'application de ce principe nécessite la définition d'un étalon de mesure de la capacité contributive d'une part et une norme de répartition équitable – selon la capacité contributive – du fardeau fiscal entre les citoyens d'autre part.

La *capacité contributive* est en principe évaluée à l'aide de l'un, ou d'une combinaison, des trois indicateurs suivants : le revenu, la fortune et la consommation. Les deux premiers portent l'accent sur la valeur des biens que les contribuables sont potentiellement à même d'acheter, alors que la consommation met en évidence la mesure dans laquelle ils ont effectivement exercé leur pouvoir économique. Ces indicateurs ne se substituent toutefois pas car la répartition de la capacité contributive entre les contribuables diffère d'un indicateur à l'autre. Ainsi la fortune est plus inégalement répartie que le revenu, qui est lui-même plus inégalement réparti que la consommation. Il en résulte que le choix d'un indicateur plutôt que d'un autre avantage certaines catégories de contribuables. Par exemple, un impôt sur la fortune touche davantage les épargnants et les rentiers tandis qu'un impôt sur le revenu est ressenti plus lourdement par les salariés. C'est l'une des raisons pour lesquelles les systèmes fiscaux combinent souvent au moins deux assiettes d'impôt, à savoir le revenu et la consommation.

La *répartition équitable* du fardeau fiscal selon la capacité contributive des citoyens exige ensuite que l'on précise comment il faut traiter la situation de chaque contribuable par rapport à celle des autres. On distingue pour cela deux principes :

– Le *principe d'équité horizontale* requiert que les contribuables qui ont la même capacité contributive soient traités de façon identique. Or, les individus ou ménages qui disposent d'un revenu donné n'ont pas nécessairement la même capacité contributive car leur situation personnelle est différente. C'est pourquoi, il est usuel de corriger l'étalon de mesure de la capacité contributive, en l'occurrence le revenu, par des déductions visant à prendre en compte les charges de famille ou les frais de santé, sources d'écarts importants de la capacité contributive.
– Le *principe d'équité verticale* stipule que les individus qui n'ont pas la même capacité contributive doivent être traités différemment, selon un degré approprié d'inégalité. Ce principe n'a cependant guère de valeur opérationnelle car aucun critère scientifique ne permet de définir ce degré approprié d'inégalité. On en est donc réduit à se fonder sur des jugements de valeur ou des opinions politiques qui divergent inévitablement ; pour certains, le traitement différencié de personnes ou ménages se trouvant dans une situation différente est amplement satisfait par un impôt proportionnel,

alors que pour d'autres un impôt plus ou moins progressif est indispensable.

Comme toutes les questions relatives à la distribution du bien-être, la juste répartition du fardeau fiscal relève donc finalement d'un choix politique que seule la collectivité concernée peut faire, compte tenu de ses options éthiques et du rapport des forces politiques en présence.

6.2.3 La translation (répercussion) et l'incidence

L'incidence des impôts

Si nous avons esquissé dans la rubrique précédente quelques principes normatifs relatifs à la définition d'une distribution équitable du fardeau fiscal entre les contribuables, il nous faut examiner maintenant, sur le plan positif, comment la charge d'un impôt, et par extension du système fiscal, se répartit effectivement entre les individus ou ménages, et par conséquent quel est l'effet de la fiscalité sur la distribution des revenus. Cette démarche analytique, que l'on qualifie communément de *théorie de l'incidence de l'impôt,* est de première importance dans l'optique de la fonction de redistribution de l'Etat car il s'agit non seulement de s'assurer que chaque contribuable paye sa juste part, mais encore que l'impôt a bien l'effet de redistribution qu'on lui a donné. A noter que si c'est l'incidence personnelle qui nous intéresse au premier chef, l'incidence régionale ou inter-génération a toute son importance selon la perspective retenue.

Remarquons que l'incidence des impôts dépend de l'utilisation que l'on fait des recettes qu'ils procurent. L'idéal serait de porter son attention sur l'effet combiné du prélèvement des impôts et des dépenses publiques financées par ces impôts, soit à l'*incidence d'un budget équilibré.* Toutefois, comme les impôts sont rarement affectés au financement de dépenses spécifiques, il est plus courant de considérer l'*incidence fiscale différentielle* qui résulte du remplacement d'un impôt par un autre. Pour mettre en évidence cet impact d'une modification d'impôt, on établit en principe la comparaison avec un impôt forfaitaire.

Le processus de translation

La recherche de l'incidence d'un impôt, et par extension du système fiscal, n'est pas simple. En effet, bien que dans un régime démocratique tout système fiscal soit censé refléter les préférences des citoyens, l'impôt est toujours considéré comme une charge que chacun essaie de minimiser, voire d'éviter. Pour réduire la charge fiscale qui pèse sur eux, les contribuables peuvent réagir de deux façons différentes, qui correspondent d'ailleurs à deux phases distinctes du prélèvement de l'impôt :

– En premier lieu, ils peuvent essayer de répercuter le fardeau de l'impôt sur d'autres agents économiques. Ce phénomène est qualifié de *translation (ou répercussion)* de l'impôt. Il se produit au moment où les contribuables prennent conscience de l'impôt dont ils devraient théoriquement s'acquitter. Nous l'analyserons ci-dessous.

– En second lieu, s'ils n'ont pas réussi, les contribuables qui doiventeffectivement payer l'impôt peuvent essayer d'en réduire le poids en *modifiant les facteurs qui déterminent leur assiette fiscale,* c'est-à-dire adapter leur comportement économique relatif à leur travail, leur épargne, leur investissement ou changer leurs choix en matière de demande de biens et services. Cette problématique, qui relève de l'allocation des ressources, sera examinée dans les deux sections suivantes.

On observe donc que tous les contribuables, avertis qu'ils devront payer un impôt s'ils satisfont à certaines conditions, vont systématiquement essayer de répercuter sa charge sur d'autres agents économiques. De ce fait, le contribuable qui supporte *effectivement* le prélèvement n'est pas toujours celui qui a été désigné *formellement* par la loi fiscale. Lorsque la translation de l'impôt est possible, il y a divergence entre l'*incidence formelle (ou légale)* et l'*incidence économique.*

Ce processus de répercussion des impôts, par lequel les contribuables s'efforcent d'en transférer le poids sur d'autres agents économiques, est bien connu des législateurs ; il est même escompté. Il provient pour l'essentiel du fait que les lois fiscales désignent souvent des entreprises comme contribuables alors que *seules des personnes peuvent payer des impôts.* L'impôt sur le bénéfice des sociétés, la taxe sur la valeur ajoutée, l'impôt immobilier ou encore l'impôt sur les chiens sont finalement toujours supportés par des personnes, en leur qualité d'actionnaire, de travailleur, de consommateur ou encore de propriétaire.

Remarquons que les contribuables peuvent aussi essayer d'éviter l'impôt en recourant à l'*évasion fiscale, voire à la fraude.* Même si la distinction n'est pas toujours évidente, il y a fraude quand un contribuable cache délibérément un état de fait justifiant une imposition, alors qu'il y a évasion lorsqu'il réussit à éviter une partie (ou l'intégralité) de la charge fiscale en exploitant les lacunes de la législation. Dans ces deux cas, il y a manque à gagner pour le fisc, qui doit être compensé en principe par l'alourdissement des barèmes, voire par l'introduction de nouveaux impôts, ce qui implique un transfert indirect du fardeau fiscal.

Les déterminants de la translation

De façon générale, le sens et l'amplitude de la translation d'un impôt dépend simultanément d'un grand nombre de facteurs. Il s'agit principalement :

- du type d'impôt (direct ou indirect, sélectif ou général) ;
- de la nature du barème d'imposition (unitaire ou *ad valorem*) ;
- de l'élasticité-prix de l'offre et de la demande ;
- de la structure du marché (concurrence parfaite, monopole, cartel, etc.) ;
- de la forme des coûts de production du bien imposé (croissants, constants ou décroissants) ;
- de la durée de la période d'ajustement prise en considération (incidence à court ou long termes).

L'impact conjugué de ces différents facteurs dépend de leur interaction dans un système d'équilibre général. L'approche analytique la plus courante des mécanismes de translation consiste néanmoins à les étudier séparément dans le cadre d'une analyse d'équilibre partiel, c'est-à-dire confinée au seul marché où l'impôt est prélevé, qui s'appuie sur la clause de "toutes choses égales par ailleurs".

Comme il n'est pas envisageable d'examiner ici chacun de ces facteurs et encore moins les multiples combinaisons possibles et leur interdépendance, nous nous contenterons, à titre d'illustration, d'étudier l'un des plus significatifs, le rôle des élasticités-prix de l'offre et de la demande. Pour cela, nous retiendrons le cas le plus simple d'un impôt sélectif sur les ventes d'un bien, par exemple l'alcool ou le tabac, prélevé selon un taux unitaire et nous supposerons que les conditions de la concurrence parfaite sont satisfaites.

Alors que le législateur donne l'impression de croire que le contribuable légal, ici en principe l'entreprise, transfert nécessairement cette charge en avant sur les prix de vente et par conséquent sur les acheteurs finaux, l'analyse économique démontre que tel n'est pas toujours le cas et que la translation peut tout aussi bien s'effectuer en arrière, sur les facteurs de production.

Théoriquement, le rôle respectif de l'élasticité-prix de la demande et de l'offre peut être résumé ainsi :

- *Elasticité de la demande* : plus la demande est élastique (sensible) à une variation de prix, plus il est difficile de répercuter l'impôt en avant sous forme d'une augmentation de prix ; il pèsera donc d'autant plus sur les facteurs de production.
- *Elasticité de l'offre* : plus l'élasticité-prix de l'offre est élevée, c'est-à-dire plus l'offre est quantitativement sensible à une

variation de prix, plus il est difficile de répercuter l'impôt en arrière sur la rémunération des facteurs de production ; il sera donc d'autant plus à la charge des consommateurs.

Pour illustrer le rôle des élasticités, il convient de mettre en évidence l'impact de l'impôt sur le prix de vente et la rémunération des facteurs de production, ainsi que sur la quantité de biens échangée. Ces éléments déterminent en effet non seulement la recette fiscale de l'Etat, mais encore la répartition du fardeau fiscal total entre acheteurs et vendeurs. Celui-ci se compose non seulement de la recette de l'Etat, mais encore de la charge fiscale excédentaire, notion que l'on examinera en détail dans la rubrique suivante consacrée aux effets allocatifs de l'impôt.

A l'aide des graphiques (6.2a à d), nous allons imaginer quatre situations extrêmes, tout d'abord en variant l'élasticité de la demande, celle de l'offre demeurant constante, puis inversement ; le dernier graphique 6.2e illustre une situation intermédiaire d'élasticité-prix de l'offre et de la demande.

Le premier cas de la *demande parfaitement élastique* est illustré par la droite horizontale *D*. La courbe d'offre *O* reflète une situation de coûts de production croissants de l'industrie.

Avant le prélèvement de l'impôt, l'équilibre se situe à l'intersection de l'offre et de la demande, soit au point e caractérisé par un prix de vente P_0 et une quantité de biens vendue Q_0. Le prélèvement d'un impôt t par unité de produit vendue peut être représenté de deux façons différentes : par addition de l'impôt unitaire au coût marginal de production, situation qui est reflétée par le déplacement de la droite d'offre de O en $O + t$ ou bien, par retranchement de l'impôt à la demande qui passe de D à $D - t$ illustrant ainsi la perte de pouvoir d'achat des consommateurs. Pour déterminer la situation qui prévaut après l'introduction de l'impôt, nous pouvons donc au choix adapter l'offre ou la demande :

- $O + t = D$ signifie qu'à l'équilibre la satisfaction (évaluation) marginale des consommateurs selon la demande *D* doit être égale au coût de production augmenté de l'impôt ($O + t$), ou en d'autres termes au prix brut, impôt compris ;
- $D - t = O$ fait ressortir qu'à l'équilibre, la rémunération des facteurs de production correspond au prix brut, payé par les consommateurs en fonction de leur satisfaction marginale, moins l'impôt ($D - t$).

Etant donné la parfaite élasticité de la demande, l'impôt ne peut pas être répercuté sur les consommateurs en augmentant le prix de vente ; il doit être entièrement supporté par les facteurs de production. Compte tenu de l'allure croissante de leur fonction d'offre, ceux-ci réduiront leur offre jusqu'au point où la rémunération

Graphique 6.2 ***La translation en fonction de l'élasticité-prix de la demande et de l'offre (de la fonction de production)***

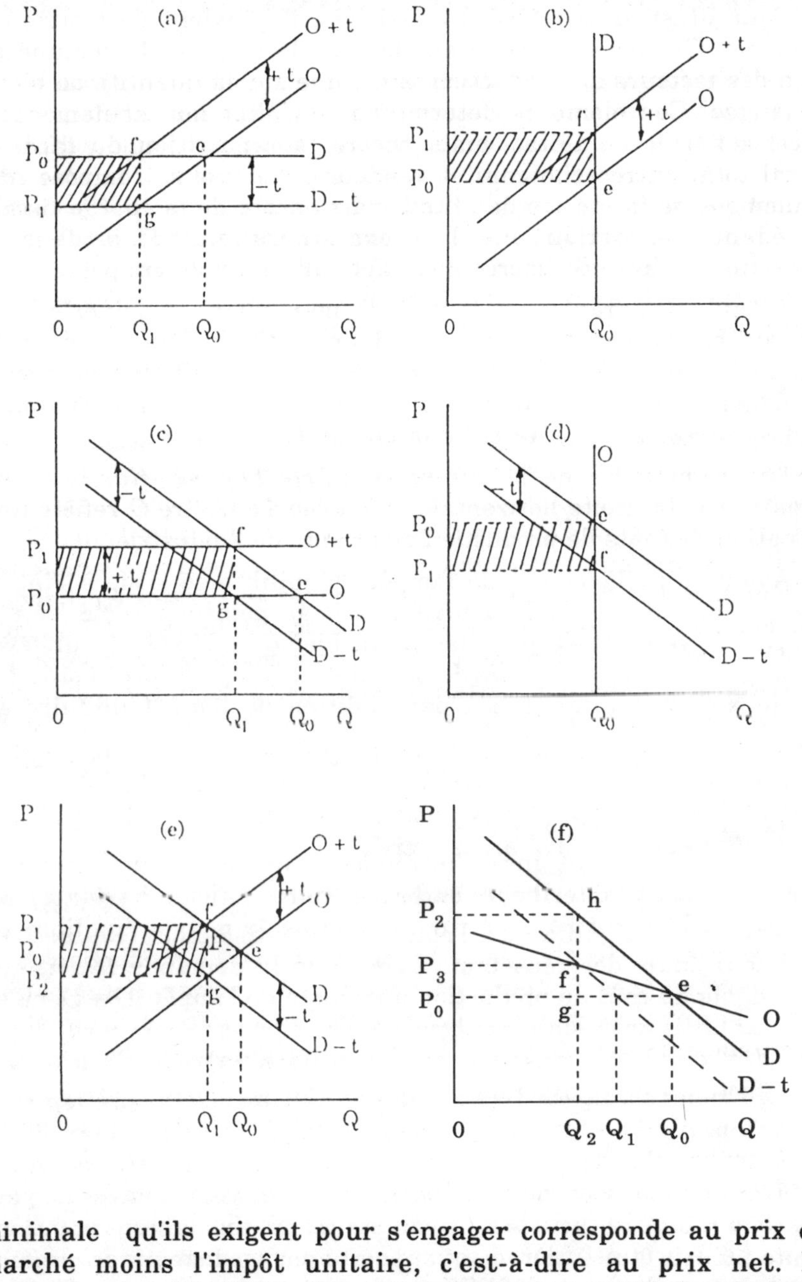

minimale qu'ils exigent pour s'engager corresponde au prix du marché moins l'impôt unitaire, c'est-à-dire au prix net. Le nouveau point d'équilibre g correspond à une quantité Q_1, vendue à un prix inchangé P_o et apportant une rémunération P_1. Dans ces conditions, la recette de l'Etat se monte à $Q_1 \cdot t$, c'est-à-dire à la surface $P_1 gfP_o$. Elle est entièrement à la charge des facteurs de production (vendeurs), qui supportent en plus une charge excédentaire (voir section suivante) correspondant à leur perte de surplus du producteur *gef*.

Deuxièmement, si la demande est au contraire *totalement inélastique,* le fardeau de l'impôt est à la charge des acheteurs. En effet, comme les consommateurs ne réagissent pas à une variation de prix, les vendeurs peuvent répercuter entièrement le montant de l'impôt par unité de produit sur les acheteurs. Après prélèvement de l'impôt, le prix net encaissé par les facteurs de production demeure P_o, alors que le prix brut payé par les acheteurs passe à P_1. La recette totale de l'Etat et le fardeau supporté par les acheteurs se confondent puisqu'il n'y a pas de répercussion sur la quantité échangée Q_o ; ils équivalent à $Q_o \cdot t$, ce qui correspond à la surface $P_o \, ef \, P_1$.

Troisièmement, la *parfaite élasticité de l'offre* signifie que les ressources productives sont totalement mobiles dans le long terme. Si on envisage le prélèvement d'un impôt t comme une augmentation du coût marginal, il y a déplacement de la droite d'offre de O en $O + t$. L'équilibre initial en e pour Q_o et P_o passe en f indiquant un nouveau prix de vente P_1, plus élevé, et une quantité échangée Q_1, moindre. La recette fiscale de l'Etat atteint $Q_1 \cdot t$ (surface $PogfP_1$) ; elle est entièrement à la charge des consommateurs qui supportent en plus une charge fiscale excédentaire *gef*. La répercussion sur le prix de vente et sur les acheteurs s'explique par la mobilité des facteurs de production : l'impôt ne peut pas réduire leur rémunération car si celle-ci tombait au-dessous du prix qu'ils exigent selon leur productivité marginale en valeur, les facteurs s'engageraient dans une autre activité.

Si l'on avait développé l'analyse selon l'autre variante, on aurait plutôt porté l'accent sur le fait que le nouvel équilibre se situe au point g d'égalité entre le coût marginal de production et la rémunération des facteurs de production, compte tenu qu'une partie du prix payé par les acheteurs en fonction de leur évaluation marginale est absorbée par le paiement de l'impôt ($D - t$).

Quatrièmement, si l'*offre est inélastique* parce que les ressources productives n'ont aucun autre emploi possible, l'impôt est entièrement répercuté sur les facteurs de production qui recevront dès lors une rémunération moindre pour une prestation identique : le prix du marché (prix brut) demeure au niveau antérieur P_0 ; en revanche le prix net touché pour rémunérer les facteurs de production tombe à P_1. La recette fiscale de l'Etat correspond au fardeau répercuté en arrière et atteint $Q_0 \cdot t$, soit $P_1 feP_0$.

Cinquièmement et enfin, lorsque l'*offre et la demande sont partiellement élastiques,* le fardeau fiscal est réparti entre les consommateurs et les facteurs de production conformément à l'élasticité relative de l'offre et de la demande. Alors que l'équilibre avant impôt (point *e*) impliquait une quantité Q_0 vendue à un prix Po, le prélèvement d'un impôt unitaire t provoque une translation verticale vers le haut de la courbe d'offre $O + t$. Le nouvel équilibre se situe au point f caractérisé par un prix de vente supérieur au prix initial ($P_1 > P_0$) et par conséquent par une quantité échangée inférieure ($Q_1 < Q_0$). Cette réduction de la quantité achetée et vendue entraîne également une diminution de la rémunération des facteurs de production de P_0 à P_2. Le fardeau de l'impôt est donc répercuté tant en avant sur les consommateurs (acheteurs) qu'en arrière sur les facteurs de production (vendeurs). La recette fiscale totale $Q_1 \cdot t$, correspondant à la surface $P_2 g f P_1$, est partagée à raison de $P_o h f P_1$ pour les acheteurs et $P_2 g h P_o$ pour les vendeurs. Acheteurs et vendeurs supportent en plus un fardeau fiscal excédentaire de *hef* pour les premiers et *geh* pour les seconds.

Le rôle joué respectivement par l'élasticité de l'offre et celle de la demande peut être illustré en s'imaginant une rotation partielle des droites de demande et d'offre autour du point e, par exemple dans le sens des aiguilles d'une montre. Il apparaît, comme cela a été déjà dit, que la part de l'impôt prise en charge par les acheteurs augmente et celle à la charge des vendeurs diminue lorsque la demande devient plus inélastique (pente accrue) et l'offre plus élastique (pente réduite). Plus précisément, le rapport entre la part d'impôt des acheteurs T_a et celle des vendeurs T_v, soit T_a / T_v, correspond au rapport entre l'élasticité de l'offre ε_o et celle de la demande ε_d, soit $T_a / T_v = \varepsilon_o / \varepsilon_d$.

Cet examen de l'influence des élasticités-prix de l'offre et de la demande sur l'impact d'un impôt sélectif et unitaire sur les ventes a notamment permis de démontrer qu'un tel impôt n'est pas nécessairement répercuté en totalité en avant sur les acheteurs, comme le suppose souvent le législateur. Selon le rapport qui existe entre les élasticités de l'offre et de la demande, le fardeau d'un impôt supplémentaire sur les ventes peut être également supporté par les facteurs de production.

Le graphique 6.2f, construit sur des bases identiques aux précédents, nous permet de démontrer la *répercussion en cas de fonction de production à rendements croissants* (coûts décroissants). La demande étant partiellement élastique, la hausse de prix entraîne une diminution de la quantité vendue, qui passe de Q_0 à Q_2. On observe cependant que la diminution de la quantité vendue entraîne, en vertu des rendements croissants, une augmentation du coût de production, ce qui a pour effet d'entraîner une hausse de prix supérieure à celle engendrée par l'impôt. La hausse de prix correspond en effet à la fois à l'impôt unitaire *fh* et à l'augmentation des coûts *gf*. Du point de vue des quantités vendues, la diminution de Q_0 à Q_1 est due à l'impôt et celle allant de Q_1 à Q_2 à la hausse du coût de production.

L'analyse de la répercussion d'un impôt ad valorem ou en cas de concurrence imparfaite permettrait de nuancer les résultats obtenus, mais ne changerait rien à ces enseignements fondamentaux sur la translation d'un impôt sur les ventes. En revanche, l'examen des conditions de répercussion d'un autre type d'impôt, par exemple l'impôt sur le bénéfice des sociétés ou les cotisations sociales, aboutit à des résultats différents.

Quels que soient les enseignements apportés par cette réflexion théorique, leur portée opérationnelle est limitée car ils ne donnent pas d'information sur l'impact réel des impôts. Pour cela, l'analyse théorique esquissée ci-dessus doit être prolongée par une étude empirique. Dans le cas traité à titre d'exemple de l'influence des élasticités, il conviendrait en l'occurrence de déterminer leur valeur sans quoi il est évidemment impossible de préciser comment la répercussion se passe effectivement. Cet exercice est extrêmement complexe et périlleux parce que dans la réalité on se trouve dans un système d'équilibre général où tous les facteurs qui déterminent la répercussion sont interdépendants. En conséquence, la condition de "toutes choses égales par ailleurs" essentielle à toute analyse partielle n'est pas respectée.

6.2.4 Le critère de neutralité ou l'effet allocatif des impôts

Si les préoccupations suscitées par la fiscalité portent principalement sur la recherche d'une juste répartition du fardeau fiscal, l'alourdissement de la charge fiscale depuis la deuxième guerre mondiale a démontré qu'il fallait porter une attention au moins égale aux effets de la fiscalité sur l'allocation des ressources. Cette question comporte deux dimensions. Nous verrons ci-dessous que le prélèvement de pratiquement tous les impôts entraîne une charge excédentaire source d'un gaspillage de ressources et par conséquent d'une perte de bien-être pour la communauté. Nous verrons dans la section suivante que pour les mêmes raisons, le prélèvement des impôts agit sur le comportement économique des agents, en particulier sur leur volonté de travailler, d'épargner et d'investir, et par conséquent sur la production et la croissance.

Le critère de neutralité

Le critère de neutralité stipule qu'un bon système fiscal devrait être neutre ou en d'autres termes ne pas provoquer de *charge fiscale excédentaire.* Cela signifie que les impôts devraient être sélectionnés de façon à éviter, ou en tout cas à minimiser, toute répercussion négative sur l'allocation des ressources ; ils ne devraient pas provoquer, par effet de substitution, de distorsions des choix économiques.

Pour saisir cette notion de charge excédentaire, il faut savoir que le prélèvement de pratiquement tous les impôts entraîne, pour les agents économiques, deux types de charge :

- une *charge financière* correspondant à la somme d'argent transférée à l'Etat ; du point de vue du bien-être de la collectivité, cette charge n'en est effectivement pas une, puisque ses membres reçoivent en contrepartie des prestations, source de bien-être ;
- une charge supplémentaire, dite *excédentaire* qui n'est, contrairement à la ponction fiscale, pas redistribuée par un autre canal. Cette seconde charge constitue une véritable perte de bien-être pour la collectivité.

L'origine de cette charge excédentaire réside dans l'effet de substitution de l'impôt. En tant que consommateurs ou producteurs, les individus sont confrontés en permanence à toute une série d'options. Ils doivent notamment choisir entre :

- travailler, et par conséquent acquérir un revenu, et jouir de leurs loisirs ;
- consommer et épargner (investir) ;
- la consommation d'une certaine quantité d'un bien et celle d'un autre.

Or, pris individuellement, la plupart des impôts ne frappent qu'un des deux éléments de ces alternatives. Ainsi par exemple, un impôt sur le revenu ne touche que la décision de travailler ; de même un impôt général sur les ventes ne concerne que la consommation, à l'exclusion de l'épargne, et un impôt sélectif sur les ventes que les biens frappés. Choisir un des éléments frappés devient donc économiquement plus coûteux ; inversement la renonciation à l'autre élément de l'alternative – par exemple le travail – le devient moins. Cet *effet de substitution* provoqué par le prélèvement des impôts engendre en conséquence une distorsion de l'allocation des ressources par rapport à celle qui se serait imposée sans cette intervention de l'Etat et c'est cette distorsion qui est à l'origine de la charge fiscale excédentaire ou de la perte de bien-être stigmatisée par le critère de neutralité.

Choix du consommateur et charge fiscale excédentaire

L'origine de cette charge fiscale excédentaire, liée à l'effet de substitution provoqué par la ponction fiscale, peut être illustrée graphiquement en recourant aux concepts introduits dans l'annexe du chapitre 2. Imaginons un consommateur-type, Pierre, placé devant le choix entre deux biens *X* et *Y*, qui, par hypothèse, sont les seuls biens proposés par le marché. Supposons encore que les biens sont vendus sur un marché de concurrence parfaite et que Pierre ne modifie pas son comportement en matière d'épargne et de travail.

Sur le graphique 6.3 les courbes d'indifférence I_1, I_2 et I_3 représentent les préférences de Pierre. L'équilibre initial se situe en *e*, au point de tangence entre la ligne du budget *ab* et la courbe d'indifférence I_3. Compte tenu de son revenu, Pierre maximise son utilité en achetant *oj* du bien *X* et *ok* du bien *Y*. Au point *e*, le taux marginal auquel Pierre est disposé à substituer *X* à *Y* ($TMS_{X,Y}$), taux qui est mis en évidence par la pente de la tangente à la courbe d'indifférence I_3, est égal au taux marginal auquel les producteurs sont en mesure de transformer *X* en *Y* ($TMT_{X,Y}$). Ce dernier correspond à la pente de la courbe de transformation T_1 au point *e*.

Graphique 6.3 ***Charge excédentaire et critère de neutralité***

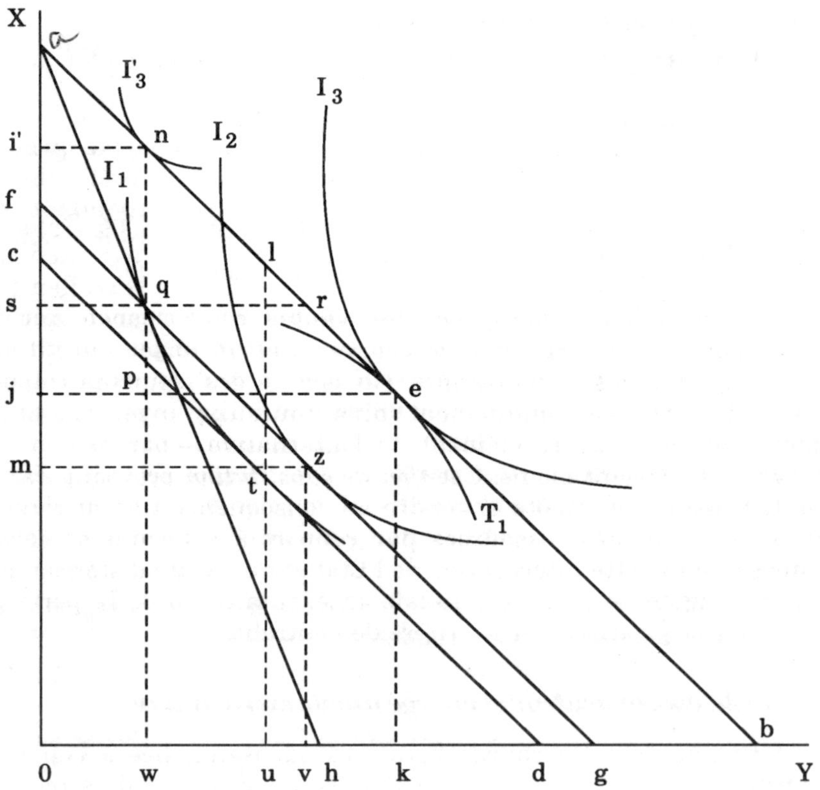

L'allocation des ressources est optimale au point *e* parce que producteurs et consommateurs peuvent prendre leurs décisions de telle sorte que :

$$TMT_{X,Y} = TMS_{X,Y} = P_Y/P_X$$

P_Y/P_X étant le rapport des prix de X et Y, mis en évidence par la pente oa/ob.

Considérons maintenant l'introduction d'un *impôt général sur la consommation* de X et Y. Le prélèvement d'un impôt proportionnel sur les deux biens d'un montant égal à fa ou gb a pour effet de réduire le revenu disponible de Pierre, comme l'aurait fait un impôt forfaitaire ou proportionnel sur son revenu. Cet impôt n'affecte pas le choix de Pierre mais diminue son revenu réel ce qu'exprime le déplacement de la droite de budget de ab en fg. Pierre maximise maintenant son bien-être au point z et obtient une quantité om du bien X et ov du bien Y. Ce nouvel équilibre touche la courbe d'indifférence I_2, moins favorable, mais il n'y a pas de distorsion de l'allocation des ressources.

L'impôt étant proportionnel ($t = fa/oa = gb/ob$), les conditions initiales d'équilibre ne sont pas modifiées :

$$TMS_{\text{en } z} = \frac{of}{og} = \frac{oa - fa}{ob - gb} = \frac{(1-t)\,oa}{(1-t)\,ob} = \frac{oa}{ob} = TMS_{\text{en } e} = TMT$$

Ainsi, le taux marginal de substitution en z est le même qu'en e et équivaut au taux marginal de transformation. Le prélèvement de l'impôt n'entraîne donc qu'un coût direct correspondant au montant des ressources qui sont transférées du secteur privé à l'Etat, qui les redistribue ensuite sous forme de prestations.

Supposons, dans une seconde étape, que le gouvernement décide de remplacer l'impôt général sur la consommation par un *impôt sélectif sur la consommation du seul bien Y* tout en exigeant un rendement fiscal identique. Avec un revenu initial exprimé par la ligne de budget ab, Pierre obtient une quantité moindre de Y puisque sa dépense brute sert en partie à payer l'impôt sélectif prélevé sur Y. Pour un même rendement fiscal, le taux de cet impôt devra être égal à $t_Y = hb/ob$. Il est déterminé par les deux conditions suivantes :

- La solution doit se trouver le long de la ligne fg, puisqu'il doit assurer au fisc le même rendement fiscal.
- Cette solution devant être acceptée par Pierre, la nouvelle contrainte budgétaire, en l'occurrence ah, doit intercepter fg à un point de tangence avec une courbe d'indifférence, ici I_1.

Le nouvel équilibre se trouve en *q* et indique une consommation *os* du bien *X* et *ow* du bien *Y*. Cette dernière procure à l'Etat une recette fiscale égale à $qr = gb$.

Au point d'équilibre *q*, la pente de la droite de budget *ah*, qui n'est autre que le taux marginal de substitution, est plus forte que celle de la droite *fg*, correspondant au taux marginal de transformation. Cela provient du fait que l'impôt sélectif sur le bien *Y* induit une hausse du prix relatif de celui-ci. Le consommateur doit, à la marge, abandonner une plus grande quantité de *X* pour accroître sa consommation de *Y* puisqu'il doit en plus payer l'impôt. Il en résulte que producteurs et consommateurs ne prennent plus leurs décisions sur la base des mêmes prix relatifs.

– Les consommateurs ajustent leurs achats de sorte que leur taux marginal de substitution égalise le rapport entre le nouveau prix (y compris l'impôt) de *Y* et le prix de *X*,

$$TMS_{en\,q} = \frac{P_Y^{nouveau}}{P_X} = \frac{(1+t_y)\,P_Y^{initial}}{P_X} = \frac{oa}{oh} = \frac{sa}{sq}$$

– L'impôt n'influence pas les producteurs qui continuent d'ajuster leur offre de façon à ce que leur taux marginal de transformation corresponde au rapport entre le prix initial (sans l'impôt) de *Y* et le prix de *X*

$$TMT = \frac{P_Y^{initial}}{P_X} = \frac{of}{og} = TMS_{en\,e}$$

On constate que :

$$TMT_{X,Y} = \frac{of}{og} = \frac{oa}{ob} < TMS_{en\,q}$$

En conséquence, la condition d'égalité entre le taux marginal de substitution, le taux marginal de transformation et le rapport des prix nécessaire à l'allocation optimale des ressources n'est plus satisfaite. L'impôt sélectif sur la seule consommation du bien *Y* provoque une distorsion de l'allocation des ressources. Il n'est pas neutre car il entraîne une réorganisation des choix individuels de consommation caractérisée par un effet de substitution et par un effet de revenu. En effet, en plus de l'effet de revenu induit par la perception de l'impôt, l'impôt sélectif provoque un effet de substitution parce qu'il modifie les prix relatifs des biens *X* et *Y* en défaveur de *Y*. Cette conséquence est illustrée par le glissement du point d'équilibre de *z* en *q*. Alors que le montant encaissé par l'Etat est le même que celui que lui apportait l'impôt général sur la consommation, le consommateur se retrouve sur une courbe d'indifférence I_1 lui procurant une satisfaction inférieure à ce qu'elle était sur la courbe I_2. La charge fiscale excédentaire, représentée par ce passage de *z* en *q*, est due à l'effet de substitution. En revanche, l'impôt général sur la consommation, de même qu'un impôt forfaitaire ou proportionnel sur le revenu, n'ont qu'un effet de revenu.

Illustrée jusqu'ici par une perte de bien-être concrétisée par un point de tangence sur une courbe d'indifférence de niveau inférieur, la charge fiscale excédentaire peut aussi être *mesurée en termes d'une perte de revenu.* Il suffit pour cela de dessiner une nouvelle contrainte budgétaire *cd,* parallèle à la contrainte initiale et tangente au point *t* à la courbe d'indifférence I_1 atteinte avec l'impôt sélectif. Cette nouvelle contrainte budgétaire cd montre que la charge totale *tl* qui pèse sur le contribuable correspond à celle qui pèserait sur lui si l'Etat prélevait un impôt général et proportionnel sur la consommation des deux biens correspondant à $ac = bd$. Or, on voit que cette charge *tl*, correspondant à une perte de revenu de Pierre, est supérieure à la recette fiscale $qn = qr$ d'un montant *pq*. La recette fiscale étant inférieure à la charge supportée par le contribuable-type, il y a donc bien charge excédentaire.

Cette seconde façon de présenter la charge excédentaire nous permet d'introduire une importante distinction entre droite de demande compensée et non compensée. Concentrons-nous sur l'effet de l'impôt sur la demande du bien *Y* mesurée le long de l'axe horizontal. En faisant passer les points de bien-être maximum de *e* à *q,* l'impôt sélectif réduit la demande de Pierre pour le bien *Y* de *ok* à *ow.* Il ressort d'une analyse plus fouillée que cette diminution de la demande a deux sources :

- le passage des points de tangence e à t, correspondant à une diminution de la demande de ok à ou, est dû au seul effet de revenu et est identique à celui qui aurait été provoqué par un impôt général sur les ventes ;
- le passage des points de tangence t à q est provoqué quant à lui par la seule modification des prix relatifs entre X et Y, soit par le renchérissement de Y par rapport à X, source de l'effet de substitution en faveur de X.

On constate donc que seul l'effet de substitution est la cause de la charge fiscale excédentaire. C'est pourquoi, lorsqu'on met en évidence ces enseignements sous la forme plus courante d'une droite de demande dans un graphique prix-quantité, il convient de dessiner la droite de demande *compensée.* Celle-ci détermine la variation de la quantité du bien *Y* lorsque son prix varie, en l'occurrence à cause de l'impôt sélectif, et que simultanément l'impact sur le revenu est compensé pour maintenir le bien-être à son niveau antérieur. Concrètement, la droite de demande compensée reflète la diminution de la demande de *ou* à *ow* consécutive à l'effet de substitution du point de tangence *t* au point *q*. Par comparaison, une droite de demande non compensée traduirait la diminution de demande de *ok* à *ow* due à l'effet combiné sur le revenu et sur les prix relatifs.

Ce même graphique 6.2 permet enfin de montrer qu'il y a charge excédentaire même si la demande du bien frappé par l'impôt sélectif ne varie pas en conséquence. Supposons que la courbe d'indifférence initiale (sans impôt) se situe en I'_3 au lieu de I_3. L'introduction de l'impôt sélectif (nouvelle contrainte budgétaire *ah*) déplace le point de tangence de *n* à *q* mais n'agit pas sur la demande de *Y* qui demeure à *ow*. Faut-il en conclure qu'il n'y a pas de charge excédentaire, et par conséquent pas de distorsion de l'allocation des ressources ? Deux façons de lire le graphique nous permettent de répondre non. D'une part, si effectivement la demande de *Y* demeure constante, celle de *X* en revanche diminue de *oi* à *os*. D'autre part, l'examen en terme de demande compensée (mouvement des points de tangence *t* à *q*) montre que la stabilité de la demande est due au fait que l'effet de substitution dû à l'impôt sélectif (diminution de la demande de *ou* à *ow* due au renchérissement du bien *Y*) a été exactement compensé par un effet de revenu favorable à la demande de *Y* (augmentation de la demande de *ow* à ou consécutive à une diminution de revenu, ce qui est caractéristique d'un bien inférieur).

Taux d'imposition, recette fiscale et charge excédentaire

Il est utile de reprendre les enseignements de cette analyse en se concentrant maintenant sur la droite de demande compensée dessinée dans un graphique prix-quantité. Le graphique 6.4 a représente la droite de demande compensée de Pierre *D* pour le bien *Y* en fonction de son prix (Numéraire). Avec une droite d'offre correspondant à *O*, la demande de ce dernier se fixerait à Q_1 unités. Supposons maintenant qu'un impôt unitaire soit prélevé à un taux fixé entre *t* et *4t* et examinons l'effet de cet impôt :

- sur la recette fiscale *(RF)*, qui correspond au produit de la quantité achetée et du taux d'imposition, soit $RF = Q \cdot t$,
- sur la charge excédentaire *(CE)*, qui est égale au produit de la diminution de quantité et de la moitié du taux, soit $CE = |\Delta Q| \cdot t/2$.

Par exemple, pour un taux unitaire *t* qui provoque une baisse de la demande de Q_1 à Q_2, la recette fiscale correspond à la surface *ofbt* et la charge excédentaire à *fab*. Si le taux est doublé, la demande tombe à Q_3, la recette fiscale se monte à *ogc2t* et la charge fiscale excédentaire à *gac*.

La graphique 6.4b récapitule l'effet de différents taux d'imposition sur la recette fiscale et la charge excédentaire. Il en ressort que, conformément à ce que l'on pouvait en attendre intuitivement, l'introduction puis l'alourdissement d'un impôt se répercute positivement sur la recette fiscale ; toutefois, il apparaît que ce lien positif n'est pas définitif et qu'a partir d'un certain taux d'imposition, cette relation se renverse de telle sorte que toute augmentation supplémentaire du taux agit négativement sur la recette fiscale. Bien que cette relation fût connue depuis longtemps, la courbe de recette fiscale en fonction du taux d'imposition en forme de cloche a été popularisée à la fin des années soixante-dix par Laffer (1979), qui lui a donné son nom, et a fortement inspiré la politique du Président américain Reagan durant les années quatre-vingt.

Quant à la charge fiscale excédentaire due à l'effet de substitution, on peut voir dans le même graphique 6.4b qu'elle augmente de façon croissante avec le taux d'imposition.

Dans un dernier graphique (6.5), nous examinerons le lien entre l'élasticité-prix de la droite de demande (compensée) et respectivement la charge excédentaire et le taux d'imposition nécessaire pour produire une recette fiscale donnée.

- La charge excédentaire est d'autant plus grande que l'élasticité-prix de la demande est forte. Si on se réfère pour commencer à la solution optimale finale illustrée par le point d'intersection *a* entre offre (avec impôt) et demande, et caractérisé par une quantité Q_1, on constate que la charge fiscale excédentaire est supérieure avec une demande relativement élastique (D_2) qu'avec une demande relativement peu élastique (D_1), soit $dba > dea$.
- Le taux d'imposition nécessaire pour produire une recette fiscale donnée doit être d'autant plus élevé que la demande compensée est élastique. Partant cette fois-ci du point d'équilibre initial *b* entre offre et demande, le taux unitaire d'imposition nécessaire pour produire une recette fiscale donnée ($ficg = fdah$), peut être d'autant plus faible que la demande est faiblement élastique (t' ou *fg* pour $D'_1 < t$ ou *fh* pour D_2.

Les deux aspects de cette démonstration suggèrent qu'il existe une relation simple entre la charge excédentaire et la recette fiscale, soit :

$$\frac{\text{Charge excédentaire}}{\text{Recette fiscale}} = \frac{1}{2}\frac{t}{p} \cdot \varepsilon_D$$

où t/p correspond au rapport entre le taux d'imposition et le prix (impôt compris) et ε_D à l'élasticité-prix de la demande compensée. Cela implique que le rapport entre la charge excédentaire et la

Graphique 6.4 ***Recette fiscale et charge excédentaire***

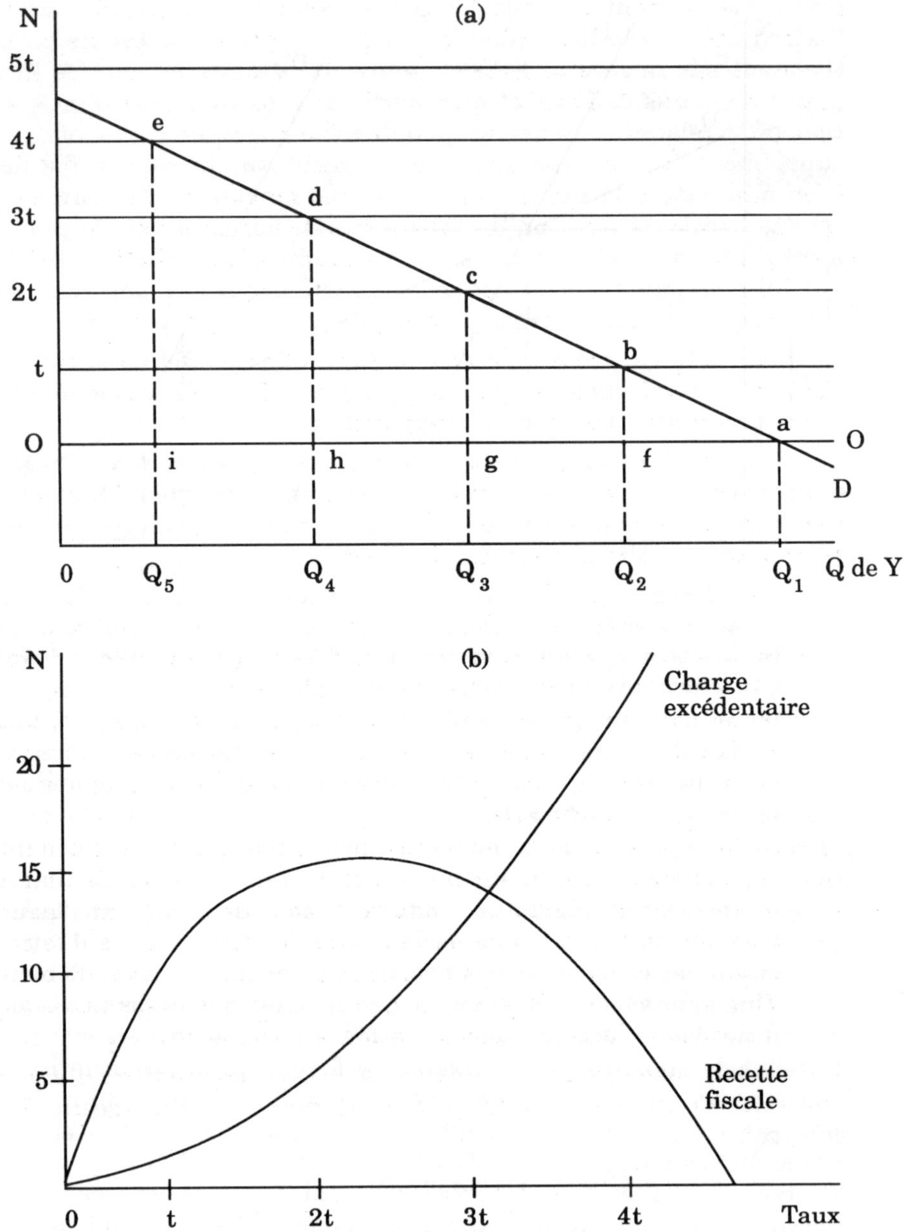

Graphique 6.5 ***Elasticité-prix, recette fiscale et charge excédentaire***

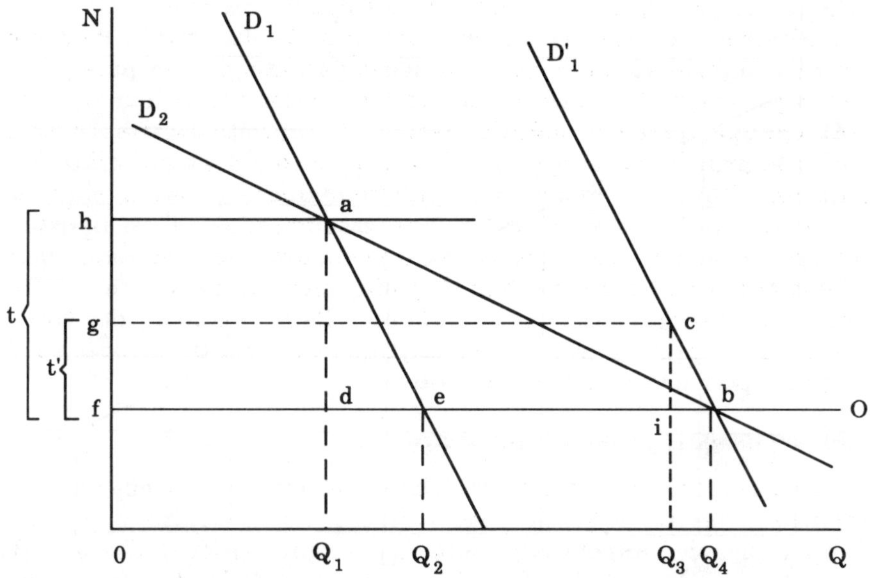

recette fiscale augmente proportionnellement avec le taux d'imposition et l'élasticité-prix de la demande compensée.

Comme nous l'avons vu dans l'introduction à cette section, une charge excédentaire apparaît chaque fois qu'un impôt opère un effet de substitution, c'est-à-dire influence les choix économiques des agents. Le choix porté sur l'imposition sur les ventes pour analyser le phénomène, et en particulier le fait que l'impôt général (par opposition à sélectif) sur les ventes ne provoque pas de charge excédentaire ne devrait pas conduire le lecteur à conclure qu'un impôt général sur la consommation serait neutre pour l'allocation des ressources et n'entraînerait de ce fait aucune de perte de bien-être. Une approche globale montre que tel n'est pas le cas : en effet, si l'on ne frappe que la consommation à l'exclusion de l'épargne, un effet de substitution est exercé en faveur de la renonciation à consommer. Le même phénomène se produit au niveau du revenu puisque l'impôt est susceptible d'influencer le choix des agents économiques entre travail et loisirs. En fait, le seul impôt qui soit neutre pour l'allocation des ressources parce qu'il ne provoque pas de charge fiscale excédentaire est l'impôt forfaitaire, qui est en principe prélevé sous la forme d'une somme fixe par tête d'habitant. Il est neutre car il n'influence aucun choix économique, à l'exclusion de ceux, moins pertinents pour la théorie, d'émigrer ou de disparaître !

Le conflit équité-efficacité : l'imposition optimale

Si l'allocation des ressources par l'entremise du critère de neutralité suggère que l'Etat devrait se financer au moyen d'impôts forfaitaires, la prise en compte simultanée du critère d'équité montre immédiatement que cela n'est pas imaginable puisqu'un tel impôt frappe les contribuables indépendamment de leur pouvoir économique, qu'il soit défini en termes de capacité contributive ou selon le principe d'équivalence. Il y a donc conflit patent entre les critères d'équité et de neutralité. D'une manière générale, plus un impôt est neutre pour l'allocation des ressources, plus il est injuste ; inversement, plus un impôt exerce une effet de redistribution, plus il entraîne une forte distorsion de l'allocation des ressources. Cette situation de conflit justifie la recherche de la meilleure des solutions de compromis, démarche analytique qui s'est développée sous l'appellation d'imposition optimale.

Du bon usage d'un impôt non neutre

Remarquons cependant que pour satisfaire certains objectifs de politique économique, il peut s'avérer au contraire opportun d'appliquer des impôts non neutres pour provoquer délibérément une distorsion de l'allocation des ressources. Tel est précisément le but recherché par les redevances de pollution que nous avons présentées dans le chapitre 2, ainsi que par les impôts sur le tabac et l'alcool.

6.2.5 Les effets de la fiscalité sur le comportement économique

Nous venons de voir que le prélèvement de pratiquement tous les impôts agit sur les choix économiques des agents et entraîne de ce fait une distorsion de l'allocation des ressources, source d'une charge fiscale excédentaire nuisible pour l'allocation optimale des ressources. Il est également important d'envisager cette influence de l'impôt sur les choix économiques en termes de modification du comportement personnel en qualité de travailleur, épargnant ou investisseur. Nous allons voir que l'impôt agit sur l'offre de travail, d'épargne et la demande d'investissement, et par conséquent sur le niveau de la production et sur le rythme de croissance économique. De plus, parce qu'elle diffère d'un contribuable à l'autre, cette réaction des agents économiques face à l'impôt influence aussi la répartition du fardeau fiscal entre les individus.

Comme nous l'avons vu précédemment, tout individu est confronté à une série de choix économiques dont les plus significatifs, au titre de l'influence de l'impôt sur l'allocation des ressources et la distribution du fardeau fiscal, sont :

– la répartition du temps disponible entre travail et loisirs ;
– l'affectation du revenu entre consommation et épargne ;
– la décision d'investir et de prendre des risques.

Pour esquisser la nature de l'impact de l'impôt sur ces choix, nous présenterons le problème le plus étudié de l'effet de l'impôt sur le revenu sur l'offre de travail, ou en d'autres termes sur la volonté de travailler. Nous recourrons pour cela à un modèle qui illustre la situation face à laquelle toute personne est confrontée : travailler pour obtenir un revenu ou jouir de ses loisirs.

L'ordonnée du graphique 6.6 représente le revenu *Y* alors que l'abscisse mesure la quantité de loisirs *L* en s'éloignant de l'origine 0, ou la quantité de travail *Q* en s'en approchant. Pour

Graphique 6.6 ***Effet d'un impôt sur le revenu sur l'offre de travail***

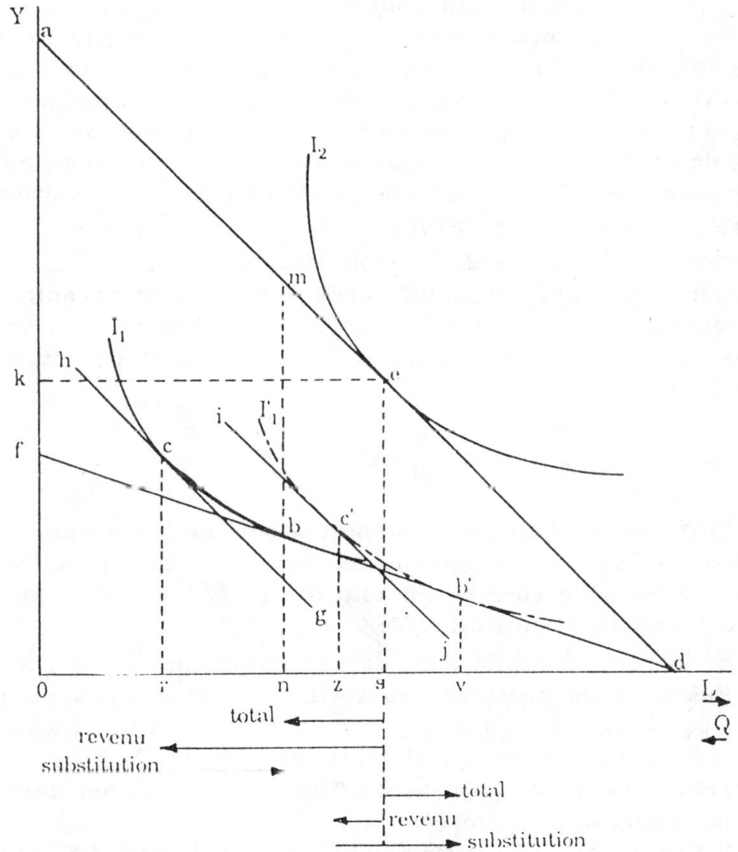

simplifier, nous supposons que l'individu de notre modèle est tout à fait libre de choisir la quantité de travail qu'il souhaite fournir en fonction de la rémunération-horaire qu'il touche en contrepartie.

Le modèle admet que notre agent économique maximise une fonction d'utilité ordinale qui a le revenu Y et les loisirs L pour argument, soit $U = U(Y, L)$, et qui est illustrée par la série de courbes d'indifférence entre revenu et loisirs I_1, I_2, convexes par rapport à l'origine. La pente de ces dernières, à un point donné, correspond au taux marginal de substitution, qui est égal au rapport entre l'utilité marginale des loisirs et celle du revenu, soit :

$$TMS_{Y,L} = UM_L / UM_Y$$

La contrainte budgétaire à laquelle notre individu est soumis dépend du salaire horaire w. Dans la situation initiale sans impôt, elle a l'allure d'une droite ad qui caractérise le revenu qui peut être gagné en fonction du volume de travail fourni. Si l'agent économique considéré ne travaille pas du tout, la droite ad intercepte l'axe horizontal en d (qui correspond à 24 heures de loisirs) et son revenu est nul. S'il travaille au contraire 24 heures, ad coupe l'axe vertical en a. Son revenu atteint dans ce cas $Q \cdot w$ ou oa. La pente de la droite ad est donc égale à w ou oa/od. Une hausse du taux de salaire s'exprimerait par une pente plus forte de la droite de contrainte budgétaire, et inversement.

Avant l'introduction de l'impôt, l'individu concerné maximise son utilité au point e déterminé par le point de tangence entre I_2 et la droite ad. Il choisit donc de répartir sa journée en os heures de loisirs et sd heures de travail, qui lui procurent un revenu du travail :

$$sd \cdot \frac{oa}{od} = sd \cdot \frac{se}{sd} = se$$

L'introduction d'un impôt proportionnel sur le revenu au taux $t = fa/oa$ transforme la ligne ad en une droite du revenu brut du travail à laquelle correspond une droite fd du revenu net (ou disponible) dont la pente est égale à $w(1-t)$.

- Si la carte d'indifférence de l'agent économique correspond aux courbes dessinées en traits pleins, le nouveau point d'équilibre est indiqué par b, ce qui implique une augmentation de l'effort de travail équivalente à sn. Ce point correspond à un revenu brut nm et à un revenu net nb, bm étant égal au rendement de l'impôt.
- En revanche, si sa carte d'indifférence correspond à la courbe dessinée en traitillé, l'équilibre se situe en b', point qui se trouve cette fois-ci à droite du point initial e. Le prélèvement

de l'impôt induit donc une augmentation du temps consacré aux loisirs égale à *sv* et, par conséquent, une diminution de l'effort de travail équivalente.

Force est donc de constater que, sur cette base, l'effet d'un impôt proportionnel sur le revenu sur la volonté de travailler est indéterminé, puisqu'il y a tantôt incitation à travailler plus, tantôt incitation à travailler moins. Le résultat dépend de l'allure des courbes d'indifférence, en d'autres termes des préférences personnelles.

Très décevante en l'état, cette analyse devient déjà plus instructive si l'on distingue l'*effet de revenu* de l'*effet de substitution,* c'est-à-dire les deux effets qui sont sous-jacents à l'effet total de la ponction fiscale.

Pour identifier l'effet de revenu sur la volonté de travailler des individus, il suffit de remplacer l'impôt proportionnel sur le revenu par un impôt forfaitaire qui *place l'individu à un même niveau de bien-être,* mais qui le frappe indépendamment de son effort de travail. Comparativement à l'impôt sur le revenu, l'impôt forfaitaire ne modifie pas le prix relatif du travail par rapport à celui des loisirs. La nouvelle contrainte budgétaire *hg,* respectivement *ij,* propre à l'impôt forfaitaire, est donc parallèle à la contrainte *ad* initiale et tangente, aux points *c* et *c',* à la courbe d'indifférence I_1, respectivement I'_1. Dans les deux cas, l'effet de revenu provoque, par rapport à la situation sans impôt, une augmentation de l'offre de travail. Celle-ci est pourtant plus substantielle dans le premier que dans le second. Cet impact favorable au travail de l'effet de revenu présuppose cependant, ce qui est raisonnable, que la demande de loisirs augmente (diminue) lorsque le revenu croît (baisse), ce qui est caractéristique d'un bien normal. Si les loisirs étaient au contraire un bien inférieur, dont la demande diminue lorsque le revenu augmente, l'effet de revenu serait défavorable au travail.

A partir de là, il est aisé d'identifier l'*effet de substitution.* Comme la pente de la contrainte budgétaire avec impôt proportionnel *fd* est plus faible qu'avec l'impôt forfaitaire, le point de tangence avec une courbe d'indifférence se situe nécessairement plus à droite, soit respectivement en *b* et *b'.* Ainsi, quelle que soit l'allure des courbes d'indifférence, l'effet de substitution incite les contribuables à augmenter leurs loisirs. L'impôt sur le revenu n'est pas un impôt général frappant le travail (donc le revenu) et les loisirs, mais un impôt analytique qui ne touche que le travail. En réduisant le prix relatif des loisirs, qui correspond au revenu auquel le contribuable renonce en décidant de ne pas travailler une heure de plus, il l'incite donc à en jouir davantage.

L'indétermination de l'effet d'un impôt sur le revenu sur l'effort de travail relevée ci-dessus provient de notre méconnaissance de l'importance relative de ces deux effets contradictoires. Dans le premier cas, l'effet total est favorable à l'offre de travail puisque le point d'équilibre *b* se situe à gauche du point *e*. L'effet de revenu, favorable au travail, est supérieur à l'effet de substitution, favorable aux loisirs. Le graphique 6.6 qui illustre l'offre de travail en fonction du salaire net montre que ce cas est caractéristique d'une courbe d'offre de travail retournée en arrière. Le revenu est assez élevé pour que les individus cherchent à profiter d'une augmentation de ce dernier pour augmenter leurs loisirs. C'est évidemment la situation contraire qui prévaut avec l'introduction de l'impôt : la perte de revenu est fortement ressentie, ce qui incite l'individu à travailler plus pour la compenser.

Dans le second cas, l'effet total est défavorable à l'offre de travail puisque le point d'équilibre *b'*se trouve à droite de *e*. L'effet de substitution est plus important que l'effet de revenu. Cet exemple est caractéristique d'une courbe d'offre de travail normale où l'effort de travail augmente si le salaire net augmente, et vice versa (graphique 6.7).

L'analyse développée ci-dessus peut être affinée afin de comparer la différence d'impact d'un impôt sur le revenu sur l'offre de travail selon la forme de l'impôt, forfaitaire, proportionnel ou progressif. Le graphique 6.8 est construit sur les mêmes bases que le 6.6 à deux exceptions près : d'une part, il ne considère plus qu'une seule fonction de préférence pour le revenu et les loisirs ;

Graphique 6.7 ***Impôt sur le revenu et offre de travail***

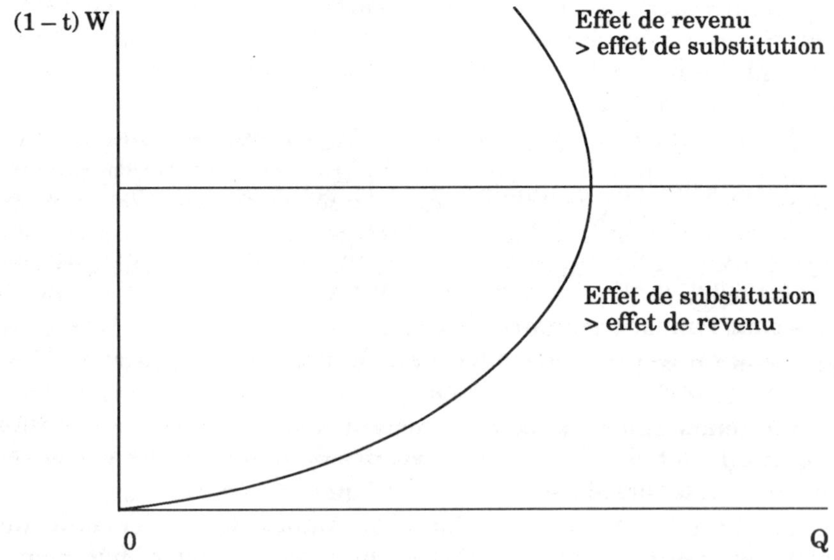

Graphique 6.8 ***Impact sur l'offre de travail selon la forme de l'impôt***

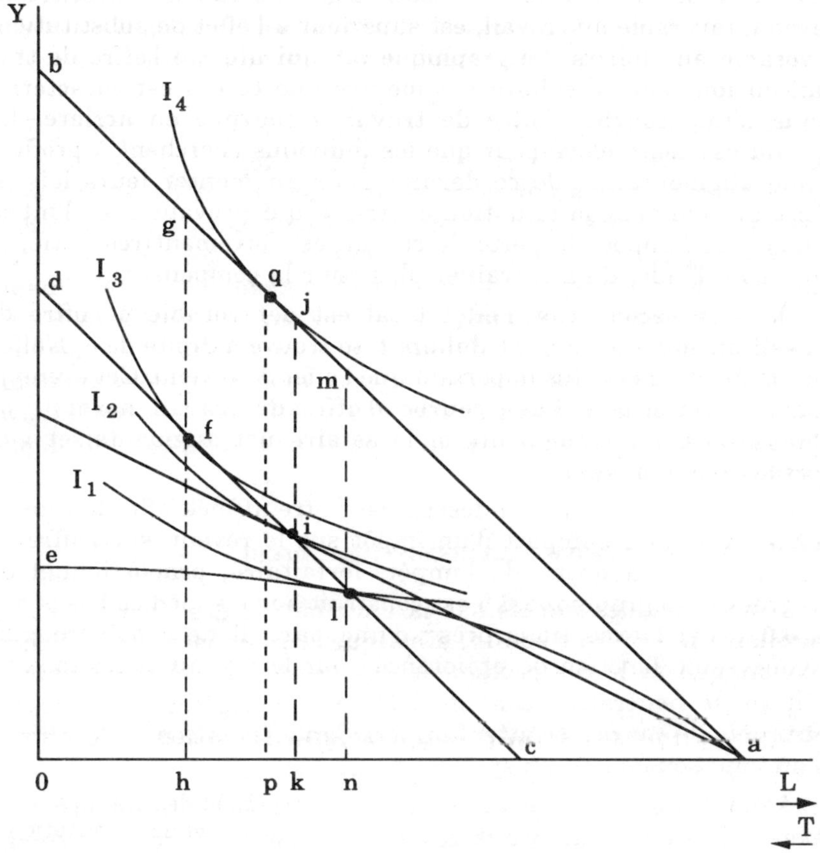

d'autre part, il illustre une nouvelle contrainte budgétaire après impôt caractéristique d'un barème d'imposition progressif, soit *ae*. Les trois solutions optimales, dont le point de tangence avec la contrainte budgétaire propre à chaque type d'impôt se situe sur la contrainte budgétaire caractéristique de l'impôt forfaitaire afin de garantir une recette identique correspondant à *db*, sont :

– pour l'impôt forfaitaire, *f* sur I_3,
– pour l'impôt proportionnel, *i* sur I_2, et
– pour l'impôt progressif, *l* sur I_1.

Indépendamment de la situation optimale sans impôt, on constate que l'effet de substitution exercé par une imposition liée au revenu est favorable aux loisirs, et qu'il est plus marqué pour l'impôt progressif que pour l'impôt proportionnel (demande de loisirs de respectivement *ok* et *on* à comparer à *oh* pour l'impôt for -

faitaire). Si on suppose arbitrairement que la solution optimale initiale (sans impôt) correspond au point de tangence q sur la courbe d'indifférence I_4, l'effet de revenu propre à l'impôt forfaitaire serait favorable au travail alors que les effets de revenu et de substitution combinés des impôts sur le revenu nuiraient à l'effort de travail.

Sans pour autant nous fournir un enseignement définitif, cette analyse montre d'une part que l'effet d'un impôt sur le revenu sur la volonté de travailler dépend non seulement de la forme du barème (forfaitaire, proportionnel ou progressif), mais encore du niveau général des salaires. Elle suggère d'autre part que l'effet dépend de la catégorie de revenu envisagée. En conséquence, seules des analyses empiriques permettent de répondre à cette question, qui a pris tant d'importance en politique économique. Sans entrer dans les détails, celles-ci montrent sans ambiguïté que l'impôt sur le revenu a en tout cas un effet pervers sur le travail des femmes et des personnes qui ont atteint l'âge qui leur donnerait le droit à la retraite.

6.2.6 Autres critères d'un bon système fiscal

L'incidence des impôts sur la distribution des revenus, et son corollaire le critère d'équité, ainsi que leur impact sur l'efficacité économique et le comportement des agents, et leur corollaire le critère de neutralité, sont de loin les deux principaux facteurs auxquels il faut prêter attention lors de l'élaboration ou la réforme d'un impôt ou de tout un système fiscal.

Mentionnons encore deux éléments importants en prolongement direct de ces deux critères. Il s'agit tout d'abord de la *compatibilité* du système fiscal national *sur le plan international.* La très grande interdépendance des économies nationales ne permet plus d'élaborer des systèmes fiscaux sur la base de critères uniquement intérieurs ; d'éventuels effets défavorables, en particulier sur la capacité concurrentielle de l'économie d'exportation et sur les mouvements de capitaux, devraient être prises en compte. Il s'agit ensuite de veiller à la cohérence du système fiscal pris dans son ensemble. Sachant que tout impôt présente inévitablement des lacunes, ils doivent être complémentaires pour que les lacunes des uns soient, dans la mesure du possible, comblées par les avantages des autres. Il en va de l'équité et de la neutralité du système.

Sur un plan plus pratique, un bon système fiscal devrait encore satisfaire à d'autres exigences. Il devrait être d'une part *acceptable pour les contribuables.* Bien que l'Etat puisse recourir à la contrainte pour prélever les montants nécessaires au financement de ses activités, le système fiscal devrait être bien toléré et compris par les contribuables. Si ces derniers estiment que le fardeau fiscal est trop élevé ou mal réparti pour les prestations qu'ils reçoivent, ils feront de gros efforts pour l'éviter, au moins partiellement, ou pour le faire modifier en usant des moyens politiques que leur offre un système démocratique. L'acceptabilité implique au moins trois exigences :

- Chaque impôt et le système fiscal dans sa globalité devraient être suffisamment simples et transparents pour que tout contribuable puisse calculer correctement son dû. Cela nécessite qu'il sache avec certitude ce qui est imposable et ce qui ne l'est pas et qu'il puisse évaluer le montant dû sur chaque élément imposable. Cette exigence est non seulement une condition nécessaire de l'acceptabilité des impôts, mais détermine en plus la révélation des préférences des citoyens sur la politique publique.
- Le fisc ne devrait pas être trop inquisiteur et devrait respecter la sphère privée des citoyens ; il y a cependant là un compromis difficile à trouver car l'application équitable de la loi nécessite le contrôle des déclarations des contribuables.
- Le coût d'administration devrait être raisonnable tant du côté de l'administration fiscale, qui perçoit l'impôt, que de celui des contribuables qui doivent s'y soumettre.

Le système fiscal devrait d'autre part être tout à la fois flexible et stable. D'un côté un système fiscal devrait être flexible pour satisfaire les besoins de la politique conjoncturelle, qui requiert une intervention rapide, par exemple par une modification des taux d'imposition. De l'autre, il devrait être stable pour permettre aux agents économiques d'élaborer des plans à longue échéance. De fréquentes modifications du système et du niveau d'imposition provoquent un climat d'incertitude néfaste au développement harmonieux de l'économie.

6.3 LA TECHNIQUE FISCALE

La technique fiscale est l'ensemble des moyens à disposition du fisc pour opérer les ponctions fiscales nécessaires. Bien que la fiscalité doive en dernier ressort être codifiée dans des textes juridiques, son étude est encore plus importante du point de vue économique car la fiscalité, comme nous venons de le voir, a de très nombreuses implications pour l'allocation des ressources et la distribution des richesses. Consacrée aux impôts les plus répandus dans les systèmes fiscaux, cette section en donne un aperçu.

6.3.1 Impôt sur le revenu des personnes physiques

Conçu à l'origine comme un instrument de redistribution du revenu par une imposition supplémentaire des contribuables particulièrement aisés, l'impôt sur le revenu des personnes physiques est devenu, avec plus de 30 % des recettes fiscales, le mode de prélèvement fiscal le plus important au sein des pays de l'OCDE.

Le calcul de la dette d'impôt d'un contribuable peut être décomposé en plusieurs étapes.

Evaluation du revenu brut

La définition et l'évaluation du revenu brut soulèvent d'importants problèmes conceptuels et administratifs ; c'est pourquoi, les législations fiscales reposent sur un compromis entre deux notions assez différentes du revenu :

– Selon *la notion des sources ou de la périodicité,* le revenu correspond aux flux de paiements provenant de sources permanentes (salaires, intérêts, dividendes, loyers, rentes, etc.) et reçus par une personne ou un ménage durant une période donnée, en général l'année. Cette définition restreint la notion de revenu aux paiements en espèces et néglige les gains occasionnels comme les successions ou les gains de loterie.

– Selon *la notion de l'accroissement du pouvoir économique ou définition exhaustive du revenu,* le revenu R équivaut à la somme algébrique de la consommation C et de la variation de la fortune nette F d'une personne ou d'un ménage durant la période de référence, soit

$$R = C + \Delta F$$

S'efforçant de cerner le mieux possible le pouvoir économique des contribuables, cette définition admet qu'il ne suffit pas de retenir les seuls revenus monétaires, mais qu'il faut prendre en considération tous les éléments qui contribuent à l'enrichissement d'un individu et qui peuvent être évalués en termes monétaires.

Historiquement, les législations fiscales se sont tout d'abord fondées sur la notion étroite des sources, mais elles ont été progressivement influencées par la définition exhaustive du revenu, plus satisfaisante du point de vue économique. En mettant l'accent sur l'accroissement du pouvoir économique du contribuable, c'est-à-dire sur son aptitude à satisfaire ses besoins, la définition exhaustive du revenu considère comme revenu des éléments qui ne le sont pas dans la définition étroite. Ces éléments supplémentaires peuvent être répartis en deux familles.

– La première réunit les *formes non monétaires de revenu* comme la part de la récolte qu'un agriculteur garde pour sa propre consommation ou le travail d'un bricoleur, deux formes d'enrichissement qui ne sont que rarement prises en considération par les législations fiscales en raison des difficultés d'identification et d'évaluation qu'elles soulèvent. Il en est de même des facilités ou dons en nature accordés par certaines entreprises à leurs employés sous forme de repas, logement, voiture, vacances, etc. En revanche, les législations fiscales prennent, en règle générale, correctement en compte la valeur locative d'une maison ou d'un appartement occupé par son propriétaire. Outre que cette donnée soit plus facilement saisissable, il est indéniable que la jouissance d'une maison ou d'un appartement dont on est propriétaire accroît le pouvoir économique ; il s'agit d'une rente assimilable à un revenu monétaire et qui peut être estimée sur la base du loyer qui pourrait être exigé d'un locataire.

– La seconde famille inclut les *gains irréguliers et volatiles, voire uniques,* tels que les gains de loterie, les legs, les donations et les gains en capital (plus-values mobilières et immobilières). Tous ces éléments contribuent à accroître le pouvoir économique des contribuables et devraient donc être considérés comme un revenu, même s'ils ne se concrétisent pas toujours par un flux monétaire. Leur volatilité n'est pas un argument suffisant pour les ignorer, mais justifie des aménagements – étalement dans le temps par exemple – pour éviter que le barème progressif ne désavantage les bénéficiaires de revenus irréguliers par rapport à ceux qui ont un revenu annuel régulier de même importance. Dans la réalité cependant, la plupart des législations fiscales prévoient l'imposition séparée des gains irréguliers (par exemple sous la forme d'un impôt sur les plus-values immobilières) ; en outre, elles privilégient ou exemptent complétement les gains en capital réalisés et surtout non réalisés.

Pourtant, le respect strict de la définition exhaustive du revenu a une grande portée économique et sociale car toute divergence à cette règle discrimine certaines sources de revenu. Il en résulte :

– des *distorsions de l'allocation des ressources,* et donc une perte de bien-être pour la collectivité, car les contribuables sont incités à rechercher les formes de revenu non imposées ou imposées à un taux privilégié (rémunérations en nature, gains en capital, etc.) ;
– des *iniquités entre les contribuables* puisque des revenus identiques sont traités différemment selon leur source. Il apparaît par exemple que les contribuables appartenant aux classes de revenus moyens et élevés tirent une plus forte proportion de leur revenu de rémunérations en nature et de

gains en capital que les autres, ce qui tend à les privilégier puisqu'une partie des sources de leur enrichissement n'est que partiellement, voire pas du tout imposée.

Détermination du revenu imposable

Quelle que soit la définition du revenu retenue, une fois évalué, le revenu brut doit être adapté en procédant à un certain nombre de déductions afin de déterminer, dans une première étape, le *revenu net* et, dans une seconde, le *revenu imposable.* Même si ces déductions sont souvent confondues dans les législations, la justification des déductions opérées pour déterminer le revenu net puis le revenu imposable est très différente.

Détermination du revenu net : Les déductions pour frais d'acquisition du revenu sont accordées pour tenir compte du fait que les contribuables, en particulier ceux qui ont une profession indépendante, doivent engager des frais parfois importants pour acquérir leur revenu. Ainsi, par exemple, les indépendants ont des frais de personnel et de matériel, les salariés des frais de transport, les propriétaires d'appartement ou de maison des frais d'entretien et des charges hypothécaires. Il ne fait aucun doute que ces frais d'acquisition ou de production du revenu doivent pouvoir être déduits du revenu brut car sans eux le revenu serait inférieur, voire inexistant.

Toutefois, si certaines dépenses d'acquisition ou de production du revenu sont facilement identifiables, dans de nombreux cas, il n'est pas aisé d'établir une distinction entre dépenses de consommation (imposables) et dépenses d'acquisition ou de production (non imposables). Tel est par exemple le cas des frais de représentation des indépendants et des cadres salariés (frais d'invitations, de voyages, de voiture), qui sont sans doute nécessaires pour assurer le revenu, mais qui apportent aussi une satisfaction à ceux qui en bénéficient. Dans le même ordre d'idées, on peut se demander si les frais de déplacement du domicile au lieu de travail sont toujours indispensables ou s'ils résultent d'un désir de confort par le choix d'un domicile dans une zone résidentielle hors de la ville.

On qualifie de *revenu net* le revenu brut ainsi corrigé des frais d'acquisition ou de production.

Détermination du revenu imposable : Les déductions personnelles sont autorisées pour adapter la charge fiscale des contribuables bénéficiant du même revenu net à leur situation particulière, eu égard à des considérations de nature sociale. Il est en effet évident que tous les contribuables qui bénéficient d'un revenu équivalent n'ont pas la même capacité contributive. Les divergences les plus importantes proviennent des charges de famille ou de l'état de santé. Il est donc équitable d'en tenir compte par des déductions appropriées, bien qu'idéalement il y aurait lieu pour les frais de santé de pénaliser les individus qui manifestement se comportent de façon négligente à son égard.

Certaines déductions sont aussi utilisées pour atteindre des objectifs de *politique économique ou sociale* comme la promotion de l'épargne ou des économies d'énergie. De même, en autorisant la déduction de tout ou partie des primes d'assurances maladie et accident et des cotisations de prévoyance-vieillesse ou invalidité, les législateurs ont cherché à faciliter l'accès de ces formes de prévoyance à toutes les couches de la population.

Les modalités d'application des déductions personnelles soulèvent cependant quelques difficultés. Si l'on voulait appliquer strictement la définition exhaustive du revenu, aucune déduction ne devrait être accordée pour des dépenses de consommation de quelque nature qu'elles soient, car toute déduction favorise les contribuables qui procèdent à des dépenses supérieures à la moyenne sur des objets déductibles (hospitalisation en chambre privée, etc.) et encourage la conversion de certaines dépenses en dépenses déductibles (cure dans un établissement thermal en guise de vacances). Par ailleurs, l'impact des déductions autorisées sur la charge fiscale varie beaucoup d'un contribuable à l'autre parce que l'allégement apporté par la déduction d'un montant donné dépend du taux auquel ce revenu serait frappé en l'absence de déduction. Ainsi, avec un barème d'imposition progressif, le dégrèvement est plus important pour un revenu élevé que pour un revenu modeste.

Pour remédier à ces inconvénients, il convient tout d'abord d'être très restrictif dans l'établissement de la liste des déductions autorisées et de limiter leur montant. Par ailleurs, ilserait souhaitable de concrétiser ces déductions sous la forme d'un crédit d'impôt. Selon ce système, au lieu d'être retranchée du revenu net, la déduction est transformée en crédit ou rabais d'impôt d'une valeur donnée que le contribuable peut soustraire du montant de sa dette d'impôt.

Liquidation (calcul) de l'impôt

Après avoir déterminé le revenu imposable, le calcul de l'impôt s'opère en deux stades : l'octroi d'une exonération fiscale sur une partie du revenu et le calcul proprement dit de l'impôt.

Les exonérations : En plus des déductions pour frais d'acquisition du revenu et des déductions personnelles, les législations fiscales prévoient que les revenus les plus faibles doivent de façon générale être exemptés afin de libérer de l'impôt la part du revenu indispensable au maintien du niveau de vie minimum. Deux méthodes, qui sont d'ailleurs souvent combinées, sont pratiquées :

- Selon la *conception dite du coût de subsistance,* il est reconnu qu'une tranche initiale du revenu est indispensable pour assurer le minimum vital et doit donc être libérée de l'impôt. Pratiquement, cela revient à accorder à tous les contribuables, quel que soit leur revenu, une exonération sous la forme d'un certain montant à déduire du revenu. Cette solution est onéreuse pour l'Etat puisqu'elle profite à tous les contribuables ; de plus, elle favorise les revenus élevés car, à l'instar des déductions personnelles, la valeur de l'exemption en terme d'économie d'impôt est d'autant plus grande que le revenu est important.
- Selon la *conception de la capacité à payer des impôts,* seules les personnes dont la capacité contributive est insuffisante doivent être libérées de l'impôt. Cette solution revient à appliquer un taux d'imposition nul à la première tranche de revenu.

Le calcul de l'impôt : Le montant de l'impôt se calcule par application du barème d'imposition au revenu imposable. Les législations fiscales relatives à l'impôt sur le revenu des personnes physiques retiennent en règle générale un barème progressif : le montant de l'impôt augmente plus que proportionnellement par rapport au revenu.

L'exemple imaginaire figurant dans le tableau 6.9 met en évidence les éléments clés de tout barème d'imposition :

- le revenu imposable y est divisé en tranches inégales ;
- le taux d'imposition frappant la première tranche est souvent nul pour les motifs mentionnés ci-dessus, puis il est croissant pour les tranches ultérieures selon la progressivité désirée ;
- enfin, un taux unique et constant est appliqué à tous les revenus situés dans la dernière tranche qui couvre l'ensemble des revenus supérieurs à un certain montant.

Ainsi, l'élaboration des barèmes s'articule autour du taux marginal d'imposition, soit le taux applicable à chaque tranche successive de revenu. Très simple pour construire le barème, ce système est cependant peu commode à appliquer car il exige l'addition de l'impôt dû sur chaque tranche de revenu. C'est pourquoi le fisc publie généralement, à côté, un barème d'imposition détaillé, qui répertorie tous les revenus imposables échelonnés de 100 francs en 100 francs pour les revenus modestes puis en tranches plus larges pour les revenus supérieurs et, en regard, le montant d'impôt. En plus de la charge fiscale exprimée en francs, tout barème permet de connaître le taux moyen d'imposition qui est égal au rapport exprimé en pour cent entre le montant d'impôt total grevant un revenu donné et ce revenu.

Tableau 6.9 ***Exemple de barème d'imposition***

Tranches de revenu (Frs)	Taux de la tranche en %	Impôt dû sur la tranche	Impôt cumulé	Taux moyen en %
1-5 000	0	0	0	0,0
5 001-10 000	5	250	250	2,5
10 001-20 000	8	800	1 050	5,3
20 001-50 000	12	3 600	4 650	9,3
50 001-100 000	15	7 500	12 150	12,2
100 001-200 000	20	20 000	32 150	16,1
200 001-500 000	25	75 000	107 150	21,4
plus de 500 000	30			jq à 30

Taux moyen, taux marginal, élasticité et progressivité : Pour tous les impôts, mais en particulier pour l'impôt sur le revenu, il est important de bien distinguer les notions de taux moyen, de taux marginal, d'élasticité et de progressivité. Si l'on désigne le montant de l'impôt par T et l'assiette (le revenu imposable) par *R*,

– le *taux moyen* d'imposition *t* correspond au rapport entre la recette fiscale et l'assiette, soit

$$t = \frac{T}{R} = \frac{T(R)}{R}$$

– le *taux marginal* est égal à la variation de la recette fiscale consécutive à une variation du revenu (dérivée première), soit

$$t = \frac{\partial T}{\partial R} = \frac{\partial T(R)}{\partial R}$$

– la *progressivité* de l'impôt peut être mesurée de deux façons. Premièrement, un impôt est progressif si son élasticité est supérieure à un, c'est-à-dire si la variation en % de la recette fiscale est supérieure à la variation en % du revenu imposable, soit

$$e_R^T = \frac{\frac{T_1 - T_0}{T_0}}{\frac{R_1 - R_0}{R_0}} = \frac{\frac{\partial T}{T}}{\frac{\partial R}{R}} = \frac{\frac{\partial T}{\partial R}}{\frac{T}{R}} = \frac{t'}{t} > 1$$

Deuxièmement, un impôt est progressif si le taux moyen d'imposition augmente lorsque l'assiette (en l'occurrence le revenu) augmente, soit

$$\frac{\frac{T_1}{R_1} - \frac{T_0}{R_0}}{R_1 - R_0} = \frac{\partial\left(\frac{T}{R}\right)}{\partial R} = \frac{\partial t}{\partial R} > 0$$

Notons qu'un impôt est progressif même si le taux marginal est constant lorsque qu'une exonération est accordée à tous les contribuables sur leur revenu de base. Comparée au revenu imposable, l'importance relative de l'exonération est d'autant plus faible que le revenu est élevé ; de ce fait, le taux moyen d'imposition croît à un rythme qui va en diminuant pour s'approcher du taux marginal lorsque le revenu tend vers l'infini.

6.3.2 Les cotisations sociales

Complément à l'impôt sur le revenu, les cotisations sociales prélevées pour assurer des prestations pour la retraite, l'invalidité, le chômage, ou encore la maladie et l'accident, ont considérablement augmenté depuis la seconde guerre mondiale. Elles représentaient, en 1988 pour l'ensemble des pays de l'OCDE, 24,2 % des recettes fiscales, soit un taux proche de celui de l'impôt direct sur le revenu avec lequel elles ont certaines similitudes.

Historiquement, les cotisations sociales ont été conçues dans l'*esprit du principe d'équivalence.* Les bénéficiaires potentiels payaient des primes qui étaient retenues sous la forme d'un prélèvement proportionnel sur les salaires servant à alimenter un fonds particulier permettant de financer les prestations. L'équité du système voulait que statistiquement les assurés perçoivent des prestations correspondant à leurs cotisations. A l'exception du caractère obligatoire de l'affiliation, ce système ressemblait donc aux contrats d'assurances privées.

Assez rapidement et généralement, les systèmes de sécurité sociale ont dévié de l'idée d'équivalence et ont été intégrés dans la politique de redistribution des revenus. C'est ainsi que certains individus reçoivent des prestations nettement supérieures et d'autres nettement inférieures à ce qu'ils ont payé et cela pour des raisons tout autres que celles liées à la probabilité d'être frappés par un des risques mentionnés ci-dessus.

Il est généralement admis que les cotisations sociales sur les salaires sont insatisfaisantes du point de vue de la neutralité et de l'équité. En ce qui concerne l'objectif de neutralité, la répercussion, au moins partielle, des cotisations sur le coût du travail incite les entrepreneurs à y substituer plus de capital, d'où la création d'une charge fiscale excédentaire. Cependant, le mode de prélèvement des cotisations sociales est surtout inéquitable. D'une part, le principe d'équité horizontale n'est pas satisfait parce que seul le revenu du travail est frappé ; d'autre part, celui de l'équité verticale ne l'est pas non plus car les cotisations sociales sont caractérisées par une tendance régressive, qui provient de l'exclusion des revenus du capital dont l'importance croît, comme nous l'avons déjà mentionné, avec le niveau du revenu total.

Il est toutefois difficile de porter un jugement sur les systèmes de sécurité sociale en examinant uniquement leur financement. En effet, les critiques que nous venons de formuler, surtout du point de vue de l'équité, peuvent être atténuées par des dispositions en matière de redistribution du côté des prestations comme, par exemple, l'octroi d'une prestation unique quel que soit le revenu du bénéficiaire ou le plafonnement, à un certain niveau, d'une prestation jusque-là fonction du revenu.

6.3.3 Les impôts sur les ventes

Les impôts sur les ventes de biens et services constituent en importance, avec plus de 30 % des recettes fiscales, la deuxième source de financement du secteur public dans la zone OCDE. Contrairement à l'impôt sur le revenu des personnes physiques, ils frappent des choses et se prêtent mal à la personnalisation.

Il existe une grande variété d'impôts sur les ventes selon la façon dont sont combinées les trois caractéristiques suivantes : l'assiette, le stade et la méthode d'imposition, ainsi que la forme d'imposition.

L'assiette de l'impôt

Elle peut être plus ou moins large. A un extrême, on peut frapper l'ensemble des transactions de l'économie, à l'autre, un seul bien ou service.

L'imposition cumulative du chiffre d'affaires consiste à grever les biens en cascade chaque fois qu'ils passent d'un stade de la production et de la distribution à un autre. Dans ce cas, l'assiette de l'impôt est un multiple du produit national, ce qui permet de choisir un taux d'imposition très bas. Ce système a toutefois l'inconvénient de discriminer les produits, car le nombre de stades d'imposition varie beaucoup d'un bien à l'autre. Il encourage par ailleurs l'intégration verticale pour réduire les passages soumis à l'impôt.

L'imposition générale ou synthétique revient à asseoir l'impôt sur les ventes de tous les biens de consommation et d'investissement, mais de ne le prélever qu'à un seul stade du processus de production. Pour éviter les défauts de l'impôt cumulatif, les biens intermédiaires (matières premières, produits semi-finis, énergie) sont exonérés, ce qui n'est pas le cas des biens de production. L'assiette de l'impôt demeure très large puisqu'elle correspond au produit national. Ce système a aussi un inconvénient : l'imposition des biens de production provoque une double imposition pour la part de la valeur des biens de consommation qui est due aux biens d'investissement. Les biens d'investissement sont en effet frappés une première fois au moment de leur vente, puis une seconde fois lors de la vente du bien de consommation final qu'ils ont contribué à produire. Ce phénomène est connu sous le nom de "charge antérieure" ou "taxe occulte". On le déplore particulièrement pour les biens de consommation qui sont exonérés de l'impôt pour des raisons sociales ou par commodité (liste franche) et pour les biens exportés qui sont ainsi défavorisés par rapport à leurs concurrents étrangers, la taxe occulte ne pouvant pas être dégrevée à la frontière.

Pour éviter les distorsions engendrées par la charge antérieure, l'imposition des ventes est le plus souvent limitée aux biens de consommation. La délimitation entre biens de consommation et d'investissement s'avère cependant délicate car de nombreux produits peuvent être utilisés des deux façons.

Remarquons enfin qu'il est usuel de réduire l'assiette des impôts généraux ou synthétiques en établissant une liste de biens francs d'impôt. Bien que de nombreux arguments parlent en faveur d'une liste franche aussi courte que possible (complications administratives, discrimination, perte de recettes pour l'Etat), il est courant d'exonérer tous les biens dits de première nécessité (nourriture) et les biens culturels (livres) pour faciliter, voire encourager, leur consommation, et pour atténuer le caractère régressif que l'on prête à ces impôts.

L'imposition sélective ou analytique consiste à frapper certains produits bien définis, pour une ou plusieurs des trois raisons suivantes :

- Appliqué à un bien complémentaire à une prestation publique gratuite, l'impôt sélectif est une alternative à la vente de cette prestation contre paiement d'un prix. A titre d'exemple, citons l'impôt sur les carburants qui, lorsqu'il sert à financer les autoroutes, tient lieu de péage.
- L'imposition sélective peut être engagée pour influencer le comportement des agents économiques. C'est ainsi que l'Etat frappe l'alcool et le tabac pour lutter contre l'alcoolisme et le tabagisme par simple paternalisme ou en raison des coûts externes qu'ils entraînent pour la collectivité. Il peut également, comme nous l'avons vu, recourir à cet instrument dans

le cadre de la politique de l'environnement ou de l'énergie.

– Mais en fin de compte, l'impôt sélectif constitue surtout un moyen commode pour l'Etat de s'assurer des ressources financières supplémentaires lorsqu'il frappe des biens de forte consommation, mais à faible élasticité-prix. Tel est le cas de l'alcool, du tabac et des carburants qui sont systématiquement grevés dans les pays développés. Actuellement, face à la résistance que les contribuables expriment à tout alourdissement des impôts traditionnels, le fisc est souvent tenté d'accroître le taux des impôts sélectifs ou d'en introduire de nouveaux. Cette forme d'impôt a en outre l'avantage d'être facile à prélever ; elle est de ce fait très utilisée dans les pays en voie de développement.

Le stade et la méthode d'imposition

Les impôts sur les ventes peuvent être prélevés à différents stades du processus de production et de distribution. Le choix le plus important doit être effectué entre l'imposition unique et l'imposition multiple. Ce choix opéré, il reste à décider, dans le premier cas, le stade auquel l'impôt doit être appliqué et, dans le second cas, la méthode de prélèvement.

L'imposition unique peut prendre place au stade de la production, du commerce de gros ou de détail. Frapper les ventes au niveau du commerce de gros ou de la production a l'avantage de limiter les entreprises contribuables et donc de simplifier le travail administratif du fisc. En revanche, cette façon de faire n'est pas neutre pour la concurrence, et plus particulièrement pour la structure verticale de la production et de la distribution. Un taux d'imposition *ad valorem* unique prélevé à l'un des stades intermédiaires engendre en effet *de facto* des taux différents au niveau de la vente de détail car le rapport entre le prix de production (ou de gros) et celui de détail diffère d'un produit à l'autre selon le nombre et la marge commerciale des intermédiaires. En d'autres termes, ce système favorise les biens dont l'acheminement vers le consommateur nécessite (ou permet) une valeur ajoutée importante au-delà du seuil d'imposition et incite donc les producteurs ou les distributeurs à réaménager la structure de la production ou de la distribution de façon à reporter la plus grande valeur ajoutée possible au-delà de ce seuil.

En conséquence, l'imposition au niveau du commerce de détail est préférable. Elle a deux autres avantages. D'une part, elle place les produits indigènes et importés sur pied d'égalité et d'autre part, l'assiette de l'impôt étant plus large, elle permet de choisir un taux d'imposition plus bas, ce qui réduit la tentation de détourner l'impôt. Elle présente néanmoins deux inconvénients : le nombre de contribuables est beaucoup plus élevé que dans le cas d'une imposition au stade de gros ou de production, et le contrôle est plus difficile à effectuer en raison du nombre élevé de ventes sans facture.

Si l'imposition est sélective, le choix du stade d'imposition est moins important puisqu'elle ne frappe par définition qu'une petite sélection de biens et services, et cela en dérogeant au critère de neutralité. Dans ce cas la simplicité administrative est déterminante ; c'est pourquoi les impôts sélectifs sont souvent prélevés au stade de la production ou du commerce de gros.

L'imposition multiple connaît deux variantes. La première prévoit de frapper le chiffre d'affaires de tous les agents économiques engagés dans la production et la distribution. Tel est le cas de l'impôt cumulatif en cascade dont nous avons souligné les défauts précédemment. C'est pourquoi ce mode de prélèvement est maintenant remplacé par la *taxe sur la valeur ajoutée (TVA)*, qui est également prélevée à tous les stades de la production et de la distribution, mais seulement sur la valeur ajoutée.

Théoriquement, la *TVA* peut être assise soit sur le produit national, si l'on désire frapper l'ensemble des biens et services, soit sur la consommation. Comme elle est généralement conçue comme un impôt sur la consommation intérieure, seule cette dernière variante est retenue. Cette exclusion des dépenses d'investissement en bâtiments et équipements permet par ailleurs d'éviter le problème de la charge antérieure.

La valeur ajoutée *VA* d'une entreprise ou d'un commerce peut être définie de deux manières :

- Elle est égale à la valeur de la différence entre l'"output" *O*, c'est-à-dire le chiffre d'affaires, et la valeur des "inputs" *I*, à savoir les achats de biens intermédiaires (matières premières, produits semi-finis, énergie, etc.) et de biens d'investissement (bâtiments, équipements), soit

$$VA = O - I$$

- Cette différence entre l'"output" et les "inputs" correspond à la somme des rémunérations des facteurs de production *W* (rémunérations du travail et du capital) et d'un résidu le profit π, soit

$$VA = O - I = W + \pi$$

La valeur finale d'une unité d'un produit donné, c'est-à-dire son prix, est donc égale à la somme des valeurs ajoutées aux différents stades i de sa production et de sa distribution, soit

$$P = \Sigma VA_i$$

Cette identité s'explique par le fait que les transformations opérées à chaque stade augmentent la valeur et, par conséquent, le prix du bien ou du service. Le prix final correspond bien à la somme des valeurs ajoutées.

Dès lors, si l'on désigne le taux nominal d'imposition par tn et suppose qu'il est proportionnel, la taxe sur la valeur ajoutée *TVA* est égale à :

– pour un stade d'imposition donné

$$TVA_i = t_n \cdot VA_i$$

– pour la valeur finale du produit

$$TVA = \Sigma TVA_i = t_n \cdot \Sigma VA_i = t_n \cdot P$$

Sous réserve que l'impôt soit entièrement répercuté sur l'acheteur, il ressort de l'identité $P = VA_i$ qu'il revient au même de prélever un impôt d'un taux nominal donné sur la somme des valeurs ajoutées ou sur la valeur finale du produit. Le choix entre une TVA ou un impôt général sur les ventes de détail n'est par conséquent pas influencé par une aptitude différente à produire un montant d'impôt déterminé.

Théoriquement le calcul de la *TVA* peut être effectué selon huit méthodes différentes. Tous les pays européens qui appliquent la *TVA* ont cependant retenu la méthode par soustraction indirecte.

- La valeur ajoutée est appréhendée en prenant la *différence* entre la valeur de l'"output" et celle des "inputs". Ce système est apparu plus conforme à l'esprit d'un impôt sur les ventes car il respecte le lien souhaité entre l'impôt et son assiette, à savoir les ventes, alors que son alternative porte l'accent sur les composants de la valeur ajoutée, soit les facteurs de production et le profit. Il permet en outre l'application de taux différenciés.
- La détermination de la dette d'impôt de chaque contribuable est obtenue selon la méthode *indirecte* qui évite d'avoir à évaluer les ventes et les achats. L'impôt dû sur la valeur ajoutée à un stade donné est ainsi calculé par différence entre l'impôt dû sur les ventes et l'impôt inclus dans le prix d'achat des biens intermédiaires et de production, soit

$$TVA = t_n O - t_n I$$

Ce système requiert l'établissement de documents comptables mettant en évidence le contenu fiscal des achats. Il a toutefois l'énorme avantage de faire ressortir immédiatement la part d'impôt contenue à chaque stade de vente, ce qui est très important pour les échanges internationaux car, selon les accords du GATT, les biens sont frappés dans les pays de destination conformément aux taux qui y sont en vigueur. Ils doivent donc être exonérés au moment de leur exportation.

– Enfin, le calcul du montant de l'impôt est effectué par application du taux d'imposition sur le prix des biens et services, *impôt non compris*, c'est-à-dire que la base d'imposition est la valeur des achats ou des ventes à l'exclusion de l'impôt prélevé sur eux. Par rapport à son alternative, impôt compris, ce système a l'avantage de ne pas provoquer de divergence entre le taux nominal d'imposition prévu par la loi et le taux effectif.

Les formes d'imposition

L'impôt sur les ventes peut être prélevé de deux façons différentes :

– Le taux est dit *ad valorem* lorsqu'il est exprimé sous la forme d'un pourcentage du prix de vente du bien ou du service auquel il est appliqué. Il s'agit donc d'un impôt sur la valeur des ventes.

– Le taux est dit *spécifique ou unitaire* lorsqu'il est exprimé sous la forme d'un montant donné par unité physique d'un produit, soit par exemple *X* francs par kilo ou par pour cent d'alcool dans un litre.

On préfère souvent cette seconde forme d'imposition car elle permet d'éviter l'évaluation du prix du bien ou du service ; il suffit de connaître la quantité physique. Elle permet aussi de rendre l'impôt proportionnel à la quantité physique ce qui peut être souhaité dans le cas des biens sous tutelle (tabac, alcool) ou lorsque l'impôt remplace le prix d'utilisation d'un service collectif (carburants). En outre, effectué au niveau de la production ou du commerce de gros, ce système évite la discrimination des biens et la distorsion des canaux de distribution que produit une imposition *ad valorem* puisque le volume est le même quel que soit le stade d'imposition. L'imposition unitaire a toutefois deux désavantages : d'une part, elle ne profite pas de l'inflation, ce qui est un inconvénient important pour le fisc ; d'autre part, elle est plus régressive qu'un prélèvement *ad valorem* parce qu'elle frappe comparativement plus lourdement les qualités bon marché. Il en résulte une distorsion de l'allocation des ressources en faveur des produits de meilleure qualité.

L'imposition des ventes et l'équité

Certains estiment que l'imposition des ventes est inéquitable car son fardeau toucherait plus fortement les pauvres que les riches : elle serait régressive. Bien que très répandue, cette opinion n'est valable que sous certaines conditions. Tout dépend du critère que l'on a retenu pour mesurer la capacité contributive – consommation ou revenu – et du type d'équité que l'on considère.

Admettons, pour simplifier, un impôt général sur les ventes à taux unique et sans liste franche. Si l'indice d'équité est défini en terme de consommation, il satisfait le critère d'*équité horizontale.* En revanche, tel n'est pas le cas si l'aisance est définie en terme de revenu car les ménages jouissant d'un même revenu n'ont pas le même niveau de consommation et par conséquent ne paient pas le même montant d'impôt.

En ce qui concerne l'*équité verticale,* un impôt sur les ventes est proportionnel à la consommation ; il n'est donc pas régressif si cette dernière est retenue comme indicateur de la capacité contributive. Par contre il tend à être régressif par rapport au revenu, mais tout dépend du niveau de revenu. Il apparaît en effet que la propension moyenne à consommer des contribuables à revenu faible et moyen est pratiquement constante ; ce n'est qu'à partir d'un certain seuil de revenu qu'elle décline avec l'élévation du revenu, d'où une diminution de la part d'impôt sur les ventes par rapport au revenu.

La régressivité de l'impôt sur les ventes, qui apparaît dans certaines circonstances, peut être atténuée, voire compensée, de deux façons :

- l'exonération de tous les biens et services de première nécessité (liste franche) libère de tout ou partie de l'impôt les revenus modestes pour qui ces biens représentent l'essentiel de leur consommation ;
- l'introduction de taux différenciés selon le degré de luxe du bien ou service permet de frapper plus fortement les contribuables aisés et donc d'obtenir une certaine progressivité de l'impôt. Cette méthode est toutefois grossière car les habitudes de consommation ne correspondent pas de façon précise au niveau du revenu.

6.3.4 L'impôt sur le bénéfice des sociétés

En examinant l'impôt sur le revenu des personnes physiques, nous avons supposé implicitement que tous les revenus étaient touchés par des personnes physiques en compensation des facteurs de production ou des biens et services qu'elles fournissent à l'économie. Or l'existence de personnes morales – juridiquement distinctes des personnes physiques – interfère avec ce principe puisqu'elles constituent des entités légales placées entre les actionnaires et le récipiendaire initial du revenu, la société. C'est pourquoi, la plupart des législations fiscales prévoient un impôt supplémentaire pour frapper le revenu – c'est-à-dire le bénéfice ou profit – des personnes morales.

La place de l'impôt sur le bénéfice des sociétés dans le système fiscal n'est pourtant pas évidente. Quatre arguments sont invoqués pour justifier son prélèvement :

Principalement, l'impôt sur le bénéfice des sociétés constitue pour l'Etat un *moyen commode de se procurer des ressources importantes.*

Deuxièmement, certains prétendent que cet impôt *contribue à la justice fiscale* car le bénéfice des sociétés ne profite pas aux individus mais aux sociétés elles-mêmes ; il serait donc profondément *inéquitable* de ne pas l'imposer. Cet argument est cependant erroné, car s'il est vrai que les sociétés constituent des unités de décision propre, cela n'implique pas encore qu'elles ont une capacité contributive propre : le bénéfice des sociétés, qu'il soit distribué ou non, appartient en dernier ressort aux actionnaires.

Troisièmement, pour d'autres, l'impôt sur le bénéfice est avant tout utile pour permettre à l'Etat d'*influencer le développement des entreprises,* en particulier de contrôler leur dimension. Si nécessaire, il pourrait servir à affaiblir leur position monopolistique ou, au contraire, à encourager leur croissance en favorisant la formation d'épargne à leur niveau, par exemple par une imposition plus lourde du bénéfice distribué ou en jouant sur le rythme des amortissements. Sans contester que l'impôt sur le bénéfice des sociétés puisse contribuer à satisfaire ces objectifs, il s'avère cependant qu'il n'est souvent pas le meilleur instrument pour y parvenir.

Enfin, l'impôt sur le bénéfice des sociétés permet d'*éviter l'exonération totale de la part non distribuée du bénéfice.* On conçoit qu'une telle lacune de la législation fiscale n'est pas supportable, d'une part, parce qu'elle discriminerait les entreprises ne jouissant pas de la personnalité juridique et, d'autre part, parce qu'elle favoriserait sans raison les actionnaires. Nous allons toutefois voir ci-après qu'il n'est pas indispensable de prélever un impôt sur le bénéfice pour frapper le bénéfice non distribué.

Systèmes d'imposition du bénéfice des sociétés

L'imposition du bénéfice des sociétés, dont l'aspect le plus délicat à résoudre est l'imposition du bénéfice non distribué, peut fondamentalement être opérée selon trois systèmes différents, le troisième étant en fait un compromis entre les deux premiers.

Le premier système, dit de l'imposition *autonome,* consiste à prélever un *véritable impôt sur le bénéfice des sociétés* selon des règles propres, indépendantes de celles de l'impôt sur le revenu des personnes physiques. Cette solution, qui ne fait que peu ou pas de différence entre le bénéfice distribué sous forme de dividende et le bénéfice mis en réserve ou réinvesti dans la société, répond à tout ou partie des quatre considérations présentées ci-dessus. A moins qu'une exonération soit prévue, elle induit une *double imposition du bénéfice distribué,* soit des dividendes, une première fois comme bénéfice au niveau de la société, et une seconde fois comme revenu des actionnaires par le biais de l'impôt sur le revenu des personnes physiques.

A l'antipode du système précédent, *l'intégration totale de l'imposition du bénéfice des sociétés dans l'impôt sur le revenu des personnes physiques* implique que les entreprises n'ont pas de capacité contributive propre et que, par conséquent, seuls des individus peuvent être frappés par un impôt.

Si les entreprises distribuaient l'intégralité de leur bénéfice, l'imposition du bénéfice des sociétés serait superflue, car ce dernier serait taxé en tant que dividende au niveau des personnes physiques. Pourtant, comme les entreprises renoncent généralement à le distribuer en totalité, des solutions ont dû être imaginées pour le frapper, sans quoi l'incitation serait très grande de ne pas le distribuer. Les deux plus connues sont :

- *La méthode de la plus-value en capital* qui admet que les profits non distribués sont frappés au niveau de la plus-value des titres de la société qui en résulte. Cette méthode implique alors une imposition des plus-values non réalisées du côté des personnes physiques pour éviter que les actionnaires n'échappent à l'impôt sur cette source de revenu.
- *La méthode de l'association* prévoit normalement d'imposer les dividendes au niveau des personnes physiques et d'imputer en plus au revenu de chaque actionnaire, au prorata du nombre d'actions qu'il détient, sa part du bénéfice non distribué.

Pour assurer l'imposition du bénéfice non distribué et en même temps éviter la double imposition du bénéfice distribué, la plupart des pays prélèvent un véritable impôt sur le bénéfice des sociétés, mais aménagent son *intégration partielle* dans l'imposition du revenu des personnes physiques. Citons deux solutions :

- *le système des taux différenciés* consiste à alléger l'imposition des profits distribués en les taxant à un taux réduit au niveau de la société ;
- *le système de l'imputation d'un crédit d'impôt pour dividendes reçus ou de l'avoir fiscal* prévoit au contraire un allégement au niveau de l'actionnaire, le fisc lui remboursant une partie de l'impôt qui a frappé le bénéfice distribué.

Calcul de l'impôt sur le bénéfice des sociétés

Le calcul de l'impôt sur le bénéfice des sociétés s'opère en deux étapes, l'évaluation du bénéfice net réalisé et le calcul de l'impôt proprement dit.

La détermination du bénéfice net réalisé peut à son tour être articulée en deux phases. Dans la première, on additionne les éléments positifs du bénéfice (bénéfice brut d'exploitation, recettes accessoires et gains en capital ou plus-values). Dans la seconde, on déduit les éléments négatifs, c'est-à-dire les charges de l'entreprise (frais généraux, pertes, amortissements, provisions).

Cette définition du bénéfice net soulève cependant plusieurs difficultés conceptuelles ou pratiques que nous allons décrire brièvement.

Evaluation des stocks et des plus-values : La variation de la valeur des stocks étant prise en compte pour la détermination du bénéfice, l'évaluation des stocks joue un rôle important. En cas de dépréciation des stocks, c'est-à-dire lorsque la valeur du marché en fin d'exercice est inférieure au prix d'achat, la plupart des législations acceptent la prise en compte de cette perte. Dans le cas contraire d'une appréciation des stocks, qu'elle soit due à l'inflation ou à des facteurs réels, les législations admettent différents systèmes visant à atténuer l'incidence de ces plus-values sur le bénéfice net. Une problématique analogue apparaît pour les plus-values et moins-values d'actifs, c'est-à-dire pour les gains et les pertes réalisés lors de la cession d'un élément de l'actif immobilisé d'une entreprise (immeubles, matériel, brevets, etc.) Si les moins-values sont en principe considérées comme des pertes de gain, les plus-values sont généralement mises au bénéfice de traitements spéciaux pour éviter notamment d'imposer en période d'inflation des gains purement nominaux.

Evaluation des frais généraux : Elle constitue aussi un problème difficile à résoudre. Etant déductibles puisqu'ils sont des dépenses nécessitées par la marche de l'entreprise, ils sont souvent majorés pour échapper à l'impôt. Leur contrôle s'avère délicat pour le fisc car il lui incombe de prouver que ces dépenses ne sont pas indispensables à la bonne marche de l'entreprise.

Définition et calcul des amortissements : La définition des amortissements autorisés est également très importante car il en résulte des différences dans la répartition des bénéfices, et par conséquent des impôts, à travers le temps. L'amortissement ayant pour but de compenser la dépréciation que subissent les éléments de l'actif et de permettre à la société de maintenir son capital physique intact, le fisc admet des périodes d'amortissement différentes en rapport avec la durée de vie de l'objet. Par ailleurs, il reconnaît diverses méthodes d'amortissement. La plupart reposent sur la valeur du capital investi par opposition à sa valeur de remplacement. La méthode la plus répandue est celle de l'amortissement linéaire ou constant qui consiste à amortir chaque année une somme égale au quotient du coût du capital par sa durée de vie. Un amortissement dégressif ou accéléré peut aussi être accepté dans le but de faciliter le remplacement anticipé du capital investi.

Avant de *calculer l'impôt,* une fois le bénéfice net annuel déterminé, divers ajustements sont encore pratiqués pour définir le *bénéfice imposable.* Le plus important est celui du report des pertes qui est autorisé pour atténuer le caractère artificiel du découpage en exercices annuels. Les législations sont plus ou moins larges à ce sujet. Enfin, la dette d'impôt est calculée en appliquant le barème d'imposition au bénéfice imposable. Ce barème est le plus souvent proportionnel avec un taux d'imposition unique ou constant, mais on rencontre aussi des barèmes progressifs articulés en tranches de bénéfice soumises à des taux croissants.

6.3.5 Les impôts sur le capital

Bien que comparativement moins importante pour le fisc, l'imposition du capital mérite un survol rapide, notamment parce qu'elle sert souvent d'imposition complémentaire et parce qu'elle joue un rôle significatif pour l'allocation des ressources et la distribution des richesses. Contrairement à l'ensemble des impôts envisagés ci-dessus, l'assiette des impôts sur le capital repose dans ce cas sur un stock, le capital.

Il peut être imposé dans trois circonstances différentes :

– *pour sa détention* (impôt sur la fortune, impôt foncier) ;
– *lors de son transfert* (impôts sur les successions et les donations, droits de mutation) ;
– *en cas de plus-value* (impôt sur les gains mobiliers et immobiliers).

A l'instar des impôts sur les flux, et notamment de l'impôt sur les ventes, les impôts sur le capital peuvent être soit *généraux ou synthétiques,* c'est-à-dire frapper globalement la détention du capital ou son transfert (impôt sur la fortune, impôt sur les successions), soit *analytiques ou spéciaux* (impôt foncier, droits de mutation). Ils peuvent frapper des choses (impôt foncier) ou être *personnels* (impôts sur la fortune et sur les successions). Enfin ils peuvent encore être *occasionnels* (prélèvement exceptionnel sur le capital en période de crise) ou *permanents,* ce qui ne signifie pas qu'ils sont levés régulièrement, mais que l'imposition a lieu chaque fois que certaines conditions sont réunies (décès, mutation, plus-value).

Divers arguments ont été avancés pour justifier le prélèvement des impôts sur le capital. Ainsi, par exemple, l'imposition de la fortune à côté de celle du revenu tend à améliorer l'équité du système fiscal en frappant le pouvoir économique que les contribuables dérivent de leur patrimoine. Elle permet en particulier de grever les contribuables qui possèdent un patrimoine important, qui n'est que peu ou pas créateur de revenu imposable (terrains, etc.) De même, le principe d'équivalence permet de justifier l'impôt foncier, généralement prélevé au niveau régional sur le capital immobilier : en assurant le respect de la propriété privée et en fournissant l'infrastructure indispensable à la valorisation d'un terrain, l'Etat procure des avantages aux propriétaires fonciers et se fait dédommager par l'impôt. Dans la pratique, l'équivalence n'est souvent pas respectée car l'impôt foncier sert également à financer d'autres services publics.

Imposition de la détention du capital

La détention du capital peut faire l'objet de deux types d'imposition. D'une part, l'*impôt sur la fortune* constitue un véritable impôt additionnel ou superposé à l'impôt sur le revenu. Il est surtout destiné à grever le pouvoir économique dérivé par les contribuables disposant d'un capital et, dans une certaine mesure aussi, à frapper les revenus qui échappent à l'impôt sur le revenu. Son prélèvement est en général annuel ou bisannuel.

L'impôt sur la fortune est en principe assis sur la fortune nette du contribuable, à savoir la fortune brute formée de tous les avoirs, moins déduction des engagements. Des abattements sont parfois autorisés pour tenir compte des charges de famille. Enfin le taux d'imposition, généralement modéré pour que l'impôt puisse être payé sur le revenu de la fortune, peut être proportionnel ou progressif. L'impôt sur la fortune n'est en vigueur que dans une vingtaine de pays, surtout européens et n'existe pas dans les pays anglo-saxons (Grande-Bretagne, USA).

D'autre part, l'*impôt sur le capital foncier,* qui est très ancien. Il est en général prélevé au niveau régional ou local et calculé sur la valeur en capital des terrains nus et immeubles. Ces derniers sont évalués soit par capitalisation de leur revenu net, soit par référence à leur valeur vénale ou même à leur coût de remplacement, déduction faite de leur dépréciation.

Imposition du transfert de capital

Les droits de succession : Il existe deux formes principales de taxation du capital par suite de décès :

- L'*impôt sur l'actif successoral* frappe la valeur de l'actif laissé par le défunt, sans prendre en considération la manière dont cet actif sera réparti entre les différents légataires.

- L'*impôt sur les parts successorales* est perçu sur la fraction d'héritage reçue par chaque légataire, indépendamment de la taille du patrimoine dont provient la succession, mais en général en fonction du lien de parenté entre le défunt et le légataire.

Cette seconde forme est la plus répandue. Elle est appliquée par tous les pays industrialisés à l'exception des pays anglo-saxons qui préfèrent l'impôt sur l'actif successoral. Il est intéressant de noter que l'on ne prend pas en considération la richesse des héritiers pour moduler l'imposition. Or, l'application stricte de la définition exhaustive du revenu justifierait pourtant que l'on considère les héritages reçus comme des revenus devant être frappés au titre de l'impôt sur le revenu. Cette solution nécessiterait évidemment que l'étalement de l'héritage soit autorisé sur un certain nombre d'années pour éviter des sauts dans la progression de l'imposition.

Ajoutons que des droits de succession élevés incitent au détournement de cet impôt par le biais des *donations entre vifs*. C'est pourquoi il est important, tant pour l'équité que pour l'allocation des ressources, de compléter l'impôt sur les successions par un impôt sur les donations. Leur barème devrait par ailleurs être identique.

Les droits de mutation : Les impôts sur les mutations, c'est-à-dire les transferts à titre onéreux entre vifs, sont aussi nommés droits d'enregistrement. Ils sont le plus souvent perçus à un taux proportionnel sur le montant de la valeur de cession déclarée par le contribuable et portent en général sur les mutations immobilières. L'émission ou le transfert de titres sont également souvent grevés d'un droit de timbre fixe ou proportionnel.

Imposition de la plus-value du capital

Dans tous les pays industrialisés, les gains en capital réalisés par les entreprises sont inclus dans leur bénéfice imposable. Il n'en va en général pas de même de ceux réalisés par les particuliers. C'est pourquoi les systèmes fiscaux prévoient souvent une imposition séparée, en particulier pour les plus-values immobilières, et parfois aussi pour les plus-values de certains biens mobiliers (bijoux, œuvres d'art, titres). En règle générale, le taux d'imposition est inversement proportionnel à la durée de détention de l'élément cédé, car c'est le caractère spéculatif des transactions que l'on cherche avant tout à frapper.

6.4 LES RESSOURCES PRELEVEES SELON LE PRINCIPE D'EQUIVALENCE

6.4.1 Les prix publics

Alors que le principe d'équivalence constitue l'essence même de l'économie de marché, il est souvent relégué à l'arrière-plan lorsque c'est l'Etat qui fournit les prestations puisque, à l'exception des entreprises publiques qui commercialisent leur production, seule une faible part des prestations publiques est fournie et financée selon ce principe. Pourtant le malaise croissant créé par certains aspects des systèmes d'imposition fondés sur la capacité contributive a provoqué un regain d'intérêt en faveur de ce mode de répartition de la charge de financement du secteur public.

Les avantages prêtés au financement des services publics selon le principe d'équivalence sont ceux reconnus au marché et plus particulièrement au mécanisme des prix. Ils se manifestent donc surtout sur le plan de l'*allocation* des ressources. Dans le cadre de l'analyse économique des choix collectifs, on a montré que l'alternative qui revient à confier l'allocation des ressources à l'Etat et à ses agents s'avère souvent beaucoup plus coûteuse car il s'agit tout à la fois de trouver un compromis entre les différentes préférences exprimées et d'exercer une contrainte à l'encontre des groupes minoritaires. Par ailleurs le système des prix encourage une utilisation parcimonieuse des biens et services puisqu'il oblige les agents économiques à tenir constamment compte de la valeur relative et du coût d'opportunité de chaque chose. La gratuité des biens et services favorise au contraire leur usage exagéré et favorise un secteur public plus large.

Sur le plan de l'*équité,* si l'on accepte le jugement de valeur fondamental à cette approche selon lequel il est juste que les individus payent pour ce qu'ils obtiennent, le financement des prestations publiques selon le principe d'équivalence peut aussi être qualifié d'équitable. Néanmoins cette façon de répartir le fardeau fiscal entre les individus ne peut l'être que si la distribution initiale du revenu et de la fortune est elle-même équitable. Si tel n'est pas le cas, le principe d'équivalence peut être contesté et celui de la capacité contributive préféré puisque celui-ci permet à l'Etat de procéder, par le biais des prestations gratuites par exemple, à une redistribution du bien-être.

L'argument le plus souvent invoqué contre le financement du secteur public selon l'esprit d'équivalence est qu'il ne serait tout simplement pas applicable car les prestations publiques présenteraient un caractère de service collectif trop marqué. Un examen attentif montre cependant qu'un nombre relativement important de ces services remplissent les conditions nécessaires à un approvisionnement public selon le principe d'équivalence, à savoir :

- la possibilité d'exclusion,
- un coût d'exclusion raisonnable,
- une indivisibilité de l'offre modérée,
- des effets externes modestes.

Si ces quatre conditions ne sont certainement pas réunies pour les services collectifs purs (défense nationale, institutions politiques et judiciaires, etc.), elles sont en revanche satisfaites dans le cas de nombreux services collectifs avec bénéfices individuels divisibles comme les routes, les parcs, la police ou le feu, et dans celui de tous les services à caractère privé tels que les transports et communications, la production de gaz et d'électricité, la distribution de l'eau potable, l'épuration des eaux usées, etc. Il en est de même des musées, des sports, du logement, de la santé ou de l'instruction qui pourraient être financés par leurs bénéficiaires, du moins partiellement. Il conviendrait en effet de tenir compte que les effets externes, que certains d'entre eux induisent, justifient une prise en charge partielle du financement par le secteur public.

Et pourtant seule une partie de tous les services qui se prêteraient à être financés selon le principe d'équivalence l'est effectivement ainsi. Il s'agit notamment des transports publics, de la fourniture du gaz et de l'électricité, ainsi que des postes et télécommunications. Les prix pratiqués divergent cependant fréquemment du prix optimal que nous avons examiné dans le paragraphe 2.4.2, car les autorités poursuivent en général simultanément un objectif politique de redistribution ou souhaitent avant tout éviter le déficit financier qui résulte, comme nous l'avons vu, du respect de la règle de tarification au coût marginal en cas d'indivisibilité de l'offre.

Si les applications du principe d'équivalence mentionnées cidessus relèvent de la participation de l'Etat à l'économie de marché en tant que partenaire, il y en a d'autres dans lesquelles il use de son pouvoir de contrainte, tout en s'efforçant de respecter ce principe, même si ce n'est que de façon approximative. Il s'agit des taxes et contributions, des impôts affectés ou de dotation ou encore des impôts d'incitation ou de dissuasion que nous allons succinctement présenter maintenant.

6.4.2 Les taxes et contributions

Comme nous l'avons déjà mentionné dans le paragraphe 6.1.1, les taxes et contributions sont des paiements exigés par le secteur public en vertu de son pouvoir de contrainte en contrepartie d'une activité administrative ou d'une prestation non industrielle effectuée en faveur d'individus ou de groupes d'individus. Elles peuvent avoir un caractère volontaire car il suffit, pour ne pas devoir les payer, d'éviter les prestations financées par ce moyen. Cependant le recours à certains services publics assortis de taxes et contributions est souvent obligatoire de sorte qu'elles sont ressenties comme un impôt.

Les principaux domaines d'application des taxes et contributions peuvent être regroupés en trois rubriques :

- Les taxes que le secteur public prélève auprès d'individus *en contrepartie de prestations obligatoires réelles* comme le contrôle technique des véhicules, l'examen du conducteur, l'homologation de produits, le ramassage des ordures.
- Les taxes qui frappent des *prestations de caractère administratif* visant à délivrer une autorisation à tout individu qui la sollicite. Par rapport à la prestation réelle envisagée précédemment, le rôle de l'Etat se limite au contrôle de l'accès au bénéfice. A titre d'exemple, citons les permis de chasse ou de pêche, la réglementation de certaines professions comme le notariat, la patente de cafetier, la délivrance d'un passeport.
- Les *contributions ou cotisations* qui frappent des prestations publiques obligatoires s'adressant à des groupes entiers de la population, même s'il n'est pas certain que chaque membre du groupe en profite dans la même mesure. Ces prestations peuvent être effectives comme l'éclairage public ou le déblaiement de la neige ou seulement potentielles.

Dans ce second cas, il s'agit surtout de prestations qui incluent un élément d'assurance comme celles en matière de chômage, d'invalidité ou de retraite. Elles sont potentiellement offertes à toute la collectivité, mais ne bénéficient à un individu que si l'élément assuré survient. La notion d'équivalence porte dans ces conditions sur le groupe des bénéficiaires. Pourtant, dans le domaine des assurances sociales, il est fréquent de demander à certaines catégories d'individus des cotisations supérieures aux prestations qui leur sont offertes dans le but de redistribuer le revenu. Pour ces catégories, le critère de capacité contributive est donc préféré au financement selon le principe d'équivalence.

6.4.3 Les impôts affectés ou de dotation

Lorsqu'il s'avère trop onéreux de financer une prestation en la vendant, le lien fondamental entre le service reçu et le paiement est parfois établi indirectement. La solution consiste à identifier un bien ou un service quelconque dont la consommation correspond approximativement à celle du bien ou service que l'on voudrait financer selon le principe d'équivalence et à le frapper d'un impôt dont la recette sert à financer le second. L'exemple-type est celui du financement des autoroutes à l'aide d'un impôt sur les carburants.

6.4.4 Les impôts d'incitation ou de dissuasion

Nous avons déjà mentionné que dans certains cas les impôts et les taxes n'ont pas pour objectif principal de financer les tâches du secteur public, mais plutôt d'influencer le comportement des agents économiques. Ils sont prélevés sur les ventes de biens tels que le tabac ou l'alcool dans le but de protéger la santé publique en essayant d'en réduire la consommation ou peuvent frapper des activités de production ou de consommation dans le cadre, par exemple, de la politique de l'environnement. Le principe d'équivalence est respecté car le prélèvement fiscal vise à internaliser les coûts externes induits par ces activités.

6.5 L'EMPRUNT

Ainsi que nous l'avons vu au début de ce chapitre, l'Etat peut aussi se procurer des fonds par modification de son patrimoine, et cela de deux façons : en vendant une partie de son patrimoine réel ou en contractant des emprunts.

La question de l'*endettement public* constitue sans doute l'un des domaines de l'économie publique qui suscite le plus de discussions et de prises de positions des économistes et des politiciens. Parmi les questions les plus fréquemment abordées, citons la limite de l'endettement, la répartition de la charge dans le temps (entre les générations), les sources de financement (système bancaire, marché des capitaux, banque centrale) et l'influence de l'endettement sur l'équilibre économique, en particulier sur l'évolution des prix. Bien que très succinctement, nous examinerons dans cette section les questions les plus significatives du point de vue économique concernant la gestion de la dette publique et ses effets de redistribution. Quant à l'impact macro-économique de la dette publique, il est esquissé dans le chapitre 8 consacré à la politique de stabilisation.

6.5.1 La gestion de la dette publique

La gestion de la dette publique a pour objet l'étude, du point de vue de l'allocation des ressources, des relations pouvant intervenir entre, d'une part, le budget et, d'autre part, l'emprunt, le service de la dette et le remboursement. La plupart des modèles théoriques se proposent de définir les conditions d'un optimum de gestion, dont le critère propre est la minimisation de la charge de la dette publique.

La décision d'emprunter

Pour couvrir le déficit du budget public, défini comme l'écart entre la dépense publique totale et les recettes courantes (impôts et autres recettes), ou pour faire momentanément face à des besoins de trésorerie, l'Etat peut recourir à l'emprunt, soit en faisant appel au crédit bancaire, soit par souscription auprès du public, soit encore en sollicitant le crédit de la Banque centrale.

Selon la théorie classique, l'endettement n'est cependant justifié que pour financer des dépenses d'investissement, c'est-à-dire des dépenses qui augmentent la capacité productive de l'économie et assurent leur financement ultérieur, soit directement par la vente de services, soit indirectement parce qu'elles contribuent à la croissance économique générale et, par conséquent à celle des recettes fiscales.

Ce lien entre emprunt et investissement donne un sens à la séparation comptable des budgets en budget de fonctionnement et budget des investissements sur laquelle nous reviendrons dans le chapitre suivant. En effet, les dépenses de fonctionnement, par leur nature même, créent des avantages immédiats. Il serait contraire à une gestion équitable et efficace du ménage public d'en reporter le financement, via l'emprunt, à une période future. En outre, l'endettement permet une politique plus laxiste en matière de dépenses publiques que ne l'autorise l'impôt, ce qui risque d'avoir pour conséquence une extension du secteur public qui n'est pas justifiée économiquement, ni désirée politiquement.

Le service de la dette

L'emprunt n'est possible que si une épargne disponible existe et si elle est prête à s'orienter vers les titres de la dette publique. Or, les investisseurs choisissent parmi la multitude de placements financiers qui leur sont offerts, les titres qui présentent un avantage du point de vue de trois facteurs combinés : le taux d'intérêt ou rendement, les risques comparés et le degré de liquidité des actifs financiers et monétaires. L'Etat, comme tout emprunteur, doit payer l'intérêt qui représente le loyer de l'argent qu'il reçoit en prêt ; il cherche en conséquence à minimiser ce paiement, appelé aussi le service de la dette. Il possède cependant des avantages que le secteur privé n'a pas, notamment parce qu'il ne court guère de risque de faillite et parce qu'il peut rendre attrayant l'émission d'un emprunt de plusieurs manières, par exemple en offrant des avantages fiscaux. En outre, le secteur public dispose d'un levier de manœuvre supplémentaire sur le marché des capitaux, dans la mesure où il contrôle la politique monétaire et peut donc en principe influencer le niveau du taux d'intérêt si les conditions économiques générales le permettent.

Du point de vue budgétaire, l'intérêt doit être inscrit dans le budget de fonctionnement, étant une dépense de transfert annuelle qui n'augmente pas la valeur du patrimoine public. Cela signifie que le service de la dette doit être financé par les recettes courantes ou éventuellement par une diminution d'autres dépenses de fonctionnement. De ce point de vue de l'allocation des ressources, l'endettement limite la liberté d'action de l'Etat en ce sens qu'il oriente de manière contractuelle une partie des ressources dont il dispose. Le budget perd en flexibilité, ce qui constitue une limite claire de l'endettement.

Les limites de l'endettement public

Fixer un plafond à la dette publique est un problème essentiellement politique. Soulignons cependant qu'une telle mesure, imposée en général au gouvernement par le parlement, masque simplement la difficulté que ce dernier rencontre à maîtriser le volume des dépenses publiques par une politique budgétaire stricte. Bien que les manuels d'économie publique accordent généralement peu d'attention à ce problème, examinons quelques-unes des solutions les plus souvent retenues en pratique.

Une première catégorie de limites de l'endettement public groupe les normes *réglementaires ou institutionnelles.* Leur forme est quantitative, fixant un montant maximal d'endettement, ou qualitative, donnant par exemple des règles sur l'opportunité d'un emprunt ou/et sur le service de la dette. Tel serait le cas d'une législation prescrivant à la fois l'obligation de financer le service de la dette par les ressources fiscales ordinaires et l'équilibre du budget de fonctionnement.

Les limites *financières* constituent une deuxième catégorie. En général, il s'agit de comparer le coût du service de la dette à certaines rubriques du budget, le plus souvent les ressources fiscales. Pour la dette existante, un rapport très utilisé est :

$$\frac{\text{Intérêts de la dette (année } t_0) \cdot 100}{\text{Recettes fiscales ordinaires (année } t_0)}$$

Il permet d'évaluer la part des recettes fiscales ordinaires absorbée par le service de la dette. La grille ci-dessous donne une idée des règles qui sont normalement acceptées :

10 % : endettement supportable
10 – 14 % : endettement moyen
15 – 19 % : endettement fort
20 % : endettement exagéré

En ce qui concerne les nouveaux emprunts, ou plus précisément la décision d'emprunter, deux rapports sont pris en considération pour juger de l'acceptabilité d'un endettement additionnel :

$$\frac{\text{Intérêts annuels d'une nouvelle dette en Frs}}{\text{Augmentation des recettes fiscales en \%}} = \text{Coefficient absolu}$$

$$\frac{\text{Augmentation du service de la dette en \%}}{\text{Augmentation des recettes fiscales en \%}} = \text{Coefficient relatif}$$

Le *coefficient absolu* d'un endettement additionnel met en évidence la part des recettes fiscales supplémentaires qui devra servir au paiement des intérêts d'un nouvel emprunt. Si le coefficient est supérieur à 1, les intérêts supplémentaires absorberont plus que l'augmentation prévue des recettes fiscales, de sorte que d'autres dépenses ordinaires devront être réduites. Le *coefficient relatif* indique la manière dont le coût du service de la dette et les recettes fiscales évoluent d'année en année l'un par rapport aux autres. Un coefficient égal ou supérieur à 1 caractérise une plus forte croissance du service de la dette que des recettes fiscales. Une telle situation n'est en soi pas critique à condition que le coefficient absolu soit inférieur à 1.

Les limites que nous venons d'énumérer sont envisagées du strict point de vue de la trésorerie d'Etat, dans une optique budgétaire. Reste encore la possibilité de fixer une limite à l'endettement sur le plan *macro-économique*. Ainsi on considère souvent la dette publique (ou éventuellement le service de la dette), du point de vue de son ordre de grandeur et de la tendance à son accroissement, par rapport au produit intérieur brut. Il est cependant possible de démontrer que même s'il y a endettement supplémentaire (supposé constant) chaque année, la part de la dette au produit intérieur brut tend à se stabiliser à un niveau d'autant plus faible que le taux de croissance est élevé. Inversement, une croissance économique lente se traduit par une part importante de la dette au produit intérieur brut.

Par ailleurs, c'est en période de croissance lente, à savoir lorsqu'une politique de déficit budgétaire peut s'avérer la plus justifiée pour des raisons conjoncturelles, que le service de la dette est le plus lourd, accentuant la contrainte qu'il exerce sur l'endettement. En période d'inflation, au contraire, la dette est plus supportable en raison du phénomène de la progression à froid, qui augmente les recettes fiscales alors que le service de la dette reste fixé au niveau contractuel antérieur. En outre, l'inflation provoque indirectement un amortissement de la dette parce que la valeur nominale de l'emprunt correspond à une valeur réelle moindre du fait de la dépréciation monétaire.

Le remboursement

Si la décision de contracter un emprunt peut avoir plusieurs justifications différentes, le problème de son *amortissement* en vue de son remboursement ne se pose effectivement que pour des emprunts spécifiques en relation avec les objets qu'ils ont permis de financer. Cette question est résolue, dans la théorie classique, par un raisonnement inverse à celui qui guide la décision d'emprunter. Il repose sur deux règles de gestion :

– La première est qu'il ne peut y avoir d'amortissement financier effectif sans excédent du budget de fonctionnement.
– La deuxième règle est que tout amortissement financier effectif doit être réalisé pendant la période d'utilisation présumée de l'investissement qu'il concerne, c'est-à-dire la période pendant laquelle la dépense publique financée par l'emprunt engendre des effets utiles. Toutefois l'application de cette seconde règle soulève la question des modalités de l'emprunt, et donc de son remboursement. En effet, il faut établir une distinction entre l'emprunt public, qui est essentiellement *remboursé* à l'échéance grâce à l'accumulation d'amortissements annuels, et l'emprunt auprès des banques qui est en général, selon les termes du contrat, amorti annuellement. Dans ce cas, la théorie classique prescrit que l'amortissement soit couvert par l'impôt et les autres recettes courantes, condition qui ne peut être satisfaite qu'en situation d'excédent continuel des recettes du budget de fonctionnement.

Cependant, comme toute règle, celles-ci souffrent d'exceptions qu'il convient d'énumérer brièvement :

– Chaque collectivité publique assume continuellement des dépenses d'investissement, de sorte qu'au moment où certains biens capitaux sont usés, d'autres sont achetés. S'ils sont systématiquement financés par l'emprunt, la collectivité publique supportera constamment un certain volume de dettes. L'amortissement n'a alors plus de raison d'être globalement, dans la mesure où l'endettement public croît en même temps que la valeur du patrimoine financier et administratif augmente. Dans ces conditions, le Trésor peut cher-

cher à gérer la dette en proposant des échéances (des maturités) qui minimisent le coût de l'intérêt plutôt que de correspondre strictement aux durées de vie des investissements.

- La règle classique d'amortissement suppose que la durée de vie de l'investissement financé par l'emprunt et le rythme d'usure sont connus d'avance, ce qui n'est souvent pas le cas en période de progrès technique rapide. Si l'investissement est devenu obsolète avant l'échéance prévue, la collectivité doit supporter une dette qui, soudain, perd sa contrepartie réelle, sans qu'il soit toujours possible d'accélérer le remboursement.
- La question du remboursement est plus difficile encore si l'on admet que l'endettement résulte aussi bien d'emprunts réels que d'une création monétaire déguisée : les règles classiques d'amortissement sont alors écartées au profit de celles qui relèvent de la politique monétaire.

Le choix des échéances

La théorie retient en général trois critères contradictoires qui déterminent le choix des échéances de remboursement des titres de la dette publique :

- La règle classique, nous l'avons vu, est de faire coïncider le remboursement et la durée de vie des investissements financés par emprunt.
- Une deuxième règle est de minimiser le coût du service de la dette et d'arranger les échéances en conséquence ; elle vaut aussi bien pour renouveler une dette, à l'échéance, par l'émission d'un nouvel emprunt que pour décider une *conversion*. Cette dernière opération consiste, lorsqu'il y a baisse du taux d'intérêt sur le marché de l'argent, à échanger, avant leur échéance, des titres d'emprunts anciens contre des titres ayant une même valeur en capital, mais portant un intérêt moindre ou ne bénéficiant pas des mêmes avantages accessoires.
- Une troisième règle serait de subordonner la politique de remboursement aux exigences de la politique conjoncturelle. Dans ce cadre, par exemple, le Trésor peut *consolider* sa dette, c'est-à-dire modifier les échéances de remboursement des titres de la dette par une réduction de la dette à court terme, appelée dette flottante. Cette opération est coûteuse parce qu'elle s'accompagne d'une hausse du taux d'intérêt destinée à compenser le risque de dépréciation monétaire, mais elle peut être nécessaire en période d'inflation pour éviter que la dette à court terme ne soit assimilée à de la quasi-monnaie.

6.5.2 Les effets de redistribution de l'emprunt

Nature du problème

Le problème des effets de redistribution de l'emprunt a été posé en termes de répartition de la charge de la dette et du mérite respectif de l'impôt et de l'emprunt. Une question essentielle et très controversée est de savoir si l'emprunt est supporté par la génération qui crée la dette ou s'il est une anticipation de recettes fiscales qui rejette sur les générations futures le poids des dépenses ainsi financées.

Ce thème n'est pas récent puisqu'il remonte à Adam Smith et Ricardo, mais la publication des thèses de Buchanan sur ce sujet, en 1958, a lancé le débat dans sa forme moderne. D'aucun estiment que la discussion est avant tout sémantique puisque la distribution de la charge de la dette dépend de la manière dont elle est définie ; elle n'en est pas moins utile parce qu'elle permet de préciser la nature des effets économiques de l'emprunt.

Avant d'esquisser les hypothèses dominantes relatives à une éventuelle répercussion de la dette publique sur d'autres générations, il faut examiner trois groupes de définitions de la charge de la dette publique.

Charge réelle ou financière : La charge de la dette est envisagée du point de vue réel lorsque l'on considère, d'une part, l'utilisation des ressources productives que le secteur privé renonce à utiliser en souscrivant l'emprunt public (consommation ou épargne, et dans ce dernier cas, au détriment de quel type d'investissement ?) et, d'autre part, les tâches que l'Etat finance ainsi (dépenses productives ou improductives ?).

La charge de la dette est appelée *financière* lorsque l'analyse prend en compte les flux monétaires au moment de l'émission de l'emprunt, lors du service de la dette et du paiement des amortissements : qui paie, qui reçoit ?

Charge symétrique ou asymétrique : La théorie qualifie la dette d'*asymétrique,*

- sous l'angle financier, si la distribution de la charge fiscale en général et celle du paiement des intérêts et de l'amortissement ne touchent pas proportionnellement les mêmes catégories de revenu ;
- du point de vue réel, si la distribution des dépenses privées de consommation ou d'investissement, qui doivent être abandonnées parce qu'un impôt additionnel est prélevé pour payer le service de la dette, ne correspond pas à celle de la consommation des services publics financés par l'emprunt.

Dette externe ou interne : La frontière politique de la collectivité qui emprunte détermine si la dette est interne (l'emprunt fait appel à l'épargne des membres de la collectivité) ou externe (il est souscrit par des fonds étrangers).

Notons que l'exportation de la dette ne modifie pas les données du problème de l'allocation : une dette externe ne charge pas nécessairement plus le pays emprunteur qu'une dette interne, bien que certains prétendent qu'un endettement envers l'extérieur se traduit par une charge nette sur la production future, lors du paiement des intérêts et du remboursement aux créanciers étrangers, alors qu'une dette interne n'induit qu'une redistribution du revenu entre ceux qui paient l'impôt et les souscripteurs de titres publics. Cet argument oublie que le produit intérieur brut peut être plus important avec une dette externe parce qu'aucune ressource productive ou réelle n'a dû être sacrifiée par l'économie privée nationale au moment de l'emprunt, à condition que l'Etat exerce sa demande, pour ce même montant, sur le marché international. En outre, ne faisant pas appel à une épargne interne, l'emprunt externe ne provoque pas de hausse du taux d'intérêt et, par conséquent, pas d'effet contraire sur les investissements privés nationaux. Or, si le produit intérieur brut est plus élevé, le prélèvement fiscal est plus facile. Cela ne signifie toutefois pas que l'emprunt externe ne soulève pas d'autres difficultés, institutionnelles par exemple.

Le transfert de la charge entre les générations

Telle qu'elle fut formulée par Ricardo et Pigou, puis adaptée à la théorie keynésienne par Lerner, l'*approche classique* aboutit à la conclusion que l'emprunt n'entraîne pas de charge pour les générations futures, sauf s'il devait provoquer indirectement une diminution du taux d'investissement privé. Si tel était le cas, les générations futures seraient pénalisées, car elles hériteraient d'un capital physique moindre (usines, équipements, etc.) et par conséquent d'un revenu réduit.

Si l'on admet le point de vue des classiques selon lequel le poids de la dette est supporté par la génération qui la crée, le choix entre l'impôt et l'emprunt peut se faire selon d'autres critères, principalement dans l'optique d'une gestion de la demande globale. L'impôt n'a pas comme seul but de financer les dépenses publiques, il sert aussi de révélateur des préférences individuelles pour les tâches collectives ou encore à prélever un pouvoir d'achat pour compenser l'effet expansif de la dépense publique. A ce titre, il est préférable à l'emprunt parce qu'il est définitif et parce qu'il diminue plus fortement les dépenses privées de consommation.

Buchanan (1958) quant à lui rejette cette approche traditionnelle et explique la charge de la dette pour les générations futures en terme de contrainte financière. L'emprunt, contrairement à l'impôt, est un échange volontaire. Les agents économiques souscrivent à un emprunt public parce que ses conditions sont plus avantageuses que celles d'autres placements. Le souscripteur augmente son bien-être individuel. Il ne fait aucun sacrifice, car il est libre d'acheter ou non des titres de la dette publique au moment de l'émission de l'emprunt. Pour les générations futures, par contre, les revenus privés ne peuvent plus être utilisés aussi librement par leurs détenteurs : l'impôt en prélève une partie pour payer l'intérêt, puis le remboursement. On ne peut parler d'un simple transfert allant des contribuables aux porteurs des titres. Tout d'abord, ces derniers bénéficient de toute façon d'un intérêt : si l'opportunité d'un prêt ne s'était pas présentée et si elle n'avait pas été avantageuse, l'épargne aurait servi à un autre investissement rémunérateur privé. Par contre les contribuables sont imposés plus lourdement pour payer le service de la dette. Il n'y a donc pas de véritable compensation entre l'impôt et l'intérêt.

Cherchant à concilier ces divers points de vue, certains économistes arrivent à la conclusion que la génération qui crée la dette en supporte bien la charge réelle directe, mais que les générations suivantes subissent aussi indirectement une charge si l'investissement privé a été moindre et/ou la dépense publique financée par l'emprunt improductive. Toutefois, il paraît improbable que les générations futures supportent une charge nette réelle significative, car de nombreuses dépenses publiques servent à mettre à disposition des services collectifs dont elles bénéficieront aussi. L'emprunt permet donc de répartir le financement des dépenses d'investissement entre toutes les générations qui en profitent.

CHAPITRE VII

Budgétisation de l'activité publique

Les conséquences financières de l'activité de l'Etat doivent être répertoriées et ordonnées dans un document afin d'en permettre une bonne gestion et d'en assurer la publicité. Le document le plus connu est le *budget* ; c'est par lui que les dépenses et recettes annuelles de l'Etat, et des autres services que les lois assujettissent aux mêmes règles, sont prévues et autorisées. Si le budget au sens strict anticipe l'exercice, la procédure budgétaire se termine naturellement par le bouclement des *comptes,* qui doivent fournir une image *a posteriori* des recettes et dépenses du secteur public. Comme les conséquences financières de nombreuses décisions portent sur plus d'une année, le document budgétaire annuel est souvent précédé à intervalles plus espacés d'un *plan financier* qui, quelle qu'en soit sa forme précise, constitue une tentative d'anticiper et de planifier l'activité de l'Etat.

Qu'il soit élaboré ou rudimentaire, tout budget doit remplir trois fonctions :

- *le contrôle des dépenses* par lequel l'exécution du budget est surveillée par les autorités qui en ont conçu les limites et les conditions, à savoir le parlement et l'exécutif lui-même, de même que de façon beaucoup plus indirecte par le peuple, qui en est tout à la fois le bénéficiaire et le financier ;
- *la gestion efficace de l'activité publique* par laquelle les exécutants s'assurent de l'utilisation efficace des ressources financières et du personnel mis à disposition pour conduire les activités prévues et autorisées par le budget ;
- *la planification de l'action de l'Etat* par laquelle les objectifs poursuivis sont formulés et les différents programmes alternatifs, ainsi que les possibilités de financement, sont évalués.

L'importance respective de ces fonctions s'est modifiée au cours des années. La fonction de contrôle fut la première à dominer car on voulait éviter que l'exécutif n'abuse du pouvoir, alors restreint, qui lui était accordé. L'accent a ensuite été porté sur la bonne gestion des ressources publiques, et ce n'est que plus récemment que l'on a cherché à mieux planifier les dépenses selon les besoins et dans le temps.

Vu le rôle dominant de ces documents pour la conduite des affaires de l'Etat, un chapitre doit leur être consacré. Dans la première section, nous examinerons sur un plan avant tout institutionnel, les principes qui régissent la présentation du budget et des comptes. Dans la seconde section, nous nous arrêterons sur leur élaboration : après avoir décrit la démarche et montré ses limites, nous développerons brièvement les approches et techniques que la science économique propose pour améliorer la budgétisation de l'activité de l'Etat.

7.1 PRINCIPES DE CONSTRUCTION DU BUDGET

La présentation du budget doit répondre à certaines règles fixes pour faciliter la lecture et l'analyse du budget (et des comptes) par le pouvoir législatif et les citoyens. Elle devrait aussi permettre des comparaisons dans le temps (d'une année à l'autre) et, si possible, dans l'espace (comparaison entre différentes collectivités). Pour cela, un certain nombre de principes devraient être uniformément respectés en ce qui concerne la comptabilisation et la classification des recettes et des dépenses.

7.1.1 Principes "classiques" de comptabilité publique

A l'instar de toute comptabilité, les budgets publics devraient satisfaire les critères comptables traditionnels de *clarté,* de *publicité* et de *sincérité,* qui vont suffisamment de soi pour ne pas nécessiter de commentaire particulier. Toute une série de principes plus spécifiques aux budgets publics cherchent à concrétiser ces trois règles de base. Pour l'essentiel, il s'agit des principes :

- de *légalité* qui implique qu'aucune dépense ne peut être effectuée et aucun impôt ne peut être prélevé sans base légale ;
- d'*antériorité* qui exige que le budget soit voté avant l'exercice qui le concerne ;
- d'*unité* qui requiert que toutes les dépenses et toutes les recettes soient inscrites dans un seul et unique budget pour marquer l'unité de l'Etat ;
- du *produit brut* qui interdit les compensations entre les recettes et dépenses, les unes comme les autres devant être inscrites dans leur intégralité ;
- d'*universalité* qui veut que *toutes* les dépenses et *toutes* les recettes figurent au budget afin qu'il reflète l'intégralité des opérations ;

– de *spécialité* qui exige que les dépenses soient désagrégées selon leur objet ou finalité afin que l'autorisation de dépenser puisse être détaillée selon un certain nombre de rubriques budgétaires.

De plus, même si la terminologie diffère d'un pays ou d'une collectivité à l'autre, les principes suivants ont également une signification du point de vue économique :

– En votant le budget, le parlement accorde à l'exécutif des *crédits de paiement* qui lui assurent les ressources dont il a besoin au cours d'une année. Ces crédits ne peuvent pas être dépassés sans attribution par le parlement, en cours d'exercice, d'un *crédit supplémentaire*. Inversement, les éventuels soldes de crédits en fin d'année ne peuvent pas être reportés et sont donc annulés. Compréhensible du point de vue légal et politique, cette dernière règle est discutable sur le plan économique car elle peut encourager des dépenses superflues en fin d'exercice, lorsqu'une partie du budget n'a pas encore été dépensée. Par ailleurs le système des crédits de paiement propre au budget annuel ne permet pas de budgétiser des dépenses relatives à des engagements s'étendant sur plusieurs années comme des constructions ou des acquisitions de matériel. De tels programmes exigent l'ouverture de *crédits d'engagement,* qui ne sont pas limités dans le temps, mais qui autorisent l'exécutif à contracter jusqu'à concurrence d'un certain montant, les engagements financiers requis par l'exécution d'un projet à long terme.

– L'exécution du budget répond souvent au principe de *caisse* (de gestion), à savoir que les opérations sont comptabilisées à l'occasion des mouvements de trésorerie. Il est cependant aussi possible d'appliquer la méthode de l'*échéance* (des droits constatés) par laquelle on enregistre les recettes et dépenses au moment de leur origine juridique ; ainsi, une dépense peut, par exemple, être comptabilisée lorsqu'elle est autorisée, engagée ou à réception de la *facture*.

– Enfin, deux autres principes classiques sont controversés du point de vue économique. D'une part, le principe d'*équilibre annuel du budget* est, comme nous le verrons dans le chapitre suivant, rejeté par les tenants d'une politique budgétaire active. D'autre part, celui de *non-affectation des ressources,* qui voudrait qu'une recette ne soit jamais réservée au financement d'une dépense précise, est discutable dans certaines circonstances, notamment si ce mode de faire s'avère politiquement le seul moyen d'assurer le financement de dépenses importantes.

7.1.2 Classifications des dépenses (et des recettes)

Les dépenses – de même que les recettes, mais cela ne revêt pas la même importance – peuvent en principe être ordonnées selon quatre classifications différentes. Les deux premières sont traditionnelles et répondent avant tout aux règles comptables et juridiques, alors que les deux suivantes sont de conception beaucoup plus récente, puisqu'elles cherchent à satisfaire aux exigences de l'analyse politique et économique du budget.

La *classification organique ou administrative* présente les dépenses et recettes selon l'organisation de la collectivité en ministères, départements ou services. Elle est conforme tant à la compétence qu'à la responsabilité de gérer les crédits et d'encaisser les recettes.

La *classification spécifique* répartit les dépenses selon leur nature comptable : personnel, biens et services, subventions, constructions, intérêts. Il en va de même pour les recettes : recettes fiscales, produits de la fortune, produits de la vente, autres recettes.

La *classification fonctionnelle* répartit les dépenses entre les domaines d'attribution (les tâches) de l'Etat. Elle déborde du cadre de la classification organique puisqu'une tâche peut être poursuivie par plusieurs organes (départements). Elle est tout particulièrement utile pour déterminer le coût d'exécution des différentes activités et l'importance financière de ces dernières dans le budget global ; elle facilite ainsi la fixation de priorités dans la planification des dépenses. Sans entrer dans les détails, on y retrouve en général les principales rubriques suivantes :

- Autorités, administration générale
- Justice
- Police
- Relations avec l'étranger
- Défense nationale
- Enseignement et recherche
- Culture, loisirs, sports
- Santé
- Protection de l'environnement
- Prévoyance sociale
- Télécommunications et énergie
- Agriculture et alimentation
- Industrie, artisanat et commerce
- Dépenses du service financier

La *classification économique* enfin renseigne sur la nature économique des dépenses de l'Etat et permet d'analyser leurs répercussions sur les différents secteurs du circuit économique, ainsi que d'intégrer les finances publiques dans la comptabilité nationale. Dans les grandes lignes, elle ventile les dépenses de la façon suivante :

- **Dépenses en biens et services**
  - Rémunération du personnel
  - Dépenses en biens et services
  - Investissements en capital physique
- **Dépenses de transferts à :**
  - des tiers
  - des entreprises publiques
  - d'autres collectivités publiques

La distinction établie entre les *dépenses en biens et services* et celles de *transferts* est particulièrement importante du point de vue économique. En effet, les premières impliquent un recours aux ressources productives rares de la nation ; l'activité de l'Etat est par conséquent en concurrence directe avec celle du secteur privé. Tel n'est en revanche pas le cas des dépenses de transferts puisqu'elles modifient la répartition du revenu national. En effet, un transfert n'est rien d'autre que le versement à des particuliers (ou à des organismes) d'une somme d'argent qui a été prélevée sur d'autres particuliers (ou d'autres organismes), le plus souvent au moyen d'une ponction fiscale. Comme nous l'avons vu, les transferts ne sont cependant pas entièrement neutres pour l'allocation des ressources, car ils requièrent quand même quelques ressources productives pour être effectués et ils influencent la croissance du revenu national.

Parmi les dépenses en biens et services, il est également important de faire une distinction entre les *dépenses courantes* de rémunération et de consommation, qui ne créent une valeur ajoutée que pour la période où elles sont effectuées, et les *dépenses d'investissements* (en règle générale pour l'infrastructure), qui portent leurs fruits sur plusieurs années et contribuent à l'élargissement des capacités productives de l'économie et par conséquent à la croissance économique.

Cette distinction n'est cependant pas entièrement satisfaisante car elle assimile les investissements en capital humain (enseignement, recherche, santé) à des dépenses de consommation, alors qu'ils permettent aussi d'accroître le potentiel productif de l'économie.

7.1.3 Plan comptable ou modèle de compte

La troisième condition à satisfaire pour faciliter la lecture et l'analyse de l'activité économique de l'Etat consiste à présenter le budget (et les comptes) selon un modèle comptable adéquat. Différents plans comptables plus ou moins sophistiqués peuvent être envisagés. Nous en énumérerons quatre, en nous fondant sur la situation suisse qui, du point de vue pédagogique, présente l'intérêt de la coexistence de quatre systèmes différents. Notons cependant que cette multiplicité des systèmes rend difficile les comparaisons entre collectivités publiques et dans le temps. De profondes divergences existent actuellement, en particulier sur les trois points suivants.

Comparabilité des budgets

L'*unité du budget*, qui voudrait que les dépenses et recettes de tous les organismes publics soient enregistrées dans un même budget, n'est pas respectée car les hôpitaux, les services industriels, les usines d'incinération, etc. sont tantôt compris dans les comptes de l'Etat et font tantôt l'objet de budgets séparés.

L'importante distinction entre patrimoine administratif et patrimoine financier n'est pas établie avec rigueur. Rappelons que le *patrimoine administratif* est constitué de tous les actifs qui servent à remplir les tâches administratives fixées dans la législation ; il est donc caractérisé par une affectation durable pour un but prévu par le droit public. Le *patrimoine financier* est au contraire formé de tous les biens dont la collectivité peut disposer selon les principes commerciaux. Le critère d'aliénabilité est déterminant : un bien est considéré comme réalisable (patrimoine financier) quand il est cessible sans porter atteinte à un engagement légal de droit public, c'est-à-dire sans nuire à l'accomplissement d'une tâche publique. Cette distinction est importante car si le bilan se doit d'inventorier ces deux catégories de patrimoine, tout en les distinguant, les comptes en revanche ont pour fonction de donner une image des dépenses et recettes engendrées par "l'administration" de l'action publique ; ils ne devraient donc enregistrer que la création ou la destruction de capital administratif.

La *définition des investissements et contributions à des investissements* de tiers diverge fortement d'une collectivité à l'autre et tend même à varier dans le temps au sein des collectivités elles-mêmes, notamment en fonction de leur situation financière.

Comparaison de modèles de comptes

Le modèle comptable le plus simple est pratiqué au niveau communal dans divers cantons. Il comprend un *compte administratif ou de résultat et un bilan.* Le compte de résultat forme le pendant (dans la comptabilité double) des comptes de trésorerie (caisse, banque, etc.) et enregistre toutes les dépenses et recettes courantes (rémunérations, achats de biens et services, locations, intérêts des emprunts, amortissements, ainsi que les recettes fiscales, les émoluments, etc.) En revanche, les investissements et autres dépenses ayant ce caractère sont comptabilisés directement dans le bilan ; seules les charges d'amortissement, qui en découlent, sont débitées au compte de résultat. Le principal inconvénient de ce système est qu'il ne requiert pas de budget pour les investissements, ce qui peut réduire le pouvoir de contrôle du législatif ou du peuple.

Un modèle plus sophistiqué, mais en voie de remplacement, est encore pratiqué par certains cantons et la plupart des communes. Il est fondé sur une subdivision du compte administratif en un *compte ordinaire* et un *compte extraordinaire*. Cette solution repose sur le principe suivant : les dépenses financées définitivement par les recettes courantes, c'est-à-dire les dépenses directement couvertes, figurent dans le compte ordinaire alors que les dépenses dont la couverture est postérieure ou préalable sont enregistrées dans le compte extraordinaire. La nature des dépenses ne joue qu'indirectement un rôle, le but de cette subdivision résidant dans la mise en évidence de la couverture des dépenses, c'est-à-dire de la capacité d'autofinancement. Néanmoins, la distinction entre les dépenses "ordinaires" et "extraordinaires" est dans une large mesure une fonction de leur nature, les investissements en particulier étant considérés comme des dépenses extraordinaires. L'observation des faits a cependant démontré que le domaine des dépenses extraordinaires tend à s'élargir ou à se rétrécir selon la situation financière du moment, ce qui limite la comparabilité dans le temps.

Dans le but d'uniformiser leur comptabilité publique, les *cantons suisses* mettent actuellement en vigueur un *modèle harmonisé* qui prévoit une subdivision du compte administratif en un compte de fonctionnement et un compte des *investissements* (ou de capital), le tout étant complété par une statistique des modes de financement. Ce plan repose donc sur une distinction stricte entre les dépenses courantes et celles d'investissements, ces dernières étant définies comme l'achat ou la création de biens de production (matériel, équipements, constructions) dont les services porteront leurs fruits sur plusieurs années. Les subventions attribuées à des tiers ou à d'autres collectivités publiques à des fins d'investissement sont assimilées à des investissements propres et traitées sur le plan comptable de la même manière. En revanche, le petit matériel est exclu.

En conséquence, conformément au tableau 7.1, le compte de fonctionnement enregistre :

– du côté des *charges*, les charges de personnel, les achats de biens et services, les intérêts passifs, les transferts effectués

Tableau 7.1 ***Modèle harmonisé des comptes publics***

Compte de fonctionnement

Charges	**Revenus**
– Charges de personnel – Biens et services – Intérêts passifs – Transferts accordés pour des dépenses courantes – Amortissements – Excédent de revenus	– Impôts – Autres recettes fiscales ou produit des ventes – Transferts acquis pour des dépenses courantes

Compte des investissements

Dépenses	**Recettes**
– Investissements propres – Subventions accordées pour des investissements	– Subventions acquises pour des investissements – Reprise des amortissements – Reprise de l'excédent de revenus – Découvert (recours à l'emprunt

(subventions, etc.) et les amortissements des investissements ;

- du côté des *revenus,* les impôts, le produit des ventes, les transferts reçus, etc.

Le compte des *investissements* recouvre :

- les dépenses d'investissements et de transferts à des fins d'investissements ;
- les recettes sous forme de contributions de tiers ou de subventions acquises, ainsi que la reprise des amortissements.

Conçu comme un compte de résultat, le compte de fonctionnement renseigne sur le *taux de couverture* des charges par les revenus. S'il boucle avec un excédent de revenus (ce que nous avons supposé ici), celui-ci représente économiquement une renonciation à consommer durant l'exercice ; il s'agit en d'autres termes d'une épargne qui peut être placée dans le patrimoine financier ou être utilisée comme financement supplémentaire des investissements du compte administratif. Dans cette seconde hypothèse, l'autofinancement des investissements correspond à la somme de l'amortissement et de l'excédent de revenus du compte de fonctionnement. Quant au solde le plus souvent déficitaire du compte des investissements, il détermine le besoin en capitaux de tiers (fonds étrangers).

Les écritures de bouclement, qu'il n'est pas possible de décrire dans ce cadre, permettent d'établir le bilan de clôture. Enfin, une statistique du mode de financement répertorie l'ensemble des opérations de trésorerie.

La *Gouvernement fédéral* pratique un système différent du modèle harmonisé des cantons et communes, bien qu'une réforme introduite en 1991 ait permis un rapprochement. Il est articulé autour d'un *compte financier* et d'un *compte de résultats* (tableau 7.2). Le compte financier enregistre toutes les dépenses et toutes les recettes, à savoir toutes les opérations qui se matérialisent par un encaissement ou un décaissement en rapport avec des tiers dans le cadre de l'accomplissement des tâches publiques. Ce compte, qui n'est autre que le miroir des comptes de trésorerie, a l'avantage de fournir un inventaire exhaustif des prestations externes, de consommation et d'investissement, ainsi que des ressources courantes disponibles pour les financer. Son solde indique dans quelle mesure les dépenses courantes et d'investissement sont couvertes par les recettes courantes.

Pour apprécier complétement la gestion publique, il ne suffit pas de connaître le résultat des opérations de caisse, mais il faut tenir compte également des charges et des revenus non comptabilisés dans le compte financier qui entraînent une variation de la fortune au bilan. Un second compte, dit de *résultats,* enregistre, outre le solde du compte financier, les opérations purement comptables modifiant l'état de la fortune. D'une part, il s'agit d'écritures comptables qui correspondent à des dépenses ou à des recettes enregistrées au compte financier, parce que ces dernières modifient la composition du patrimoine. En effet, certaines dépenses telles que les investissements, qui se traduisent par une diminution des disponibilités, entraînent simultanément l'augmentation des éléments actifs ; il s'agit donc de les *capitaliser.* Symétriquement, il convient d'inscrire au passif du bilan les recettes provenant par exemple de ventes d'immeubles ou de remboursements de prêts. D'autre part, il faut ajouter les charges et les revenus comptables qui ne figurent pas dans le compte financier. Il s'agit principalement, du côté des charges, des amortissements et des versements à des provisions, et, du côté des revenus, des prélèvements sur les financements spéciaux destinés à couvrir les dépenses liées.

Tableau 7.2 ***Modèle comptable de la Confédération***

Compte financier

Dépenses	**Recettes**
Dépenses courantes Dépenses d'investissement	Recettes courantes Recettes d'investissement
Solde de financement (Excédent de dépenses ou de recettes)	

Compte de résultats

Charges	**Revenus**
Excédent de dépenses Mises au passif Charges comptables	Excédent de recettes Capitalisations Revenus comptables
Résultat de couverture (Excédent de charges ou de revenus)	

Le solde du compte de résultats correspond à la variation de la fortune nette et représente le *taux de couverture* comptable. Il peut être comparé au résultat du compte de fonctionnement du modèle cantonal ou au solde du compte de pertes et profits de l'économie privée. Il influence proportionnellement le découvert (ou la fortune) du bilan.

Cette brève description essentiellement à des fins d'illustration des quatre plans comptables coexistant actuellement en Suisse fournit en premier lieu une présentation succincte de différents modèles possibles. Mais au-delà, elle met en évidence que tout plan comptable repose sur une série de conventions susceptibles de modifier sensiblement l'allure d'un budget et le résultat d'un exercice. Cela explique pourquoi les discussions dont ils font l'objet débordent souvent sur le plan politique et souligne que, même si les conventions retenues sont toujours perfectibles, il est important de les uniformiser et de les conserver longtemps pour assurer une comparabilité spatiale et temporelle des budgets des collectivités publiques. Le lecteur aura d'ailleurs bien remarqué que cet objectif est loin d'être atteint en Suisse.

7.2 PROCEDURES D'ELABORATION DES BUDGETS

7.2.1 Procédures traditionnelles

Au-delà des questions techniques esquissées dans la section précédente, l'élaboration des budgets des collectivités publiques nécessite une procédure longue et complexe. Même si de très nombreux aspects de cette procédure diffèrent d'un pays et d'une collectivité à l'autre, en fonction de facteurs comme le système politique et le degré de compétence de l'exécutif, du parlement et du peuple, les principales articulations en sont nécessairement les mêmes.

En bref, dans une première phase, un projet de budget est préparé par tous les services de l'administration conformément aux instructions du pouvoir exécutif établies notamment sur la base de ses options politiques et des prévisions fiscales.

Dans une deuxième phase, les budgets particuliers sont agrégés et, comme il n'est le plus souvent pas possible financièrement de retenir toutes les dépenses projetées, des économies doivent être trouvées par élimination des projets les moins utiles ou simplement par coupures linéaires. L'expérience montre cependant que si la fixation de véritables priorités est difficile pour tous les systèmes politiques, elle est encore plus laborieuse lorsque le gouvernement en place jouit d'une faible majorité ou a été élu à la proportionnelle : tous les domaines de l'activité de l'Etat sont considérés comme importants, voire prioritaires, par au moins un parti politique ou un groupe de pression, et la plupart des dépenses sont inscrites dans les textes légaux, qu'il est difficile de modifier. C'est pourquoi, il s'avère non seulement extrêmement difficile de réduire des prestations offertes depuis longtemps, mais encore de sélectionner clairement les nouveaux projets qui mériteraient d'être lancés.

Dans la troisième phase, le budget doit être examiné et voté par le parlement, ce qui lui donne force de loi et autorise donc le gouvernement à prélever les recettes et à effectuer les dépenses, conformément à ce qui a été prévu. Si dans certains pays, l'acceptation du budget par le parlement est une simple formalité, parce que le gouvernement au pouvoir bénéficie d'une large majorité ou parce qu'il a voué un soin particulier aux *desiderata* politiques des différents partis ou groupes de pression, dans d'autres, il est l'objet de sérieuses disputes qui peuvent aboutir à des modifications substantielles du projet de l'exécutif, voire au renvoi à son auteur de tout le document pour réexamen complet.

Dans les quatrième et cinquième phases, le budget est respectivement exécuté par le gouvernement, puis son exécution est contrôlée sur la base des comptes par le parlement.

Pour diverses raisons propres à la pratique que nous venons d'esquisser, mais aussi à cause de la forme du document lui-même, les procédures budgétaires présentent d'importantes déficiences qui contribuent à rendre l'action de l'Etat moins efficace qu'elle ne pourrait l'être. Les principales carences sont les suivantes :

- Le budget est établi sur une base annuelle, ce qui ne permet pas l'évaluation des conséquences financières à moyen et long termes de toutes les décisions budgétaires.
- Le budget répertorie des dépenses engagées pour assurer des prestations et non la valeur de ces prestations ; même s'il y a en principe un lien positif entre le volume d'une dépense et le bénéfice qu'elle engendre, il est souvent assez lâche car il n'est pas a priori certain que chaque prestation corresponde vraiment aux besoins de la population. De plus, comme il n'y a en général pas de comptabilité analytique mettant en évidence le coût unitaire des prestations publiques, on ne dispose d'aucun contrôle de l'efficacité de l'activité publique.
- Déjà rendue complexe par le souci permanent d'obtenir le soutien politique, la procédure d'élaboration des budgets ne favorise pas la recherche du meilleur moyen d'arriver à un certain résultat par inventaire et comparaison des solutions possibles. Pour la plupart des activités, des solutions existent déjà depuis longtemps et il s'avère extrêmement difficile de les remettre en cause, même si cela serait souhaitable. Si le poids exagéré du passé explique l'immobilisme provoqué par les procédures budgétaires traditionnelles, il apparaît que pour les nouveaux projets aussi, la sélection du meilleur moyen est au moins autant politique que rationnelle.
- Enfin, le contrôle de l'exécution du budget est purement comptable et juridique, ce qui signifie que l'on ne cherche pas à examiner ex. : post si les moyens engagés ont effectivement permis d'atteindre les objectifs que l'on s'était fixés et, le cas échéant, pourquoi cela n'a pas fonctionné comme prévu.

En résumé, il apparaît que les procédures traditionnelles de budgétisation ne sont pas entièrement satisfaisantes puisqu'elles n'aident pas les collectivités autant qu'il le faudrait à poursuivre leurs objectifs avec efficacité. Que l'on puisse déplorer de telles carences à une époque où les techniques de gestion des entreprises privées sont très raffinées peut paraître étonnant. Pourtant elles s'expliquent parfaitement car les procédures budgétaires répondent en priorité aux exigences de la conduite d'un pays par des régimes politiques démocratiques : les institutions budgétaires ont été conçues pour trouver des compromis entre les différentes options en présence. Ainsi, si le gouvernement au pouvoir jouit d'une forte majorité, il pourra en tirer profit pour infléchir la politique selon ses vues ; si, au contraire, il ne bénéficie que d'une faible marge de manœuvre, il sera condamné à tâtonner en s'efforçant de mécontenter le moins de monde possible. Or, dans ces deux situations, le calcul politique n'exacerbe pas la recherche de la solution la plus efficace !

Comme il n'est pas question non plus de mettre en cause les régimes démocratiques, car ils constituent le meilleur garant contre les abus de pouvoir des gouvernements au détriment de la population ou de certaines catégories de celle-ci, de nombreuses propositions ont été faites pour améliorer les procédures budgétaires. Le but poursuivi est d'essayer de *rationaliser les choix budgétaires,* c'est-à-dire d'aménager les procédures d'élaboration des budgets de telle sorte qu'elles respectent les règles enseignées par la science économique et la gestion, tout en s'intégrant dans les procédures de décision des régimes politiques démocratiques.

Il n'est pas question dans cet ouvrage de base d'étudier en détail les différentes techniques qui ont été proposées et appliquées dans un certain nombre de pays, notamment aux Etat-Unis, en Grande-Bretagne et en France. Nous nous contenterons d'examiner les grandes articulations du modèle français de *rationalisation des choix budgétaires,* sans pour autant suggérer que les problèmes soulevés ont trouvé une solution. En effet, partout où l'expérience a été tentée, il est apparu que ces techniques sont non seulement beaucoup trop exigeantes en terme de travail, et par conséquent de coûts, mais aussi que leur intégration dans le processus de décision politique soulève des problèmes sérieux qui n'ont pas été résolus. Les difficultés rencontrées sont d'ailleurs telles que les tentatives d'application ont été plus ou moins officieusement mises en veilleuse. L'étude de la rationalisation des choix budgétaires n'en demeure pas moins très instructive car cette approche constitue sans doute le modèle idéal dont les responsables de ces questions devraient s'inspirer pour améliorer les solutions existantes. Par ailleurs, nous examinerons aussi en fin de chapitre les grandes lignes d'une technique d'analyse économique appliquée au secteur public, l'*analyse coûts-avantages,* qui peut être utilisée pour mesurer l'utilité sociale de projets précis importants. Etant limitée dans ce cas au projet – par opposition à toute l'activité de l'Etat – cette technique peut rendre de très grands services pour évaluer l'opportunité de réaliser certains grands projets.

7.2.2 La rationalisation des choix budgétaires (RCB)

Dans les grandes lignes, la rationalisation des choix budgétaires (ci-après RCB) est une stratégie ou une manière d'aborder systématiquement le problème des choix budgétaires. Elle s'efforce d'intégrer la "rationalité économique" au processus politique de recherche d'un consensus. Pour ce faire, la RCB recourt à toutes les techniques disponibles d'analyse, de calcul, de prévision, d'organisation et de gestion pour promouvoir des choix en matière de dépenses publiques efficaces et conformes aux objectifs poursuivis. A noter que la portée de cette approche s'étend, au-delà des choix budgétaires proprement dits, à toutes les décisions publiques, quelles que soient leurs implications budgétaires.

Pour remédier aux déficiences des procédures budgétaires traditionnelles, l'idée fondamentale de la RCB est de relier toutes les rubriques de coûts (toutes les dépenses) à des objectifs généraux correspondant aux fonctions du secteur public et cela grâce au développement d'un cadre de référence faisant ressortir quelles ressources sont affectées à quels buts et avec quels résultats.

La démarche comporte quatre étapes principales qui sont l'étude, la décision, l'exécution et le contrôle. Leur succession et leur contenu sont représentés schématiquement dans le tableau 7.3.

L'étude

Cette première phase constitue la principale innovation de la RCB. Si les procédures budgétaires traditionnelles reposent sur les trois étapes suivantes, il n'est pas courant de préparer toutes les décisions par une étude fouillée qui envisage tous les aspects d'un problème et qui l'insère dans un plan stratégique. Conformément aux exigences d'une approche rationnelle des problèmes, l'étude doit comprendre les phases suivantes :

Formulation du problème (1) : description critique de la réalité que doit influencer la politique en vigueur ou envisagée.

Analyse des objectifs (2) : Définition de la finalité – des buts à atteindre – de l'action envisagée. L'analyse des objectifs sert à donner une vision suffisamment large de la mission de chaque service et notamment à éviter que les moyens soient pris pour des fins. Elle doit forcer les responsables d'une politique à ne plus se concentrer sur les activités en soi, mais sur les résultats recherchés. Ainsi, par exemple, la finalité d'un programme d'autoroutes n'est pas de construire des autoroutes, mais de permettre un transport rapide et sûr. "Construire des autoroutes" n'est donc pas un objectif, mais un moyen – parmi d'autres – au service d'un objectif qui peut être le transport rapide et sûr. Pour être opérationnelle, cette approche exige en plus que l'on puisse mesurer le degré de réalisation des objectifs au moyen d'indicateurs chiffrés.

Remarquons cependant que cette distinction souhaitée entre objectifs et moyens n'est souvent pas évidente car elle dépend du niveau de décision auquel on se place : les objectifs d'un niveau donné sont généralement les moyens à engager pour satisfaire les objectifs du niveau supérieur. Cette réalité constitue la principale source de difficultés d'application de la RCB car les politiciens auxquels on présente une politique fondée sur une analyse technique des objectifs risquent fort de considérer que les moyens d'action proposés sont des objectifs qu'il conviendrait de ne pas infléchir de la sorte.

Analyse des moyens (3) : Identification de tous les moyens susceptibles d'agir sur un des objectifs poursuivis au moins et étude des contraintes qui pèsent sur leur disponibilité ou leur utilisation.

Tableau 7.3 ***Articulations de la RCB***

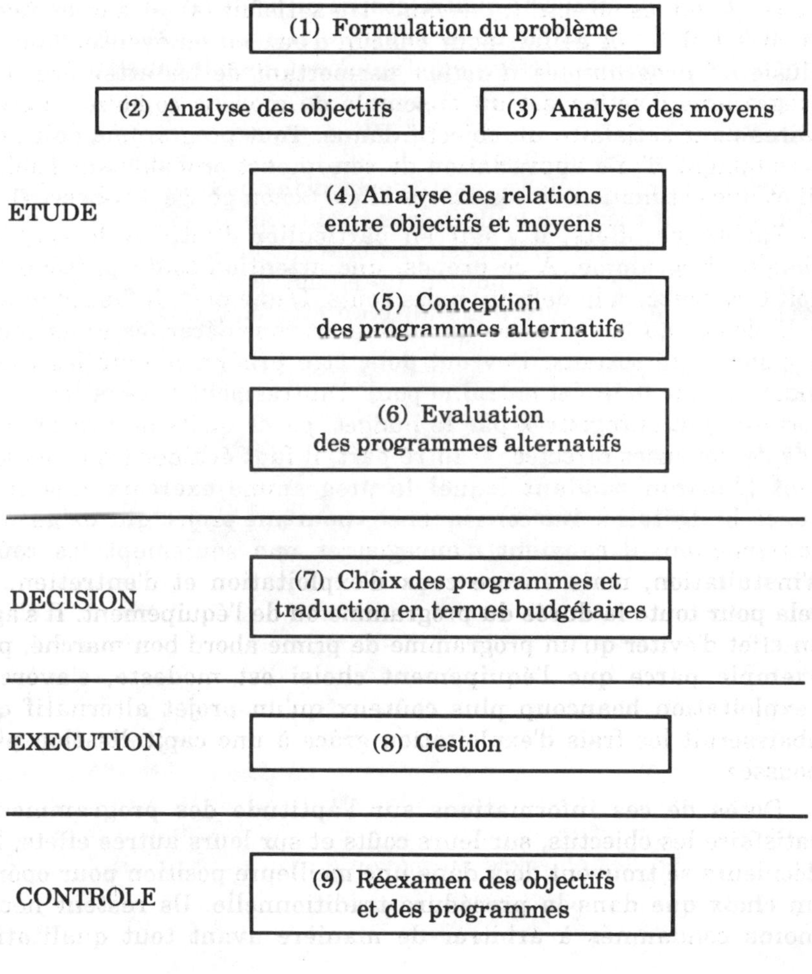

A ce stade de la démarche, le problème est dégrossi, mais aucune décision ne peut être prise, car les moyens ne sont pas encore reliés quantitativement aux fins.

Analyse des relations entre objectifs et moyens (4) : Cette phase très importante sert à mettre en évidence l'aptitude des différents moyens possibles à satisfaire le ou les objectifs ainsi que les conséquences (financières, économiques ou sociales) désirables ou indésirables résultant de la mise en œuvre individuelle ou conjointe de chaque moyen. L'appréciation de l'efficacité "technique" des moyens nécessite une connaissance approfondie du mécanisme d'action de ces moyens et présuppose une multitude d'informations nouvelles qu'il faut réunir.

Conception des programmes alternatifs (5) : Muni de tous les renseignements glanés précédemment, l'analyste choisit dans cette étape, en collaboration étroite avec le décideur (l'homme politique), le ou les objectif (s) devant être satisfait (s), et à quel degré (de 0 à 100 %), et définit pour chacun d'eux un ou éventuellement plusieurs *programmes d'action* permettant de les atteindre. Un programme d'action est un ensemble de moyens combinés nécessaires pour satisfaire un objectif donné. Tout programme doit être accompagné d'une appréciation de son impact probable sur l'objectif et une estimation de ses autres effets (selon phase 4 ci-dessus).

Parmi ces effets, il s'agit en particulier d'estimer le coût de chaque programme. A ce propos, une attention toute particulière doit être portée à la définition des coûts. D'une part, il faut aller au-delà des coûts budgétaires immédiats et considérer les vrais coûts d'opportunité sociaux. Devront donc être pris en compte les coûts indirects que le projet entraîne pour d'autres politiques et les coûts sociaux non enregistrés par le budget, parce qu'ils ne provoquent pas de dépenses directes. D'autre part, il faut évaluer les coûts sur tout l'horizon pendant lequel le programme exercera une incidence budgétaire. En conséquence, pour un projet qui exige une construction, il convient d'enregistrer non seulement les coûts d'installation, mais encore ceux d'exploitation et d'entretien, et cela pour toute la durée du programme ou de l'équipement. Il s'agit en effet d'éviter qu'un programme de prime abord bon marché, par exemple parce que l'équipement choisi est modeste, s'avère à l'exploitation beaucoup plus coûteux qu'un projet alternatif qui abaisserait les frais d'exploitation grâce à une capitalisation plus poussée.

Dotés de ces informations sur l'aptitude des programmes à satisfaire les objectifs, sur leurs coûts et sur leurs autres effets, les décideurs se trouvent déjà dans une meilleure position pour opérer un choix que dans la procédure traditionnelle. Ils restent néanmoins condamnés à arbitrer de manière avant tout qualitative entre les avantages et désavantages de différents projets. C'est pourquoi, cette phase de conception des programmes alternatifs devrait, dans la mesure du possible, être prolongée par une phase d'évaluation explicite.

Evaluation des programmes alternatifs (6) : Cette phase charnière de la RCB doit permettre de sélectionner les programmes les mieux aptes à satisfaire les objectifs poursuivis. Elle repose fondamentalement sur tous les outils d'analyse fournis par la science économique et tout particulièrement sur la micro-économie. C'est pourquoi, elle est volontiers désignée par le terme de *calcul micro-économique public,* par opposition au calcul économique propre à l'économie de marché (calculs du producteur, du consommateur, etc.)

Il n'existe pas une mais plusieurs techniques de calcul économique public qui témoignent toutes de la même finalité : l'évaluation et la comparaison des différents projets. Sans prétendre être exhaustif et encore moins rendre justice à toutes leurs variantes, nous en citerons trois et consacrerons – comme annoncé – la rubrique suivante à la plus ambitieuse : l'analyse coûts-bénéfices (avantages).

– *L'analyse inconvénients-avantages* consiste en une identification et une évaluation quantitative ou qualitative superficielle des inconvénients (avant tout des coûts) et avantages des programmes en fonction de critères d'appréciation de nature et en nombre a priori variés. Parce que plus informative que rigoureuse, cette analyse laisse au décideur une grande latitude de choix selon ses échelles de préférence implicites.
– *L'analyse coûts-efficacité* s'emploie lorsque les programmes à comparer visent le même objectif d'une part et lorsque le degré de réalisation de ce dernier est mesurable à l'aide d'un indicateur d'efficacité d'autre part. Le choix de la meilleure solution repose en conséquence sur deux critères : l'efficacité (c'est-à-dire le degré de réalisation de l'objectif) ainsi que les coûts d'investissement et d'exploitation (directs et indirects). Le classement des projets peut se faire selon deux approches différentes :
  • en fonction du coût pour une efficacité donnée : le meilleur programme sera alors le moins coûteux ;
  • en fonction de l'efficacité pour un coût donné : le meilleur programme sera alors le plus efficace.
– Citons enfin l'*analyse multi-critères* à laquelle on recourt lorsque les programmes alternatifs proposés répondent à plusieurs objectifs simultanés qui ne se prêtent pas à une réduction sous la forme d'un même dénominateur commun. Elle

permet au décideur de procéder à un choix en fonction du poids explicite ou implicite qu'il attache aux multiples dimensions de ses objectifs.

La décision

La deuxième grande étape de la RCB est consacrée à la décision. Sur la base des informations données et documents élaborés dans la phase d'étude, le décideur est en mesure de *choisir ses programmes d'action* (7) en connaissance de cause puisqu'il peut s'appuyer sur une analyse méthodique de la situation et des politiques envisageables. Même si elle est éclairée par une étude rigoureuse et une évaluation, la décision demeure un acte politique. C'est pourquoi, en sa qualité de responsable de la politique, le décideur prendra également en considération sa propre appréciation de la situation.

La décision politique se concrétise sous la forme d'un *plan pluriannuel,* qui peut être soit à horizon fixe si l'effort de planification est opéré tous les quatre ou cinq ans, soit glissant si la procédure est entreprise chaque année.

Pour son exécution, le plan pluriannuel doit cependant être traduit en un plan annuel. Celui-ci prend la forme du budget traditionnel où les moyens, à savoir les dépenses, sont répertoriés selon les classifications organiques et spécifiques.

Néanmoins, l'exécution de la plupart des programmes retenus fait éclater les structures d'organisation de l'Etat. Il s'agit donc de regrouper l'ensemble des crédits et moyens en fonction des effets qui doivent en résulter et des objectifs qu'ils servent. Ce rôle est imparti au *budget de programmes.* Il implique l'existence d'une nouvelle nomenclature budgétaire croisant programmes et moyens.

L'exécution

La phase d'*exécution* de la RCB n'apporte en soi rien de nouveau. Elle met en jeu essentiellement des techniques de *gestion* (8) visant à engager les moyens efficacement et à motiver les agents chargés de la réalisation concrète des objectifs sur le terrain. Cette recherche de l'efficacité de l'action publique constitue un objectif majeur assigné à la RCB. Pour l'homme politique comme pour l'administré moyen, c'est même là souvent le premier résultat attendu d'une réforme des procédures budgétaires au point que la mesure du succès de ces réformes paraît devoir être effectuée en termes d'économies réalisées. En vérité, la finalité de la RCB n'est pas de dépenser moins, mais de dépenser mieux, les ressources étant toujours trop faibles pour les besoins.

Le contrôle

Dans la RCB, le but de la dernière étape, celle du contrôle, n'est pas uniquement de garantir la régularité de l'exécution, mais d'assurer un véritable contrôle de gestion par un *réexamen des objectifs et des programmes* (9). Il s'agit de faire remonter à l'analyste, puis au responsable de la décision, toutes les informations utiles concernant l'impact des politiques poursuivies sur les objectifs, afin de permettre le pilotage de tout le système en assurant son autocorrection. En effet, selon les effets observés, il peut s'avérer judicieux de réexaminer les programmes engagés, voire les objectifs poursuivis.

7.2.3 L'analyse coûts-bénéfices

L'analyse coûts-bénéfices ou coûts-avantages est une technique d'évaluation, en termes d'une mesure monétaire commune, des avantages (bénéfices) et inconvénients (coûts) *sociaux* d'un ou d'un ensemble de projets publics, afin d'en déterminer l'utilité pour la collectivité. Elle permet non seulement d'identifier, mais également d'évaluer en termes monétaires et de comparer toutes les conséquences économiques d'un projet.

L'analyse coûts-bénéfices peut être engagée dans deux contextes. D'une part, elle constitue, comme nous l'avons relevé ci-dessus, la technique d'évaluation la plus sophistiquée à laquelle on puisse recourir dans la sixième phase de la RCB. Compte tenu de son haut degré de complexité, il n'est cependant pas envisageable de l'appliquer à tous les programmes ; c'est pourquoi on lui préfère en règle générale des méthodes beaucoup plus simples. D'autre part, on peut y recourir, en toute indépendance de la RCB, pour déterminer l'utilité sociale de n'importe quel projet public, qu'il s'agisse d'un investissement (tunnel, voie ferrée, aéroport, etc.), d'une quelconque politique, par exemple en matière d'économie de la santé ou de l'éducation, ou encore d'un projet strictement législatif dans différents domaines comme les politiques de concurrence ou de l'environnement. Les projets soumis à l'examen ne doivent cependant pas être trop complexes et être bien délimités.

L'analyse coûts-bénéfices peut être engagée pour répondre à trois questions types :

- déterminer si un projet produit un bénéfice net, c'est-à-dire un bénéfice social supérieur au coût social,
- ordonner différents projets par ordre de rentabilité sociale afin d'en sélectionner le ou les meilleurs selon les disponibilités monétaires,

– déterminer la taille optimale d'un projet ou, ce qui relève du même ordre d'idée, définir parmi plusieurs variantes, la meilleure.

Ci-dessous, nous présentons succinctement les trois éléments clés de toute analyse coûts-bénéfices : la fonction d'objectifs, la définition et l'évaluation des coûts et bénéfices et le critère de choix.

La fonction d'objectifs

Pour pouvoir qualifier toutes les conséquences économiques d'un projet soit d'avantage (bénéfice), soit d'inconvénient (coût) et pour les évaluer, il est indispensable de se référer à un critère d'appréciation. Comme les projets visent la réalisation d'un ou de plusieurs objectifs, les bénéfices et les coûts sont évalués par rapport à ceux-ci, à savoir par rapport à une fonction d'objectifs. Les bénéfices correspondent aux effets favorables du projet sur la réalisation du ou des objectifs, alors que les coûts représentent ses conséquences défavorables, en d'autres termes, le sacrifice que le projet entraîne.

Pour une entreprise privée, l'objectif est en règle générale le profit monétaire : il s'agit de maximiser la différence entre les revenus et les coûts monétaires.

Il est beaucoup plus difficile de spécifier la fonction d'objectifs d'une nation, c'est-à-dire de définir l'intérêt général ou le bien-être collectif. Cependant, nous avons vu que les économistes admettent que le bien-être social, et par conséquent la fonction d'objectifs d'une nation, a en principe deux dimensions : l'efficacité économique ou allocation optimale des ressources et la distribution équitable de ce bien-être ou du revenu et de la fortune. Selon les circonstances, d'autres dimensions telles qu'un certain niveau d'emploi ou la diminution de la dépendance économique à l'égard d'autres nations peuvent être prises en compte. Toutes les analyses coûts-bénéfices retiennent en tout cas l'objectif de contribution à l'efficacité économique. La prise en considération des autres objectifs n'est pas systématique, voire peu fréquente, et dépend tant des conditions économiques générales du pays dans lequel le projet est envisagé que des caractéristiques propres du projet.

L'objectif d'efficacité économique peut être défini au moyen de deux concepts assez différents sur le plan fondamental, mais qui produisent des résultats identiques.

Le premier est tiré de l'économie de bien-être parétienne et, en particulier, du *test de compensation de Hicks et Kaldor.* Celui-ci stipule qu'un projet assure une amélioration du bien-être collectif selon Pareto si la somme totale de monnaie que les bénéficiaires du projet sont prêts à payer pour s'assurer de sa réalisation dépasse la somme totale de monnaie que les "perdants" accepteraient en compensation pour le supporter. Comme nous l'avons relevé dans la section 2.1.2, il suffit en fait que cette compensation soit possible, même si elle n'est pas nécessairement payée. Rappelons à ce propos que les "perdants" d'un projet sont tous ceux qui subissent un coût, qu'ils soient appelés à mettre à disposition des facteurs de production (travail, capital, etc.) et des produits ou qu'ils en subissent des conséquences indirectes négatives (externalités). Si les facteurs de production et les produits sont presque toujours rémunérés ou payés, et par conséquent compensés, tel n'est pas le cas de certains coûts, comme par exemple les déséconomies externes.

Le second concept, plus concret, appréhende la contribution d'un projet à l'amélioration du bien-être social selon son *aptitude à accroître la consommation globale* de la nation, telle qu'elle est mesurée à l'aide de la comptabilité nationale.

Si l'on ignore les finesses théoriques, la similitude entre ces deux manières de concevoir l'objectif d'amélioration du bien-être social est facile à mettre en évidence. Le niveau ou le rythme d'expansion de la consommation dépendent, en plus des ressources productives disponibles, de l'efficacité de leur utilisation. Toute amélioration des efficacités productive et allocative engendre donc, toute chose égale d'ailleurs, une augmentation de la consommation globale.

Conformément à l'objectif d'efficacité économique, un gain ou une perte de 1 000 francs a exactement la même valeur, quel qu'en soit le bénéficiaire, à savoir que le gagnant ou le perdant soit riche ou pauvre, jeune ou vieux, habite une région ou une autre. Les bénéfices et coûts sont en effet calculés par simple addition des bénéfices et des coûts touchant l'ensemble des individus. Le critère d'efficacité économique contient donc implicitement un jugement de valeur selon lequel la distribution des revenus est équitable, ou en tout cas satisfaisante. Si ce jugement peut être défendu en arguant que les gouvernements ont tout loisir de la modifier, si bon leur semble, ou encore que les effets de redistribution de la majorité des projets sont négligeables, d'autres arguments peuvent justifier une attitude différente. D'une part, certains projets ont des effets de redistribution non négligeables qu'il serait néfaste d'ignorer ; d'autre part, des projets peuvent être conçus précisément pour opérer un effet de redistribution. Dans ces deux cas, il est indispensable d'évaluer également leur *contribution à l'objectif de redistribution* et d'agréger les deux résultats en appliquant un coefficient de pondération à chacun des deux objectifs. La méthode d'évaluation des bénéfices et des coûts en termes de l'objectif de redistribution étant fondamentalement la même que pour l'objectif d'efficacité économique, nous ne la traiterons pas ici.

Définition et évaluation des bénéfices et des coûts

L'essentiel du travail de toute analyse coûts-bénéfices consiste à définir, puis à évaluer, les bénéfices et les coûts en fonction de l'objectif d'efficacité économique. S'agissant d'estimer l'impact d'un projet sur le bien-être de l'ensemble de la communauté, il est essentiel de prendre en considération tous les bénéfices et tous les coûts. C'est pourquoi, contrairement à ce que ferait une entreprise privée, il n'est pas suffisant de prendre en compte les bénéfices et coûts internes ; il faut en plus inclure les bénéfices et coûts externes, même si ces bénéfices ne peuvent pas être monnayés et si ces coûts n'augmentent pas les dépenses d'investissement ou d'exploitation. Comme les effets externes d'un projet, de par leur nature, ne se manifestent pas spontanément, une attention particulière doit donc être portée à leur identification.

Cependant, comme il s'agit de mesurer l'impact d'un projet sur l'allocation des ressources ou la consommation globale du pays, certains effets externes apparents doivent être ignorés, parce qu'ils ne sont en fait que de simples transferts d'un ou plusieurs agents économiques vers d'autres agents. Ainsi, par exemple, si la construction d'une nouvelle route provoque le déplacement d'une grande partie des ventes d'une station service ou d'un hôtel-restaurant vers un autre, il n'y a pas d'augmentation de la consommation globale du pays, mais simple transfert (ce que les uns gagnent, les autres le perdent), qui se manifeste sur le plan économique par une modification des variables telles que les prix relatifs, les profits ou les rentes. Si l'objectif évalué était en revanche celui d'équité, il est évident que ces transferts devraient être pris en compte. Dans la perspective de l'allocation des ressources, qui nous retient ici, seuls les effets *réels* (ou technologiques) doivent être retenus. On entend par là les externalités qui modifient :

- soit la *fonction de production* des entreprises, qui détermine la production qu'elles peuvent assurer avec une quantité donnée de ressources ;
- soit la *fonction d'utilité* des consommateurs, qui fixe le niveau de satisfaction qu'ils peuvent atteindre avec un revenu donné.

La route de montagne qui est, par exemple, construite pour l'édification d'un barrage dans une vallée reculée peut être la source d'économies externes pour toute la région, si elle favorise l'essor de la vallée et les communications entre la vallée et la plaine. Cet exemple illustre bien que les externalités *réelles* influent sur l'allocation des ressources sur le double plan des conditions de production et d'échange.

Une fois les bénéfices et les coûts identifiés, il convient de les évaluer en fonction de leur contribution à l'objectif d'efficacité économique ou de consommation globale. Cette phase d'estimation s'avère souvent complexe et délicate si la prestation est offerte gratuitement ou à un prix fortement subventionné et s'il y a des effets externes. C'est pourquoi on établit habituellement une distinction entre les bénéfices et coûts *tangibles* et ceux qui sont *intangibles*.

On qualifie de *tangibles* les bénéfices et les coûts qui apparaissent sur un marché et reflètent par conséquent une valeur d'échange. Lorsque cette condition est satisfaite, le prix d'échange sert d'indicateur clé. Ainsi que nous l'avons exposé dans la section 2.2, le prix du marché peut être utilisé tel quel si le projet est de peu d'importance ; s'il est au contraire important, il sert à estimer la fonction de demande. Dans ce cas, l'apport du projet à l'objectif peut être mesuré, soit en termes de variation totale des surplus (somme du surplus du consommateur et de la rente du producteur), soit en termes de bénéfice net (différence entre la variation de la volonté de payer et celle du coût total). Il n'y a donc pas lieu d'y revenir ici. Sans entrer dans les détails, esquissons trois compléments d'information.

Premièrement, lorsque la prestation du projet ne concerne pas directement les consommateurs, mais donne naissance à des biens intermédiaires ou de production, on recourt également aux concepts de surplus du consommateur ou de volonté de payer, en supposant que le surplus ou la volonté de payer des producteurs qui utilisent le bien intermédiaire reflète correctement la valeur que les consommateurs finaux attachent à ce bien. Plus concrètement, on évalue le surplus ou la volonté de payer des consommateurs pour l'augmentation de production et on en déduit le coût des autres facteurs de production nécessaires à cette production supplémentaire.

Deuxièmement, comme nous l'avons indiqué ci-dessus, la notion de coût est définie en termes de coût d'opportunité, c'est-à-dire en termes du sacrifice consenti pour réaliser cet objectif, parce que les ressources productives employées exigent que l'on renonce à d'autres projets. Si, en général, le prix du marché reflète correctement le coût d'opportunité des ressources employées, le strict respect de cette notion requiert parfois que l'on s'en éloigne. Tel est par exemple le cas si le projet permet l'emploi de personnes qui sans cela seraient irrémédiablement au chômage ; le recours à des ressources productives sans possibilité d'emploi n'entraîne en effet aucun coût du point de vue économique global, même si dans la réalité elles sont normalement rémunérées.

Troisièmement et de façon plus générale, les prix du marché devraient être délibérément corrigés lorsqu'il apparaît qu'ils divergent significativement de la valeur qu'ils prendraient sur un marché de concurrence. Les sources de déviation sont nombreuses et variées : citons principalement les cas de monopoles du côté des vendeurs ou de monopsones du côté des acheteurs, le subventionnement de biens pour en abaisser le prix et les marchés en déséquilibre où il y a, soit surproduction parce que les prix sont fixés trop hauts, soit pénurie parce qu'ils sont trop bas. Dans ces divers cas et d'autres encore, il s'agit de remplacer le prix du marché par un prix *fictif* ou *implicite* qui représente plus fidèlement la vraie valeur ou le vrai coût d'opportunité de ces biens.

Dans de très nombreuses situations cependant, en particulier lorsque la prestation est fournie gratuitement ou parce qu'il s'agit d'externalités, il n'y a pas de prix du tout. On dit alors des bénéfices et des coûts qu'ils sont *intangibles*. On parle aussi d'intangibles lorsqu'on se réfère à des éléments aussi délicats à évaluer que la vie humaine.

Compte tenu de l'ambition de l'analyse coûts-bénéfices d'appréhender l'ensemble des conséquences économiques d'un projet, il n'est évidemment pas possible d'ignorer ces éléments intangibles, sous prétexte qu'ils n'ont pas de prix. Il s'agit au contraire de leur attribuer une valeur fictive, ce qui peut être opéré en deux étapes.

Tout d'abord, on recherche une mesure physique de la contribution du projet, comme la diminution des accidents routiers, la diminution des échecs scolaires ou l'augmentation de la proportion de médecins par habitant. Ensuite, on s'efforce de donner une valeur à l'unité de mesure physique utilisée, qui devrait refléter la volonté de payer des consommateurs. Cette valeur de remplacement peut être glanée de différentes façons :

- en recherchant s'il existe un prix de marché pour des biens similaires, fournis par exemple par l'économie privée ;
- en sondant la volonté de payer des consommateurs potentiels par des enquêtes d'opinion ;
- en fixant délibérément une valeur sur la base d'une évaluation politique.

Le critère de choix

Une fois identifiés et évalués, les bénéfices et les coûts doivent être agrégés et mis en rapport, afin de déterminer si le projet produit un bénéfice net justifiant sa réalisation ou afin d'ordonner les projets alternatifs dans leur ordre de profitabilité. Pour ce faire, il convient de tenir compte que des bénéfices et/ou des coûts d'un montant donné, mais qui échoient sur des années différentes, n'ont pas la même valeur et plus précisément que leur poids tend à diminuer au fur et à mesure que l'on s'éloigne dans le temps de la date d'évaluation.

Parmi les arguments qui expliquent ce fait, citons en premier la constatation que les individus ont spontanément une *préférence pour le présent* qui a pour effet qu'ils attachent plus de valeur à 1 000 francs aujourd'hui qu'à la même somme demain ou dans dix ans. Agrégée au niveau collectif, cette inclination individuelle exige que l'on attache aussi plus d'importance aux bénéfices et aux coûts proches qu'à ceux plus éloignés.

S'il s'avérait que cette observation était erronée, voire qu'il conviendrait de considérer cette inclination individuelle comme une forme de myopie malvenue, il serait tout de même justifié d'attacher délibérément une valeur décroissante aux bénéfices et aux coûts échus dans le temps, afin de tenir compte du *coût d'opportunité social* d'un projet de dépenses publiques. En effet, étant donné que la réalisation d'un projet public nécessite des ressources productives qui sont soustraites à l'économie privée, il faut garantir qu'il a un rendement au moins aussi élevé. Comme la concurrence élimine en principe, dans le cadre du secteur privé, les projets non rentables, le rendement des projets privés sert de point de comparaison.

Quel que soit l'argument qui prime – ils aboutissent d'ailleurs sous certaines conditions à des résultats convergents –, il s'avère indispensable d'*actualiser* les bénéfices et coûts futurs afin de les placer sur un même dénominateur commun qui permette leur comparaison. En d'autres termes, on pondère les bénéfices et coûts futurs à l'aide d'un coefficient, le taux d'escompte. En principe la période de base sur laquelle porte la comparaison peut être la valeur présente ou la valeur finale. La première solution est cependant beaucoup plus fréquente.

Différentes formules mathématiques permettent de regrouper, actualiser et comparer les bénéfices et les coûts. La formule la plus courante est sans doute la suivante :

$$\sum_{t=y}^{n} = \frac{(B_t - C_t)}{(1+t)^t} - K > 0$$

où :

– $B_t - C_t$ indique le bénéfice net au cours de la période t ;

– $\frac{1}{(1+t)^t}$ correspond au coefficient d'escompte de la période t pour lequel le taux d'escompte r est exprimé sous la forme décimale (par ex. : 0,05 pour 5 %) ;

– $\sum_{t=1}^{n}$ signifie la sommation des bénéfices nets escomptés de chacune des n années de vie du projet, soit

$$\frac{(B_1 - C_1)}{(1+r)^1} + \frac{(B_2 - C_2)}{(1+r)^2} + \ldots + \frac{(B_n - C_n)}{(1+r)^n}$$

– K représente le coût du capital.

Selon cette formule, le critère de décision matérialisé par l'inégalité > 0 est le suivant : sélectionner tous les projets dont la valeur actuelle des bénéfices nets excède celle du coût du capital.

Notons qu'il peut s'avérer préférable, selon les circonstances, de recourir à la présentation alternative ci-dessous, voire à d'autres formulations de la règle de décision :

$$\frac{\sum_{t=1}^{n} (B_t - C_t) \cdot dt}{K} > 1$$

où dt correspond au facteur de pondération des bénéfices et des coûts (ou du bénéfice net), soit $dt = 1/(1+r)^t$.

La règle stipule alors qu'il faut sélectionner tous les projets pour lesquels le rapport est supérieur à 1, ce qui traduit que la valeur présente du flux de bénéfices nets actuels est supérieure au coût du capital.

Bien que seulement esquissée, cette présentation de l'analyse coûts-bénéfices montre ce que les décideurs peuvent attendre du recours à cette technique. Même si son application nécessite beaucoup de travail, souvent délicat, et si ses résultats peuvent prêter à discussion, elle satisfait parfaitement aux exigences d'une évaluation rationnelle des projets publics. A l'instar de la rationalisation des choix budgétaires, cette méthode constitue certainement une solution idéale du point de vue théorique. Les gouvernements y recourent cependant peu fréquemment à cause de son coût extrêmement élevé. L'expérience montre en outre que lorsqu'ils commandent une telle étude, ils ne tiennent souvent pas compte de ses conclusions. On retrouve là le très délicat problème de l'intégration de la rationalité économique dans les processus de décision politique.

CHAPITRE VIII

Stabilisation de l'économie

8.1 GENERALITES

8.1.1 L'objet de la fonction de stabilisation

Les sept premiers chapitres ont porté sur des développements presque exclusivement inspirés par les fonctions d'allocation optimale des ressources et de distribution équitable du bien-être. Afin de terminer le survol des fonctions de l'Etat, il nous reste à examiner dans ce dernier chapitre la troisième et dernière fonction de l'Etat : la stabilisation de l'économie. Si jusqu'ici la méthode d'analyse relevait principalement de la micro-économie, cette fonction relève essentiellement du domaine macro-économique.

Pour comprendre, au niveau du principe, l'objet de la fonction de stabilisation de l'Etat, on peut se référer au marché d'un bien quelconque. Imaginons qu'à un moment donné et à un certain prix, il y ait un écart entre l'offre et la demande ; les forces du marché opèrent alors spontanément des réactions correctrices :

- Si l'offre est supérieure à la demande, les stocks s'accumulent et le prix baisse, si bien que les entrepreneurs vont réduire leur production et contracter leur demande de facteurs de production. Simultanément cette baisse de prix stimule la demande pour le bien qui augmente. Ce mécanisme se poursuit jusqu'à ce que l'offre et la demande s'égalisent et que se fixe le prix d'équilibre.
- Si l'offre est inférieure à la demande, l'évolution contraire se produit : le prix augmente, ce qui incite les entrepreneurs à engager davantage de facteurs de production. La diminution de la demande du bien consécutive à la hausse du prix contribue au processus d'ajustement.

Au niveau macro-économique, le mécanisme est identique. Brièvement décrit, un excédent de la demande globale, c'est-à-dire de la demande de l'ensemble des biens et services produits par l'économie, engendre une augmentation de l'emploi et, dans certaines conditions, une hausse du niveau général des prix. L'évolution inverse se produit si l'offre globale est excédentaire.

L'analogie que l'on vient de tirer entre un marché et l'économie tout entière n'est valable que sur le plan du processus de recherche automatique de la solution d'équilibre ; en revanche, les conséquences d'un déséquilibre sont fondamentalement différentes. Si les variations de la demande se traduisent au niveau d'un marché particulier par des déplacements de facteurs de production d'une activité à l'autre, qui sont parfaitement conformes à la nature de l'économie de marché, elles ont pour l'économie dans son ensemble de lourdes conséquences sur le plan économique et social dans deux situations diamétralement opposées :

Si la demande est inférieure à l'offre potentielle, il y a sous-emploi des facteurs de production, en particulier de la main-d'œuvre et du capital physique de production. En effet, toute économie nationale dispose à un moment donné d'une certaine quantité de main-d'œuvre désireuse de travailler. Même si l'offre globale de travail peut varier quelque peu en fonction de sa rémunération après impôt, il y a un niveau de production effective au-dessous duquel il n'est pas possible de descendre sans qu'une frange du réservoir de main-d'œuvre soit condamnée au chômage. Or, ce phénomène est déplorable du double point de vue social et économique car il impose à ses victimes des souffrances matérielles et psychiques et implique le gaspillage de ressources rares. L'insuffisance de la demande engendre également l'inutilisation d'une partie des capacités techniques de production rentables, ce qui constitue aussi un gaspillage.

Si la demande est au contraire supérieure à l'offre potentielle, les forces vives de l'économie en main-d'œuvre et capital de production ne sont plus en mesure d'y répondre ; la demande satisfaite est alors ramenée au niveau de l'offre par une hausse du niveau général des prix. Or l'inflation a, elle aussi, des conséquences sociales et économiques négatives puisqu'elle incite d'une part les agents économiques à adapter leurs décisions en matière d'investissement notamment et elle influence d'autre part subrepticement la distribution des richesses.

L'observation rétrospective des économies de marché sur une longue période montre que la demande est parfois insuffisante pour assurer l'emploi de toutes les ressources productives et parfois trop forte pour être satisfaite avec les ressources disponibles. Bien que caractérisées toutes les deux par une tendance à la croissance, il apparaît que l'offre et la demande ne progressent pas au même rythme et que la demande tend à osciller sans grande régularité autour de l'offre.

D'un côté, *l'offre globale* augmente, à des rythmes évidemment différents selon les circonstances économiques générales, sous l'impulsion des facteurs suivants :

- la croissance de la population active, en quantité et en qualité de la formation,
- l'accumulation du capital physique de production grâce à l'investissement,
- l'introduction du progrès technique dans le processus de fabrication,
- l'introduction de biens nouveaux incorporant le progrès technique.

De l'autre côté, *la demande globale* est le fruit d'une multitude de décisions individuelles en matière de consommation, d'investissement, d'importation et d'exportation. Or, pour diverses raisons, qui sont examinées dans la plupart des ouvrages de macro-économie, les dépenses des agents économiques tendent à varier et ne correspondent pas exactement aux revenus créés par l'activité de production.

Il en résulte que, dans une économie où il n'y aurait pas de secteur public ou, mieux encore, où l'activité de l'Etat serait parfaitement neutre pour la conjoncture, on ne peut vraiment pas s'attendre à ce que les côtés offre et demande croissent continuellement au même rythme et garantissent en permanence l'équilibre macro-économique au niveau du plein-emploi.

8.1.2 Objectifs et moyens de la politique de stabilisation

Compte tenu de l'incapacité de l'économie privée d'atteindre spontanément un équilibre entre l'offre et la demande globales et compte tenu des conséquences économiques et sociales défavorables tant du sous-emploi que du sur-emploi, il appartient à l'Etat d'intervenir pour réduire les fluctuations économiques et promouvoir une croissance équilibrée. Fondamentalement, il peut agir au choix sur l'offre ou sur la demande et dispose dans les deux cas de plusieurs instruments. Le contexte économique justifiant d'intervenir d'un côté plutôt que de l'autre est très différent.

Etant donné que *l'offre globale* dépend essentiellement de la main-d'œuvre, du capital et du progrès technique, il apparaît immédiatement qu'il n'est guère aisé de la modifier à court terme. Si la situation économique exigeait qu'on la réduise, on devrait admettre un accroissement du taux de chômage et du degré d'inutilisation des capacités de production, ce que l'on désire précisément éviter. Inversement, s'il convenait de l'augmenter, il s'agirait d'inciter la population active à travailler davantage et les entrepreneurs à investir, ce qui entraînerait une hausse de la demande et des pressions inflationnistes. On voit donc que la stabilisation de l'économie par une action délibérée sur l'offre n'est envisageable que dans le moyen et surtout le long terme.

Dans cette perspective, les façons d'agir sur l'offre sont multiples. Les efforts porteront principalement sur deux objectifs :

- L'amélioration générale de la qualification professionnelle et de l'adéquation des profils de qualification entre l'offre et la demande. L'Etat y pourvoit par ses politiques de formation de base, professionnelle, universitaire et de recherche, par le développement des possibilités de formation complémentaire et par des mesures visant à favoriser la mobilité professionnelle, y compris avec l'étranger.
- La promotion de l'investissement afin d'augmenter les capacités de production ou pour incorporer le progrès technique dans les produits et les processus de production. Sans pour autant avoir la possibilité de contraindre les décisions privées, l'Etat peut encourager l'investissement par des mesures fiscales incitatives, comme les facilités d'amortissement et l'octroi de subventions ou de garanties contre certains risques, ou encore par la mise à disposition de terrains à des conditions meilleures que celles du marché.

A ces mesures actives s'ajoutent toute une série de mesures indirectes qui agissent sur l'environnement économique et le climat des affaires. Citons principalement :

- la politique monétaire dont dépend en grande partie la stabilité du niveau des prix et qui a le pouvoir d'influencer le taux d'intérêt et le cours de change de la monnaie nationale ;
- la fiscalité qui devrait être conçue, comme nous l'avons vu dans la section 6.2.4, de façon à minimiser ses effets pervers sur la volonté de travailler, d'épargner ou d'investir et à ne pas créer de distorsions de l'allocation des ressources ;
- les politiques des transports, des télécommunications et de l'énergie qui doivent favoriser la satisfaction des besoins de l'économie à des conditions de prix aussi basses que possible ;
- la politique législative et réglementaire qui doit éviter de tisser un carcan par trop restrictif susceptible d'étouffer le dynamisme de l'économie.

Sans négliger la contribution d'une politique orientée sur l'offre, il apparaît que la recherche du plein-emploi et la stabilisation des fluctuations conjoncturelles doivent plutôt passer par une *intervention sur la demande,* en particulier parce que des effets importants peuvent être obtenus dans des délais beaucoup plus brefs. Alors qu'une politique axée sur l'offre agit sur la tendance de la croissance à long terme, celle de la demande se prête beaucoup mieux à une régulation fine de l'économie dans le court terme.

Les instruments disponibles sont moins nombreux, mais plus homogènes. On retrouve la politique monétaire qui peut opérer un impact à court terme et en tout cas à moyen terme en influençant le taux de change et les taux d'intérêt, et par ce biais les échanges extérieurs et les investissements. La politique des prix et revenus, qui s'efforce de contrôler directement le niveau des prix et des salaires, constitue aussi une solution possible pour une courte durée. Un autre levier d'action important réside dans la politique budgétaire auquel ce chapitre est dédié. En bref, l'Etat s'efforce par ce moyen de compenser les fluctuations inopportunes de la demande privée en agissant sur cette dernière par le truchement de ses budgets de dépenses et de recettes. Si la demande est insuffisante pour assurer le plein-emploi, l'Etat doit dépenser plus ou prélever moins d'impôts sur l'économie privée afin d'augmenter son pouvoir d'achat. Inversement, si elle est trop forte, l'Etat doit s'efforcer de soulager l'appareil de production en dépensant moins lui-même ou en augmentant la ponction fiscale qu'il opère sur les agents économiques privés.

Ce pouvoir d'action du budget public a été mis en évidence par J.-M. Keynes en 1936 dans sa fameuse théorie générale et a été fortement développé dans les années cinquante et soixante. La généralisation du recours à une politique de la demande keynésienne a sans doute porté ses fruits, mais elle n'a certainement pas donné tous les résultats escomptés et a même induit des inconvénients non négligeables comme l'augmentation considérable de l'endettement ou de la taille du secteur public dans certains pays. Elle occupe toutefois toujours une place de choix dans la réflexion macro-économique ; c'est pourquoi il est indispensable d'y consacrer ce chapitre. Nous examinerons tout d'abord (8.2) un modèle simple de détermination du revenu national qui illustre clairement l'influence du budget sur l'économie. Nous introduirons ensuite le secteur monétaire (8.3) pour montrer l'interdépendance entre les secteurs réels et monétaires. Enfin, nous émettrons quelques brèves remarques sur l'engagement de la politique budgétaire (8.4). Comme nous ne pourrons cependant pas traiter tous les aspects qui mériteraient de l'être, nous recommandons au lecteur de consulter un bon ouvrage de macro-économie. Par ailleurs, nous nous appuyerons pour tous nos développements sur des démonstrations graphiques et limiterons les formules mathématiques au strict minimum. Une annexe à ce chapitre présente toutefois les grandes lignes des raisonnements mathématiques sous-jacents. Le lecteur intéressé est invité à s'y référer à l'occasion des renvois dans le texte.

8.2 LE MODELE KEYNESIEN DE BASE : LE SECTEUR REEL

8.2.1 Les postulats

L'analyse, qui sera présentée dans cette section, s'effectue dans le cadre des modèles macro-économiques simples de type keynésien. La méthode adoptée est connue sous le nom d'analyse comparative des équilibres statiques, en d'autres termes statique comparative. Elle consiste à déterminer le niveau d'équilibre du flux de revenu compte tenu des conditions initiales, puis à modifier ces conditions et déterminer un nouvel équilibre. On compare alors le second équilibre au premier, ce qui renseigne sur les conséquences des changements introduits.

Les postulats sous-jacents à l'analyse sont les suivants :

- l'économie est fermée, c'est-à-dire que les relations économiques avec l'étranger sont ignorées ;
- les techniques de production sont constantes : l'emploi varie donc de façon directe avec le produit ;
- l'économie est caractérisée par un sous-emploi des facteurs de production ; elle répond à toutes les modifications de la demande globale par des variations de la production et de l'emploi sans variation de prix. En conséquence, on se réfère aux agrégats réels du produit national brut (PNB), soit les agrégats nominaux déflatés par un indice de prix.

8.2.2 Détermination du revenu national avec secteur public et imposition forfaitaire

Rappelons que la théorie de la détermination du revenu national repose sur un modèle très simple, qui définit le revenu d'équilibre par l'égalité :

$$c(y) + \bar{i} = y = c(y) + s(y)$$

où $c = c(y)$ représente la consommation privée, qui est fonction du revenu national, $\bar{i}$ l'investissement privé supposé exogène, y indifféremment le revenu ou le produit national et $s = s(y)$ l'épargne, qui est fonction du revenu national. L'élément de gauche de cette égalité correspond à la demande globale ou dépense totale, ou, en d'autres termes, à la façon dont le revenu national est dépensé. L'élément de droite mesure quant à lui l'affectation du revenu national, soit la manière dont le revenu créé par le processus de production est utilisé. Cette égalité, exprimée en termes de revenu-dépense, peut être récrite alternativement en termes d'épargne-investissement en y retranchant la consommation $c(y)$, soit

$$\bar{i} = y - c(y) = s(y)$$

Cette seconde présentation montre bien que dans une économie fermée sans secteur public il ne peut y avoir équilibre que si l'épargne est égale à l'investissement.

La prise en considération du secteur public dans ce modèle nécessite deux modifications :

- D'une part, il faut introduire les dépenses de l'Etat désignées par g, qui incluent tous les achats du secteur public en biens et services. Il est usuel dans ce type de modèle de considérer que leur volume est indépendant du revenu national.
- D'autre part, en contrepartie, il faut tenir compte des recettes de l'Etat t, que l'on admet constituées exclusivement des impôts payés directement par les ménages privés t_f, nets des transferts que l'Etat leur octroie t_r, soit $t = t_f - t_r$. Ces recettes fiscales, que l'on suppose dans un premier temps forfaitaires, ont une incidence sur la consommation et l'épargne, qui ne sont désormais plus fonction du revenu national y, mais du revenu disponible y_d, c'est-à-dire du revenu à disposition des ménages après qu'ils aient payé leurs impôts et encaissé les transferts dont ils bénéficient, soit $y_d = y - \bar{t}$. Les fonctions de consommation et d'épargne deviennent donc :

$$c = c(y_d) = c(y - \bar{t})$$

et

$$s = s(y_d) = s(y - \bar{t})$$

où $c' = dc/dy$ représente la propension marginale à consommer, $s' = ds/dy$ la propension marginale à épargner et où $c' + s' = 1$, puisque tout accroissement du revenu disponible est, par définition, entièrement affecté à la consommation et à l'épargne.

La condition d'équilibre fondamentale sur le marché des biens et services dans une économie fermée où l'Etat est pris en compte se formalise dès lors comme suit :

$$c(y - \bar{t}) + \bar{i} + g = y = c(y - \bar{t}) + s(y - \bar{t}) + \bar{t}$$

qui peut s'écrire de façon équivalente :

$$\bar{i} + g = y - c(y - \bar{t}) = s(y - \bar{t}) + \bar{t}$$

Cette seconde égalité nous apprend notamment que l'équilibre global n'est pas perturbé si un déséquilibre entre l'épargne et l'investissement est compensé par un déséquilibre du budget.

Rappelons que la détermination du revenu d'équilibre peut être représentée graphiquement de deux manières. La partie supérieure de la figure 8.1 illustre l'approche revenu-dépense et la partie inférieure l'approche épargne-investissement.

Selon *l'approche revenu-dépense,* la valeur finale de la production étant égale à *y,* la bissectrice illustre l'ensemble des points d'égalité entre la demande globale et le revenu. Par rapport au schéma sans secteur gouvernemental, l'introduction d'un impôt forfaitaire réduit les dépenses de consommation projetées à n'importe quel niveau de revenu, verticalement de $c' \bar{t}$, soit le montant de l'impôt forfaitaire multiplié par la propension marginale à consommer. En effet, seule la part de l'impôt qui

Graphique 8.1 ***Détermination du revenu national avec secteur public***

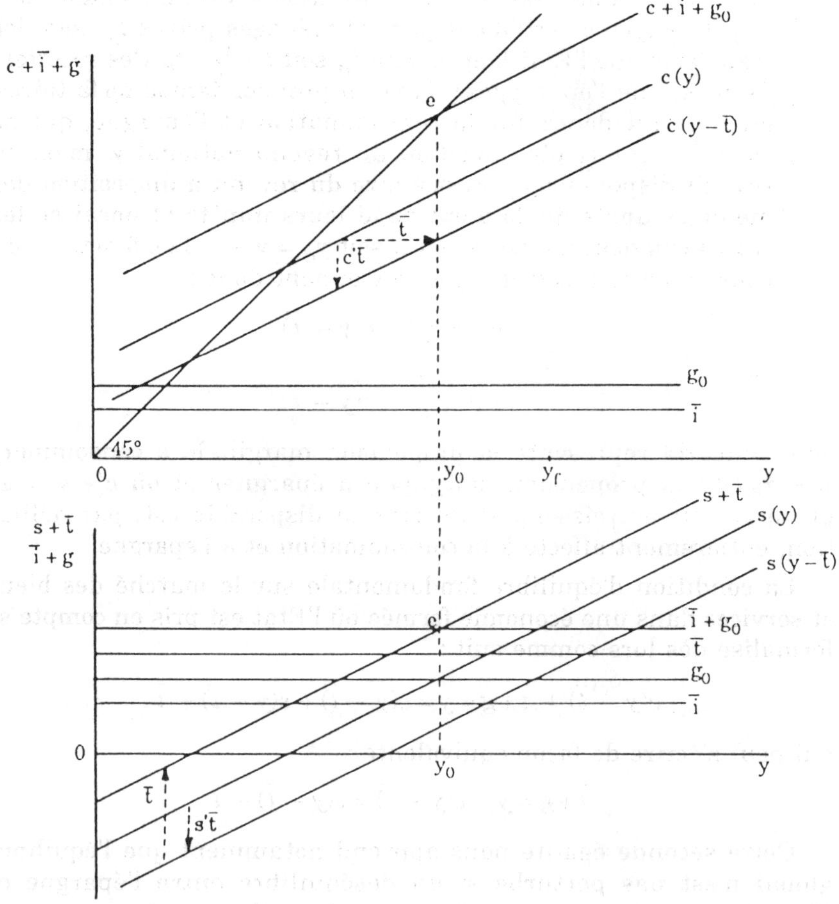

aurait été consommée influence le niveau de la consommation ; en revanche, pour atteindre un niveau de consommation donné, un revenu national augmenté de $\bar{t}$ est désormais nécessaire. Quant à la demande globale, elle est maintenant égale à la somme de la consommation privée (en fonction du revenu disponible), de l'investissement privé et de la dépense publique, qui sont, par hypothèse, fixés de façon exogène, soit $c + \bar{i} + g_o$.

Le niveau du revenu national d'équilibre yo correspond à l'intersection *e* de la droite $c + \bar{i} + g_o$ exprimant la dépense totale désirée et de la ligne à 45° représentant la valeur de la production réalisée. Pour des valeurs de y supérieures à y_o, l'offre est plus élevée que la demande et des stocks se formeront. Constatant que leurs stocks grossissent, les entrepreneurs réduiront leur production et débaucheront des travailleurs, ce qui entraînera un fléchissement du revenu national. Pour des valeurs de y inférieures à y_o, l'offre étant insuffisante par rapport à la demande, le phénomène inverse se produira. Soulignons cependant que ce point d'équilibre ne correspond pas nécessairement à une situation de plein-emploi des facteurs de production, comme sur le graphique 8.1 où l'on a arbitrairement supposé que le revenu national de plein-emploi y_f est plus élevé.

Selon *l'approche épargne-investissement,* l'introduction de la taxation et des dépenses publiques dans le modèle induit les modifications suivantes :

- La droite $\bar{i}$ des investissements projetés se déplace parallèlement vers le haut d'un montant correspondant aux dépenses publiques g_o et devient ainsi la droite $\bar{i} + g_o$.
- La fonction d'épargne *s(y)* se déplace vers le bas pour devenir $s(y - \bar{t})$: à chaque niveau de revenu, le montant que les ménages souhaitent épargner est amputé d'un montant $s't$, soit l'impôt forfaitaire multiplié par la propension marginale à épargner.
- A cette nouvelle fonction d'épargne, fonction du revenu disponible, il convient d'ajouter verticalement le montant de l'impôt forfaitaire $\bar{t}$ pour obtenir la somme totale du revenu qui n'est pas affecté à la consommation, soit $s + \bar{t}$.

Le revenu d'équilibre est dès lors égal à y_o correspondant au point d'intersection e entre la somme de l'investissement projeté et des dépenses publiques $\bar{i} + g_o$ et la part du revenu qui n'est pas consommée $s + \bar{t}$.

Même si ces deux approches permettent de démontrer les effets de la politique budgétaire, il s'avère souvent plus commode de s'appuyer sur la première sur le plan mathématique et sur la seconde sur le plan graphique.

8.2.3 Incidence d'une variation de la dépense et de l'impôt avec imposition forfaitaire

Le multiplicateur des dépenses publiques

Supposons maintenant que le revenu d'équilibre y_o soit inférieur à la production qui assurerait le plein-emploi des facteurs de production y_f. Pour réduire le chômage et la sous-utilisation des capacités de production, l'Etat peut stimuler la demande globale en augmentant ses dépenses ou en diminuant ses impôts. Ces mesures fiscales ou dépensières caractéristiques de la politique budgétaire permettent effectivement de modifier le niveau du revenu national.

Pour le montrer, analysons d'abord l'influence d'une augmentation des dépenses publiques sur la détermination du revenu en nous appuyant sur le graphique 8.2 (Math. : annexe, point 1).

Le supplément de dépenses budgétaires d'un montant égal à $dg = g_1 - g_o$ induit un accroissement de la somme de l'investissement et de la dépense publique qui passe de $\bar{i} + g_o$ à $\bar{i} + g_1$. Graphiquement, ceci se traduit par une nouvelle droite $\bar{i} + g_1$ supérieure à la précédente de dg. Son intersection avec la droite $(s + \bar{t})_o$ exprimant la part du revenu national, qui est affectée à l'épargne et à l'impôt, détermine un nouveau point d'équilibre e_2 correspondant à un revenu national de y_2.

Graphique 8.2 ***Le multiplicateur des dépenses publiques***

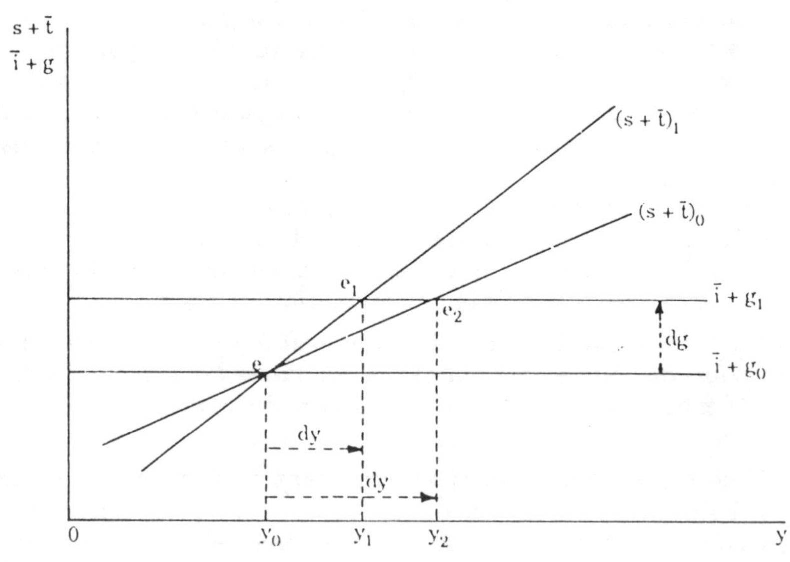

L'illustration graphique 8.2 montre que l'accroissement du revenu national, soit *dy*, est supérieur à l'augmentation initiale de la dépense publique, *dg*. Ainsi, les dépenses publiques exercent sur le revenu national un effet multiplicateur *K* identique à celui que jouent les investissements privés : la dépense initiale induit une augmentation du revenu national qui engendre elle-même une cascade de dépenses de consommation supplémentaires, soit :

$$dy = K \cdot dg \quad \text{ou} \quad K = dy / dg$$

Pour mettre en évidence l'élément qui détermine la valeur du multiplicateur, il suffit de reprendre le graphique 8.2. Par comparaison, il permet de montrer que l'impact d'une variation de la dépense publique *dg* sur le revenu national dépend de la pente de la fonction $s + \bar{t}$. Il est :

– fort si la pente est faible, soit $(s + \bar{t})_o$,
– faible si elle est forte, soit $(s + \bar{t})_1$.

Or, la pente de la fonction $s + \bar{t}$ dépend, avec un impôt forfaitaire, exclusivement de la propension marginale à épargner s' ; en effet, la dérivée de la fonction $s + \bar{t}$ par rapport au revenu national est égale à la propension marginale à épargner, soit :

$$\frac{d[s(y - \bar{t}) + \bar{t}]}{dy} = s'$$

Il apparait donc que l'ampleur de la variation du revenu national engendrée par l'augmentation des dépenses publiques dépend directement de la propension marginale à épargner : elle est d'autant plus grande que la propension marginale à épargner s' est faible ou sa réciproque la propension marginale à consommer c' forte, et inversement. En d'autres termes, le multiplicateur des dépenses publiques avec impôt forfaitaire est égal à l'inverse de la propension marginale à épargner, à savoir :

$$K = \frac{dy}{dg} = \frac{1}{s'} = \frac{1}{1 - c'}$$

Constatons que ce multiplicateur est identique à celui d'une variation des investissements autonomes ; l'introduction de l'impôt forfaitaire ne l'influence donc pas. Quant à la variation du revenu national induite par une variation des dépenses publiques, elle équivaut, comme nous l'avons vu, à :

$$dy = K \cdot dg = \frac{1}{s'} \cdot dg$$

ou, ce qui revient au même, à :

$$dy = \frac{1}{1-c'} \cdot dg, \quad \text{puisque } s' = 1 - c' \text{ si } c' < 1 \text{ et } s' > 0$$

Le multiplicateur des impôts (et des transferts)

Face à une demande insuffisante pour assurer le plein-emploi, l'Etat a également la possibilité d'intervenir indifféremment en réduisant la ponction fiscale ou en augmentant les transferts, par exemple les allocations de chômage. Bien qu'ils constituent en fait une dépense publique, nous avons vu que les transferts peuvent être considérés comme des impôts négatifs, qui doivent être soustraits des impôts payés par les ménages.

Le graphique 8.3 illustre l'influence d'une modification de la taxation sur le niveau du revenu national d'équilibre. L'accent y est porté par commodité sur les variations de la demande globale consécutives aux variations de la fonction de consommation.

Une diminution des impôts (ou une augmentation des transferts) de $\bar{t}_0$ à $\bar{t}_1$ engendre :

- Un déplacement vertical vers le haut de la fonction de consommation, et par conséquent de la demande globale, égal à $c'd\bar{t}$, soit la diminution d'impôt multipliée par la propension marginale à consommer. Soulignons que ce déplacement vertical est inférieur à la variation de l'impôt car une partie de l'économie d'impôt est épargnée par ses bénéficiaires.

Graphique 8.3 ***Le multiplicateur des impôts***

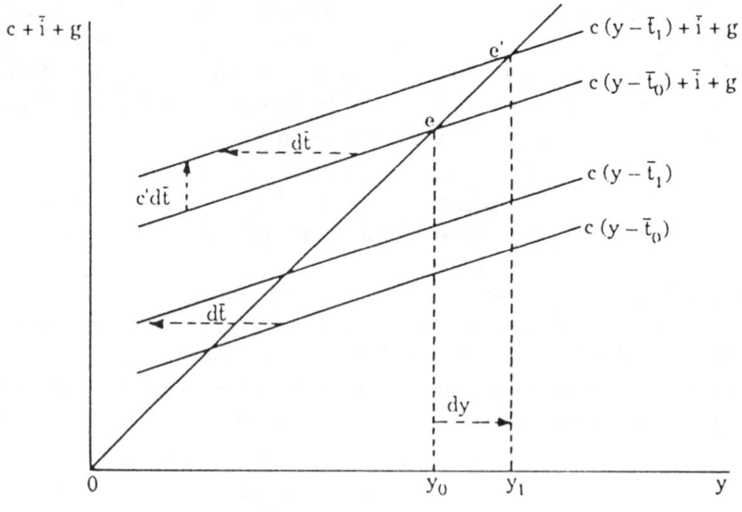

– Une translation horizontale vers la gauche de la fonction de consommation et de la demande globale à concurrence du montant du dégrèvement fiscal. Elle met en évidence le fait que les consommateurs, qui bénéficient d'une réduction d'impôt, peuvent jouir d'un même niveau de consommation avec un revenu inférieur de $d\bar{t}$.

En définitive, la baisse d'impôt se traduit par un déplacement du point d'équilibre de e en e', ce qui correspond à une expansion du revenu national de y_o à y_1. Toutefois la valeur du multiplicateur d'impôt est plus petite que celle du multiplicateur des dépenses. En effet, l'allégement de la ponction fiscale n'entraîne une demande supplémentaire que pour la part qui est consommée, alors que l'augmentation initiale des dépenses publiques provoque un accroissement du revenu de même montant. En d'autres termes, la variation de revenu induite par une réduction des impôts est, pour autant que la propension marginale à épargner soit supérieure à 0, égale à :

$$dy = \frac{1}{s'} \cdot -c'd\bar{t} = \frac{1}{1-c'} \cdot -c'd\bar{t} \quad \text{où} \quad k = \frac{dy}{d\bar{t}} = \frac{-c'}{1-c'} = \frac{-c'}{s'} \quad \text{et} \quad \left|\frac{c'}{s'}\right| < \frac{1}{s'}$$

8.2.4 Le multiplicateur du budget équilibré

Ayant défini le multiplicateur des dépenses publiques et celui des impôts, supposons maintenant que l'Etat finance l'accroissement des dépenses publiques par une augmentation identique des recettes fiscales. Cette analyse nous permettra de montrer une importante caractéristique de l'incidence du budget sur le revenu national, à savoir que l'effet multiplicateur d'une augmentation des dépenses publiques couverte par un accroissement des impôts de même montant n'est pas nul, mais égal à un. La hausse du revenu correspond donc exactement à l'expansion du budget.

Cette conclusion, qui a été mise en évidence par Haavelmo en 1945, résulte de la comparaison de l'effet multiplicateur des dépenses publiques et de celui des impôts, soit respectivement :

$$dy = \frac{1}{1-c'} \cdot dg \quad \text{et} \quad dy = \frac{-c'}{1-c'} \cdot d\bar{t}$$

L'effet simultané des deux actions est par conséquent égal à :

$$dy = \frac{dg}{1-c'} + \frac{-c'd\bar{t}}{1-c'}$$

Si $dg = d\bar{t}$, c'est-à-dire si l'Etat finance ses dépenses supplémentaires par une augmentation identique de ses recettes fiscales, on obtient :

$$dy = dg\left(\frac{1}{1-c'} + \frac{-c'}{1-c'}\right) = dg\left(\frac{1-c'}{1-c'}\right) = dg$$

La variation du produit national est donc exactement égale à la variation des dépenses publiques (Math. : annexe, point 2). En d'autres termes, un accroissement des dépenses publiques financé par une augmentation des impôts d'un même montant n'est pas neutre du point de vue macro-économique.

Ce résultat est paradoxal dans l'esprit keynésien car il conclut qu'une politique budgétaire active de stimulation de l'activité économique peut être menée avec un budget équilibré. Théoriquement, il est en effet possible d'atteindre un revenu de plein-emploi sans déficit budgétaire, à condition d'augmenter suffisamment la taille du budget. Dans la pratique, on constate cependant que les défenseurs des budgets annuels équilibrés sont presque toujours aussi les avocats d'une limitation de la taille du secteur public. Or, comme les deux objectifs de revenu national de plein-emploi et d'équilibre budgétaire sont en règle générale antagonistes, la seule façon de combler un écart déflationniste tout en maintenant l'équilibre du budget est bel et bien d'accroître la taille du budget. A cela s'ajoute, comme nous le verrons plus loin, qu'une politique d'adaptation continuelle des dépenses aux recettes (budget équilibré) est déstabilisatrice pour l'économie.

8.2.5 Incidence d'une variation de la dépense avec imposition en fonction du revenu

Le multiplicateur

Pour simplifier, nous avons supposé jusqu'ici que l'imposition était forfaitaire ; il convient maintenant de prendre en compte qu'elle est en général une fonction du revenu, ce qui nous amène à définir la fonction d'imposition suivante :

$$t = t(y) \quad \text{où} \quad t' = \frac{dt}{dy}$$

désigne le taux d'imposition marginal, soit la pente de la fonction d'imposition.

Dans ces conditions, on peut récrire les fonctions de consommation et d'épargne ainsi :

$$c = c(y_d) = c[y - t(y)]$$
$$s = s(y_d) = s[y - t(y)]$$

La condition d'équilibre fondamentale devient maintenant :

$$c[y - t(y)] + \bar{i} + g = y = c[y - t(y)] + s[y - t(y)] + t(y)$$

ou, de manière équivalente :

$$\bar{i} + g = y - c[y - t(y)] + s[y - t(y)] + t(y)$$

Le graphique 8.4 permet de comparer le multiplicateur des dépenses avec imposition en fonction du revenu et celui que nous avons dérivé précédemment avec imposition forfaitaire. Il représente principalement deux fonctions $s + t$:

– l'une, avec un impôt forfaitaire dont la pente dérivée à partir de la fonction $s + \bar{t} = s(y - \bar{t}) + \bar{t}$ est égale à la propension marginale à épargner, soit :

$$\frac{d(s + \bar{t})}{dy} = s'$$

– l'autre, avec impôt en fonction du revenu, dont la pente dérivée à partir de la fonction $s + t = s[y - t(y)] + t(y)$ est égale à :

$$\frac{d(s + t)}{dy} = s'(1 - t') + t' = s' + t'(1 - s')$$

Graphique 8.4 ***Le multiplicateur de la dépense avec impôt en fonction du revenu***

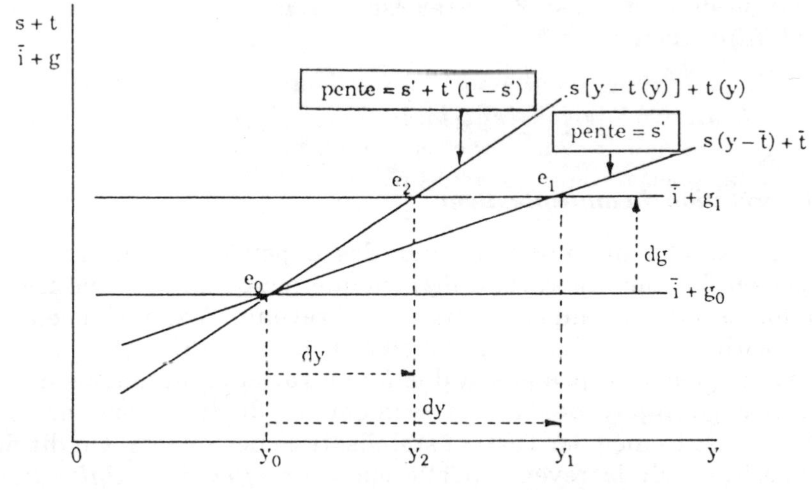

La comparaison des pentes de ces deux fonctions $s + t$ montre immédiatement que la pente de la fonction propre à une imposition en fonction du revenu est supérieure à celle de la fonction avec imposition forfaitaire. En effet :

$$s' + t'(1 - s') > s' \text{ aussi longtemps que } s' < 1$$

Il en résulte qu'une augmentation autonome des dépenses publiques de dg (ou des investissements de $d\bar{i}$), qui se traduit par un déplacement de la droite $\bar{i} + g_o$ vers le haut en $\bar{i} + g_1$, n'a pas le même impact sur le revenu national selon que l'imposition est forfaitaire ou en fonction du revenu. Alors que le nouveau point d'intersection avec la droite $s(y - \bar{t}) + \bar{t}$ se situe en e_1, correspondant à un revenu y_1, celui avec la droite $s[y - t(y)] + t(y)$ se fixe en e_2 et produit un revenu moindre y_2. La variation dy du revenu national consécutive à une augmentation autonome des dépenses publiques est plus faible lorsque l'imposition est fonction du revenu national que lorsqu'elle est forfaitaire. Cette différence provient de la valeur inférieure du multiplicateur lorsque l'imposition est fonction du revenu :

$$K = \frac{dy}{dg} = \frac{1}{s'(1 - t') + t'} < \frac{1}{s'}$$

Le moindre accroissement du revenu d'équilibre provient de ce qu'à chaque itération correspondant à un revenu supplémentaire induit par l'augmentation des dépenses publiques, l'accroissement de la consommation et de l'épargne résultant de ce supplément de revenu est plus modéré qu'avec l'imposition forfaitaire puisque l'imposition croît elle-même avec le revenu. Dans le cas de l'imposition en fonction du revenu, l'effet de revenu d'une variation de la dépense de l'Etat est donc égal à (Math. : annexe, point 3) :

$$dy = \frac{1}{s'(1 - t') + t'} \cdot dg = \frac{1}{1 - c'(1 - t')} \cdot dg$$

Interprétation du multiplicateur

Cet examen du multiplicateur des dépenses publiques avec impôt en fonction du revenu montre que lorsqu'un système fiscal est fondé sur des impôts assis sur le revenu, l'expansion ou la contraction du revenu consécutive à une modification de la demande globale – qu'elle soit due à une variation autonome de la dépense publique, de l'investissement ou de la consommation privée – est freinée par l'action stabilisatrice des impôts. On dit de l'imposition sur le revenu qu'elle opère un *effet de stabilisation automatique*. Dès que les revenus se mettent à fléchir, les recettes fiscales commencent également à diminuer, atténuant de ce fait les fluctuations du revenu national. Inversement, une augmentation des revenus bruts est partiellement contrée par un alourdissement automatique de la fiscalité.

Cette observation nous amène à remarquer que les deux variables budgétaires, dépenses publiques et recettes fiscales, peuvent changer à la suite de deux causes bien distinctes :

- à la suite de mesures budgétaires *discrétionnaires ou délibérées,* c'est-à-dire de mesures délibérément prises par le gouvernement ou le parlement, comme une augmentation de dépenses ou une diminution de recettes, ou
- à la suite de variations *automatiques ou endogènes* induites par des variations de l'activité économique.

Dans la réalité cependant, les deux types d'effets – discrétionnaire et automatique – se confondent souvent. Ainsi par exemple, l'influence expansive d'un accroissement des achats publics est freinée par la variation induite de la ponction fiscale.

Il en résulte que, pour obtenir une variation dy donnée du revenu national, il faut procéder à une modification discrétionnaire des dépenses publiques plus forte qu'avec un système d'impôt forfaitaire. Pour le montrer, imaginons que la variation dy du revenu national recherchée exige une modification discrétionnaire de la dépense publique respectivement de dg_o avec imposition forfaitaire et de dg_t avec impôt sur le revenu, soit :

$$dy = dg_o \cdot \frac{1}{1-c'} = dg_t \cdot \frac{1}{1-c'(1-t')}$$

ce qui implique que

$$dg_t = dg_o \cdot \frac{1-c'(1-t')}{1-c'}$$

On constate bien que dg_t doit être supérieur à dg_o puisque la valeur du numérateur est plus élevée que celle du dénominateur. L'effet de stabilisation automatique des systèmes fiscaux fondés sur des impôts assis sur le revenu appelle quelques remarques :

- L'effet est d'autant plus prononcé que l'imposition est progressive. De plus, il se manifeste pleinement lorsque le délai entre l'imposition du revenu et le revenu, qui lui sert d'assiette, est court. En revanche, si ce délai est long, l'effet est fortement réduit, voire renversé.
- Certaines dépenses publiques, et en particulier certaines dépenses de transferts (assurance chômage, assistance, subventions), jouent aussi un rôle non négligeable en matière de

stabilisation automatique car elles tendent à augmenter lorsque le revenu se contracte et inversement.

- L'effet de stabilisation automatique n'est pas souhaitable dans tous les cas. Alors qu'il est le bienvenu lorsque le revenu national fluctue autour du niveau de plein-emploi ou lorsque l'économie témoigne d'une tendance inflationniste, il est indésirable quand elle se trouve en situation de sous-emploi chronique, car il atténue l'effet multiplicateur d'une éventuelle augmentation autonome de la demande globale, ce qui nécessite un renforcement des mesures discrétionnaires. Nous verrons en outre que les fluctuations du solde du budget qu'il induit, sont susceptibles d'inciter à une modification compensatoire des achats publics de biens et services, ce qui est en règle générale nuisible à la stabilité de l'économie.
- Enfin, il ne faut pas oublier que la propension marginale à consommer, dont dépend en partie l'effet de stabilisation automatique, tend à varier en fonction du niveau d'activité économique et du rythme de variation de cette activité. L'effet peut être ainsi modifié.

8.2.6 Incidence d'une variation des achats publics sur le solde du budget

A priori, on pourrait penser qu'un accroissement des achats publics induit une augmentation du déficit du budget (ou une diminution de son excédent) d'un montant équivalent à celui injecté par l'Etat. Tel n'est pourtant pas le cas, car une augmentation des dépenses engendre un accroissement du revenu national égal à $dy = k \cdot dg$. Une fraction de cet accroissement du revenu étant prélevée sous forme d'impôt, les recettes fiscales progressent de $t'Kdg$. La variation du solde du budget, désignée par dd, sera donc de (Math. : annexe, point 4) :

$$dd = dg - dt$$

$$dd = dg - t'Kdg$$

$$dd = dg - \frac{t'}{1 - c'(1 - t')} \cdot dg = \left(1 - \frac{t'}{1 - c'(1 - t')}\right)dg$$

La direction et l'importance de la variation du solde du budget consécutive à l'accroissement des dépenses publiques dépendent donc de la valeur de l'expression entre parenthèses. Or elle est comprise entre 0 et 1 si la valeur de la propension marginale à consommer et celle du taux marginal d'imposition sont inférieures à un. Cela signifie qu'une augmentation des achats publics entraîne bien une aggravation du déficit budgétaire (ou une diminution de l'excédent), mais d'un montant inférieur à celui injecté par l'Etat.

Cette conclusion revêt un grand intérêt d'un point de vue politique car elle souligne que l'effet d'une politique de relance de l'économie au moyen d'un accroissement des achats publics n'est pas aussi néfaste pour l'évolution du solde du budget qu'un examen superficiel pourrait le laisser croire.

De la même façon, on peut montrer qu'une augmentation du taux d'imposition accroîtrait l'excédent du budget (ou diminuerait le déficit) en dépit de la baisse du revenu national qu'elle induit.

Cette analyse de l'incidence d'une variation des achats publics ou du taux d'imposition sur le solde du budget nous permet de mettre en évidence une question dont les politiciens paraissent n'avoir pas toujours conscience, à savoir que l'on ne peut en général pas promouvoir un certain niveau de revenu national pour assurer le plein-emploi et maintenir simultanément l'équilibre du budget. Il n'est en effet pas possible d'atteindre n'importe quelle progression désirable du revenu national par une augmentation des dépenses sans subir une dégradation du déficit. Réciproquement, un gouvernement ne peut pas obtenir une réduction du déficit, en diminuant ses dépenses ou en accroissant son taux d'imposition, sans accepter une diminution du revenu. Il y a donc conflit entre les objectifs de progression du revenu national, au moyen de mesures discrétionnaires, et d'équilibre budgétaire (Math. : annexe, point 5).

8.2.7 Incidence sur le revenu d'une variation automatique de la recette fiscale lorsque le budget est sans cesse rééquilibré

Jusqu'ici, nous avons admis implicitement que le gouvernement n'entravait en rien le jeu des stabilisateurs automatiques, et en particulier qu'il ne cherchait pas à équilibrer constamment le solde du budget en adaptant les achats publics au niveau des recettes fiscales. Or, dans les régimes démocratiques, il apparaît au contraire que les parlements poussent les gouvernements à augmenter les dépenses en période de haute conjoncture pour profiter des recettes fiscales abondantes et qu'inversement, en période de marasme économique, ils plaident la parcimonie pour adapter les dépenses au niveau réduit des recettes.

Cette politique consistant à faire coïncider continuellement le niveau des dépenses publiques et celui des revenus fiscaux pour assurer l'équilibre annuel du budget réduit non seulement à néant l'effet bénéfique de stabilisation automatique de l'impôt, mais pire encore provoque, conne nous allons le démontrer, un véritable effet déstabilisateur sur l'économie.

Au lieu que la dépense soit fixée de façon autonome, imaginons maintenant qu'elle est fonction du revenu à l'instar de la recette fiscale, soit $g = t(y)$. Dans ces conditions, il convient de remplacer g par $t(y)$ dans l'égalité fondamentale définissant la condition d'équilibre du revenu national, soit :

$$y = c[y - t(y)] + \bar{i} + t(y)$$

Admettons maintenant qu'une variation autonome de l'investissement privé se produise ; son impact sur le revenu national est déterminé en procédant à la différentiation totale de l'équation ci-dessus, ce qui nous donne (Math. : annexe, point 6) :

$$\frac{dy}{di} = \frac{1}{(1-c')(1-t')} = \frac{1}{1-c'(1-t')-t'} = K$$

Ce nouveau multiplicateur est non seulement supérieur à celui valable pour l'effet de stabilisation automatique, mais aussi à celui propre à l'imposition forfaitaire :

$$\frac{1}{1-c'(1-t')-t'} > \frac{1}{1-c'} > \frac{1}{1-c'(1-t')}$$

En lieu et place d'un effet stabilisateur, le couplage de la dépense publique à la recette fiscale provoque donc un effet déstabilisateur. A la variation autonome de l'investissement privé s'ajoute maintenant une variation dans le même sens de la dépense publique, alors que si la dépense publique demeure constante, l'impact de la variation des investissements est atténué par l'effet de stabilisation automatique de l'impôt sur le revenu.

Cette constatation nous ramène à la conclusion énoncée précédemment, à savoir qu'il y a en règle générale incompatibilité entre les objets de stabilisation de l'économie et d'équilibre permanent du budget lorsque le système fiscal prévoit des impôts assis sur le revenu.

8.2.8 La mesure de l'incidence budgétaire

Les modèles développés précédemment ont montré que le budget de l'Etat et ses différentes composantes influencent le niveau du revenu national et par conséquent l'emploi. En pratique toutefois pour pouvoir engager la politique budgétaire de façon adéquate, il convient non seulement de cerner la réalité que l'on veut modifier, mais encore de connaître l'incidence des mesures prises sur cette réalité. En d'autres termes, il s'agit de pouvoir évaluer l'effet d'une politique budgétaire donnée, c'est-à-dire de pouvoir comparer le développement effectif de l'économie consécutif à cette politique par rapport au développement hypothétique que l'on aurait enregistré si aucune mesure n'avait été prise ou si une autre politique avait été appliquée.

Il est très utile de disposer d'un indicateur capable de quantifier l'impact d'une politique budgétaire pour deux raisons :

- d'une part, dans une perspective historique, pour pouvoir juger si la politique poursuivie dans le passé a eu l'effet stabilisateur souhaité ou si au contraire elle a eu un effet déstabilisateur sur l'activité économique ;
- d'autre part, dans l'optique prospective, pour pouvoir planifier la politique à suivre, et en particulier définir la nature, le bon dosage et le bon moment de mise en vigueur d'une politique active.

Différentes mesures des effets de la politique budgétaire ont été mises au point. La plupart d'entre elles tendent à fournir comme indicateur de l'adéquation de la politique budgétaire, un nombre unique. Or, il est évident qu'il n'est pas facile de réduire les multiples dimensions de l'influence du budget sur la conjoncture en un seul indicateur. Cette manière de procéder répond toutefois à un besoin fortement marqué au niveau politique et à celui du grand public.

Parmi les indices unidimensionnels, on peut distinguer trois familles de mesures du budget :

- D'un côté, les *mesures d'adéquation du budget* qui produisent un indicateur résumant les conséquences sur le budget des programmes de recettes et de dépenses. Se concentrant sur le budget, ces mesures ont l'avantage d'être pratiquement indépendantes de tout modèle économique. Cet avantage leur confère cependant l'inconvénient d'avoir une portée limitée, car elles ne donnent aucune indication sur l'influence de ces différents programmes sur le niveau du revenu national. Or, ce n'est pas le budget, mais l'économie qui intéresse au premier chef.
- De l'autre côté, les véritables *mesures de l'incidence budgétaire,* qui s'efforcent de produire une estimation chiffrée de l'impact du budget, dans sa totalité ou de l'une de ses composantes, sur l'économie. Elles ont l'avantage de donner des informations sur l'incidence du budget sur la conjoncture, mais elles sont beaucoup plus complexes et vulnérables car leur fiabilité dépend de la validité du modèle économique utilisé.
- Entre ces deux catégories extrêmes de mesures, on trouve encore les *mesures de l'effet primaire* sur la conjoncture que l'on établit en appliquant aux recettes et aux dépenses de transferts – ou à leurs variations – un coefficient de pondération (essentiellement la propension à consommer). Bien

qu'elles aillent au-delà des simples indicateurs de l'adéquation du budget, elles ne constituent pas une vraie mesure de son incidence car elles renoncent délibérément à prendre en compte l'effet multiplicateur dont l'estimation soulève de sérieuses difficultés en raison notamment de la peine que l'on rencontre à évaluer les délais de réaction.

Pour éviter d'entrer dans des considérations trop techniques, nous nous contenterons ici d'envisager les indicateurs d'adéquation du budget.

Mesures de l'adéquation du budget

La mesure d'adéquation du budget la plus répandue, puisqu'elle se trouve au centre de tous les débats sur la politique budgétaire, est le *solde budgétaire effectif.* Ainsi, on admet généralement – à tort comme nous allons le démontrer – qu'un déficit est expansionniste et qu'un excédent est restrictif étant donné que, dans le premier cas, l'Etat dépense plus qu'il ne prélève par les impôts et inversement dans le second. Or, la lecture du solde budgétaire ou de sa variation est un mauvais indicateur de l'effet de la politique budgétaire sur l'économie pour deux raisons :

Premièrement, on ne peut pas dire *a priori* qu'une augmentation des recettes fiscales plus grande que celle des dépenses a un effet contractif car, comme nous l'avons expliqué en traitant du multiplicateur du budget équilibré, l'impact des impôts sur le revenu national ne se concrétise qu'au prorata de leur influence sur la consommation. En d'autres termes, l'effet n'est effectivement contractif que si la diminution de la consommation engendrée par la hausse des impôts est supérieure à l'augmentation de la dépense publique. Si tel n'est pas le cas, l'effet est expansif, contrairement à ce que suggère la diminution du déficit ou l'augmentation de l'excédent.

Secondement, il faut tenir compte du fait que le niveau du solde budgétaire dépend dans une large mesure de celui de l'activité économique, c'est-à-dire qu'il est une donnée endogène à la formation du revenu national en raison des stabilisateurs automatiques incorporés dans les recettes fiscales, voire dans les dépenses.

C'est précisément ici que la distinction établie précédemment entre variations discrétionnaire et automatique prend toute son importance pour l'interprétation de la signification macroéconomique d'une variation du solde du budget. Il n'est en effet pas possible d'avancer qu'une augmentation du déficit budgétaire (ou une diminution de l'excédent), qui traduit pourtant une dépense supérieure aux recettes, reflète une politique fiscale expansionniste délibérée ou, au contraire, qu'une réduction du déficit (ou un accroissement de l'excédent) traduit une politique restrictive intentionnelle, sans savoir si l'origine de la variation est discrétionnaire ou automatique.

En effet, une variation du solde du budget peut avoir deux explications différentes :

- une variation automatique des recettes fiscales (ou des dépenses) induite par une variation exogène de la demande globale, par exemple des investissements privée ; dans ce cas, la politique est dite *passive* car il n'y a pas de modification délibérée et seuls les stabilisateurs automatiques fonctionnent ;
- une variation discrétionnaire des paramètres fiscaux (dépenses publiques ou assiettes et/ou taux d'imposition). Dans ce cas, la politique est *active* et la variation du solde du budget est le reflet de cette politique.

Les politiques passive et active sont illustrées sur le graphique 8.5a et b. Nous supposons un niveau g de dépenses publiques et une fonction d'imposition $t = t(y)$.

Le graphique 8.5 *a* représente une politique budgétaire *passive*. La première année, le revenu national atteint y_o. Il en résulte une recette fiscale oa et un excédent budgétaire E égal à *ba*. Imaginons pour la deuxième année une diminution des investissements privés de i_o à i_1. Elle provoque une réduction de la demande globale et par conséquent une baisse du revenu national jusqu'à y_1. La recette fiscale se contracte automatiquement à *oc* et, comme les dépenses publiques n'ont pas changé, le budget enregistre désormais un déficit D de *cb*. Cette variation du solde du budget est purement automatique puisqu'elle est due à un déplacement le long de la fonction de recettes fiscales $t(y)$. Le fait que ce passage d'un excédent à un déficit ne soit pas dû à une mesure délibérée ne signifie pourtant pas qu'il soit malvenu ; au contraire, l'effet de stabilisation automatique engendré par la fonction de recettes fiscales a atténué l'impact sur le revenu national de la contraction des investissements.

Le graphique 8.5 *b* illustre quant à lui une politique budgétaire active. La première année, la situation ressemble au cas précédent. Pour la deuxième année, on suppose que l'Etat décide de réduire le taux d'imposition sur le revenu de telle sorte que la fonction d'imposition devienne $t_1(y)$. Cette mesure entraîne une augmentation du revenu disponible et par conséquent du revenu national qui progresse à y_1. L'excédent budgétaire *ba* de la première année fait place à un déficit D égal à *cb,* qui, dans ce cas, est engendré par une mesure discrétionnaire, source d'une augmentation du revenu national. Le lecteur peut imaginer que si l'Etat avait alternativement augmenté la dépense publique, le revenu

Graphique 8.5 ***Politiques budgétaires passive et active***

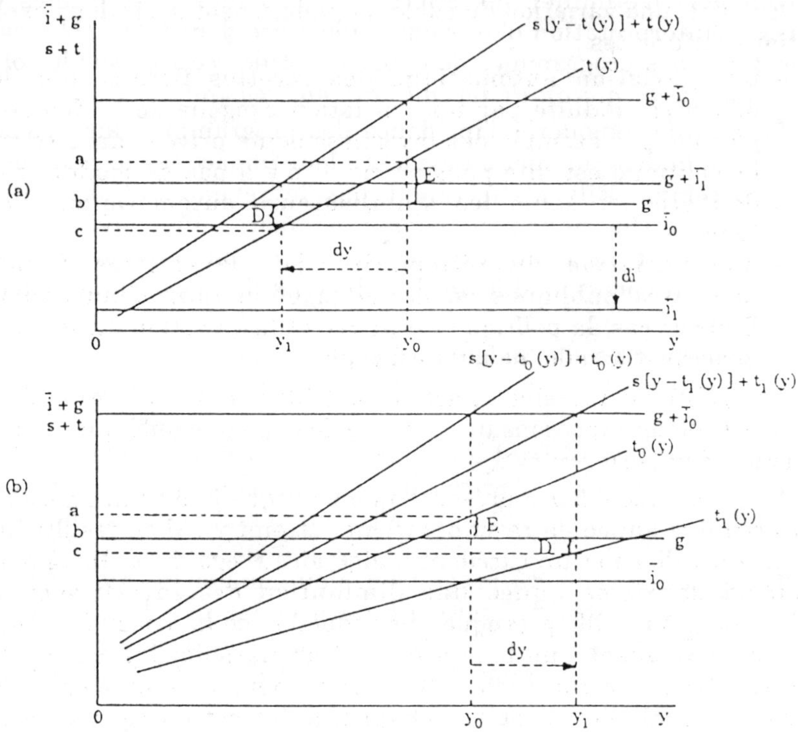

national se serait aussi accru au détriment d'une diminution de l'excédent ou de la création d'un déficit.

Il apparaît donc clairement que la simple observation de l'évolution du solde du budget ne nous permet pas de dire si la politique budgétaire est active ou passive, restrictive ou expansive.

Le solde budgétaire de plein-emploi

Pour éviter cette lacune inhérente à l'utilisation du solde effectif du budget comme indicateur de l'adéquation du budget, un concept très utile a été mis au point : *le solde budgétaire de plein-emploi.*

Ce concept, qui est né aux Etats-Unis dans les années cinquante, est étroitement lié à la doctrine de l'équilibre du budget de plein-emploi que nous envisagerons ultérieurement. Pratiquement, cette méthode consiste à séparer les aspects discrétionnaires des aspects automatiques de la politique budgétaire par élimination des variations automatiques afin de pouvoir préciser s'il y a variation discrétionnaire, et, le cas échéant, sa direction. Or, un moyen aisé d'éliminer les effets automatiques susceptibles de fausser l'interprétation d'un solde budgétaire donné est d'observer l'incidence des programmes de dépenses et de recettes sur le solde budgétaire à *un niveau de revenu national constant.*

Au lieu de considérer l'incidence des programmes sur le solde effectif du budget, on met en évidence leur impact sur le solde budgétaire comme s'ils n'affectaient pas le revenu national. Bien qu'on puisse théoriquement choisir n'importe quel niveau constant de revenu national, c'est le revenu de plein-emploi qui est retenu car il correspond à un des objectifs de la politique macroéconomique.

Ce concept du solde budgétaire de plein-emploi et les mesures de l'adéquation du budget que l'on en tire peuvent être illustrés à l'aide du graphique 8.6.

Supposons tout d'abord une fonction d'imposition correspondant à $t_1(y)$. Compte tenu des programmes de dépenses et de recettes en vigueur, le budget, qui fait apparaître un déficit D effectif de hj au niveau du revenu national effectif y_e, témoigne d'un excédent E égal à ba au niveau du revenu de plein-emploi y_f. Alors que la lecture du solde effectif pourrait faire croire que le budget est expansif, parce que bénéficiaire, son interprétation au niveau hypothétique du plein-emploi montre qu'il n'en est rien et que ce budget agit de façon contractive.

Graphique 8.6 ***Le solde budgétaire de plein-emploi***

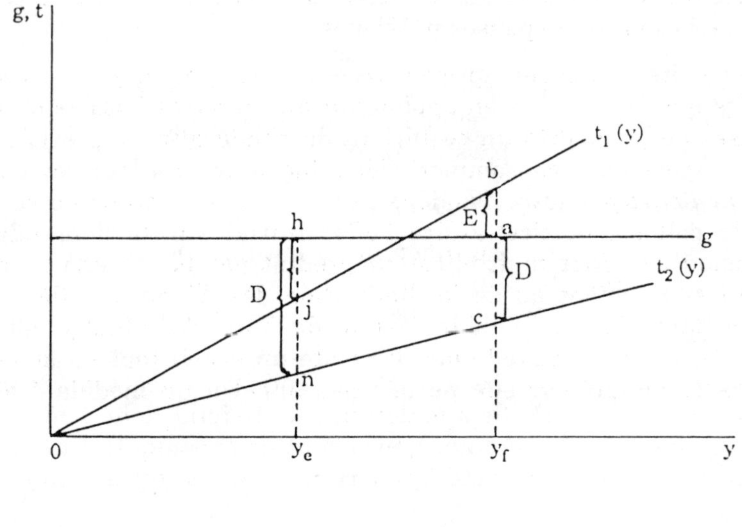

Admettons maintenant que l'Etat envisage une baisse du taux d'imposition provoquant une rotation de la fonction d'imposition de $t_1(y)$ à $t_2(y)$. Quel que soit son impact précis sur le revenu national, cette mesure discrétionnaire entraînerait un déficit budgétaire de *ca* au niveau de plein-emploi. Le budget peut dans ces conditions être interprété comme expansif.

En fait, l'indication fournie par ce solde de plein-emploi peut être envisagée de deux façons différentes :

- d'une part, *en terme de signe* (positif ou négatif) *du solde budgétaire,* un excédent de recettes pouvant être considéré comme contractif et un déficit comme expansif ;
- d'autre part, *en terme de variation du solde,* une diminution de l'excédent ou augmentation du déficit traduisant une politique expansive et inversement.

L'évaluation du solde budgétaire de plein-emploi se fait en deux étapes. Dans la première, on s'efforce d'estimer le revenu national de plein-emploi, c'est-à-dire le revenu qui serait créé si tous les facteurs de production, en particulier la main-d'œuvre et les capacités techniques, étaient entièrement utilisés. Il s'agit dans une seconde étape de se concentrer sur tous les éléments endogènes du budget pour évaluer le niveau qu'atteindraient les dépenses publiques et les recettes fiscales dans la situation hypothétique où il y aurait plein-emploi.

Cet indicateur de l'adéquation du budget présente cependant des déficiences évidentes. Outre les difficultés d'estimation propres à la procédure décrite ci-dessus, on notera en particulier qu'il ignore les enseignements du multiplicateur du budget équilibré, qui nous apprennent, comme on l'a relevé tout au début de cette rubrique, que l'impact d'une variation des recettes fiscales est inférieur à celui d'une variation des dépenses publiques.

Pour éviter cet écueil, on peut recourir au *solde de plein-emploi pondéré* que l'on calcule en appliquant aux recettes fiscales et aux dépenses de transferts un coefficient de pondération représentatif de la propension à consommer. Cette façon de procéder revient à mesurer *l'effet primaire* des dépenses et recettes – ou d'une variation de celles-ci –, c'est-à-dire l'effet initial sur la demande à l'exclusion de l'effet multiplicateur produit par la cascade successive du supplément ou de la diminution des dépenses. Bien que s'approchant d'un véritable indicateur de l'impact du budget sur la conjoncture, cette nouvelle mesure évite un écueil tout en demeurant assez simple car elle ne fait pas appel à un modèle économique.

8.2.9 Le multiplicateur d'impôts

Contrairement à l'imposition forfaitaire, notre examen de l'imposition en fonction du revenu a jusqu'à maintenant volontairement évité de traiter l'impact d'une modification du taux d'imposition, alors que c'est pourtant de cette façon que l'Etat agirait s'il choisissait le côté recettes comme vecteur de son intervention. Cette lacune peut être aisément comblée par une adaptation de l'expression du multiplicateur (Math. : annexe, point 7). Nous supposerons cependant pour ce faire que l'imposition sur le revenu ne peut être que proportionnelle à ce dernier. Dans ce cas, le taux marginal d'imposition t' correspond au taux moyen, soit :

$$t' = \frac{dt}{dy} = \frac{t}{y}$$

On admet par approximation que la variation de la recette fiscale provoquée par une modification du taux d'imposition se compose de deux éléments :

- une *variation discrétionnaire* de la recette fiscale ydt' (dt' représentant la modification de taux), dont l'impact primaire est proportionnel au revenu national puisque, par hypothèse, l'impôt est fonction de ce dernier ;
- une *variation endogène* de la recette fiscale $t'dy$ induite par toute variation du revenu national, qu'elle soit due à la modification du taux ou à celle des autres variables (dépenses publiques, investissement privé, etc.)

Ainsi, la variation de la recette fiscale est égale à la somme de ces deux éléments, soit :

$$dt = ydt' + t'dy$$

Cette approximation nous permet de définir une nouvelle expression globale traduisant l'impact d'une variable exogène (investissement privé, dépenses publiques ou taux d'imposition) sur le revenu national, soit :

$$dy = \frac{d\bar{i} + dg - c'ydt'}{1 - c'(1 - t')}$$

Par rapport à l'expression que nous avions dérivée pour définir l'incidence d'une modification des dépenses publiques, un terme supplémentaire est apparu au numérateur, soit $-c'ydt'$, qui exprime la variation des dépenses de consommation consécutive à la modification du taux d'imposition. L'élément ydt' traduit l'impact d'une modification du taux sur le revenu disponible, alors que le terme $-c'$ montre que la variation de ce dernier se traduit par une modification de signe opposé de la consommation conformément à la propension marginale à consommer.

Ainsi, le multiplicateur d'impôts transforme une modification du taux d'imposition en un impact direct sur les dépenses de consommation et le multiplie ensuite par le multiplicateur habituel.

8.3 DETERMINATION DU REVENU NATIONAL AVEC INVESTISSEMENT PRIVE VARIANT EN FONCTION DU TAUX D'INTERET : MODELE A DEUX SECTEURS

La section précédente consacrée au modèle le plus simple de détermination du revenu national nous a permis de tirer des enseignements très importants sur les moyens d'action à disposition de l'Etat pour stabiliser la conjoncture. Certaines simplifications, et en particulier le postulat selon lequel l'investissement privé est fixé de façon exogène, méritent cependant d'être abandonnées.

Pour avoir une image plus complète des possibilités de la politique budgétaire, il faut au moins passer à un modèle à deux secteurs en introduisant le secteur monétaire. Cela nous permettra non seulement de prendre en compte que l'investissement privé est une fonction du taux d'intérêt et que ce dernier dépend directement de la politique monétaire, mais encore d'émettre quelques considérations sur les aptitudes respectives des politiques budgétaire et monétaire ainsi que sur les différents moyens de financer une augmentation des dépenses publiques. Les développements qui suivent reposent sur l'analyse, connue sous l'appellation *IS-LM,* traitée dans tous les ouvrages de macro-économie. Bien que très succinctement, nous sommes cependant appelés à en reprendre les principales articulations.

8.3.1 Le secteur monétaire et l'investissement en fonction du taux d'intérêt

L'équilibre du marché monétaire

La théorie monétaire standard retient en ce qui concerne l'offre et la demande de monnaie les hypothèses suivantes :

- L'*offre de monnaie* $\overline{M}$ correspond à la quantité de monnaie que les autorités monétaires décident de mettre à disposition de l'économie. Dans ce modèle simplifié, elle est considérée comme une donnée fixée de façon exogène. Toutes les variables de notre modèle étant exprimées en termes réels, elle doit être déflatée par le niveau des prix P, soit $\overline{M}/P = m$.

– La *demande de monnaie,* c'est-à-dire le désir de constituer ou de détenir une encaisse monétaire, a deux sources :
  - Le *motif de transactions* traduit la nécessité de détenir de la monnaie pour effectuer les transactions courantes et s'explique avant tout par la disparité entre le flux des dépenses, qui est presque continu, et le flux des revenus, qui est très discontinu. Comme le volume des dépenses et des recettes des agents économiques dépend étroitement du revenu national, on admet que la demande transactionnelle de monnaie est une fonction croissante de ce dernier, soit :

$$m_t = h(y) \quad \text{avec} \quad h' = \frac{dh}{dy} > 0$$

  - Le *motif de spéculation* traduit le degré de préférence pour la liquidité des agents économiques selon l'attrait de la rémunération des titres. La préférence pour la liquidité, et donc la demande spéculative de monnaie, est forte si le taux d'intérêt est bas et, inversement, faible s'il est élevé. Des taux d'intérêt élevés sont non seulement attrayants en soi, mais le coût d'opportunité de détenir de la monnaie devient élevé ; de plus, les titres sont avantageux car leur cours est bas alors que si les taux d'intérêt sont faibles, le risque d'une chute de cours en cas d'achat d'un titre est beaucoup plus grand. En conséquence, la demande spéculative de monnaie est une fonction décroissante du taux d'intérêt, soit :

$$m_s = l(r) \quad \text{avec} \quad l' = \frac{dl}{dr} < 0$$

Ayant défini l'offre et la demande de monnaie, nous pouvons écrire l'égalité fondamentale du marché monétaire, soit :

$$\frac{\bar{M}}{P} = m = l(r) + h(y) \quad \text{avec} \quad l' < 0 \quad \text{et} \quad h' > 0$$

Si l'offre de monnaie et le niveau des prix sont donnés, l'équilibre du marché monétaire dépend des deux variables qui déterminent la demande de monnaie, soit le revenu national et le taux d'intérêt ; il convient donc de définir les valeurs couplées de ces deux variables qui assurent cet équilibre, ce qui peut être fait à l'aide du graphique 8.7.

Le graphique se compose de quatre quadrants qu'il convient de commenter dans un ordre particulier :

– Le quadrant *IV* (sud-est) illustre la demande de monnaie pour motif de transactions : elle s'accroît en même temps que le revenu national.

Graphique 8.7 ***L'équilibre du marché monétaire***

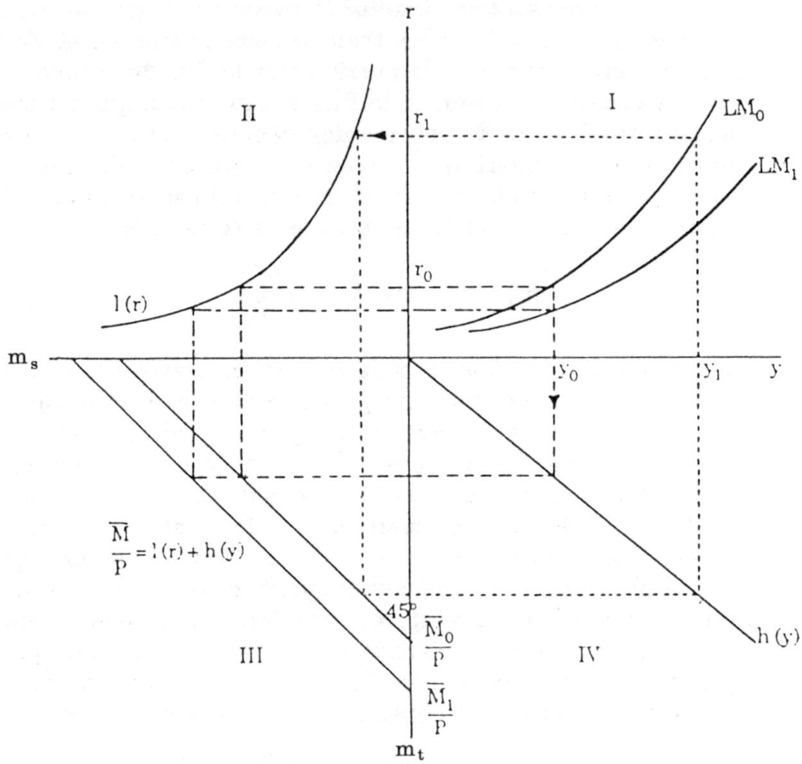

- Le quadrant *II* (nord-ouest) représente la demande spéculative de monnaie : elle augmente à mesure que le taux d'intérêt baisse.
- Le quadrant *III* (sud-ouest) introduit la condition d'égalité entre l'offre et la demande de monnaie au moyen d'une droite qui relie les deux axes représentant les deux demandes de monnaie m_t et m_s. Sa distance par rapport à l'origine, mesurée sur l'un ou l'autre axe, témoigne de la quantité de monnaie soit $\overline{M}_o/P$ dans la situation initiale. Son angle à 45° traduit la condition d'équilibre du marché monétaire : la quantité de monnaie offerte doit être égale à la somme des deux demandes de monnaie pour les motifs de transactions et de spéculation.

Le quadrant *I* (nord-est) illustre sous la forme d'une courbe LM_o l'ensemble des valeurs couplées de *y* et de *r* qui correspondent à une situation d'équilibre sur le marché monétaire. Cette courbe peut être construite de deux façons. D'une part, on peut choisir successivement différents niveaux de revenu national arbitraires et considérer tout d'abord la quantité de monnaie transactionnelle que ce revenu exige et par conséquent la quantité qui demeure disponible pour le motif de spéculation compte tenu de la quantité de monnaie offerte, puis le niveau du taux d'intérêt qui correspond à cette préférence pour la liquidité. D'autre part, on peut partir d'un taux d'intérêt donné, considérer la demande de monnaie spéculative correspondant à ce taux, définir la quantité de monnaie disponible pour le motif de transactions et par conséquent le niveau de revenu national qui peut être atteint.

Ce graphique se prête également très bien à mettre en évidence les conséquences d'une augmentation délibérée de l'offre de monnaie. Celle-ci se traduit par une translation vers l'extérieur de la droite à 45° traduisant la condition d'égalité entre l'offre et la demande de monnaie (quadrant *III*). Ses points d'attache avec les axes se situent désormais en $\overline{M}_1/P$. Si l'on part maintenant par hypothèse du même revenu national y_0 que précédemment, on constate qu'une plus grande quantité de monnaie est disponible pour le motif de spéculation et que par conséquent le taux d'intérêt qui établit l'équilibre entre la préférence pour la liquidité et la monnaie pouvant satisfaire ce besoin, peut être plus bas. Pour un revenu national donné, la courbe LM_0 est donc déplacée vers le bas, ou, ce qui revient au même, vers la droite en LM_1. En d'autres termes, un taux d'intérêt donné se satisfait dorénavant d'un niveau de revenu national plus élevé.

L'investissement en fonction du taux d'intérêt

Même si le taux d'intérêt ne constitue pas le seul facteur qui influence l'investissement privé, il est essentiel de tenir compte que celui-ci en dépend largement. Qu'il soit financé par des fonds propres ou que l'on doive faire appel à des fonds étrangers, un investissement entraîne un coût correspondant au taux d'intérêt, qui ne se justifie que si l'augmentation de revenu que l'on en attend est suffisante. La règle fondamentale est qu'un investissement ne vaut la peine d'être entrepris que si le taux de rendement interne (ou l'efficacité marginale du capital) est supérieur au taux d'intérêt du marché. Le volume d'investissement a donc tendance à augmenter si le taux d'intérêt baisse et inversement. En d'autres termes, la fonction d'investissement est une fonction décroissante du taux d'intérêt qui peut être formalisée comme suit :

$$i = i(r) \quad \text{où} \quad i' = \frac{di}{dr} < 0$$

8.3.2 La politique budgétaire avec investissement privé en fonction du taux d'intérêt

Dérivation de la courbe IS du marché des produits

La prise en compte que l'investissement dépend du taux d'intérêt exige une modification de l'égalité fondamentale qui devient :

$$y = c[y - t(y)] + g + i(r)$$

A l'instar du marché monétaire, la condition d'équilibre sur le marché des biens et services peut être exprimée par la courbe *IS* qui représente l'ensemble des paires de valeurs y et r garantissant l'équilibre de ce marché. Elle est dessinée sur le graphique 8.8, dont les quatre quadrants illustrent les différents éléments déterminants.

- Le quadrant *IV* (sud-est) indique la fonction d'épargne et d'imposition : elle croît à mesure que le revenu augmente.
- Le quadrant *II* (nord-est) mesure la dépense publique, qui est fixée de façon exogène indépendamment du taux d'intérêt, l'investissement privé, qui est fonction du taux d'intérêt, et la somme des deux.
- Le quadrant *III* (sud-ouest) introduit la nécessaire égalité entre l'épargne et l'imposition d'une part, l'investissement et la dépense publique d'autre part ; elle est illustrée par une bissectrice.
- Le quadrant *I* (nord-ouest) enfin permet de construire la courbe *IS* d'équilibre sur le marché des produits. A nouveau, deux approches sont possibles. D'un côté, on peut choisir un niveau arbitraire de revenu national pour déterminer le niveau d'épargne et d'imposition et par définition celui de dépense publique et d'investissement qu'il implique ; partant du niveau d'investissement ainsi défini, on trouve aisément le taux d'intérêt auquel il correspond. Inversement, on peut commencer par fixer le taux d'intérêt, ce qui permet de déterminer le volume d'investissement ainsi que la somme de l'investissement et des dépenses publiques. Etant donné l'égalité fondamentale, on établit simultanément les montants consacrés à l'épargne et à l'imposition et le niveau du revenu national auquel ils correspondent.

Détermination du revenu national d'équilibre

Pour déterminer le revenu national d'équilibre, il suffit de confronter les courbes *IS* et *LM* définissant l'équilibre respectivement sur les marchés des produits et de la monnaie. On obtient ainsi l'unique paire de valeurs r et y qui assure simultanément

Graphique 8.8 ***L'équilibre du marché des produits***

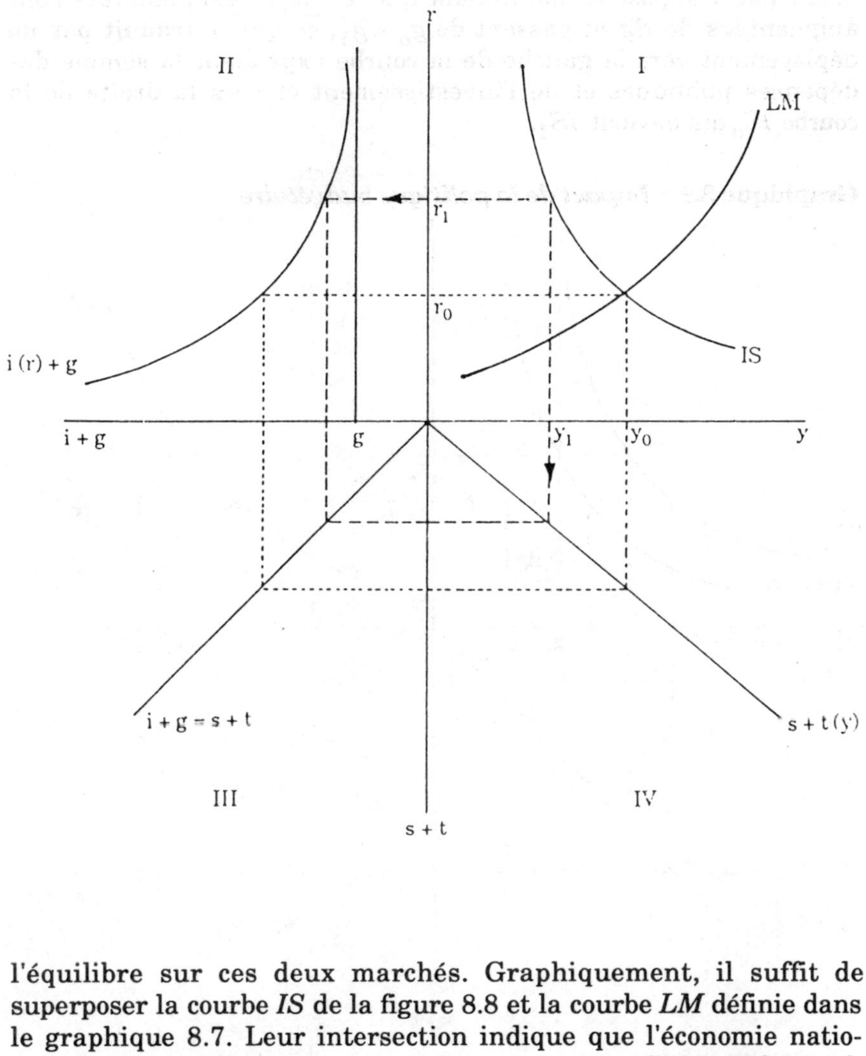

l'équilibre sur ces deux marchés. Graphiquement, il suffit de superposer la courbe *IS* de la figure 8.8 et la courbe *LM* définie dans le graphique 8.7. Leur intersection indique que l'économie nationale est en équilibre à un revenu de y_o et un taux d'intérêt de r_o (cf. graphique 8.8). Tout écart par rapport à l'une ou à ces deux variables engendre automatiquement des réactions correctrices ramenant l'économie vers cette unique solution d'équilibre global.

L'impact de la politique budgétaire

L'analyse *IS-LM* développée précédemment permet de mettre en évidence l'impact sur le revenu national d'une action délibérée de l'Etat sur les variables budgétaires, dépenses publiques ou taux d'imposition, en vue de pousser l'équilibre vers celui de plein-emploi. Dessinons pour cela un nouveau graphique 8.9, dérivé du précédent. Supposons maintenant que les dépenses publiques sont augmentées de dg et passent de g_o à g_1, ce qui se traduit par un déplacement vers la gauche de la courbe exprimant la somme des dépenses publiques et de l'investissement et vers la droite de la courbe IS_o qui devient IS_1.

Graphique 8.9 ***Impact de la politique budgétaire***

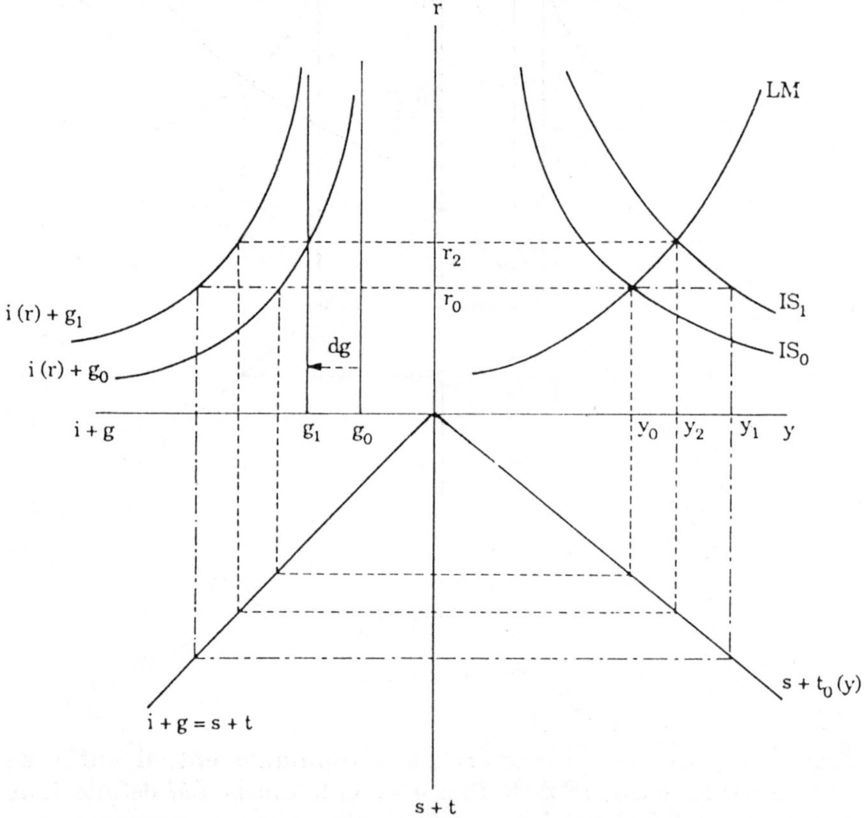

Si le taux d'intérêt n'était pas affecté par cette mesure et demeurait en r_o, le revenu national d'équilibre passerait de y_o en y_1, ce qui donnerait un multiplicateur de la dépense publique identique à celui qui se manifeste lorsque l'investissement est fixé de façon exogène. Or, l'observation du graphique montre que tel n'est pas le cas. L'augmentation du revenu national induite par la variation des dépenses publiques provoque un accroissement de la demande de monnaie transactionnelle. Si l'offre de monnaie demeure constante, la quantité de monnaie restant disponible pour le motif de spéculation en est réduite d'autant, ce qui se traduit par une élévation du taux d'intérêt. Cette hausse de l'intérêt le long de la courbe *LM* freine la demande d'investissement, ce qui tend à contrecarrer l'effet de l'augmentation de la dépense publique. En définitive, l'équilibre global se situe à un niveau du revenu national y_2 inférieur à y_1 et à un niveau du taux d'intérêt r_2 supérieur à r_0. Lorsque l'investissement privé est une fonction du taux d'intérêt, le multiplicateur des dépenses publiques est par conséquent plus faible.

La dérivation mathématique en annexe montre que :

$$K = \frac{1}{1 - c'(1-t') + \dfrac{i'h'}{l'}}$$

Le facteur $i'h'/l'$ ajouté au dénominateur traduit précisément la réduction d'investissement consécutive à la hausse du taux d'intérêt, elle-même due à l'augmentation du revenu. Il est positif et diminue par conséquent la valeur du multiplicateur *K*, à moins que l'une des deux conditions suivantes soit satisfaite :

– $i' = \dfrac{di}{dr} = 0$ c'est-à-dire que l'investissement n'est pas sensible au taux d'intérêt ; dans ce cas la courbe *IS* est verticale.

– $\dfrac{h'}{l'} = 0$ ce qui signifie que la pente de la courbe *LM* est horizontale. Cette situation qui est connue sous le nom de *"trappe de liquidité"* est celle d'une demande de monnaie parfaitement élastique au taux d'intérêt. Dans ces conditions l'accroissement de la demande globale induit une augmentation du revenu national sans affecter le taux d'intérêt.

Si l'Etat avait alternativement baissé le taux d'imposition, ce qui se traduirait graphiquement par une pente plus faible de la droite $s + t$, les mêmes conclusions pourraient être tirées sous réserve bien sûr que l'impact initial d'une baisse d'impôt est proportionnel à la propension marginale à consommer.

Comparaison de l'efficacité respective des politiques budgétaire et monétaire

Les discussions au sujet de la politique de stabilisation font grand cas des avantages respectifs des politiques budgétaire et monétaire. Le graphique 8.10 permet d'illustrer les principaux enseignements en confrontant différentes hypothèses relatives à l'allure possible et au déplacement, suite à une politique délibérée, des courbes *IS* et *LM*.

Graphique 8.10 ***Efficacité des politiques budgétaire et monétaire***

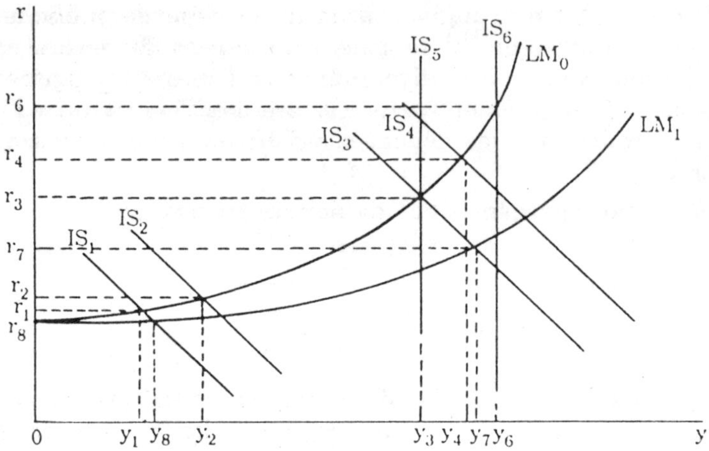

Il en ressort que la *politique budgétaire* est plus efficace si le marché monétaire est relativement liquide. Ainsi, qu'il soit dû à une augmentation des dépenses ou à une diminution des taux d'imposition, un déplacement de *IS* équivalent, respectivement de IS_1 à IS_2 et de IS_3 à IS_4, engendre une augmentation de revenu plus forte dans le premier cas que dans le second $[(y_2 - y_1) > (y_4 - y_3)]$ car la hausse consécutive du taux d'intérêt est plus modeste. Il apparaît aussi que la politique budgétaire est d'autant plus efficace que l'investissement est peu ou pas sensible au taux d'intérêt. Dans le cas extrême concrétisé par les droites IS_5 et IS_6, une action budgétaire de même importance que ci-dessus engendre un effet multiplicateur identique à celui qui aurait prévalu s'il n'y avait pas de marché monétaire malgré la forte hausse du taux d'intérêt.

A l'inverse de la politique budgétaire, la *politique monétaire* est d'autant plus efficace que la situation initiale du marché monétaire est tendue car l'incidence sur l'intérêt est plus forte. Le graphique montre en effet que le déplacement vers la droite de la courbe LM_0 en LM_1 entraîne une plus forte augmentation du revenu national $[(y_7 - y_3) > (y_8 - y_1]$ lorsque *IS* la croise dans un segment à forte pente (par exemple IS_3) que dans un segment à faible pente (par exemple IS_1). La politique monétaire est évidemment aussi d'autant plus efficace que l'investissement privé est sensible au taux d'intérêt puisque c'est précisément sur cette variable qu'elle agit.

Si l'on prend en compte que les variations de la masse monétaire ou du taux d'imposition agissent indirectement par le truchement de l'investissement ou de la consommation privée, on peut en déduire que ces moyens d'action se prêtent assez mal à un réglage fin ou à court terme de la conjoncture en raison des délais et des incertitudes liés à leur impact. Il semble de loin préférable d'assurer une croissance plus ou moins constante de la masse monétaire afin de mettre suffisamment de liquidités à disposition de l'économie sans créer de pressions inflationnistes. De son côté, la fiscalité devrait être déterminée dans une perspective à moyen et long termes en fonction du volume de dépenses publiques à financer. En raison notamment de son action directe sur la demande globale, la dépense publique paraît être le moyen le plus approprié d'atténuer voire d'éliminer les fluctuations conjoncturelles. Par contre, cet instrument ne peut guère être engagé dans le long terme sans risquer de modifier la répartition entre secteurs privé et public.

Ces quelques remarques sont évidemment extrêmement générales et étroitement liées au modèle de détermination du revenu national utilisé. Une analyse rigoureuse de l'efficacité relative des politiques budgétaire et monétaire exigerait d'une part, que l'on développe les modèles de référence (fonctions de consommation et d'investissement, économie ouverte, etc.) et d'autre part, que l'on attache une grande importance à l'examen des conditions économiques générales.

8.3.3 Interdépendance entre les politiques budgétaire et monétaire

Incidence du solde du budget sur l'offre de monnaie

Jusqu'ici, nous n'avons pas cherché à savoir si le budget exerce une influence sur la quantité de monnaie à disposition du secteur privé. Pour répondre à cette question, il faut tenir compte du fait que tout paiement du secteur public (dépenses publiques) accroît l'offre de monnaie dans le secteur privé et inversement (impôts). En conséquence, un déficit (surplus) des transactions courantes de l'Etat accroît (réduit) l'offre de monnaie, soit :

$g - t = m_1 - m_o$ où m_o = offre réelle de monnaie en début de période
et m_1 = offre réelle de monnaie en fin de période.

Le secteur public a également une influence sur l'offre de monnaie par le biais de ses emprunts : une augmentation de la dette publique accroît les avoirs financiers du secteur privé, mais réduit la quantité de monnaie à sa disposition.

Si l'on désigne l'accroissement de la dette publique durant la période considérée par $h_1 - h_o$, on obtient l'identité suivante :

$$g - t = (m_1 - m_o) + (h_1 - h_o)$$

Elle met en évidence que, selon le mode de financement, un déficit se traduit :

– soit par une augmentation de l'offre de monnaie dans le secteur privé s'il est couvert par un accroissement de la masse monétaire ;
– soit par une augmentation des avoirs financiers détenus par les agents privés s'il est financé par l'emprunt ;
– ou encore par les deux à la fois.

L'impact d'une variation du solde du budget et de son financement sur l'offre de monnaie peut être souligné en récrivant l'identité ci-dessus de la façon suivante :

$$g - t - (h_1 - h_0) = m_1 - m_o$$

Il en ressort clairement qu'un accroissement de la masse monétaire dû à une augmentation de la dépense publique est compensé par la ponction monétaire provoquée par le prélèvement fiscal, et, le cas échéant, le gonflement de la dette. Il n'y a donc augmentation de la masse monétaire que si l'accroissement de la dette publique est nul ou inférieur au déficit.

On constatera que l'action budgétaire n'a pas seulement un impact sur l'économie par le truchement d'une variation de la demande globale, mais également par le biais d'une variation de la masse monétaire à disposition du secteur privé et/ou des titres détenus par le secteur privé. On admet généralement que cette influence-ci relève de la politique monétaire.

La contrainte budgétaire

Pour conclure cette présentation d'un modèle simple de détermination du revenu national, nous comparerons encore rapidement les conséquences sur le revenu national de différentes façons de financer une augmentation des dépenses publiques. Nous examinerons trois méthodes :

1) accroissement d'un même montant des recettes fiscales ;
2) emprunt auprès du public ou des banques commerciales ;
3) emprunt auprès de la Banque centrale.

1) Le financement d'une augmentation de la dépense publique *par une variation compensatrice de la recette fiscale par le biais d'une modification du taux d'imposition,* soit $dg = ydt'$, correspond au cas du budget équilibré que nous avons examiné avec une imposition forfaitaire dans la section 8.2. Le multiplicateur

$$dy = \frac{1 - c'}{1 - c'(1 - t') + \dfrac{i'h'}{l'}} \cdot dg$$

montre qu'un tel financement réduit considérablement l'impact de l'accroissement de la dépense publique. D'une part, l'effet primaire est très faible puisque l'augmentation des dépenses publiques est compensée par le prélèvement fiscal proportionnellement à la propension marginale à consommer. D'autre part, le multiplicateur lui-même est affaibli par la répercussion du marché monétaire sur l'investissement privé.

2) Le financement par *l'emprunt public* est beaucoup plus expansif, car l'effet primaire correspond à l'augmentation de la dépense publique conformément au multiplicateur suivant :

$$dy = \frac{dg}{1 - c'(1 - t') + \frac{i'h'}{l'}}$$

Comme nous l'avons vu ci-dessus, ce mode de financement n'a pas d'incidence sur la masse monétaire car la ponction monétaire, qui correspond à l'emprunt émis, est presque immédiatement restituée au secteur privé quand l'Etat dépense ces fonds.

Sans entrer pour autant dans les détails, on relèvera cependant que l'augmentation du volume de titres détenus par les agents privés peut entraîner à leur niveau un *effet de richesse* qui se produit si le comportement des agents économiques privés est influencé par l'importance de leur patrimoine. Cet effet peut se manifester de deux façons différentes. D'une part, il peut inciter les individus à accroître leur préférence pour la liquidité pour un taux d'intérêt donné, ce qui implique une augmentation de la demande de monnaie spéculative et un déplacement de la fonction de préférence pour la liquidité vers la gauche et par conséquent un mouvement identique de la courbe *LM*. L'effet de richesse engendre donc une élévation du taux d'intérêt d'équilibre propre à un revenu national donné et atténue ainsi l'accroissement du revenu national induit par les dépenses publiques supplémentaires. D'autre part, il peut agir positivement sur les dépenses de consommation des individus si ceux-ci fondent leurs décisions non seulement sur leur revenu, mais encore sur leur fortune. Il n'est évidemment pas possible, sans analyse empirique, de déterminer lequel de ces deux effets de richesse domine et par conséquent si l'effet net est contracté ou expansif ; il semble dans tous les cas certain que leur importance est modérée comparativement à l'impact de la variation de la dépense publique.

Très proche de l'emprunt émis dans le public, il nous faut encore mentionner *l'emprunt contracté auprès d'une banque commerciale.* Deux situations doivent être envisagées :

– Si les banques ne disposent d'aucune réserve de liquidités et qu'elles ont épuisé leurs possibilités d'octroi de prêts, elles n'ont d'autres moyens de répondre à l'emprunt public qu'en vendant elles-mêmes au public des titres pour un montant équivalent ou en réduisant leurs prêts au secteur privé. Dans les deux cas, la situation est analogue à celle de l'émission publique d'un emprunt : la quantité de monnaie à disposition du secteur privé est la même alors que ses avoirs financiers nets (titres détenus moins engagements) augmentent.

– Si au contraire les banques disposent d'une réserve de liquidités sur laquelle elles peuvent fonder une augmentation multiple du crédit ou si elles ont la latitude de se refinancer auprès de la Banque centrale, l'expansion du crédit bancaire engendre une augmentation de la masse monétaire. Les effets sur le revenu national sont analogues à ceux de l'emprunt public auprès de la Banque centrale que nous allons examiner dans le point suivant.

3) *L'emprunt public directement auprès de la Banque centrale,* qui est qualifié généralement de monétisation de la dette, est de loin la forme la plus expansive de financement d'une augmentation de la dépense publique. En effet, l'achat de titres d'Etat par la Banque centrale entraîne une création monétaire identique au montant de ses achats, puis une création monétaire ultérieure par le jeu du multiplicateur de crédit. Ainsi que le démontre l'expression du multiplicateur idoine (Math. : annexe, point 10),

$$dy = \frac{dg + \dfrac{i'}{l'}dm}{1 - c'(1 - t') + \dfrac{i'h'}{l'}}$$

l'effet expansif de l'augmentation de la masse monétaire (déplacement vers la droite de la courbe *LM* du graphique 8.10) s'ajoute à l'effet positif de la dépense publique supplémentaire. La quantité additionnelle de monnaie évite notamment une hausse du taux d'intérêt, voire même entraîne une baisse de ce dernier en dépit de l'augmentation du revenu.

Cette forme de financement de la dépense publique est-elle nécessairement inflationniste, comme se l'imagine en règle générale le public ? Bien qu'elle soit de loin la plus expansive, elle n'est effectivement inflationniste que si l'augmentation de la demande qui résulte de cette action conjointe est supérieure à ce qui aurait été nécessaire pour combler l'écart déflationniste et si par conséquent la demande est désormais supérieure à l'offre. En revanche, elle n'est pas inflationniste aussi longtemps que la demande supplémentaire est inférieure à ce qui serait nécessaire pour assurer le plein-emploi des facteurs de production.

8.4 ENGAGEMENT DE LA POLITIQUE BUDGETAIRE

Les deux rubriques précédentes ont permis de survoler la théorie standard relative à l'influence du budget sur le niveau du revenu ou produit national. Une analyse théorique plus fouillée exigerait tout à la fois un approfondissement et un élargissement de la réflexion. Il conviendrait d'une part d'affiner les principales fonctions utilisées dans les modèles, en particulier celles de consommation, d'investissement et d'imposition, afin de tenir mieux compte de la variété des facteurs en action. Il siérait d'autre part d'ouvrir l'analyse de la demande à l'économie internationale et d'introduire un modèle de l'offre. S'il est acceptable d'admettre, comme nous l'avons fait jusqu'ici, que l'offre est parfaitement élastique lorsque l'économie souffre d'un sous-emploi marqué, ce postulat n'est plus légitime lorsqu'elle est proche ou a atteint le plein-emploi des facteurs de production. Dans ce cas, l'accroissement du revenu réel ne correspond plus à l'augmentation de la demande globale, mais s'accompagne d'une élévation plus ou moins marquée du niveau général des prix, ce qui assure la nécessaire égalité entre le revenu national nominal et la demande. Bien que très souhaitables pour traiter de la politique budgétaire, ces complications analytiques ne sont pas pour autant indispensables pour en saisir les fondements ; c'est pourquoi nous ne les examinons pas dans cet ouvrage tout en conseillant au lecteur de consulter à ce sujet un bon ouvrage de macro-économie. Il y apprendra d'autre part que certains développements plus récents de la théorie monétaire vont jusqu'à réfuter complétement l'efficacité de la politique budgétaire.

Il faut en revanche prêter une plus grande attention à l'engagement de la politique budgétaire, c'est-à-dire au recours par les autorités politiques aux dépenses publiques et recettes fiscales pour agir sur le niveau d'équilibre du revenu national. Un regard rétrospectif sur les quelque cinquante ans de mise en œuvre depuis les premières expériences pratiques menées par le régime nazi en Allemagne et la publication de la Théorie générale de Keynes en 1936 montre que l'engagement de la politique budgétaire bute sur d'importantes difficultés économiques, institutionnelles et politiques.

8.4.1 Le problème des délais de réaction

Développés dans le cadre analytique classique de la statique comparative, les modèles utilisés ci-dessus admettent que toutes les réactions et tous les ajustements sont instantanés ; en d'autres termes, aucune place n'est accordée au facteur temps. Or, cette simplification n'est évidemment pas conforme à la réalité et n'est plus guère acceptable si l'on traite de l'engagement de la politique budgétaire. Ce dernier est en effet affecté par trois délais dont il convient de tenir compte pour que les mesures portent tous leurs effets et surtout n'agissent pas à contre-courant.

Un premier délai, dit de *perception*, se situe entre le besoin d'une action conjoncturelle et la prise de conscience de ce besoin. Il dépend de la rapidité avec laquelle les statistiques et autres indicateurs économiques sont mis à la disposition des responsables, ainsi que de leur fiabilité. Ce délai, qui va de 1 mois à 1 année selon les données, peut être réduit par le recours à des indicateurs avancés dont l'évolution précède celle des grands agrégats économiques et par les prévisions économiques établies ou non à l'aide de modèles macro-économiques. En outre, il n'a pas cours avec les stabilisateurs automatiques puisque leur réaction, qu'elle soit immédiate ou différée, est directement liée à la variable à laquelle ils sont attachés.

Le second délai auquel il faut prêter attention se situe au niveau de l'*engagement* de la politique budgétaire. Il correspond au temps nécessaire pour concevoir et introduire une action une fois la nécessité apparue. Il relève surtout de la sphère politique et institutionnelle et dépend principalement de trois facteurs :

- du système politique en place selon qu'il accorde beaucoup de pouvoir au gouvernement, et par conséquent lui confère une grande liberté de manœuvre ou, au contraire, qu'il confie une partie importante du pouvoir au peuple et à ses représentants ; dans le même ordre d'idées, il est fonction de la souplesse ou inversement de la lourdeur de l'administration ;
- du degré de rigidité, de nature légale ou pratique, contenu dans les programmes de dépenses publiques (transferts, personnel, etc.) et dans les systèmes de perception des recettes ;
- du type d'action envisagée étant donné que certaines mesures ont un effet plus rapide que d'autres. Engager un programme de travaux publics est long et complexe, alors que certaines opérations monétaires sur la dette, par exemple, n'engendrent pratiquement aucun délai.

Le troisième et dernier délai provient du *temps de réaction* de l'économie aux impulsions qui lui ont été données. Il peut être décomposé en :

- Un délai entre la mesure prise et son effet sur la demande globale.
- Un délai entre la variation de la demande et celle de la production. En situation de sous-emploi, il joue un rôle particulièrement important parce qu'une demande supplémen-

taire peut immédiatement être satisfaite par un recours aux réserves de produits, de main-d'œuvre et de capacité dont disposent toutes les entreprises avant de déboucher sur des dépenses supplémentaires. Ce délai dépend du type de mesure prise, de son intensité ainsi que des anticipations des agents économiques au moment de son engagement.

L'existence de ces délais réduit de façon très significative l'efficacité de la politique budgétaire et introduit un facteur d'incertitude. Il appert en particulier que pour qu'un effet se manifeste effectivement, conformément aux besoins de la conjoncture, il faudrait agir vite, ce qui implique que le constat du besoin soit rapidement établi. Sachant qu'un cycle conjoncturel complet dure en règle générale entre 5 et 8 ans, le risque est grand que l'intervention soit trop tardive. Dans ce cas, il n'est pas possible d'éviter les déséquilibres économiques qui s'annoncent et l'action risque même d'être procyclique, c'est-à-dire de renforcer le mouvement naturel au lieu de l'atténuer et mieux encore de le compenser.

8.4.2 Choix des moyens

Des deux sections précédentes, nous avons retenu que les pouvoirs publics pouvaient agir sur la conjoncture indifféremment par le truchement d'une variation des dépenses ou des recettes ou d'une combinaison des deux. Bien que cette façon d'aborder la question soit parfaitement acceptable du point de vue analytique, il convient dans l'optique de l'engagement de la politique budgétaire d'affiner la réflexion car il existe à l'intérieur de ces deux grandes variables toute une variété d'instruments.

Du côté des dépenses, les options sont très nombreuses puisque des solutions ad hoc peuvent être imaginées selon les nécessités et les contraintes. Si l'on prend, à titre d'exemple, le cas du sous-emploi, les pouvoirs publics peuvent agir au choix en lançant des programmes extraordinaires d'investissements ou d'achats publics (programmes de construction de routes, de bâtiments ou encore d'équipements), en embauchant du personnel supplémentaire ou encore en augmentant les transferts. Le but de ce dernier cas peut être de stimuler la demande, soit en participant par une subvention aux dépenses d'autres collectivités publiques ou de tiers, soit en octroyant une aide directe à certaines catégories de la population (allocations de chômage ou de recyclage). L'action par la dépense vise dans ces cas un double but :

– agir globalement par augmentation de la dépense publique,
– agir sectoriellement en apportant une aide là où elle semble la plus nécessaire.

En principe, l'action par le truchement des dépenses peut également être envisagée pour réduire la demande, mais l'expérience montre qu'une diminution du rythme de croissance des dépenses n'est guère possible dans le court, voire dans le moyen terme, non seulement parce que leur existence est codifiée dans des textes légaux, mais aussi parce que leur maintien est soutenu par des intérêts particuliers.

Ajoutons enfin que, contrairement à ce que l'on imaginait au début de la mise en œuvre de la politique budgétaire, l'intervention par variation de l'investissement public ne s'impose pas. D'une part, l'impact sur la demande globale est le même que la dépense supplémentaire soit d'investissement ou de consommation. D'autre part, il est apparu à l'expérience qu'il est extrêmement difficile d'agir rapidement par ce biais, notamment parce que l'investissement requiert une planification et un processus de décision beaucoup plus longs.

En ce qui concerne maintenant les recettes, il sied de choisir entre une action par le biais de l'imposition du revenu des personnes physiques ou morales ou bien de l'imposition générale (TVA, impôt sur le chiffre d'affaires) ou éventuellement spécifique sur les ventes. De plus, selon la nature de l'impôt, on peut agir à travers de paramètres comme les barèmes ou les déductions et exemptions.

Du point de vue de l'engagement même de ces mesures, une question intéressante mérite encore d'être examinée : convient-il d'agir au moyen de modifications délibérées des paramètres fiscaux (des transferts) ou au contraire doit-on se contenter de la propriété qu'ont certains impôts, notamment l'impôt sur le revenu, d'opérer un effet de stabilisation automatique ?

Fonder une action conjoncturelle sur la propriété de stabilisation automatique de la plupart des impôts présente d'indéniables avantages :

- étant totalement indépendant de l'analyse et des prévisions économiques, l'impact conjoncturel peut être immédiat, pour autant qu'il n'y ait pas de délai légal ou administratif entre la ponction fiscale et le fait générateur ;
- un effet économique est opéré sans que la responsabilité politique du gouvernement ne soit véritablement engagée et sans influencer le comportement des agents économiques.

Les stabilisateurs automatiques présentent en revanche un inconvénient majeur : s'ils sont aptes à atténuer l'ampleur des fluctuations économiques, ils ne peuvent pas provoquer de retournement de tendance et ne se prêtent par conséquent pas à la conduite d'une politique active. De plus, si l'économie se trouve en permanence en sous-emploi, ils ne permettent pas à eux seuls de la sortir de cette situation.

Du point de vue strict de l'instrument, l'action délibérée paraît donner de bien meilleures garanties d'efficacité. En réalité cependant, l'engagement de mesures volontaires est très délicat. Outre la difficulté de reconnaître la nécessité d'intervenir et de définir techniquement les moyens les plus adéquats, la décision même d'agir dans un certain sens, qui doit se prendre sur le plan politique à travers le vote d'un budget, de programmes de dépenses spéciaux ou de modifications fiscales, s'avère souvent très laborieuse, car elle exige un soutien politique ; il en résulte que les mesures budgétaires ne sont souvent pas élaborées de la façon la plus souhaitable et/ou qu'elles arrivent trop tard.

8.4.3 Le contexte de la décision

Le dernier aspect des difficultés d'engagement de la politique budgétaire que nous toucherons ici se rapporte à son contexte, et plus particulièrement aux conflits qui peuvent surgir entre les objectifs et moyens de la politique budgétaire et ceux d'autres politiques. Rien que dans la sphère limitée des finances publiques, un projet de réforme fiscale ou de dépenses peut avoir des effets opposés à ceux qui seraient désirables du point de vue conjoncturel. Toutefois, le conflit, qui a sans doute suscité le plus de discussions, est celui qui peut apparaître – le cas échéant – avec l'objectif d'équilibre annuel du budget.

Bien que relativement courte, l'histoire de l'antagonisme entre la politique budgétaire active et l'équilibre annuel du budget mérite d'être rapidement présentée car elle a connu un cheminement circulaire qui tendrait actuellement plutôt à la ramener vers son point de départ. Quatre phases peuvent être isolées.

Premièrement, selon l'orthodoxie des économistes classiques, l'équilibre du budget est le meilleur garant d'une gestion économe des finances de l'Etat. De plus, il n'est pas question de recourir à des variations délibérées des dépenses ou recettes publiques pour influencer la conjoncture.

Deuxièmement, les thèses de Keynes en 1936 et de Lerner en 1943 ont provoqué un renversement complet des conceptions. L'objectif d'équilibre budgétaire disparaît des préoccupations des économistes ; seul l'équilibre économique global auquel les pouvoirs publics doivent s'astreindre par l'engagement adéquat des instruments budgétaires compte dorénavant. En d'autres termes, le budget constitue l'instrument privilégié de stabilisation de l'économie quelles que soient les conséquences sur son équilibre.

Troisièmement, ces vues, qui se situaient à l'antipode de la pensée classique, ont été atténuées par le Comité américain pour le développement économique en 1947. Il a proposé de ne pas abandonner tout objectif d'équilibre budgétaire, mais de remplacer l'exigence de l'équilibre annuel par celle d'équilibre de plein-emploi, notion que nous avons déjà citée dans la rubrique 8.2.8. Fondé sur l'existence des fluctuations économiques et la propriété de stabilisation automatique des impôts, ce critère reconnaît que la conjonction de ces deux phénomènes entraîne inévitablement une variation des recettes fiscales dont il faut tirer profit pour la stabilisation de l'économie. Il convient donc d'éviter d'adapter sans cesse les dépenses aux recettes, ce qui assurerait l'équilibre budgétaire annuel, mais renforcerait les fluctuations conjoncturelles. Il s'agit au contraire d'accepter l'alternance des périodes de déficit et d'excédent résultant de l'effet automatique. L'objectif d'équilibre n'intervient qu'au niveau de la fixation des assiettes et barèmes fiscaux de telle sorte que les recettes coïncident avec les dépenses – qui sont déterminées par les besoins – lorsque l'économie est en situation de plein-emploi. Si tel n'est pas le cas, il est non seulement normal, mais encore bénéfique, que l'équilibre du budget ne soit pas assuré.

Sans aucun doute très élégant, ce concept soulève des difficultés d'application lorsque l'économie demeure – ce qui fut souvent le cas au cours des années soixante-dix – en situation de sous-emploi avec pour conséquences que les déficits s'accumulent. De plus, il crée un problème d'évaluation délicat lorsque le déficit provient non seulement d'une mauvaise conjoncture, mais aussi de faiblesses structurelles. Ces dernières sont en effet indépendantes de la situation conjoncturelle et résultent d'autres facteurs qui engendrent une évolution défavorable des recettes et dépenses à moyen et long termes, qui justifierait des corrections en profondeur quelle que soit la situation économique du moment.

Quatrièmement, depuis les années soixante-dix, on a pu constater dans de nombreux pays que sous prétexte d'assurer le plein-emploi, mais en raison surtout de déséquilibres structurels, les déficits se sont accumulés et par conséquent l'endettement a fortement gonflé.

Devenue préoccupante parce que difficilement maîtrisable, cette situation a favorisé un renouveau de l'ancien objectif d'équilibre annuel du budget. En 1977, des auteurs comme Buchanan et Wagner ont plaidé dans ce sens. Ils ont invoqué notamment que les démocraties sont condamnées à produire des déficits, car il est plus facile politiquement d'augmenter (diminuer) les dépenses (revenus) que le contraire et de financer un déficit par l'emprunt que par des recettes supplémentaires ; par conséquent la taille de l'Etat et les déficits ne peuvent que croître. Sur le plan politique également, des dispositions légales nouvelles, notamment aux Etats-Unis, ont été prises pour ramener progressivement les déficits budgétaires à zéro, voire pour imposer l'équilibre annuel du budget.

Même si ces conceptions successives n'ont jamais reçu un appui unanime, ou si, comme la dernière, elles sont le fruit de chercheurs isolés, mais influents, cette évolution est particulièrement intéressante. Après Keynes et Lerner, certains ont réellement cru que la politique budgétaire, bien coordonnée avec la politique monétaire, permettrait d'éliminer les fluctuations économiques et d'assurer en permanence un équilibre de plein-emploi. Or, les économies ne se sont pas laissé dompter : les fluctuations économiques n'ont pas cessé et des récessions se sont produites vers les années 1975 et 1982 ; l'inflation a pris des proportions inconnues jusque là au cours des années soixante-dix et au début des années quatre vingts ; enfin, l'endettement public s'est gonflé à un rythme accéléré, contribuant à renforcer les distorsions de nature structurelle. Les causes en sont multiples et seules certaines relèvent – comme nous l'avons vu ci-dessus – de la politique budgétaire elle-même. Que la raison principale de ces désillusions tienne à l'incapacité des Etats démocratiques de l'engager de façon optimale, à des conflits avec d'autres objectifs ou à d'autres motifs hors de portée des pouvoirs publics, il apparaît que la politique budgétaire n'occupe plus la place qui était la sienne dans l'arsenal des moyens de politique économique à disposition des gouvernements. Cela ne signifie pas pour autant qu'elle ne peut pas être utile : si, en pratique elle est moins apte qu'il y paraît en théorie à assurer une régulation fine de l'économie, ce qui est d'ailleurs aussi vrai des autres instruments de la politique de stabilisation et notamment de la politique monétaire, elle demeure un moyen très efficace en cas de déséquilibre profond, notamment de récession. Si l'on peut admettre que la politique monétaire est en mesure de contrôler l'inflation, la politique budgétaire, pour des raisons que nous avons envisagées dans la section 8.3, est potentiellement mieux à même d'agir sur le sous-emploi. Une condition doit cependant être satisfaite : les déséquilibres budgétaires d'origine structurelle doivent être complètement éliminés sans quoi le conflit avec l'objectif d'équilibre budgétaire demeurera un obstacle majeur.

En conséquence, même si la désillusion évidente, qui s'est manifestée à l'égard de la politique budgétaire, peut se comprendre sur certains aspects, il serait erroné de revenir entièrement, comme le suggèrent Buchanan et Wagner, à l'orthodoxie classique car cela équivaudrait à se priver d'un instrument puissant pouvant assurer l'équilibre économique. Plus encore, une politique d'équilibre budgétaire annuel non seulement éliminerait l'effet de stabilisation automatique, mais contribuerait même, comme nous l'avons vu, à accentuer les fluctuations conjoncturelles.

ANNEXE

Dérivation mathématique des multiplicateurs

Cette annexe décrit brièvement les développements mathématiques permettant de dériver les différents multiplicateurs utilisés dans le texte. Les numéros d'ordre correspondent aux renvois dans le texte.

1) Multiplicateur avec imposition forfaitaire

Du côté dépenses (gauche) de l'égalité fondamentale,

$$y = c(y - \bar{t}) + \bar{i} + g$$

on tire la différentielle totale, soit :

$$dy = c(dy - d\bar{t}) + \bar{i} + dg$$

ce qui nous donne, après transformation, l'expression générale suivante :

$$dy = \frac{-c'd\bar{t} + d\bar{i} + dg}{1 - c'}$$

De cette expression, on peut tirer le multiplicateur de l'une des variables du numérateur de la partie droite en fixant à zéro la variation des deux autres expressions et en divisant les deux côtés par la variable dont on cherche le multiplicateur, soit, par exemple, pour les dépenses publiques :

$$\frac{dy}{dg} = \frac{1}{1 - c'}$$

2) Multiplicateur du budget équilibré avec imposition forfaitaire

Partant de l'expression générale du multiplicateur ci-dessus on suppose que $d\bar{i} = 0$ et que $dg = d\bar{t}$, ce qui donne :

$$dy = \frac{-c'dg + dg}{1 - c'}$$

qui peut être simplifié en :

$$dy = \frac{dg(1 - c')}{1 - c'} = dg$$

et

$$\frac{dy}{dg} = \frac{1 - c'}{1 - c'} = dg$$

3) Multiplicateur de la dépense avec imposition en fonction du revenu

De l'égalité fondamentale,

$$y = c[y - t(y)] + \bar{i} + g$$

on tire la différentielle totale, soit :

$$dy = c'(dy - t'dy) + d\bar{i} + dg$$

dont on extrait par transformation l'expression générale suivante :

$$dy = \frac{d\bar{i} + dg}{1 - c'(1 - t')} = \frac{d\bar{i} + dg}{1 - c' + c't'}$$

4) Incidence d'une variation des dépenses publiques sur le solde du budget

Définissons la variation du solde du budget *dd* ainsi :

$$dd = dg - dt$$

Sachant que *dt*, la variation endogène de la recette fiscale induite par la variation de la dépense publique, correspond à la variation du revenu national qu'elle engendre multipliée par le taux d'imposition, on peut récrire l'expression ci-dessus de la façon suivante :

$$dd = dg - t'dy = dg - \frac{t'}{1 - c'(1 - t')} \cdot dg$$

Après transformation, elle traduit l'impact d'une variation de la dépense publique sur le solde du budget :

$$\frac{dd}{dg} = 1 - \frac{t'}{1 - c'(1 - t')} = 1 - t'K \quad \text{où} \quad K = \frac{1}{1 - c'(1 - t')}$$

5) Le conflit revenu-déficit

Pour mettre en évidence le lien entre le revenu national et le solde budgétaire, il convient de montrer l'incidence sur le revenu d'une variation du déficit consécutive à une variation des dépenses publiques. Sachant qu'une variation de la dépense publique entraîne une variation

– du revenu national égale à : $dy = K \cdot dg$ où $K = \dfrac{1}{1 - c'(1 - t')}$

– du déficit correspondant à : $dd = (1 - t'K)dg$

nous pouvons en déduire que la variation du revenu national consécutive à la variation du déficit, qui caractérise le lien entre le déficit et le revenu, est la suivante :

$$\frac{dy}{dd} = \frac{K \cdot dg}{(1 - t'K)\, dg} = \frac{K}{1 - t'K} = \frac{1}{1 - c' + c't' - t'} = \frac{1}{(1 - c')(1 - t')}$$

6) Incidence sur le revenu d'une politique d'équilibre budgétaire permanent

La recherche d'un équilibre budgétaire permanent implique que la dépense publique soit fixée de façon endogène en fonction de la recette fiscale, soit $dg = dt$. En conséquence, il convient de remplacer g par $t(y)$ dans l'égalité fondamentale,

$$y = c[y - t(y)] + \bar{i} + t(y)$$

dont on tire la différentielle pour une variation exogène de l'investissement $d\bar{i}$, soit :

$$dy = c'(dy - t'dy) + d\bar{i} + t'dy$$

ce qui, après transformation, donne :

$$dy = \frac{d\bar{i}}{1 - c'(1 - t') - t'} = \frac{d\bar{i}}{1 - c' + c't' - t'} = \frac{d\bar{i}}{(1 - c')(1 - t')}$$

7) Le multiplicateur d'impôts

En dérivant la différentielle totale de l'égalité fondamentale, il convient d'introduire une expression qui prenne en compte qu'une variation du taux d'imposition dt' entraîne un impact exogène ydt'

et un autre endogène $t'dy$, soit :

$$dy = c'(dy - ydt' - t'dy) + d\bar{i} + dg$$

ce qui donne, après transformation :

$$dy = \frac{d\bar{i} + dg - c'ydt'}{1 - c'(1 - t')}$$

8) L'équilibre du marché monétaire

Partant de l'égalité fondamentale entre l'offre et la demande de monnaie

$$\frac{\bar{M}}{p} = m = l(r) + h(y)$$

le lien entre les valeurs de y et de r qui assurent l'équilibre du marché monétaire est obtenu en différentiant totalement cette égalité tout en supposant que l'offre de monnaie et le niveau des prix sont constants, soit :

$$0 = l'dr + h'dy$$

ce qui donne après transformation :

$$\frac{dy}{dr} = -\frac{l'}{h'}$$

Etant donné que $l' < 0$ et $h' > 0$, $dy/dr > 0$, ce qui indique que la courbe LM a une pente positive.

9) Le multiplicateur de dépenses avec investissement fonction du taux d'intérêt

Partons de l'égalité fondamentale du secteur des biens

$$y = c[y - t(y)] + i(r) + g$$

et tirons-en la différentielle totale :

$$dy = c'(1 - t')\, dy + i'dr + dg$$

De l'égalité fondamentale du secteur monétaire

$$\frac{\bar{M}}{p} = l(r) + h(y)$$

on dérive la différentielle totale en admettant que M et P sont constants :

$$0 = l'dr + h'dy$$

Cette expression peut être réarrangée pour mieux mettre en évidence l'incidence sur le taux d'intérêt r d'une variation du revenu national y

$$dr = -\frac{h'}{l'}dy \quad \text{ou} \quad \frac{dr}{dy} = -\frac{h'}{l'}$$

Ayant ainsi déterminé, pour le marché monétaire, la variation de r consécutive à une variation de y, il convient maintenant d'introduire cette équation dans celle d'équilibre du secteur des biens, soit :

$$dy = c'(1-t')\,dy - \frac{i'h'}{l'}dy + dg$$

ce qui donne l'expression du multiplicateur de dépenses publiques suivante :

$$dy = \frac{dg}{1 - c'(1-t') + \dfrac{i'h'}{l'}}$$

Sachant que l'impact exogène primaire d'une variation du taux d'imposition peut être approximé par l'expression $-c'ydt'$, l'expression générale du multiplicateur de l'action budgétaire devient :

$$dy = \frac{dg - c'ydt'}{1 - c'(1-t') + \dfrac{i'h'}{l'}}$$

10) Multiplicateur monétaire

Pour dériver le multiplicateur propre à une augmentation de la masse monétaire, il faut substituer dans la différentielle totale du secteur des biens une expression mettant en évidence l'impact sur le taux d'intérêt d'une variation de la masse monétaire, tout en maintenant le secteur monétaire en équilibre. Rappelons tout d'abord que la différentielle totale du secteur des produits est, si l'on suppose que les dépenses publiques et le taux d'imposition demeurent constants, égale à :

$$dy = c'(1-t')\,dy + i'dr$$

Supposons ensuite que le niveau des prix ne varie pas et que la masse monétaire est accrue de $d\overline{M}$. La différentielle totale du secteur monétaire devient :

$$\frac{d\overline{M}}{P_o} = dm = l'dr + h'dy$$

expression qui peut être transformée pour mettre en évidence l'incidence sur le taux d'intérêt de la variation de la masse monétaire, soit :

$$dr = \frac{dm}{l'} - \frac{h'}{l'}dy$$

En remplaçant *dr* dans la différentielle totale du secteur des biens par cette nouvelle expression caractérisant l'équilibre du marché monétaire, on obtient :

$$dy = c'(1-t')dy + \frac{i'dm}{l'} - \frac{i'h'}{l'}dy$$

qui devient après réarrangement l'expression du multiplicateur monétaire :

$$dy = \frac{\frac{i'}{l'}dm}{1 - c'(1-t') + \frac{i'h'}{l'}}$$

Alors que le dénominateur est le même que pour les autres multiplicateurs, le numérateur met en évidence l'augmentation de l'investissement consécutive à une diminution du taux d'intérêt induite par une augmentation de l'offre réelle de monnaie.

*

* *

Liste des tableaux et graphiques

Bibliographie

La bibliographie vise un double but : faciliter l'accès du lecteur à d'autres ouvrages sur le domaine et citer les ouvrages, articles ou statistiques, auxquels l'auteur s'est référé. Organisée par chapitre, elle propose au préalable une sélection de manuels d'économie publique en les distinguant selon leur niveau. Pour tous les autres chapitres, les lectures recommandées et les références portent sur des ouvrages plus spécifiques, et en conséquence souvent plus spécialisés.

Principaux manuels

Niveau de base

BOADWAY R.W. et WILDASIN D., *Public sector economics,* Little, Brown and Co, Boston, 1984.

BROSIO G., *Economia e finanza pubblica,* NIS, Rome, 1986.

BROWN C.V. et JACKSON P.M., *Public sector economics,* Martin Robertson, Oxford, (1978), 3e éd. 1986.

BROWNING E.K. et BROWNING J.M., *Public finance and the price system,* Macmillan, New York, (1979), 3e éd., 1987.

EUZEBY A. et HERSCHTEL M.-L., *Finances publiques : Une approche économique,* Dunod, Paris, 1990.

HYMAN D.N., *Public finance ; contemporary application of theory to policy,* The Dryden Press, Chicago, (1983), 2e éd. 1987.

LLAU P., *Economie financière* ; t. I : *Théorie du système de financement public,* Presses universitaires de France, Paris, 1985.

MUSGRAVE R.A. et MUSGRAVE P.B., *Public finance in theory and practice,* McGraw-Hill, New York, (1973), 5e éd. 1989.

ROSEN H.S., *Public Finance,* Irwin, Homewood, (1985), 2e éd. 1988.

STIGLITZ J.E., *Economics of the public sector,* Norton, New York, (1986), 2e éd. 1988.

WEBER L., "Intervention publique", chap. 23 (pp. 1141-1184), Greffe, X. Mairesse J. et Reiffers J.-L. (éds), *Encyclopédie économique,* Economica, Paris, 1990.

WHYNES D. et BOWLES R., *La théorie économique de l'Etat* (trad. de l'anglais), Labor, Bruxelles, 1986.

Niveau avancé

ATKINSON A.B. et STIGLITZ J.E., *Lectures on public economics,* McGraw-Hill, Maidenhead, 1980.

BENARD J., *Economie publique,* Economica, Paris, 1985.

MOUGEOT M., *Economie du secteur public,* Economica, Paris, 1989.

MUSGRAVE R. A., *The theory of public finance,* McGraw-Hill, New York, 1959.

1. Le secteur public et son analyse économique

Références

BARRERE A., *Economie et institutions financières,* t. I : *Institutionsfinancières,* t. II : *Economie financière,* Dalloz, Paris, 1971 et 1972.

COLM G., "Comments on Samuelson's theory of public finance", *Review of Economics and Statistics,* 38 (1956), p. 408-412.

FRIEDMAN M., *Essays in positive economics,* Chicago UP, Chicago, 1953.

KEYNES J.M., *Théorie générale de l'emploi, de l'intérêt et de la monnaie* (trad. de l'anglais), Payot, Paris, 1966.

LINDBLOM C., "Decision-making in taxation and expenditures", *in* NBER (éd.), *Public finances : needs, sources and utilization,* Princeton UP, Princeton, 1961.

MINGAT A., SALMON P. et WOLFELSPERGER A., *Méthodologie économique,* Presses universitaires de France, Paris, 1985.

MUSGRAVE R. A., *The theory of public finance,* McGraw-Hill, New York, 1959.

MUSGRAVE R. A. et PEACOCK A. T. (éds), *Classics in the theory of public finance,* Macmillan, Londres, 1967.

OCDE, *Statistiques de recettes publiques des pays membres de l'OCDE,* 1965-1988, OCDE, Paris, 1990.

RICARDO D., *Les principes de l'économie politique et de l'impôt* (trad. de l'anglais, 1817), Flammarion, Paris, 1971.

SAMUELSON P.A., "The pure theory of public expenditure", *Review of economics and statistics,* 36 (1954), p. 387-389, trad. in Greffe H. (éd.), *Economie publique,* Economica, Paris, 2e éd. 1978.

SMITH A., *Recherches sur la nature et les causes de la richesse des nations* (Les grands thèmes traduits de l'anglais, 1776), Gallimard, Paris, 1976.

WEISBROD B.A., *The nonprofit economy,* Harvard U.P., Cambridge (Mass.), 1988.

2. L'allocation optimale des ressources

Autres lectures recommandées

BARDE J.P. et GERELLI E., *Economie et politique de l'environnement,* Presses universitaires de France, Paris, 1977.

BOADWAY R.W. et BRUCE N., *Welfare economics,* Basil Blackwell, Oxford, 1984.

BURKHEAD J. et MINER J., *Public expenditure,* Macmillan, Londres, 1971.

BURROWS P., *The economic theory of pollution control,* Martin Robertson, Oxford, 1979.

GEORGE K.D. et SHOREY J., *The allocation of resources : theory andpolicy,* George Allen & Unwin, Londres, 1978.

MILLWARD R., *Public expenditure economics : an introductory application of welfare economics,* McGraw-Hill, Londres, 1971.

NATH S.K., *A reappraisal of welfare economics,* Routledge & Kegan Paul, Londres, 1969.

OPSCHOOR J.B. et VOS H.B., *Instruments économiques pour la protection de l'environnement,* OCDE, Paris, 1989.

PRUD'HOMME R., *Le ménagement de la nature : des politiques contre la pollution,* Dunod, Paris, 1980.

WEBER L., *L'analyse économique des dépenses publiques,* Presses universitaires de France, Paris, 1978.

WOLFELSPERGER A., *Les biens collectifs,* Presses universitaires de France, Paris, 1969.

Références

BAUMOL W.J. et OATES W.E., *The theory of environmental policy : externalities, public outlays and the quality of life,* Prentice-Hall, Englewood Cliffs, 1975.

COASE R.H., "The Problem of social cost", *Journal of Law and Economics,* 3 (1960), octobre, pp. 1-44.

DORFMAN R. et DORFMAN N., *Economie de l'environnement* (Trad. de l'anglais, 1971), Calmann-Lévy, Paris, 1975.

FREEMAN III A.M., HAVEMAN R.H. et KNEESE A.V., *The economics of environmental policy,* John Wiley & Sons, New York, 1973.

GREFFE X., *L'approche contemporraine de la valeur en finances publiques,* Economica, Paris, 1972.

GREFFE K. (éd.), *Economie publique,* Economica, Paris, 1975.

HICKS J.R., "The foundation of welfare economics", *The Economic Journal,* 49 (1939), déc., p. 696-712.

KALDOR N., "Welfare propositions of economics and interpersonal comparisons of utility", *The Economic Journal,* 49 (1939), p. 549-552.

MARSHALL A., *Principles of economics,* Macmillan, Londres, (1890), 8e éd. 1920.

OCDE, *La pratique des redevances de pollution,* OCDE, Paris, 1980.

PARETO V., *Manuel d'économie politique,* Marcel Giard, Paris, 1927.

PIGOU A C., *The Economics of welfare,* Macmillan, Londres, 1918.

WEBB M. G., *Pricing policies for public enterprises,* Macmillan, Londres, 1976.

3. Distribution équitable du bien-être (du revenu et de la fortune)

Autres lectures recommandées

BARR N., *The economics of the welfare state,* Stanford U.P., Stanford (Cali), 1987.

HANNEQUART A. et GREFFE X., *Economie des interventions sociales,* Economica, Paris, 1985.

MEADE J.E., *The just economy,* Vol. 4 of a *Principles of political economy,* George Allen & Unwin, Londres, 1976.

OKUN A.M., *Egalité vs efficacité : comment trouver l'équilibre ?* (trad. de l'anglais, 1975), Economica, Paris, 1982.

WOLFELSPERGER A., *Economie des inégalités de revenus,* Presses universitaires de France, Paris, 1980.

Références

BOBE B., *La redistribution des revenus,* Economica, Paris, 1978.

BRENNAN G., "Pareto desirable redistribution ; the non altruistic dimension", *Public choice,* 14 (1973), printemps, pp. 43-67.

BROWNING E.K. et BROWNING J.M., *Public finance and the price system,* Macmillan, New York, (1979), 3e éd. 1987.

HICKS J.R., "The foundation of welfare economics", *The Economic Journal,* 49 (1939), déc., p. 696-712.

HOCHMAN H.M. et RODGERS J.D., "Pareto optimal redistribution", *American Economic Review,* 59 (1969), 4, p. 542-557.

KALDOR N., "Welfare propositions of economics and interpersonal comparisons of utility", *The Economic Journal,* 49 (1939), p. 549-552.

RAWLS J., *A theory of justice,* Oxford UP., Oxford, 1972.

OCDE, *L'Etat protecteur en crise,* OCDE, Paris, 1981.

PARETO V., *Manuel d'économie politique,* Marcel Giard, Paris, 1927.

TERNY G. et CULYER A.J. (éds), *Finances publiques et politiques sociales,* Wayne State UP., Detroit, 1985.

4. Des lacunes du marché à celles des gouvernements

Autres lectures recommandées

BARNEY J.B. et OUCHI W.G. (éds), *Organizational Economics,* Jossey-Bass, San Francisco, 1986.

BRETON A., *The economic theory of representative government,* Macmillan, Londres, 1974.

BUCHANAN J.M. (éd.), *The economics of politics,* The Institute of economic affairs, Londres, 1978.

CULLIS J.G. ET JONES P.R., *Microeconomics & the public economy,* Basil Blackwell, Oxford, 1987.

FREY B.S., *Economie politique moderne* (trad. de l'anglais), Presses universitaires de France, Paris, 1985.

SAUNDERS P. et KLAU F., "Le rôle du secteur public ; causes et conséquences de l'élargissement du secteur public", *Revue économique de l'OCDE,* n° spécial (1985) 4, printemps.

WEBBER C. et WILDAVSKY A., *A history of taxation and expenditure in the western world,* Simon and Schuster, New York, 1986.

WOLF Ch. Jr., *Markets or governments, choosing between imperfect alternatives,* The MIT Press, Cambridge (Mass.), 1988.

Références

ARROW K.J., *Social choice and individual values,* John Wiley & Sons, New York (1951), 2e éd. 1963.

BAUMOL W.J., "Macroeconomics of unbalanced growth ; the anatomy of urban crisis", *American Economic Review,* 57 (1967), 3, p. 415-426.

BUCHANAN J.M. et TULLOCK G., *The calculus of consent : logical foundations of constitutional democracy,* Michigan UP, Ann Arbor, 1962.

BUCHANAN J.M. et WAGNER R.E., *Democracy in deficit : the political legacy of Lord Keynes,* Academic Press, New York, 1977.

DELORME R. et ANDRE C., *L'Etat et l'économie ; un essai d'explication de l'évolution des dépenses publiques en France, 1870-1980,* Seuil, Paris, 1983.

DOWNS A., *An economic theory of democracy,* Harper & Row, New York, 1957.

KEYNES J.M., *Théorie générale de l'emploi, de l'intérêt et de la monnaie* (trad. de l'anglais), Payot, Paris, 1966.

LEIBENSTEIN H., "Allocative efficiency vs X-efficiency", *American economic review,* 56 (1966) 3, pp. 392-415.

MUSGRAVE R.A., *Fiscal systems,* Yale UP, New Haven, 1969.

NISKANEN W.A., *Bureaucracy and representative government,* Aldine Atherton, Chicago, 1971.

OLSON M., *The logic of collective action ; public goods and the theory of groups,* Harvard UP, Cambridge, 1965.

PEACOCK A.T. et WISEMAN J.A., *The growth of public expenditure in the United Kingdom,* George Allen & Unwin, (1961), 2e éd. 1967.

SCHUMPETER J.A., *Capitalism, socialism and democraty,* Harper & Brothers, NewYork, (1942) 1950 ; trad. fr. chez Payot, Paris, ?

WICKSELL K., "A new principle of just taxation" (trad. de l'allemand) *in* Musgrave R.A. et Peacock A.T., *Classics in the theory of public finance,* (pp. 71-118), Macmillan, Londres, 1971.

5. Décentralisation gouvernementale

Autres lectures recommandées

BRETON A. et SCOTT A., *The economic constitution of federal states,* Toronto UP., Toronto, 1978.

DAFFLON B., *Federal finance in theory and practice with special reference to Switzerland,* Haupt, Berne, 1977.

DERYCKE P.-H. et GILBERT G., *Economie publique locale,* Economica, 1988.

OATES W.E., *Fiscal federalism,* Harcourt, Brace, Jovanovich, New York, 1972.

Références

BUCHANAN J.M., "Federalism and fiscal equity", *in* Musgrave R.A. et Shoup C. S. (éds), *Readings in the economics of taxation* (p. 93-109), Irwin, Homewood, 1959.

MUSGRAVE R.A., *Essays in fiscal federalism,* The Brookings Institution, Washington, 1965.

OATES W.E., "An economist's perspective on fiscal federalism", *in* Oates W.E., *The political economy of fiscal federalism,* (p. 3-19), Lexington Books, Lexington, 1977.

OATES W.E., "The theory of public finance in a federal system", *The Canadian Journal of Economics,* 1 (1968), févr., p. 37-54.

SCOTT A., "The economic goals of federal finance", *Public Finance,* 19 (1964), 3, p. 241-289.

6. Le financement du secteur public

Autres lectures recommandées

BIRD R.M., *Charging for public services : a new look at an old idea,* Canadian Tax Foundation, Toronto, 1976.

DAFFLON B. et WEBER L., *Le financement du secteur public,* Presses universitaires de France, Paris, 1984.

JAMES S. et NOBES C., *The economics of taxation,* Philip Allan, Oxford, (1952), 2e éd. 1978.

MEADE J.E. (éd.), *The structure and reform of direct taxation,* George Allen & Unwin, Londres, 1978.

PECHMAN J.A., *Federal tax policy,* The Brookings Institution, Washington D.C., 5e éd. 1987.

Références

AARON H.J. et PECHMAN J.A. (éds), *How taxes affect economic behavior,* The Brookings Institution, Washington D.C., 1981.

BRADFORD D.F., *Untangling the income tax,* Harvard U.P., Cambridge (Mass.), 1986.

BROWN C.V., *Taxation and the incentive to work,* Oxford UP., Oxford, (1980), 2e éd. 1983.

BUCHANAN J.M., *Public principles of public debt,* Irwin, Homewood, 1958.

BUCHANAN J.M. et FLOWERS M.R., *The public finance,* Irwin, Homewood, (1960), 5e éd. 1980.

HERBER B.P. (éd.), *Finances publiques et endettement public,* Wayne State UP., Detroit, 1986.

LAFFER A.B, "Statement prepared for the Joint economic committee, May 20" *in* Laffer A.B. et Seymour J.P. (éds), *The economics of the tax revolt : a reader,* (pp. 75-79), Harcourt Brace Jovanovich, New York, 1979.

LEE D.R., (éd.), *Taxation and the deficit economy,* Pacific Research Institute for public policy, San Francisco, 1986.

LERNER A.P., "Functional finance and the federal debt", *in* Mueller M.G. (éd), *Readings in Macroeconomics,* (p. 353-355), Holt, Rinehart and Winston, Londres, 1971.

MCLURE Ch. E. Jr., *The value-added tax ; key to deficit reduction ?,* American Enterprise Institute, Washington D.C., 1987.

NEURRISSE A., *Histoire de l'impôt,* Presses universitaires de France, Paris, 1978.

ROSKAMP K.W. et FORTE F. (éds), *Réformes des systèmes fiscaux,* Wayne State UP., Detroit, 1981.

7. Budgétisation de l'activité publique

Autres lectures recommandées

LEE R.D. et JOHNSON R.W., *Public budgeting systems,* University Park Press, Baltimore, (1973), 3e éd. 1983.

LEVY-LAMBERT H. et GUILLAUME H., *La rationalisation des choix budgétaires,* Presses universitaires de France, Paris, 1971.

ONU, *Manuel de comptabilité publique,* New York, 1970.

PREMCHAND A., *Government budgeting and expenditure controls ; theory and practice,* Fonds monétaire international, Washington D.C., 1983.

SUGDEN R. et WILLIAMS A., *The principles of practical cost-benefit analysis,* Oxford UP, Oxford, 1978.

SCHICK A., *Budget innovation in the States,* The Brookings Institution, Washington, 1971.

WILDAVSKY A., *The politics of the budgetary process,* Little, Brown and Co., Boston, 1964.

Références

CONFERENCE DES DIRECTEURS CANTONAUX DES FINANCES, *Manuels de l'harmonisationdes comptes publics,* 2 vol., Haupt, Berne (1978), 2e éd. 1982 ; *Explications générales concernant les finances de la Confédération in Message concernant le budget pour 1991 et rapport sur le plan financier pour 1992-94 du 1er octobre 1990,* (pp. 301-321) .

HUET P. et BRAVO J., *L'expérience française de rationalisation des choix budgétaires,* Presses universitaires de France, Paris, 1973.

DROR Y., *Public policy reexamined,* Chandler, Scranton, 1968.

MARGLIN S.A., *Public investment criteria,* George Allen & Unwin, Londres, 1967.

MISHAN E.J., *Cost-benefit analysis,* George Allen & Unwin, Londres, (1971), 2e éd. 1975.

8. Stabilisation de l'économie

Autres lectures recommandées

BRANSON W.H., *Macroeconomic theory and policy,* Harper & Row, New York, (1972), 3e éd. 1989.

BUCHANAN J.M. et WAGNER E., *Democracy in deficit : the political legacy of Lord Keynes,* Academic Press, New York, 1977.

BURGENMEIER B., *Analyse et politique économiques,* Economica, Paris, (1984) 3e éd. 1989.

DORNBUSCH R. et FISCHER S., *Macroeconomics,* McGraw-Hill, New York, (1978), 4e éd. 1987.

HALL R.E. et TAYLOR J.B., *Macro-economics,* W.W. Norton, (1986), 2e éd.1988.

SHAW G.K., *Keynesian economics, the permanent revolution,* Edward Elgar, Aldershot, 1988.

Références

BLINDER A.S. et SOLOW R.M., "Analytical foundations of fiscal policy", *in* Blinder A.S. et Co., *The economics of public finance,* (p. 3-115), The Brooking Institutions, Washington, 1974.

BUCHANAN J.M. et WAGNER E., *Democracy in deficit : the political legacy of Lord Keynes,* Academic Press, New York, 1977.

BUCHANAN J.M., ROWLEY Ch. K. et TOLLISON R.D. (éds), *Deficits,* BasilBlackwell, Oxford, 1986.

COMMITTEE FOR ECONOMIC DEVELOPMENT, "Taxes and the budget : a program for prosperity in a free economy", *in* Hamovitch W. (éd.), *The federal deficit ; fiscal imprudence or policy weapon ?,* (p. 62-83), Heath, Boston, 1965.

HENIN P.Y., *Macrodynamique, fluctuations et croissance,* Economica, Paris, 1979.

HAAVELMO T., "Multiplier effects of a balanced budget", *Econometrica,* 13 (1945), p. 311-318.

LERNER A.P., "Functional finance and the federal debt", *in* Hamovitch W. (éd.)., *The federal deficit ; fiscal imprudence or policyweapon ?,* (p. 19-31), Heath, Boston, 1965.

OCDE, "Les indicateurs budgétaires", *Perspectives économiques de l'OCDE,* juillet 1978, p. 2-38.

PEACOCK A.T. et SHAW G.K., *The economic theory of fiscal policy,* George Allen & Unwin, Londres, (1971), 2e éd. 1976.

WARD T.S. et NEILD R.R., *The measurement and reform of budgetary policy,* Heinemann, Londres, 1978.

Table des matières

PREMIERE PARTIE

LACUNES DU MARCHE, ROLE DE L'ETAT ET LACUNE DES GOUVERNEMENTS

Deuxieme Partie

LES MOYENS DE LA POLITIQUE PUBLIQUE

Imprimé en France
EUROPE MEDIA DUPLICATION
53110 Lassay-les-Châteaux
N° 2069 - Dépôt légal SEPTEMBRE 1991